# Russische Meistererzählungen

# Russische Meistererzählungen

# Russische Meistererzählungen

## Von Puschkin bis Gorki

Aus dem Russischen von Ekkehard Jäkel
und Magda Kymmel-Giess

Ausgewählt und kommentiert
von Rudolf Marx

Anaconda

Dieses Werk erschien erstmals als Band 145 der Sammlung Dieterich unter dem Titel: *Klassische Erzählungen Rußlands. Von Puschkin bis Gorki.* Herausgegeben von Rudolf Marx. Deutsch von Ekkehard Jäkel. Mit 16 Lebensskizzen von Rudolf Marx. Leipzig: Dieterich'sche Verlagsbuchhandlung 1953

Die Deutsche Bibliothek verzeichnet diese Publikation in der Deutschen Nationalbibliographie; detaillierte bibliographische Daten sind im Internet unter http://dnb.ddb.de abrufbar.

Lizenzausgabe mit freundlicher Genehmigung

Umschlagmotiv: Lew Felixowitsch Lagorio, »Eisstechen im Winter«, 1849, © akg-images, Berlin
Umschlaggestaltung: dyadesign, Düsseldorf, www.dya.de
Printed in Czech Republic 2006
ISBN 3-86647-003-7
info@anaconda-verlag.de

## INHALT

* * * * * * * * * * * * * * * * * * * * * * * * * * * * * * * * * * *

## VORWORT

Dieses Buch will eine erste Übersicht über das große Jahrhundert der russischen Erzählungsliteratur von Puschkin bis Gorki in charakteristischen Meistererzählungen geben. Bei ihrer Auswahl wurde angestrebt, daß sie nicht nur künstlerisch vollendet und für ihren Verfasser kennzeichnend sind, sondern daß sie in ihrer Gesamtheit außerdem so etwas wie ein Panorama russischen Lebens und seiner Probleme im vorigen Jahrhundert ergeben, soweit dies möglich ist. Als Leser denken wir hauptsächlich an alle die Freunde der Weltliteratur, die wohl den einen oder anderen russischen Autor, das eine oder andere russische Werk kennen, von der gewaltigen, vielfältigen Gesamtleistung des großen Jahrhunderts der russischen Erzählung jedoch nur eine unvollkommene Vorstellung haben. Natürlich kann diese auch hier nur *annähernd* vermittelt werden; irgendwelche Vollständigkeit war von Anfang an schon aus Gründen des Umfangs unmöglich — auch eine vielbändige Auswahl könnte diese, bei der auch die zahlreichen Talente zweiten und dritten Ranges berücksichtigt werden müßten, nie erreichen, nur erstreben. *Unser* Band beschränkt sich bewußt auf die bedeutendsten Erzähler, auf diejenigen Namen, die längst der Literatur der Welt angehören, und wählt von diesen — das war der schönste Teil unserer Arbeit — wieder nur auserlesene, knappe Meisterwerke, die geeignet sind, stellvertretend für ihren

Autor, für dessen Wesenheit und Eigenart, zu sprechen. Unsere Auswahl empfängt ihr Profil schließlich durch ihre Beschränkung auf *Erzählungen*. Die einzigartige Leistung des *Romans*, jenes vielfältigen Wunders epischer Kunst gerade in dem von uns betrachteten Zeitraum, den man das »Jahrhundert des russischen Romans« genannt hat, konnte nicht berücksichtigt werden. Doch dürfte es andrerseits gerade die Originalität unseres Bandes ausmachen, daß hier ein Längsschnitt in *Erzählungen* — die ja in Deutschland weit weniger bekannt sind als die Romane — durch eine ganze Epoche gelegt, daß eine ganze Epoche aus ihren Erzählungen zur Sichtbarkeit erhoben wird und daß der Leser eine Vorstellung davon erhält, welchen Reichtum Rußland auch auf dem Gebiet der Erzählung in ihr aufzuweisen hat.

Die *Lebensskizzen* mögen dazu dienen, Leben und Werk der großen Erzähler im Umriß vor dem Leser erstehen oder wiedererstehen zu lassen, so daß er die aufgenommene Erzählung jeweils vor dem Hintergrunde des Lebenswerkes ihres Verfassers, seines Denkens und Strebens in seiner Zeit sieht. Auch von der Zeitgeschichte ist in ihnen mitgeteilt, soviel zum rechten Verständnis der Erzählung notwendig schien. Ihren schönsten Lohn hätten sie, wenn sie den Leser zu weiterem Eindringen beflügeln könnten.

*Rudolf Marx*

* * * * * * * * * * * * * * * * * * * * * * * * * * * * * * * * * * * * * * * * *

# ALEXANDER PUSCHKIN

*Alexander Sergejewitsch Puschkin, der Begründer der neuen russischen Literatur, der ihr »die Würde einer nationalen Angelegenheit verlieh« (Tschernyschewski) und sie sogleich auf den Weg des Realismus führte, ist 1799 zu Moskau als Sohn eines adligen Gutsbesitzers aus »rebellischem Geschlecht« geboren; sein Urgroßvater mütterlicherseits war der Leibmohr Peters des Großen, der Abessinier Ibrahim Hannibal. Puschkin wurde 1811–17 im Adelslyzeum zu Zarskoje Selo bei Petersburg in französischem Sinne für den Staatsdienst ausgebildet; nur seine Wärterin Arina Rodionowna und seine Großmutter sprachen in seiner Jugend russisch mit ihm. 1817 als Beamter in das Kollegium für auswärtige Angelegenheiten, Petersburg, aufgenommen, macht ihn bereits 1820 die lebensfrohe orientalische Verserzählung 'Ruslan und Ljudmilla' berühmt, welche die mystische Wehmut der Dichtungen Shukowskis überwand. Im gleichen Jahre brachten ihm die Ode 'Die Freiheit' und seine Verbindung zu der literarisch-politischen Vereinigung 'Grüne Lampe', aus der später die Führer des Dekabristenaufstandes – der Erhebung adliger Offiziere am 26. (14. a. St.) Dezember 1825 – hervorgingen, die Verbannung in das südrussische Jekaterinoslaw, das heutige Dnjepropetrowsk, in die Ressortkanzlei des Generals Insow, der ihm jedoch eine dreimonatige Reise in die Krim und den Kaukasus gestattete. Tiefer Eindruck der südlichen Landschaften und der Dichtungen Lord Byrons. Es entsteht das Poem 'Der Gefangene im Kaukasus' mit dem romantischen Rebellen als Helden, dem »Abtrünnigen« der verrotteten Gesellschaft. Von*

*September 1820 bis Sommer 1823 in Insows Kanzlei im »verfluchten« Kischinew zwischen Liebesabenteuern und Duellen tätig, trifft Puschkin auf einem Gut der Familie Dawydow mit Dekabristen erneut zusammen. Er liest Rousseau und englische Historiker, beginnt seinen großen Versroman 'Eugen Onjegin' (1823–31), ruft im Gedicht 'Der Dolch' zum Kampf gegen die Selbstherrschaft auf, begeistert sich für den Aufstand der Griechen und lernt ihren Führer Alexander Ypsilanti in Kischinew kennen. Im Juli 1823 Versetzung nach Odessa als Kollegiensekretär in die Kanzlei des Generalgouverneurs Grafen Worontzow. Zusammenstöße mit diesem. Puschkin wird Ende 1823 wegen eines brieflichen Bekenntnisses zum Atheismus aus der Beamtenliste gestrichen, auf das Gut seiner Mutter Michailowskoje im Gouvernement Pskow verbannt und dort unter Aufsicht gestellt. Hier, in zwei Jahren der Sammlung, wird ihm das tiefe Erlebnis Rußlands, seiner Landschaften, seines Volkes und seiner Geschichte zuteil. Puschkins künstlerischer Realismus und die Volksverbundenheit seiner Dichtung gelangen zur Reife. Seine Meisterlyrik entsteht. Er liest Shakespeare, setzt die Gesellschaftsschilderung in 'Eugen Onjegin' fort, vollendet das Poem 'Die Zigeuner' und dichtet die Tragödie 'Boris Godunow' (1825), in der das Volk als die geschichtlich entscheidende Kraft gesehen und in voller Realität, nicht mehr subjektiv durch die Gefühle eines romantischen Helden, erlebt und gestaltet ist, zugleich als die Kraft, ohne deren Zustimmung keine Regierung bestehen kann. 1825 bricht in Petersburg der Dekabristen- (d.h. Dezembermänner-) Aufstand gegen das System der Selbstherrschaft, Unterdrückung und Leibeigenschaft aus und wird blutig niedergeschlagen. Puschkin erhält 1826 durch Nikolaus I., den »Gendarmen auf dem Thron«, die Erlaubnis zur Rückkehr nach Petersburg, verfaßt die Denkschrift 'Über die Volkserziehung', worin der Aufklärung des Volkes die wichtigste Rolle für seine künftige Freiheit zugewiesen wird, und bekennt sich in Gedichten wie 'Sendschreiben nach Sibirien' weiterhin zu den Ideen der Dekabristen. 1827 beginnt er seine erste Prosadichtung 'Der Mohr Peters des Großen'. Das Poem 'Poltawa' (1828) zeigt den Sieg des russischen Volkes auf Grund von Peters aufgeklärten Reformen über die eingedrungenen Schweden. Nikolaus I. erklärt, selbst Puschkins Zensor sein zu wollen, bestimmt jedoch den Chef der Gendarmerie, Graf Benckendorff, zu dessen Überwachung. Dieser hofft, Puschkins »Feder in eine für die Regierung vorteilhafte Richtung zu lenken«. Kein neues Werk Puschkins darf vor der kaiserlichen Genehmigung veröffentlich oder vorgelesen werden. Vom Zaren begönnert und bevormundet, was Puschkin »bedrückte und würgte«, lebt er 1828 in der Hofgesellschaft Petersburgs, lernt in Moskau seine spätere Gattin kennen und reist ohne kaiserliche Genehmigung in den Kaukasus ('Reise nach Erzurum'), was ihm eine scharfe Rüge Benckendorffs eintrug. Im August bis Dezember 1830 erlebt er den schöpferischen Herbst auf dem väterlichen, jetzt größtenteils ihm vermachten Gute Boldino im Gouvernement Nishni Nowgorod. Hier wird sein bedeutendstes Werk 'Eugen Onjegin', diese »Enzyklopädie des russischen Lebens« (Belinski), vollendet, die Unglück und Untergang der vorwärts gerichteten Vertreter seiner Zeit und den Sieg der egoistischen, herzlosen, nichtstuerischen »Gesellschaft der großen Welt« wirklichkeitsgetreu darstellt. In Boldino entstehen außer den »kleinen Tragödien« ('Der geizige Ritter', 'Mozart und Salieri', 'Der steinerne Gast') auch 'Die Erzählungen Bjelkins' – die erste davon drucken wir ab –, mit denen Puschkin die russische Kunstprosa des 19. Jahrhunderts begründet und zugleich das Leben des kleinen Mannes aus den unteren Schichten darstellt ('Der Sargmacher', 'Der Postmeister'). 1831 Eheschließung mit Natalja Gontscharowa und Rückkehr nach Petersburg. Es entstehen in diesem Jahr der Choleraepidemie und zahlreicher Bauernerhebungen die Erzählungen 'Roslawlew', welche die unpatriotische Adelsgesellschaft 1812, und 'Dubrowski', welche das von der Härte der Gutsbesitzer zum Aufruhr getriebene Volk zeigt. Zum großen historischen Volksschicksal erweitert sich dieses Thema in seiner 'Geschichte Pugatschows' und der Erzählung 'Die Hauptmannstochter'. Die Novelle 'Pique Dame' zeigt die zerstörende Macht des Geldes, die Versdichtung 'Der eherne Reiter' das lebenvernich-*

*tende Prinzip der Selbstherrschaft seiner Zeit gegenüber Peters des Großen fortschrittlicher Regierung. 1833 zum Kammerjunker zwischen jüngeren Hofkavalieren ernannt, die ihn als Parvenü verachten, reicht Puschkin 1834 sein Abschiedsgesuch aus dem Hofdienst ein, das ohne Erfolg bleibt, erhält jedoch 1835 die Genehmigung zur Herausgabe der literarischen Vierteljahrsschrift 'Der Zeitgenosse'. Die Briefe an seine Frau werden von der Geheimpolizei überwacht; seine finanziellen Verhältnisse verschlechtern sich durch das Leben am Hofe, das ihm lästig ist. Der junge d'Anthès, Adoptivsohn des holländischen Gesandten Baron Heckereen, macht Puschkins Frau auffällig den Hof, von Heckereen unterstützt. Puschkin erhält einen seine Gattenehre schwer verletzenden anonymen Brief aus der Hofgesellschaft. Als er daraufhin d'Anthès fordert, erklärt dieser, seine Liebe habe der älteren Schwester von Puschkins Frau gegolten, und hält um deren Hand an, macht Puschkins Frau jedoch weiter Liebeserklärungen, wobei Heckereen als Vermittler dient. Puschkin fordert d'Anthès abermals und stirbt qualvoll an den Wunden des Pistolenduells 1837 zwei Tage darauf im Alter von 37 Jahren. Verkleidete Gendarmen umstehen den Sarg des von der Hofgesellschaft aus dem Wege geräumten Dichters, um Protestkundgebungen seiner Freunde und zahlreichen Anhänger zu unterdrükken; seine Leiche wird nachts nach Michailowskoje überführt.*

## DER SCHUSS

Wir schossen uns ... Baratynski

Ich schwor mir, ihn nach Duellrecht niederzuschießen (doch blieb ich ihm noch meinen Schuß schuldig). 'Abend im Biwak'

Wir lagen im Städtchen ... Man kennt das Leben eines Armeeoffiziers: morgens Exerzieren, Reitbahn; mittags zu Tisch beim Regimentskommandeur oder im jüdischen Wirtshaus; abends Punsch und Karten. Es gab in ... kein einziges gastliches Haus, kein heiratsfähiges Mädchen; wir besuchten uns gegenseitig, wobei wir weiter nichts als unsere Uniformen zu Gesicht bekamen.

In unserer Gesellschaft war nur ein einziger Nichtmilitär. Er zählte etwa fünfunddreißig Jahre, und wir hielten ihn folglich für sehr alt. Seine Erfahrung verlieh ihm viele Vorzüge, die er uns voraus hatte; zudem übten sein gewöhnlich düsteres, schroffes Wesen und seine böse Zunge einen mächtigen Einfluß auf unseren jungen Geist aus. Sein Schicksal umwob etwas Geheimnisvolles; er schien Russe, trug aber einen fremdklingenden Namen. Einst hatte er bei den Husaren gedient und sogar recht erfolgreich; allein niemand kannte den Grund, der ihn bewogen hatte, seinen Abschied zu nehmen und sich in diesem elenden Städtchen niederzulassen, wo er ärmlich und verschwenderisch zugleich lebte. Er ging stets zu Fuß, in einem abgetragenen schwarzen Rock, hatte jedoch allzeit ein gastfreies Haus für sämtliche Offiziere unseres Regiments. Sein Mittagstisch bestand freilich nur aus zwei oder drei Gängen, die von einem ausgedienten Soldaten zubereitet wurden, aber der Champagner floß dabei in Strömen. Niemand wußte das Geringste über sein Vermögen oder seine Einkünfte, und niemand wagte es, ihn danach zu fragen. Er besaß Bücher, größtenteils Kriegsbücher, aber auch Romane. Gern gab er sie uns zum Lesen, ohne sie jemals zurückzufordern; dafür gab er selbst aber dem Eigentümer auch nie ein entliehenes Buch zurück. Seine Hauptbeschäftigung war Pistolenschießen. Die Wände seines Zimmers waren von Kugeln durchlöchert und sahen schier wie Bienenwaben aus. Eine prächtige Pistolensammlung bildete den einzigen Luxus der armseligen Lehmhütte, die er bewohnte. Es war kaum zu glauben, welche Kunstfertigkeit er erlangt hatte, und wenn er jemand von uns vorgeschlagen hätte, ihm eine Birne von der Mütze zu schießen, so hätte keiner aus unserem Regiment gezaudert, seinen Kopf hinzuhalten. Unsere Gespräche berührten oft den Zweikampf; Sylvio (so will ich ihn nennen) beteiligte sich niemals an ihnen. Auf die Frage, ob er schon einmal ein Duell gehabt habe, antwortete er kühl, das sei der Fall; er ging jedoch nicht auf Einzelheiten ein, und man merkte, daß derartige Fragen ihm unangenehm waren. So nahmen wir an, daß irgendein unglückliches Opfer seiner schrecklichen Kunst auf seinem Gewissen laste. Übrigens wäre uns nie auch nur der Gedanke gekommen, in ihm etwas wie Furchtsamkeit zu vermuten. Es gibt Menschen, deren äußere Erscheinung allein schon einen solchen Verdacht ausschließt. Da setzte uns alle ein unerwarteter Vorfall außerordentlich in Verwunderung.

Es begab sich einmal, daß etwa zehn Offiziere von unserem Regiment bei Sylvio speisten. Man trank wie gewöhnlich, das heißt – sehr viel; nach Tisch suchten wir den Hausherrn zu überreden, eine Bank zu halten. Lange schlug er es uns ab; denn er spielte fast nie. Schließlich ließ er sich die Karten reichen, schüttete ein halbes Hundert Dukaten auf den Tisch, nahm Platz und gab die Karten. Wir umringten ihn, und das Spiel ging los. Sylvio hatte die Gewohnheit, während des Spiels völliges Schweigen zu wahren; niemals stritt er, und nie gab er Erläuterungen. Wenn sich der Pointierende einmal verrechnete, so pflegte er entweder die Differenz sofort von sich aus zu zahlen oder den Vorschuß zu notieren. Wir kannten dies bereits und hinderten ihn nicht, nach seiner Art zu schalten; unter uns befand sich aber ein Offizier, der erst kürzlich zu uns versetzt worden war. In seiner Zerstreutheit verrechnete sich dieser nun im Laufe des Spiels. Sylvio nahm die Kreide und glich die Rechnung aus, ganz wie er es gewohnt war. Der Offizier, der der Meinung war, jener habe sich versehen, machte Einwendungen. Sylvio fuhr schweigend fort, die Karten zu geben. Der

Offizier verlor die Geduld, nahm die Bürste und wischte weg, was ihm zuviel notiert schien. Sylvio nahm die Kreide und schrieb es von neuem hin. Der Offizier, vom Weine, vom Spiel und vom Gelächter der Kameraden erhitzt, hielt sich für tief beleidigt, riß wütend den kupfernen Leuchter vom Tisch und warf ihn nach Sylvio, der dem Wurf gerade noch ausweichen konnte. Wir waren bestürzt. Sylvio erhob sich bleich vor Wut und sprach mit funkelnden Augen: »Mein Herr, wollen Sie uns bitte verlassen, und danken Sie Gott, daß dies in meinem Hause geschah.«

Wir waren über die Folgen nicht im Zweifel und sahen unseren neuen Kameraden bereits als toten Mann. Der Offizier bemerkte beim Hinausgehen, er sei bereit, für die Beleidigung Genugtuung zu geben, ganz wie es dem Herrn Bankhalter beliebe. Das Spiel schleppte sich noch einige Minuten hin; doch da wir spürten, daß es dem Hausherrn nicht mehr nach Spielen zumute war, hörte einer nach dem anderen auf; und wir machten uns auf den Heimweg, wobei wir über den bevorstehenden Urlaub plauderten.

Tags darauf fragten wir bereits in der Reitbahn, ob der arme Leutnant noch am Leben sei, als er selbst in unsere Mitte trat; wir richteten an ihn die gleiche Frage. Er erwiderte, daß er von Sylvio noch keinerlei Nachricht habe. Dies verwunderte uns. Wir begaben uns zu Sylvio und fanden ihn auf dem Hofe, wie er Kugel auf Kugel in ein am Tor angeheftetes As hineinsetzte. Er empfing uns wie immer, ohne den gestrigen Vorfall auch nur mit einem Worte zu erwähnen. Drei Tage vergingen; der Leutnant war immer noch am Leben. Erstaunt fragten wir uns: Ob sich Sylvio wirklich nicht schießen will? Und Sylvio schoß sich nicht. Er begnügte sich mit einer leicht hingeworfenen Erklärung, und die Sache war erledigt.

Dies war seinem Ansehen bei uns jungen Leuten außerordentlich abträglich. Denn Mangel an Mut wird von jungen Menschen am allerwenigsten verziehen, die in der Tapferkeit gewöhnlich die höchste der menschlichen Tugenden und eine Entschuldigung für alle nur erdenklichen Fehler sehen. Nach und nach fiel jedoch alles der Vergessenheit anheim, und Sylvio gewann seinen früheren Einfluß zurück.

Indessen brachte ich es nicht mehr fertig, ihm wieder so wie vordem zu begegnen. Von Natur mit romantischer Phantasie ausgestattet, hatte ich mich früher viel stärker als alle anderen angezogen gefühlt von diesem Menschen, dessen Leben mir ein Rätsel und der mir der Held einer irgendwie geheimnisvollen Geschichte zu sein schien. Er hatte mich gern; wenigstens unterließ er nur mir gegenüber sein gewohntes Lästern und verstand von allerlei Dingen treuherzig und höchst liebenswürdig zu sprechen. Aber nach jenem unglückseligen Abend wollte mir der Gedanke, daß seine Ehre befleckt und durch eigene Schuld nicht reingewaschen sei, wollte mir dieser Gedanke einfach nicht aus dem Kopfe gehen und hinderte mich daran, mit ihm wie früher zu verkehren; es war mir peinlich, ihn anzusehen. Sylvio war viel zu klug und erfahren, um dies nicht zu merken und nicht auch den Grund zu erraten. Es schien ihm nahezugehen; wenigstens fiel es mir ein paarmal auf, daß er sich mit mir aussprechen wollte; doch ich wich derartigen Gelegenheiten aus, und Sylvio zog sich von mir zurück. Seitdem sah ich ihn nur noch in Gegenwart meiner Kameraden, und unsere früheren offenen Gespräche hatten ein Ende.

Bewohner der Hauptstadt, denen so viel Zerstreuung geboten wird, haben keine Vorstellung von manchen Eindrücken, die Land- oder Kleinstadtbewohnern so vertraut sind, wie zum Beispiel das Warten auf den Posttag: dienstags und freitags pflegte unsere Regimentskanzlei voll von Offizieren zu sein; der eine erwartete Geld, dieser Briefe, jener Zeitungen. Die Pa-

kete wurden gewöhnlich sogleich an Ort und Stelle geöffnet, man teilte sich die Neuigkeiten mit, und die Kanzlei bot ein höchst belebtes Bild. Sylvio erhielt seine Post an unser Regiment adressiert und fand sich gewöhnlich ebenfalls dort ein. Einmal händigte man ihm ein Paket aus, das er mit dem Ausdruck größter Ungeduld entsiegelte. Als er den Brief überflog, blitzten seine Augen. Die Offiziere bemerkten nichts; denn jeder war mit den eigenen Briefen beschäftigt. »Meine Herren«, sagte Sylvio zu ihnen, »die Umstände erfordern meine unverzügliche Abreise; ich fahre noch diese Nacht; ich hoffe, Sie werden mir die Bitte nicht abschlagen, ein letztes Mal bei mir zu speisen. Auch Sie erwarte ich«, fuhr er zu mir gewandt fort, »ich erwarte Sie ganz bestimmt.« Mit diesen Worten eilte er hinaus; auch wir entfernten uns, nachdem wir übereingekommen waren, uns bei Sylvio zu treffen, und ein jeder ging seines Weges.
Zur festgesetzten Stunde kam ich zu Sylvio und fand bei ihm schon fast das ganze Regiment vor. Sein gesamtes Hab und Gut war bereits gepackt; es blieben nur die nackten, zerschossenen Wände. Wir setzten uns zu Tisch; der Hausherr war in außerordentlicher Stimmung, und bald übertrug sich seine Heiterkeit auf die ganze Gesellschaft; alle Augenblicke knallten Pfropfen, ununterbrochen schäumten und sprudelten die Gläser; und wir wünschten dem Scheidenden mit allem erdenklichen Eifer eine glückliche Reise und alles Gute. Erst spät am Abend erhoben wir uns von der Tafel. Als nun ein jeder seine Mütze hervorsuchte und Sylvio sich von allen verabschiedete, ergriff er mich bei der Hand und hielt mich zurück, als ich gerade gehen wollte. »Ich möchte mit Ihnen noch sprechen«, sagte er leise. Ich blieb.
Die Gäste waren gegangen; wir beide waren allein, saßen einander gegenüber und zündeten schweigend unsere Pfeifen an. Sylvio war in gedrückter Stimmung;

keine Spur mehr von seiner krampfhaften Ausgelassenheit. Die düstere Blässe, die funkelnden Augen und die dichten Rauchschwaden, die er aus dem Munde blies, verliehen ihm so recht das Aussehen eines Dämons. Nach einigen Minuten brach Sylvio das Schweigen.

»Vielleicht werden wir uns nie wieder sehen«, sagte er zu mir; »bevor wir voneinander Abschied nehmen, möchte ich mit Ihnen noch über etwas sprechen. Sie haben gewiß bemerkt, daß ich die Meinung anderer wenig beachte; allein ich habe Sie gern und fühle, daß es mir peinlich wäre, in Ihrem Geiste einen falschen Eindruck zu hinterlassen.«

Er machte eine Pause und schickte sich an, seine ausgerauchte Pfeife wieder zu stopfen; ich schwieg unterdessen mit gesenktem Blick.

»Es kam Ihnen seltsam vor«, fuhr er fort, »daß ich von diesem betrunkenen Tollkopf R... keine Genugtuung gefordert habe. Sie werden zugeben, daß sein Leben, da ich ja das Recht hatte, die Waffe zu wählen, in meiner Hand lag, während meins fast ungefährdet war. Ich könnte nun meine Mäßigung allein meiner Großmut zuschreiben; doch ich will nicht lügen. Wenn ich R... hätte bestrafen können, ganz ohne mein Leben zu riskieren, so hätte ich ihm um nichts in der Welt verziehen.«

Ich blickte Sylvio erstaunt an. Dieses Geständnis brachte mich vollends in Verwirrung. Sylvio fuhr fort:

»Jawohl! Ich habe nicht das Recht, mich dem Tode auszusetzen. Vor sechs Jahren bekam ich eine Ohrfeige, und mein Feind ist noch am Leben.«

In mir war ein starkes Interesse wach geworden. »Sie haben sich mit ihm nicht geschossen?« fragte ich. »Gewiß haben die Umstände Sie voneinander getrennt?«

»Ich habe mich mit ihm geschossen«, antwortete Sylvio, »und sehen Sie, hier ist das Andenken an unser Duell.«

Sylvio erhob sich und nahm eine rote, betreßte Mütze mit goldener Troddel (was die Franzosen 'bonnet de police' nennen) aus einem Karton; er setzte sie auf; sie war einen Zoll oberhalb der Stirn durchschossen.

»Sie wissen«, fuhr Sylvio fort, »daß ich im ... ten Husarenregiment gedient habe. Auch mein Charakter ist Ihnen bekannt; ich bin gewohnt, der Erste zu sein, doch in jungen Jahren war das geradezu eine Leidenschaft von mir geworden. Zu unserer Zeit war toller Übermut in Mode: ich war der erste Tollkopf in unserer Armee. Wir prahlten mit Trinken: ich habe sogar den berühmten Burzow, den Denis Dawydow besungen, unter den Tisch getrunken. Duelle ereigneten sich in unserem Regiment alle Augenblicke: bei jedem war ich dabei, sei es als Sekundant oder als Duellant. Die Kameraden vergötterten mich, und die Regimentskommandeure – die unablässig wechselten – betrachteten mich als ein unvermeidliches Übel.

Ich genoß gelassen (oder nicht gelassen) meinen Ruhm, als zu uns ein junger Mann aus reicher, vornehmer Familie (ich will seinen Namen nicht nennen) versetzt wurde. Mein Lebtag bin ich noch keinem so glänzenden Glücksprinzen begegnet! Stellen Sie sich vor: Jugend, Geist, Schönheit, tollste Fröhlichkeit, sorglosester Mut, klingender Name, unendlich viel Geld, das ihm nie ausging, und Sie ermessen, welchen Eindruck er bei uns hervorrufen mußte. Meine Vorrangstellung war völlig erschüttert. Von meinem Ruhme verführt, begann er meine Freundschaft zu suchen; doch ich begegnete ihm eisig, und er zog sich ohne jegliches Bedauern von mir zurück. Nun fing ich an, ihn zu hassen. Seine Erfolge im Regiment und in der Gesellschaft von Frauen brachten mich vollends zur Verzweiflung. Ich suchte nunmehr Streit mit ihm; er antwortete auf meine Epigramme wiederum mit Epigrammen, die mir stets überraschender und schärfer als die meinigen erschienen und die natürlich lustiger waren: er scherzte, wo ich gehässig war. Als ich ihn schließlich einmal auf einem Balle bei einem polnischen Gutsbesitzer als Gegenstand der Aufmerksamkeit aller Damen – besonders der Hausherrin selbst, zu der ich in Beziehungen stand – antraf, flüsterte ich ihm irgendeine platte Grobheit ins Ohr. Er fuhr auf und gab mir eine Ohrfeige. Wild griffen wir zu den Degen; die Damen fielen in Ohnmacht; man riß uns auseinander, und in der gleichen Nacht noch fuhren wir zum Duell hinaus.

Es war beim Morgengrauen. Ich stand mit meinen drei Sekundanten am vereinbarten Platze. Voll unsäglicher Ungeduld erwartete ich meinen Gegner. Die Frühlingssonne war aufgegangen, und es begann schon wärmer zu werden. Da bemerkte ich ihn in der Ferne. Er kam zu Fuß, in Uniform mit Degen, in Begleitung eines Sekundanten. Wir gingen ihm entgegen. Er näherte sich uns und hielt dabei seine mit Kirschen gefüllte Mütze in der Hand. Die Sekundanten maßen zwölf Schritt ab. Ich sollte als erster schießen; aber in mir kochte eine derartige Wut, daß ich mich nicht auf die Sicherheit meiner Hand verlassen konnte; so trat ich ihm, um Zeit zum Abkühlen zu gewinnen, den ersten Schuß ab; mein Gegner willigte nicht ein. Es wurde beschlossen, zu losen: Nummer eins fiel auf ihn, den ewigen Liebling des Glücks. Er zielte und durchschoß mir die Mütze. Nun war die Reihe an mir. Sein Leben war endlich in meiner Hand; begierig blickte ich ihn an, bemüht, auch nur einen Schatten von Unruhe an ihm zu entdecken. Er stand vor meiner Pistole, suchte sich die reifen Kirschen aus der Mütze hervor und spie die Kerne aus, die bis zu mir flogen. Sein Gleichmut machte mich toll. Was habe ich schon davon, dachte ich, ihm das Leben zu nehmen, wenn es ihm überhaupt nichts wert ist? Ein boshafter Gedanke blitzte in mir auf. Ich senkte die Pistole. – 'Sie haben jetzt, wie es scheint, eben keine Lust zum Sterben', sprach ich zu ihm; 'denn Sie geruhen zu frühstücken; ich möchte Sie dabei auf keinen Fall stören...' – 'Sie stören mich nicht im geringsten', entgegnete er, 'schießen Sie ruhig, doch übrigens ganz nach Ihrem Belieben; der Schuß bleibt Ihnen; ich stehe Ihnen stets zu Diensten. 'Ich wandte mich an die Sekundanten und erklärte, ich gedächte heute nicht zu schießen; und damit war der Zweikampf beendet.

Ich nahm meinen Abschied und zog mich in dieses Städtchen zurück. Seitdem ist nicht ein Tag vergangen, an dem ich nicht an meine Rache gedacht hätte. Jetzt ist meine Stunde gekommen...«

Sylvio zog den Brief, den er am Morgen erhalten, aus der Tasche und gab ihn mir zu lesen. Jemand (anscheinend sein Bevollmächtigter) schrieb ihm aus Moskau, die 'bewußte Person' wolle in Kürze ein junges, schönes Mädchen heiraten.

»Sie werden erraten«, sprach Sylvio, »wer diese 'bewußte Person' ist. Ich reise nach Moskau. Wir wollen einmal sehen, ob er vor seiner Hochzeit den Tod ebenso gleichgültig hinnehmen wird wie damals, als er ihn Kirschen essend erwartete!«

Bei diesen Worten erhob sich Sylvio, warf seine Mütze auf den Boden und fing an, wie ein Tiger im Käfig auf und ab zu gehen. Regungslos hatte ich ihm zugehört; seltsame, einander widersprechende Gefühle bewegten mich.

Der Bediente trat ein und meldete, daß die Pferde bereit stünden. Sylvio drückte mir kräftig die Hand; wir gaben uns den Abschiedskuß. Er stieg in den Wagen, auf dem zwei Koffer lagen, einer mit Pistolen, der andere mit seinen Habseligkeiten. Wir verabschiedeten uns noch einmal, und die Pferde jagten los.

II

Einige Jahre darauf zwangen mich meine häuslichen Verhältnisse, mich auf einem armseligen Landgut im Kreise N... niederzulassen. Ich befaßte mich mit Landwirtschaft und seufzte dabei im stillen ständig meinem früheren bewegten und sorglosen Leben nach. Am schwersten konnte ich mich daran gewöhnen, die Frühlings- und Winterabende in völliger Einsamkeit zu verbringen. Bis Mittag ließ sich die Zeit noch irgendwie totschlagen, indem ich mit dem Dorfältesten schwatzte, zu den einzelnen Arbeitsstellen hinfuhr oder die neuen Einrichtungen beaufsichtigte; sobald es aber zu dämmern begann, wußte ich überhaupt nicht mehr, was tun. Die wenigen Bücher, die ich in den Schränken und in der Vorratskammer gefunden hatte, kannte ich bereits auswendig. Alle Märchen, deren sich die Beschließerin Kirilowna nur irgend entsinnen konnte, waren mir schon erzählt. Die Lieder der Bauernweiber langweilten mich. Ich nahm mir die ungesüßten Fruchtschnäpse vor, aber ich bekam von ihnen Kopfweh; ja, ich gebe zu, daß ich fürchtete, ein Trinker aus Hoffnungslosigkeit, das heißt ein völlig hoffnungsloser Trinker zu werden, wofür ich in unserem Landkreis schon genug Beispiele gesehen hatte. In meiner näheren Umgebung gab es keine Nachbarn, außer zwei oder drei dieser Hoffnungslosen, deren Unterhaltung vornehmlich aus Aufstoßen und Seufzen bestand. Die Einsamkeit war da noch erträglicher. Zu guter Letzt beschloß ich, möglichst früh schlafen zu gehen und möglichst spät Mittag zu essen; so verkürzte ich den Abend und verlängerte den Tag; »und siehe da, es war sehr gut«.

Vier Werst von mir entfernt lag ein reiches Gut, das der Gräfin B... gehörte; es lebte aber nur der Verwalter dort, während die Gräfin ihr Gut nur einmal, im ersten Jahr ihrer Ehe, besucht hatte und dann auch nicht länger als einen Monat geblieben war. Jedoch im zweiten Frühling meines Einsiedlerlebens verbreitete sich das Gerücht, daß die Gräfin mit ihrem Gatten den Sommer über auf ihr Landgut käme. Sie trafen in der Tat Anfang Juni ein.

Die Ankunft eines reichen Nachbarn bildet für Landbewohner eine bedeutsame Angelegenheit. Die Gutsbesitzer und ihr Gesinde unterhalten sich darüber wohl schon zwei Monate vorher und noch drei Jahre danach. Was mich betrifft, so muß ich gestehen, daß die Nachricht von der Ankunft der jungen und schönen Nachbarin mich außerordentlich berührte; ja, ich brannte vor Ungeduld, sie zu sehen, und begab mich deshalb am ersten Sonntag ihrer Anwesenheit nach Tisch zum Dorfe ..., um mich den erlauchten Herrschaften als nächster Nachbar und untertänigster Diener vorzustellen.

Der Lakai führte mich ins Kabinett des Grafen und ging, mich anzumelden. Das geräumige Kabinett war mit allem erdenklichen Luxus ausgestattet; rings an den Wänden standen Bücherschränke und auf jedem eine Bronzebüste; über dem Kamin aus Marmor hing ein breiter Spiegel; der Fußboden war mit grünem Tuch bezogen und mit Teppichen belegt. Da ich in meinem armseligen Winkel allem Luxus entwöhnt war und schon lange keinen fremden Reichtum mehr gesehen hatte, schüchterte mich all dies ein, und ich erwartete den Grafen mit einem gewissen Bangen, wie ein Bittsteller aus der Provinz, der auf das Erscheinen des Ministers wartet. Die Tür tat sich auf, und herein trat ein Mann von schöner Gestalt, der wohl zweiunddreißig Jahre zählen mochte. Der Graf kam auf mich zu mit offenem und freundlichem Gesichtsausdruck; ich suchte Fassung zu gewinnen und schickte mich an, mich vorzustellen, indes er kam mir zuvor. Wir nahmen Platz. Seine ungezwungene und liebenswürdige Unterhaltung zerstreute bald meine verwirrte Schüchternheit; schon begann ich, mein gewohntes Gleichgewicht wiederzugewinnen, als plötzlich die Gräfin eintrat, und meine Verwirrung war ärger denn zuvor. Sie war in der Tat eine Schönheit. Der Graf stellte mich vor; ich wollte ungezwungen erscheinen, doch je mehr ich mich bemühte, ein zwangloses Wesen an den Tag zu legen, desto linkischer kam ich mir vor. Um mir Zeit zu lassen, mich zu sammeln und an die neuen Bekannten zu gewöhnen, fingen sie ein Gespräch miteinander an, wobei sie mit mir wie mit einem guten Nachbarn und ohne Zeremonien verfuhren. Ich schritt unterdessen auf und ab und betrachtete die Bücher und Bilder. Ich bin kein Kenner von Gemälden, und doch zog eines meine Aufmerksamkeit besonders an. Es stellte irgendeine Landschaft aus der Schweiz dar; jedoch nicht die Malerei ließ mich erstaunen, sondern der Umstand, daß das Bild von zwei Kugeln durchschossen war, von denen eine auf der anderen gesessen hatte. »Ein guter Schuß, da«, sagte ich, zum Grafen gewandt. – »Ja«, entgegnete er, »ein sehr beachtlicher Schuß. — Sind Sie auch ein guter Schütze?« fuhr er fort. – »Ich denke schon«, antwortete ich, erfreut, daß das Gespräch endlich einen mir vertrauten Gegenstand berührte. »Bei dreißig Schritt Abstand gibt's bei mir auf eine Spielkarte keinen Fehlschuß, selbstverständlich nur aus vertrauten Pistolen.« — »Wirklich?« sagte die Gräfin mit einem Gesichtsausdruck größter Aufmerksamkeit; »und du, mein Freund, triffst du denn eine Karte auf dreißig Schritt?« – »Bei Gelegenheit«, entgegnete der Graf, »müssen wir's mal ausprobieren. Seinerzeit habe ich nicht übel geschossen; nun hab' ich aber schon vier Jahre keine Pistole mehr in die Hand genommen.« — »Oh, in diesem Falle möchte ich wetten«, bemerkte ich, »daß Ew. Erlaucht schon auf zwanzig Schritt eine Karte nicht treffen; denn Pistolenschießen verlangt tägliche Übung. Das weiß ich aus Erfahrung. In unserem Regiment galt ich als einer der besten

Schützen. Einmal geschah es, daß ich einen ganzen Monat lang keine Pistole anrührte; denn meine eigenen befanden sich in Reparatur. Was meinen Ew. Erlaucht? Als ich dann zum ersten Male wieder schoß, fehlte ich auf fünfundzwanzig Schritt eine Flasche viermal hintereinander. Wir hatten einen Rittmeister – ein Witzbold und Spaßvogel; er war zufällig dabei und sagte zu mir: 'Mein Lieber, deine Hand will sich gewiß nicht gegen eine Flasche erheben.' Nein, Ew. Erlaucht, man darf nicht aus der Übung kommen, sonst verlernt man's eben. Der beste Schütze, dem ich je begegnet, schoß jeden Tag mindestens dreimal vor Tisch. Dies war ihm, genau wie das Gläschen Wodka, zur Gewohnheit geworden.« Der Graf und die Gräfin freuten sich, daß ich ins Reden gekommen. »Und wie schoß er denn?« fragte mich der Graf. – »Sehen Ew. Erlaucht, wenn er beispielsweise bemerkte, daß sich eine Fliege an die Wand setzte – Sie lachen, Gräfin? Es ist wahr, bei Gott! – ... wenn er eine Fliege bemerkte, so schrie er: 'Kuska, die Pistole!' – Und Kuska brachte ihm die geladene Pistole. Krach! und die Fliege war in die Wand gequetscht!« – »Das ist ja erstaunlich!« sagte der Graf; »und wie hieß er denn?« – »Sylvio, Ew. Erlaucht.« – »Sylvio!« rief der Graf, von seinem Platz aufspringend; »Sie kannten Sylvio?« – »Wie sollte ich ihn nicht kennen, Ew. Erlaucht; wir waren doch Freunde; wir hatten ihn in unserem Regiment wie einen Kameraden aufgenommen; nun habe ich freilich schon an die fünf Jahre nichts mehr von ihm gehört. Ew. Erlaucht haben ihn also auch gekannt?« – »Ich hab' ihn gekannt, und sogar recht gut. Hat er Ihnen nicht... aber nein; ich denke, wohl nicht; hat er Ihnen nicht von einer sehr merkwürdigen Begebenheit erzählt?« – »Ew. Erlaucht meinen doch nicht etwa die Ohrfeige, die ihm auf einem Balle irgendein Tollkopf versetzte?« – »Und hat er Ihnen den Namen des Tollkopfs genannt?« – »Nein, Ew. Erlaucht, er hat ihn nicht genannt... Ach, verzeihen Ew. Erlaucht«, fuhr ich fort, die Wahrheit erratend, »...ich wußte ja nicht... Waren Sie es etwa?...« – »Ich war's«, antwortete der Graf und zeigte sich äußerst verstimmt, »und dies durchschossene Bild ist ein Andenken an unsre letzte Begegnung...« – »Ach, Liebling«, sagte die Gräfin, »erzähl um Gottes willen nicht diese Geschichte; ich fürchte mich, auch nur davon zu hören.« – »Nein«, erwiderte der Graf, »ich will alles erzählen; er weiß, wie ich seinen Freund beleidigt; er soll auch wissen, wie sich Sylvio an mir gerächt.« Der Graf rückte mir einen Sessel heran, und ich vernahm die folgende, mich lebhaft interessierende Erzählung:

– Vor fünf Jahren habe ich geheiratet. Den ersten Monat, the honeymoon, verbrachte ich hier auf diesem Gute. Diesem Haus verdanke ich die schönsten Augenblicke meines Lebens und zugleich auch eine meiner schwärzesten Erinnerungen.

Eines Abends waren wir zusammen ausgeritten; das Pferd meiner Frau war ein wenig störrisch geworden; sie ängstigte sich, übergab mir die Zügel und ging zu Fuß heim; so ritt ich denn voraus. Auf dem Hofe bemerkte ich einen Reisewagen; man sagte mir, in meinem Kabinett sitze ein Herr, der seinen Namen nicht nennen wolle und lediglich vorgebracht habe, daß ihn ein Anliegen zu mir führe. Ich betrat das bezeichnete Zimmer und sah im Dunkel einen staubbedeckten Mann mit einem Barte; er stand hier am Kamin. Ich schritt auf ihn zu, wobei ich mich bemühte, mich seiner Gesichtszüge zu entsinnen. »Du erkennst mich nicht, Graf?« sprach er mit bebender Stimme. – »Sylvio!« schrie ich auf, und ich gestehe, daß ich spürte, wie mir plötzlich die Haare zu Berge stiegen. »Jawohl«, fuhr er fort, »nun kommt mein Schuß dran; ich bin einzig und allein zu dem Zweck hierher gereist, meine Pistole leerzuschießen; bist du bereit?« Aus seiner Seitentasche ragte die Pistole hervor. Ich maß zwölf Schritt ab, stellte mich dort in der Ecke auf und bat ihn, nur möglichst schnell zu schießen, eh' meine Frau heimkehre. Er zögerte – und bat um Licht. Man brachte die Kerzen. Ich verschloß die Tür und ordnete an, niemanden hereinzulassen; nochmals bat ich ihn, zu schießen. Er zog die Pistole hervor und zielte... Ich zählte die Sekunden... Ich dachte an sie... Eine schreckliche Minute verrann! Sylvio ließ den Arm sinken: »Ich bedaure, daß meine Pistole nicht mit Kirschkernen geladen ist... Eine Kugel ist schwerer. Mir will es immer scheinen, daß dies kein Duell, sondern ein Mord ist: ich bin nicht gewohnt, auf Unbewaffnete zu schießen. Fangen wir noch mal von vorn an; werfen wir das Los, wer den ersten Schuß hat.« Mir drehte es im Kopf... Ich glaube, ich wollte nicht darauf eingehen... Doch schließlich luden wir noch eine Pistole; wir rollten zwei Zettel zusammen; er legte sie in seine Mütze, die ich einst durchschossen; abermals zog ich Nummer eins. »Du hast verteufeltes Glück, Graf«, sagte er mit einem Lächeln, das ich nie vergessen werde. Ich entsinne mich nicht mehr, wie mir geschah und wieso er mich dazu bringen konnte... jedenfalls schoß ich und traf dieses Bild hier. (Der Graf deutete mit dem Finger auf das durchschossene Gemälde; sein Gesicht brannte feuerrot; die Gräfin war weißer als ihr Tüchlein; ich selbst konnte einen Ausruf nicht unterdrücken.)

Ich schoß – fuhr der Graf fort – und hatte, Gott sei Dank, gefehlt; darauf begann Sylvio... (er war in diesem Augenblick wirklich schrecklich anzusehen) begann Sylvio, auf mich zu zielen. Plötzlich wird die Tür geöffnet, Mascha fliegt herein und wirft sich mir wimmernd an den Hals. Ihre Anwesenheit gab mir meinen ganzen Mut wieder. »Aber Liebling«, sagte ich zu ihr, »siehst du denn nicht, daß wir scherzen? Wie hast du dich bloß erschreckt? Geh, trink ein Glas Wasser und komm dann zu uns; ich will dir einen alten Freund und Kameraden vorstellen.« – Mascha glaubte mir indes immer noch nicht. »Sagen Sie, spricht mein Mann die Wahrheit?« fragte sie, zu Sylvio gewandt, der schrecklich anzusehen war; »ist's wahr, daß Sie beide scherzen?« – »Er pflegt immer zu scherzen, Gräfin«, gab ihr Sylvio zur Antwort; »erst hat er mir im Scherz eine Ohrfeige versetzt, dann hat er mir im Scherz diese Mütze durchschossen, und im Scherze hat er eben an mir vorbeigeschossen; jetzt hab' ich auch mal Lust zum Scherzen...« Mit diesen Worten wollte er auf mich zielen... In ihrer Gegenwart! Mascha warf sich ihm zu Füßen. – »Steh auf, Mascha, schäm dich!« schrie ich rasend; »und Sie, mein Herr, wollen Sie wohl aufhören, ein armes Weib zu verhöhnen? Werden Sie nun endlich schießen oder nicht?« – »Ich werde nicht schießen«, erwiderte Sylvio, »ich bin befriedigt; ich habe deine Verwirrung, deine Verzagtheit gesehen, hab' dich gezwungen, auf mich zu schießen; das genügt mir. Du wirst mich in Erinnerung behalten. Ich überlasse dich deinem Gewissen.« Hiermit wollte er hinausgehen, blieb aber in der Tür nochmals stehen, richtete seinen Blick auf das von mir durchschossene Bild, schoß darauf, fast ohne zu zielen, und verschwand. Meine Frau lag ohnmächtig am Boden; meine Leute wagten nicht, ihn aufzuhalten, und starrten ihn entsetzt an; er trat auf die Freitreppe hinaus, rief seinen Kutscher und rollte davon, eh' ich wieder recht zu Verstand gekommen war. –

Der Graf schwieg. So erfuhr ich das Ende jener Geschichte, deren Anfang mich einst derart in Erstaunen versetzt. Ihrem Helden bin ich nicht wieder begegnet. Man erzählt sich, daß Sylvio beim Aufstand Alexander Ypsilantis eine Abteilung Hetäristen angeführt habe und in der Schlacht bei Sculeni gefallen sei.

* * * * * * * * * * * * * * * * * * * * * * * * * * * * * * * * * *

# NIKOLAI GOGOL

*Nikolai Wassiljewitsch Gogol, neben Puschkin der Begründer des kritischen Realismus, ist, ein Jahrzehnt jünger als dieser, 1809 in dem Flecken Bolschije Sorotschinzy im Kreise Mirgorod, Gouvernement Poltawa, in ukrainischer Gutsbesitzerfamilie geboren. Seine Jugend mag er in ähnlicher Umgebung erlebt haben, wie sie die folgende Erzählung 'Gutsbesitzer aus alten Tagen' schildert. Neunjährig bezieht er die Kreisschule in Poltawa und besucht 1821–28 das »Gymnasium für höheres Wissen« in Neshin, wo er sich für die Befreiungstat des russischen Volkes von 1812 begeistert, die Ideen der Dekabristen und Puschkins frühere Werke kennenlernt, leidenschaftlich das Leben, die Märchen, Sagen und Lieder des Volkes studiert und Theater spielt. Durch den Tod des Vaters (1825) in materielle Bedrängnis geraten, geht er 1828 nach Petersburg, träumt vom »Dienst an der Menschheit«, lernt hier jedoch in mehreren Stellungen die Not des Unterbeamten kennen und studiert Malerei, bis ihm seine ersten Erzählungen durch Shukowskis Empfehlung das Amt eines Geschichtslehrers für Offizierstöchter einbringen. 1831 lernt er Puschkin in Zarskoje Selo kennen, der sein Berater, Förderer und Freund wurde, und veröffentlicht den Ersten Teil der 'Abende auf dem Vorwerk bei Dikanka', das fröhliche Idyll des ukrainischen Dorfes, in dessen Lokalkolorit und satirischen Gestalten sich schon der große Realist anbahnt. Im folgenden Jahre schließt sich der Zweite Teil an, dessen Erzählung 'Iwan Fjodorowitsch Schponka und sein Tantchen' die Tagedieberei des Provinzadels mit gutmütiger, doch schon vernichtender Ironie zeichnet. Gogol wird berühmt. 1834 erhält er durch Vermittlung als »Adjunktprofessor« einen Lehrstuhl für allgemeine Geschichte an der Universität Petersburg, erlahmt jedoch bald und gibt ihn schon im nächsten Jahre auf. 1835 erscheinen die 'Arabesken' (darin u.a. die 'Petersburger Erzählungen': 'Der Newski-Prospekt', 'Das Bildnis', die 'Aufzeichnungen eines Verrückten' sowie der Aufsatz 'Über die kleinrussischen Lieder') und 'Mirgorod' (mit der hier abgedruckten Erzählung 'Gutsbesitzer aus alten Tagen', mit 'Taras Bulba' u.a.). In 'Mirgorod' tut Gogol den Schritt zur größeren Tiefe und Wirklichkeitsnähe, indem er den Traum vom schönen Volksleben der traurigen Wirklichkeit der Leibeigenschaft gegenüberstellt. In einem solchen System werden selbst die gutmütigen Charakterzüge der 'Gutsbesitzer aus alten Tagen' zu einer »Parodie auf die Menschheit« (Belinski), während 'Taras Bulba' das »pathetisch-heroische Volksepos vom freien Kosakenleben« gibt. Die 'Petersburger Erzählungen' (zu denen 1836 'Die Nase' und 1842 'Der Mantel' kommen) zeigen satirisch die schreienden sozialen Gegensätze der Großstadt, »in der Mensch und Kunst entwürdigt werden«, und den herzlosen Egoismus gegenüber dem einfachen Manne, der den Würdenträgern oder Karrieremachern allen Besitz und Erfolg überlassen muß.*

*Auf der Reise nach dem väterlichen Gut Wassiljewka lernt Gogol in Moskau Mai 1835 den Kritiker Belinski kennen, der ihn als Dichter der »Lebenswahrheit« neben Puschkin an die Spitze der russischen Literatur stellt, während ihn die konservative Kritik als »sehr schmutzig« oder »ulkig« abtut. Ende des gleichen Jahres vollendet Gogol die soziale Komödie 'Der Revisor' (1836 in Petersburg aufgeführt), worin er »alle schlimmen Seiten Rußlands auf einen Haufen sammelt« und »die Schweineschnauzen« der auf der Leibeigenschaft ruhenden Ordnung verspottet. Der Jubel der fortschrittlichen Kreise kann ihn jedoch nicht trösten über die Angriffe der Regierungspresse, die sein Stück als unwahrscheinliche »dumme Farce« bezeichnet. Er flieht vor dem »mondänen Pöbel« in die Schweiz, nach Paris, wo er an seinem großen Roman 'Tote Seelen' arbeitet, lebt von 1837 bis 39 in Rom und vollendet, abermals in Italien, 1840 deren Ersten Teil (1842 erschienen). Die 'Toten Seelen', die Gutsbesitzer in ihrer Habgier, ihrem Geiz und ihrer Träumerei, sind die Porträts der moralisch unwürdigen oder hohlen Ausbeuterschicht im Leibeigenenstaat; der Roman ist ein »Aufschrei des Entsetzens und der Scham« (A. Herzen) und zugleich ein Zeugnis des Glaubens an das unterdrückte Volk, die Bauern. Belinski rühmte ihm »erschreckende Wirklichkeitstreue« nach. Gogol beabsichtigt, ihn fortzusetzen und – nach Dantes Vorbild – in zwei weiteren Teilen die moralische Wandlung seiner »Helden« und das Rußland der Zukunft darzustellen. Daran mußte er zerbrechen, weil das Rußland seiner Zeit zu wenige wirkliche Ansätze dazu bot und »die Darstellung von Idealen Gogols schwächste Seite« war (Tschernyschewski). 1842 beendet er in Rom die Komödie 'Die Heirat', die Szene 'Beim Verlassen des Theaters' und die berühmte Erzählung 'Der Mantel', die wiederum, und zwar durch Schilderung der Kaufleute und Beamten, »ein Bild und Spiegel unseres sozialen Lebens« sind, wahrheitsgetreu, mit zum Typischen erhobenen Gestalten und vom Mitleid mit dem »kleinen Manne« durchdrungen.*

*Doch schon hat die Wandlung zum »geistigen Asketentum« (Belinski), zur »Abgeschlossenheit vor dem Leben« (Korolenko), der langwierige Auflösungsprozeß seiner physischen und künstlerischen Kräfte durch Krankheit eingesetzt. Gogol erschrickt jetzt vor der »furchtbaren Wahrheit« seiner bisherigen Werke und kehrt unter dem Einfluß von katholisierendem Mystizismus zu den Anschauungen der Regierung zurück. Seine 'Ausgewählten Stellen aus dem Briefwechsel mit Freunden' (1847), in denen »unter der Hülle der Religion und unter dem Schutz der Knute Lüge und Sittenlosigkeit als Wahrheit und Tugend gepriesen werden« (Belinski), rufen einen Entrüstungssturm bei allen fortschrittlich Gesinnten hervor. Jahrelang in Rom lebend, von Depressionen und Todesangst gequält, verbrennt Gogol Ende 1845 mehrere Kapitel des Zweiten Teils der 'Toten Seelen', pilgert nach Jerusalem, nimmt 1848 in Moskau die Arbeit an den 'Toten*

*Seelen' wieder auf, vernichtet Anfang 1852 jedoch das gesamte Manuskript des Zweiten Teils – nur die ersten Kapitel sind durch Zufall erhalten geblieben – und stirbt kurz darauf in völliger Armut in Moskau als Opfer des Druckes der Selbstherrschaft, den seine zarte Seele nicht ertrug: der Dichter, der das Nichtige und Triviale mit dem Großen und Schönen zu einer Einheit zu verbinden wußte und dadurch eine höhere Stufe des Realismus erreichte (Belinski).*

## GUTSBESITZER AUS ALTEN TAGEN

Ganz besonders liebe ich das bescheidene Leben jener einsamen Besitzer entlegener Landgüter, die man in Kleinrußland altväterliche zu nennen pflegt, die, wie verwitterte malerische Häuschen, schon ihrer einfachen Schlichtheit wegen schön sind, wie auch durch den vollständigen Gegensatz zu manch neuem, wundervoll glattem Gebäude, dessen Dach noch nicht von grünem Moos überzogen, an dessen Aufgang noch nicht der Putz abgebröckelt ist, um die roten Ziegelsteine zu zeigen. Bisweilen liebe ich es, für kurze Zeit die Sphäre dieses ungewöhnlich einsamen Lebens zu betreten, wo kein Wunsch über den Pfahlzaun hinausfliegt, welcher den kleinen Hof umgibt, über den Flechtzaun um den Garten, der voll Apfel- und Pflaumenbäume steht, über die ringsum gelegenen Hütten des Dorfes, die sich zur Seite geneigt haben und von Weiden, Holunder und Birnbäumen beschattet werden. Das Leben ihrer bescheidenen Besitzer ist still, so still, daß man für einen Augenblick alles vergißt und meint, daß es Leidenschaften, Begierden und jene ruhelosen Ausgeburten des bösen Geistes, welche die Welt erregen, überhaupt nicht gebe und man von ihnen nur in gleißenden, blitzenden Trugbildern geträumt habe. Ich sehe deutlich im Geiste vor mir das niedrige Häuschen mit seiner

Galerie von kleinen geschwärzten Holzpfeilern, die sich um das ganze Haus herumzieht, damit man bei Gewitter und Hagel die Fensterläden zuklappen kann, ohne vom Regen durchweicht zu werden. Dahinter stehen ein duftender Faulbaum und ganze Reihen niederer Obstbäume, die vom Purpurrot der Kirschen und vom saphirblauen Meer der mit einem mattbleiernen Hauch bezogenen Pflaumen übergossen sind; ein breitästiger Ahorn, in dessen Schatten ein zur Ruhe einladender Teppich ausgebreitet ist; vor dem Hause ein weitläufiger Hof mit kurzem, frischem Rasen und querdurch getretenen schmalen Wegen vom Speicher zur Küche und von der Küche zu den herrschaftlichen Gemächern; eine langhalsige Gans, die mit ihren jungen, zarten, flaumweichen Gänschen Wasser trinkt; der Pfahlzaun, der mit Schnüren getrockneter Birnen und Äpfel und auslüftenden Matten behangen ist; eine Fuhre mit Melonen, die am Speicher steht; der ausgespannte Ochse, der träge neben ihr liegt — all dies hat für mich einen unsagbaren Reiz, vielleicht allein deshalb, weil ich es nun nicht mehr schauen kann und weil uns all das besonders lieb ist, wovon wir getrennt sind. Wie dem nun auch sei, jedenfalls geriet meine Seele, sobald mein leichter Wagen an der Freitreppe dieses Häuschens vorfuhr, sogleich in einen wundersam wohligen und ruhigen Zustand; die Pferde trabten freudig zur Treppe, der Kutscher stieg seelenruhig vom Bock herab und stopfte seine Pfeife, als wär' er in sein eigenes Haus eingefahren; selbst das Bellen, welches die phlegmatischen Hofhunde, die braunen und schwarzen Köter, anhoben, tönte meinen Ohren wohl. Doch am meisten gefielen mir die Besitzer dieser bescheidenen Winkel selbst, die alten Männlein und Mütterchen, die mir aufmerksam aus dem Hause entgegenkamen. Ihre Gesichter erscheinen mir im Geiste zuweilen noch heute, in Lärm und Menschenmenge unter modischen Fracks, und dann überkommt es mich plötzlich halb wie ein Traum, der mich in vergangene Zeiten entführt. Auf ihren Gesichtern steht stets so viel Güte, so viel Gastfreundlichkeit und Offenherzigkeit geschrieben, daß man unwillkürlich, zumindest aber für kurze Zeit, allen unbescheidnen phantastischen Wünschen entsagt und unmerklich mit all seinem Empfinden in jenes niedere bukolische Leben versinkt.

Ich kann bis zum heutigen Tag nicht jene zwei Altchen aus dem verflossenen Jahrhundert vergessen, die, o weh, nun schon dahingegangen sind, doch meine Seele ist noch heute von Schmerz erfüllt, und mein Gefühl verkrampft sich eigentümlich, wenn ich mir vorstelle, daß ich dereinst wieder zu ihrer ehemaligen, nunmehr verödeten Behausung hinfahren könnte und dort einen Haufen zerstörter Katen, den zugewachsenen Teich und eine von Unkraut überwucherte Senkung an jener Stelle, wo das niedrige Häuschen stand, zu sehen bekäme — und weiter nichts. Traurig! Mir wird schon vornweg traurig zumute. Aber nun zur Erzählung. Afanasi Iwanowitsch Towstogub und seine Frau Pulcheria Iwanowna Towstogubicha, wie sie im Munde der umliegenden Bauern hieß, waren die Alten, von denen ich zu erzählen begonnen. Wenn ich Maler wäre und Philemon und Baucis auf der Leinwand darstellen wollte, so hätte ich mir kein anderes Vorbild gewählt als sie. Afanasi Iwanowitsch war sechzig, Pulcheria Iwanowna fünfundfünfzig Jahre alt. Afanasi Iwanowitsch war von hoher Gestalt, trug ständig einen mit Kamelott bezogenen Schafpelz, saß vornübergebeugt da und lächelte fast immer, gleich ob er erzählte oder einfach zuhörte. Pulcheria Iwanowna war etwas ernst, sie lachte fast nie, auf ihrem Angesicht und in ihren Augen stand jedoch so viel Güte geschrieben, so viel Bereitschaft, den Gast mit all dem zu bewirten, was sie vom Besten hatten, daß man ein Lächeln auf ihrem gutmütigen Gesicht wohl schon als allzu süßlich empfunden hätte. Die feinen Runzeln auf ihren Gesichtern verliefen so lieblich, daß ein Künstler sie sicher gestohlen hätte. Aus ihnen vermochte man, wie es schien, ihr gesamtes Leben abzulesen, ein helles, geruhsames Leben, das unsere alten, bodenständigen, schlichtherzigen und dabei reichen Familien führten, die ja das ganze Gegenteil jener niedrigen Kleinrussen darstellen, die sich von Teerbrennern und Trödlern emporschwingen, wie die Heuschrecken Ämter und Behördenstellen erfüllen, dann ihren eigenen Landsleuten die letzte Kopeke aus der Tasche ziehen, Petersburg mit Verleumdern überschwemmen, schließlich zu Gelde kommen und ihrem Familiennamen, der auf 'o' endet, triumphierend ein 'w' anfügen. Nein, sie glichen ganz und gar nicht diesen verachtenswerten und erbärmlichen Geschöpfen, ebensowenig wie alle alten und eingesessenen kleinrussischen Familien. Man konnte nicht ohne Rührung ihre gegenseitige Liebe schauen. Niemals sagten sie zueinander 'du', sondern stets 'Sie': 'Sie, Afanasi Iwanowitsch'; 'Sie, Pulcheria Iwanowna'. »Haben Sie gar den Stuhl durchgesessen, Afanasi Iwanowitsch?« — »Macht nichts, seien Sie nicht böse, Pulcheria Iwanowna: ich war's.« Sie hatten keine Kinder gehabt, und deshalb richtete sich ihre ganze Liebe aufeinander. Einstmals, als er noch jung war, hatte Afanasi Iwanowitsch gedient und war dann sogar Sekondemajor gewesen, doch das war schon sehr lange her, lange vorbei, ja Afanasi Iwanowitsch selbst erinnerte sich dessen kaum noch. Afanasi Iwanowitsch hatte mit dreißig Jahren geheiratet, als er ein flotter Bursche war und eine gestickte Weste trug; er hatte sogar Pulcheria Iwanowna, die ihre Eltern ihm nicht zur Frau geben wollten, recht geschickt entführt; aber auch dessen entsann er sich nur sehr schwach, jedenfalls sprach er nie darüber. Alle diese fernen, ungewöhnlichen Begebenheiten waren längst vom geruhsamen und zurückgezogenen Leben umgeformt oder verdrängt worden, von jenen schläfrigen und zugleich irgendwie so harmonischen

Träumereien, die uns erfüllen, wenn draußen — während man auf einem ländlichen Balkon sitzt, der auf den Garten hinausblickt — ein herrlicher Regen üppig herabrauscht, auf die Blätter der Bäume klatscht und sich in murmelnden Bächlein dahinschlängelt, unsere Glieder mit wohliger Mattheit beschwerend; unterdessen schiebt sich hinter den Bäumen, in Gestalt einer halbzerfallenen alten Deckenwölbung, ein Regenbogen hervor und entfaltet seine sieben blaßleuchtenden Farben am Himmel. Oder wenn man im Wagen eingewiegt wird, der zuweilen im grünen Gesträuch untertaucht, und die Steppenwachtel ruft und sich das duftende Gras zusammen mit Kornähren und Feldblumen zum Wagenschlag hereinneigt, wohlig gegen Hände und Gesicht schlagend. Er hörte seinen Gästen, die ihn besuchen kamen, stets mit einem lieben Lächeln zu, sprach wohl bisweilen auch selbst, doch am liebsten fragte er nach dem und jenem. Er zählte nicht zu jenen alten Leuten, die durch ihre ewigen Loblieder auf die alte Zeit oder Klagen über die neue langweilen. Er zeigte ganz im Gegenteil bei seinen Erkundigungen große Neugier und Anteilnahme an den persönlichen Lebensverhältnissen des anderen, seinem Glück und Unglück, was gewöhnlich alle guten alten Leute zu interessieren pflegt, obwohl es ein bißchen der Neugier eines Kindes ähnelt, welches, während es mit uns spricht, ständig das Petschaft an unserer Uhr betrachtet. Sein Gesicht atmete dann, möchte man sagen, lautere Herzensgüte. Die Zimmer des Häuschens, in dem unsere lieben Alten wohnten, waren klein und niedrig, wie man sie gewöhnlich bei Leuten aus alten Tagen findet. In jeder Stube stand ein riesiger Ofen, der nahezu ein Drittel des vorhandenen Platzes für sich beanspruchte. Diese Zimmerchen waren entsetzlich warm, weil Afanasi Iwanowitsch und auch Pulcheria Iwanowna sehr die Wärme liebten. Die Feuerung aller Öfen erfolgte von der Diele aus, die ständig beinahe bis zur Decke voll Stroh lag, das in Kleinrußland allgemein statt Holz zur Heizung verwandt wird. Das Prasseln des flammenden Strohes und das davon ausgehende Licht machen die Diele am Winterabend zu einem so recht heimlichen Orte, wenn man, von den Nachstellungen hinter irgendeiner hübschen Brünetten durchfroren, händeschlagend hereingelaufen kommt. Die Wände der Zimmer zierten einige Bilder und Bildchen mit altertümlichen ganz schmalen Rahmen. Ich bin überzeugt, daß selbst die beiden alten Herrschaften schon längst ihren Inhalt vergessen hatten, und wenn einige davon weggenommen worden wären, so hätten sie das gewiß nicht bemerkt. Zwei Porträts waren größere Ölgemälde. Eines stellte irgendeinen Bischof dar, das andere Peter III. Aus einem schmalen Rahmen blickte, von Fliegen beschmutzt, die Herzogin von Lavallière. Rings um die Fenster und die Türen hing eine Menge kleiner Bildchen, die man als bloße Flecke an der Wand zu betrachten gewohnt war und die man sich deshalb nie anschaute. In fast allen Zimmern gab es nur Lehmfußboden, der jedoch so fein ausgestrichen und so sauber gehalten wurde wie gewiß kein Parkett in einem reichen Hause, das nachlässig von einem verschlafenen Herrn in Livree gefegt wird. Pulcheria Iwanownas Stube war ganz mit Truhen, Kasten, Kästchen und Schächtelchen vollgestellt. Eine Menge Bündelchen und Säckchen mit Blumen-, Gemüse- und Melonensamen hing an den Wänden. Unzählige Wollknäuel verschiedener Farben, Flicken alter Kleider, die einst vor einem halben Jahrhundert genäht worden waren, lagen in den Ecken, in Kasten und zwischen ihnen verstaut. Pulcheria Iwanowna war eine sehr gute Hausfrau und sammelte alles, obwohl sie manchmal selber nicht wußte, wozu sie es einmal gebrauchen könnte.

Doch das Bemerkenswerteste in diesem Häuschen waren — die singenden Türen. Sowie der Morgen aufdämmerte, erklang das Singen der Türen durchs ganze Haus. Ich kann nicht sagen, warum sie sangen; ob den verrosteten Angeln die Schuld zufiel oder ob gar der Mechaniker, der sie anfertigte, irgendein Geheimnis eingearbeitet hatte; aber merkwürdig war, daß jede Tür ihre besondere Stimme hatte: die Schlafzimmertür sang im feinsten Diskant; die Tür, die ins Speisezimmer führte, stöhnte im Baß; diejenige aber, die im Flur war, brachte einen so seltsamen klirrenden und zugleich ächzenden Laut hervor, daß man schließlich, wenn man genau hinhörte, ganz deutlich vernahm: 'Ach, du meine Güte, ist das kalt!' Ich weiß, daß vielen dieses Geräusch äußerst mißfällt; ich aber liebe es sehr, und wenn ich mitunter hier zufällig das Knarren einer Tür vernehme, dann umgibt mich plötzlich der Duft des Landes, und ich sehe vor mir das niedrige Stübchen, von einer Kerze in einem altertümlichen Leuchter erhellt, das Abendbrot, das schon auf dem Tische steht, die dunkle Mainacht, die aus dem Garten durchs geöffnete Fenster auf den gedeckten Tisch hereinlugt, höre den Nachtigallenschlag, der sich über den Garten, das Haus und den fernen Fluß ergießt, das furchtsame Beben und Flüstern der Zweige... Mein Gott, welche lange Kette von Erinnerungen wird dann in mir wach! — Die Stühle im Zimmer waren aus Holz und sehr massiv, wodurch sich gewöhnlich altertümliche Sachen auszeichnen, sie hatten alle hohe geschnitzte Lehnen, deren Holz im Naturzustande, ohne jeglichen Lack und ohne alle Farbe, war; sie waren nicht einmal mit Stoff bezogen und wiesen eine gewisse Ähnlichkeit mit jenen Stühlen auf, die bis zum heutigen Tage Bischöfe benutzen. Dreieckige kleine Tische in den Ecken, viereckige vor dem Diwan und vor dem Spiegel in einem ganz feinen Goldrahmen, dessen geschnitztes Laubwerk die Fliegen mit schwarzen Pünktchen übersät hatten, vorm Diwan ein Teppich mit Vögeln, die eher Blumen glichen, und Blumen, die Vögeln ähnlich sahen — das wäre wohl ungefähr die ganze Einrichtung des bescheidenen Häuschens, in dem meine beiden alten Leutchen wohnten. Die Mägdestube steckte voll junger und nicht mehr ganz junger Mädchen in gestreiften Leinenröcken, denen Pulcheria Iwanowna zuweilen irgendwelche Kleinigkeiten zu nähen, dann und wann auch Beeren zu putzen gab, meistens aber liefen sie zur Küche und schliefen. Pulcheria Iwanowna hielt es für notwendig, sie im Hause zu halten, und sah streng auf ihre Sittlichkeit. Doch zu ihrer äußersten Verwunderung verstrichen selten einige Monde, ohne daß bei einem ihrer Mädchen die Gestalt weit über das übliche hinaus voller wurde; und dies schien um so erstaunlicher dadurch, daß es im ganzen Hause kaum einen ledigen Burschen gab, außer dem Zimmerjungen allenfalls, der barfuß in einem grauen Halbfrack einherging und, wenn er nicht aß, ganz gewiß schlief. Gewöhnlich schalt Pulcheria Iwanowna die Sünderin und bestrafte sie streng, damit dies künftig nie wieder geschehe. An den Fensterscheiben summte eine schreckliche Menge Fliegen, die alle vom Brummbaß der Hummel übertönt wurden, den zuweilen das schrille Gewinsel der Wespen begleitete; aber sowie die Kerzen gebracht wurden, begab sich die ganze Kolonne zu ihrem Nachtquartier und überzog die gesamte Decke gleich einer schwarzen Wolke.

Afanasi Iwanowitsch gab sich nur sehr wenig mit der Wirtschaft ab, obgleich er übrigens manchmal zu den Mähern und Schnittern hinausfuhr und ihnen bei der Arbeit recht aufmerksam zuschaute; die ganze Last der Wirtschaftsführung lag auf Pulcheria Iwanowna. Ihre hauswirtschaftliche Tätigkeit bestand im unablässigen Aufschließen und Zuschließen der Vorratskammer, im Einsalzen, Trocknen, Einkochen einer unendlichen Menge von Obst und Gemüse. Ihr Haus glich schier einem chemischen Laboratorium. Unter dem Apfelbaum knisterte ständig ein Feuer; und fast nie stand der eiserne Dreifuß ohne Kessel oder Kupferbecken voll Marmelade, Gelee oder Mus, welche mit Honig, Zucker und ich weiß nicht was noch zubereitet wurden. Unter einem anderen Baum brannte der Kutscher in einem Kupferkessel in einem fort Schnaps auf Pfirsichblätter, Faulbaumblüten, Tausendgüldenkraut, Kirschkerne und war gegen Ende dieses Prozesses gänzlich außerstande, noch ein vernünftiges Wort zu reden, schwatzte solch einen Unsinn zusammen, daß Pulcheria Iwanowna nichts verstehen konnte, worauf er in die Küche schlafen geschickt wurde. Von all dem Zeugs wurde eine derartige Menge eingekocht, eingesalzen und getrocknet, daß es am Ende gar den ganzen Hof überschwemmt hätte — da es Pulcheria Iwanowna liebte, außer was für den Verbrauch berechnet, stets noch auf Vorrat zu wirtschaften —, wenn nicht der größte Teil dessen von den Hausmädchen aufgefuttert worden wäre, die sich, wenn sie in die Vorratskammer gerieten, da so ungeheuer überaßen, daß sie den ganzen Tag lang stöhnten und über Magenschmerzen klagten. Pulcheria Iwanowna kam nur selten dazu, sich um den Ackerbau und die übrigen Wirtschaftsangelegenheiten außerhalb des Hofes zu kümmern. Der Verwalter, der mit dem Dorfschulzen unter einer Decke steckte, bestahl sie in unbarmherziger Weise. Sie hatten sich angewöhnt, mit den herrschaftlichen Wäldern wie mit ihren eigenen zu schalten, verarbeiteten dies Holz in Mengen zu Schlitten und machten sie auf dem nächsten Jahrmarkt zu Geld; außerdem verkauften sie sämtliche dicken Eichen zum Abholzen an die benachbarten Kosaken für ihre Mühlen. Ein einziges Mal nur wünschte Pulcheria Iwanowna ihre Wälder in Augenschein zu nehmen. Hierfür wurde eine Droschke mit riesigem ledernem Verdeck angespannt, welche, sowie der Kutscher die Zügel anzog und die Gäule, die noch in der Miliz gedient hatten, sich in Bewegung setzten, die Luft mit wunderlichen Lauten erfüllte, so daß plötzlich Flöten, Schellen und Trommeln zugleich zu ertönen schienen; jeder kleine Nagel und Eisenbügel klirrte so sehr, daß es selbst bei den Mühlen zu hören war, als die Gutsbesitzerin ausfuhr, obwohl das eine Entfernung von nicht weniger als zwei Werst war. Pulcheria Iwanowna konnte unmöglich diese schreckliche Verwüstung im Walde und das Verschwinden jener Eichen, die sie bereits in ihrer Kindheit als hundertjährige kannte, übersehen.

»Wie kommt es eigentlich, Nitschipor«, sagte sie, zu ihrem Verwalter gewandt, der mit ihr fuhr, »daß bei dir die Eichen so selten geworden sind? Gib acht, daß die Haare auf deinem Kopfe nicht mal selten werden!«

»Wieso selten?« erwiderte wie gewöhnlich der Verwalter. »Sie sind umgekommen! Sind wirklich vollständig verschwunden: vom Blitz zerschmettert, von den Würmern zerfressen — umgekommen, Herrin, umgekommen.«

Pulcheria Iwanowna gab sich mit dieser Antwort vollkommen zufrieden und ordnete, nach Haus zurückgekehrt, lediglich an, im Garten die Bewachung bei den spanischen Kirschen und den großen Winterbirnen zu verdoppeln. Diesen ehrenwerten Administratoren, dem Verwalter und dem Dorfschulzen, erschien es durchaus überflüssig, das ganze Mehl in die herrschaftlichen Speicher einzufahren; ach was, die Herrschaft hat auch mit der Hälfte genug; und diese Hälfte brachten sie am Ende verschimmelt oder durchfeuchtet — das Mehl, das sie auf dem Jahrmarkt nicht losgeworden waren. Doch wieviel auch Verwalter und Dorfschulze verschwinden ließen, wie schrecklich viel alle auf dem Hofe fraßen — angefangen von der Haushälterin bis zu den Schweinen, die eine entsetzliche Menge Pflaumen und Äpfel vertilgten und öfters mit ihren Schnauzen einen Baum anstießen, um einen ganzen Früchteregen herunterzuschütteln, wieviel davon die Sperlinge und

Krähen anhackten, wieviel auch das ganze Hofgesinde an Geschenken zu Gevattern in andere Dörfer trug und sogar aus den Speichern altes Leinen und Garn stibitzte, was alles zur Allerweltsquelle wanderte, das heißt zur Schenke, wieviel die Gäste, phlegmatische Kutscher und Lakaien, stehlen mochten — die gesegnete Erde brachte alles in solcher Menge hervor, Afanasi Iwanowitsch und Pulcheria Iwanowna brauchten so wenig, daß alle diese ungeheuren Diebereien in ihrer Wirtschaft gar nicht aufzufallen schienen.

Die beiden Altchen liebten nach Brauch der Gutsbesitzer aus der alten Zeit sehr das Essen. Sowie der Morgen dämmerte (sie standen stets früh auf) und die Türen ihr mehrstimmiges Konzert anhoben, saßen sie schon am Tischchen und tranken Kaffee. Nach dem Kaffeetrinken trat Afanasi Iwanowitsch auf den Hausflur und sagte, sein Tüchlein schwenkend: »Ksch, ksch! Marsch, ihr Gänse, von der Treppe!« Auf dem Hofe begegnete ihm gewöhnlich der Verwalter. Er ließ sich in der Regel mit ihm in ein Gespräch ein, erkundigte sich nach den Arbeiten mit äußerster Genauigkeit, gab ihm solche Hinweise und Anordnungen, daß sie jedermann ob seiner ungewöhnlichen Wirtschaftskenntnis in Erstaunen versetzen mußten und kein Neuling auch nur daran zu denken gewagt hätte, daß man einen so scharfsichtigen Gutsherrn bestehlen könnte. Doch sein Verwalter war ein ganz geriebener Vogel: Er wußte genau, wie man zu antworten, und noch besser, wie man zu wirtschaften hatte.

Hernach kehrte Afanasi Iwanowitsch in die Stube zurück, trat zu Pulcheria Iwanowna und sprach: »Na, wie wär's, Pulcheria Iwanowna, vielleicht wär' es Zeit, ein bißchen was zu frühstücken?«

»Was soll's denn zum Frühstück sein, Afanasi Iwanowitsch? Vielleicht ein paar hübsche Fladen mit Speck oder Mohnpastetchen oder gar eingelegte Reizker?«

»Meinetwegen, Reizker oder Pastetchen, mir ist's gleich«, erwiderte Afanasi Iwanowitsch, und auf einmal war der Tisch weiß gedeckt, und Pastetchen wie Reizker standen da.

Eine Stunde vor Tisch nahm Afanasi Iwanowitsch abermals einen kleinen Imbiß, trank aus einem altertümlichen Silberbecher Wodka, knabberte dann ein paar Pilzchen, verschiedene getrocknete Fischchen und dergleichen. Zum Mittagessen setzte man sich um zwölf Uhr. Außer den Schüsseln und Saucièren standen auf dem Tisch noch eine Menge Töpfchen mit fettigen Deckeln, damit irgendein appetitliches Erzeugnis der alten schmackhaften Küche nicht verdunste. Während des Mittagstisches unterhielt man sich gewöhnlich über Gegenstände, die zu dem Essen in nächster Beziehung standen.

»Mir will es scheinen, als ob diese Grütze«, sagte Afanasi Iwanowitsch gewöhnlich, »etwas angebrannt ist; meinen Sie nicht auch, Pulcheria Iwanowna?«

»Nein, Afanasi Iwanowitsch; geben Sie nur mehr Butter drauf, dann wird sie Ihnen nicht mehr angebrannt vorkommen, oder hier, nehmen Sie von dieser Pilzsoße und gießen Sie ein wenig zu.«

»Meinetwegen«, sagte Afanasi Iwanowitsch und schob seinen Teller hin, »probieren wir mal, wie das schmeckt.«

Nach dem Mittagessen begab sich Afanasi Iwanowitsch ein Stündchen zur Ruhe, worauf ihm Pulcheria Iwanowna eine aufgeschnittene Wassermelone brachte und sagte: »Da, probieren Sie mal, Afanasi Iwanowitsch, was für eine schöne Melone.«

»Seien Sie nur nicht zu sicher, Pulcheria Iwanowna, weil sie innen rot ist«, entgegnete Afanasi Iwanowitsch, während er eine ordentliche Scheibe nahm, »es gibt manchmal auch rote, die trotzdem nicht gut sind.«

Die Wassermelone war jedoch im Nu verschwunden. Hernach verspeiste Afanasi Iwanowitsch noch einige Birnen und erging sich zusammen mit Pulcheria Iwanowna etwas im Garten. Wieder daheim, begab sich Pulcheria Iwanowna an ihr Tagewerk, indessen er sich unters Vordach setzte, das dem Hofe zugewandt war, und zuschaute, wie die Vorratskammer in einem fort ihr Inneres zeigte und wieder zuklappte, wie die Mägde, einander stoßend, Haufen von allerlei Zeugs in Holzkästen, Sieben, Trögen und anderen Obstbehältnissen bald hinein-, bald heraustrugen. Nach einem Weilchen schickte er nach Pulcheria Iwanowna oder begab sich selbst zu ihr und fragte:

»Was könnte ich wohl mal essen, Pulcheria Iwanowna?«

»Was gäbe es denn da gleich?« überlegte Pulcheria Iwanowna. »Soll ich vielleicht draußen sagen, daß man Ihnen Pastetchen mit Beeren bringt, die ich extra für Sie aufheben ließ?«

»Nun gut«, antwortete Afanasi Iwanowitsch.

»Oder möchten Sie gern saure Mehlspeise?«

»Auch schön«, entgegnete Afanasi Iwanowitsch. Danach wurde sogleich all das aufgetragen und, wie üblich, verzehrt.

Vor dem Abendessen nahm Afanasi Iwanowitsch noch eine Kleinigkeit zu sich. Halb zehn setzte man sich dann zum Abendbrot. Nach dem Abendbrot ging man sogleich wieder schlafen, und allgemeine Stille breitete sich über diesen emsigen und dabei so friedlichen Winkel. Das Zimmer, in dem Afanasi Iwanowitsch und Pulcheria Iwanowna schliefen, war so heiß, daß darin kaum jemand einige Stunden zu verbringen vermocht hätte. Doch Afanasi Iwanowitsch schlief überdies noch, um es wärmer zu haben, auf der Ofenbank, obwohl ihn die mächtige Hitze des öfteren nötigte, mitten in der Nacht etliche Male aufzustehen und im Zimmer umherzuwandeln. Mitunter stöhnte Afanasi Iwanowitsch bei seinen Gängen durchs Zimmer.

Dann fragte Pulcheria Iwanowna: »Was stöhnen Sie denn, Afanasi Iwanowitsch?«

»Weiß Gott was, Pulcheria Iwanowna, mir ist, als wenn mich der Magen etwas drückt«, sagte Afanasi Iwanowitsch.

»Vielleicht sollten Sie ein bißchen was essen, Afanasi Iwanowitsch?«

»Ich weiß nicht, ob das gut wäre, Pulcheria Iwanowna! Übrigens, was könnte man denn essen?«

»Ein wenig saure Milch oder getrocknete Birnen mit etwas Saft.«

»Meinetwegen, und wenn ich's nur mal probiere«, meinte Afanasi Iwanowitsch. Die schlaftrunkene Magd mußte sogleich losziehen, um die Vorratsschränke zu durchstöbern; und Afanasi Iwanowitsch verdrückte ein Tellerchen, worauf er gewöhnlich sagte: »Jetzt ist's mir wie ein bißchen leichter.«

Manchmal, wenn's heller Tag und in den Zimmern recht schön eingeheizt war, wurde Afanasi Iwanowitsch lustig und liebte es, mit Pulcheria Iwanowna seinen Spaß zu treiben und von irgend etwas ganz Abgelegenem zu sprechen.

»Nun, was wäre, Pulcheria Iwanowna«, begann er, »wenn plötzlich unser Haus in Brand geriete, wo gingen wir dann hin?«

»Gott bewahre uns davor!« sagte Pulcheria Iwanowna und bekreuzte sich.

»Nun, mal angenommen, unser Haus wär' abgebrannt, wohin würden wir dann übersiedeln?«

»Weiß Gott, was Sie nur reden, Afanasi Iwanowitsch! Wie wär's denn möglich, daß unser Haus abbrennt: Der Herrgott wird's gar nicht zulassen.«

»Na, wenn es aber abbrennen würde?«

»Nun, dann würden wir in die Küche übersiedeln. Sie bekämen einstweilen die Kammer, die die Haushälterin hat.«

»Und wenn auch die Küche abbrennt?«

»Der Herrgott möge uns vor solch einem Unglück bewahren, daß Haus und Küche zugleich niederbrennen!

Nun, dann zögen wir in die Vorratskammer, bis ein neues Haus errichtet ist.«

»Und wenn die Vorratskammer auch abbrennt?«

»Weiß Gott, was Sie da reden! Ich kann Sie nicht mehr anhören! Sünde ist's, so was zu sagen, und Gott bestraft solche Reden.«

Afanasi Iwanowitsch aber saß zufrieden schmunzelnd auf seinem Stuhle, weil es ihm gelungen war, Pulcheria Iwanowna zu necken.

Am interessantesten schienen mir die beiden Altchen aber, wenn sie Gäste hatten. Dann nahm alles in ihrem Hause ein anderes Gesicht an. Diese guten Leute, kann man sagen, lebten geradezu nur noch für ihre Gäste. Alles, was sie vom Besten hatten, das wurde herbeigeschleppt. Sie wetteiferten miteinander in ihrem Bemühen, einen mit allem zu bewirten, was ihre Wirtschaft nur hervorbrachte. Doch am angenehmsten erschien mir, daß ihrer ganzen Dienstfertigkeit nichts Süßliches anhaftete. Diese Gastfreundlichkeit und Dienstbarkeit spiegelten sich so mild in ihren Gesichtszügen, kleidete sie so gut, daß man wohl oder übel ihren Bitten nachgab, die der reinen, ungetrübten Schlichtheit ihrer guten, arglosen Seelen entsprangen. Diese Gastfreundschaft gleicht ganz und gar nicht jener, mit der man von einem Staatsbeamten bewirtet wird, der durch des Gastes Bemühungen Karriere gemacht hat, ihn seinen Wohltäter nennt und ihm zu Füßen kriecht. — Keinesfalls wurde der Gast am gleichen Tage fortgelassen: Er mußte unbedingt übernachten.

»Wie kann man sich denn so spät abends noch auf so eine weite Reise begeben!« sagte immer Pulcheria Iwanowna (der Gast wohnte gewöhnlich drei oder vier Werst von ihnen entfernt).

»Natürlich«, sagte Afanasi Iwanowitsch, »allerhand Unheil kann geschehen: Räuber fallen Sie an oder ein anderer böser Mensch.«

»Der Herrgott mag uns vor Räubern behüten!« sprach Pulcheria Iwanowna. »Wie kann man bloß nachts so was erzählen. Räuber, nicht gleich Räuber, aber es ist finstere Nacht, und da kann man eben nicht fahren. Ja, und Ihr Kutscher, ich kenne Ihren Kutscher, der ist so klein und schmächtig, daß ihn jede Stute umwerfen kann; und außerdem hat er gewiß jetzt schon einen sitzen und schläft irgendwo aus.«
Und der Gast mußte unbedingt dableiben; übrigens pflegten dann der Abend in der niedrigen, warmen Stube, das herzliche, wärmende und einschläfernde Erzählen, der von den aufgetragenen Gerichten, stets nahrhaft und meisterlich zubereitet, aufsteigende Dampf seine Belohnung zu sein. Ich sehe es so deutlich vor mir, als wär' es eben jetzt, wie Afanasi Iwanowitsch mit seinem beständigen Lächeln gebeugt auf dem Stuhle sitzt und voll Aufmerksamkeit oder gar Ergötzen dem Gaste zuhört. Oft kam das Gespräch auf Politik. Der Gast, der gleichfalls nur selten aus seinem Dorf herauskam, entwickelte oft mit wichtiger Miene und geheimnisvollem Gesichtsausdruck seine Vermutungen und berichtete, daß der Franzose im geheimen mit dem Engländer übereingekommen sei, Bonaparte erneut gegen Rußland ziehen zu lassen, oder erzählte einfach vom bevorstehenden Kriege, und dann sagte Afanasi Iwanowitsch oftmals, wobei er tat, als beachte er Pulcheria Iwanowna gar nicht:
»Ich gedenke selber noch in den Krieg zu ziehen; weshalb wohl sollte ich nicht in den Krieg ziehen?«
»Da haben wir's schon!« unterbrach ihn Pulcheria Iwanowna. »Glauben Sie ihm nicht«, sprach sie, zum Gast gewandt. »Wie kann denn so ein Alter noch in den Krieg ziehn! Der erste beste Soldat schießt ihn tot! Bei Gott, erschießt ihn! In der Tat, er zielt und schießt ihn tot.«
»Nu, was denn«, sagte Afanasi Iwanowitsch, »ich erschieß' ihn auch.«

»So hören Sie bloß, was er redet!« fiel ihm Pulcheria Iwanowna ins Wort. »Wie soll er in den Krieg ziehen! Seine Pistolen sind doch schon längst verrostet und liegen in der Rumpelkammer. Sie müßten sie nur mal sehen: sie sind so, daß sie vom Pulver bersten, noch eh' man zum Schießen kommt. Und die Hände verstümmelt er sich, und das Gesicht versengt er sich und macht sich auf ewig unglücklich!«

»Nu, was denn«, sagte Afanasi Iwanowitsch, »ich kaufe mir eine neue Ausrüstung. Ich nehme einen Säbel oder eine Kosakenlanze.«

»Das ist alles Geschwätz. Da kommt ihm plötzlich so was in den Kopf, und er fängt an zu schwafeln«, fiel ihm Pulcheria Iwanowna ärgerlich ins Wort. »Ich weiß schon, daß er bloß Spaß macht, aber es klingt einem trotzdem unangenehm in den Ohren. Genauso redet er nun in einem fort, ja, manchmal hört man zu und hört zu, bis es einem angst und bange wird.«

Afanasi Iwanowitsch aber, der gebeugt auf seinem Stuhle hockte, lachte zufrieden, weil es ihm gelungen war, Pulcheria Iwanowna ein bißchen Angst zu machen.

Pulcheria Iwanowna erschien mir dann am interessantesten, wenn sie den Gast zu einem Imbiß führte. »Dies hier«, sagte sie, den Stöpsel von einer Karaffe nehmend, »ist auf Schafgarbe und Salbei aufgesetzter Branntwein. Er hilft sehr gut, wenn es einem am Schulterblatt oder im Kreuz schmerzt. Der hier auf Tausendgüldenkraut: Er hilft sehr gut gegen Ohrenklingen und Flechten im Gesicht. Und dieser hier ist auf Pfirsichkerne gebrannt, da, nehmen Sie ein Gläschen, was für ein herrlicher Duft! Wenn sich jemand irgendwie beim Aufstehen am Bett, an einer Schrankecke oder Tischkante stößt und auf der Stirn eine Brausche kriegt, dann braucht er davon nur ein einziges Gläschen vor dem Mittagessen zu trinken — und alles ist wie weggewischt, im selben Moment ist alles vergangen, als wär's überhaupt nie gewesen.« Hierauf wurden auch all die anderen Karaffen durchgenommen, denen fast stets irgendwelche Heilwirkung innewohnte. Nachdem sie den Gast mit dieser ganzen Apotheke beschwipst hatte, führte sie ihn zu einer Menge bereitgestellter Teller. »Das hier sind Pilze mit Thymian, diese sind mit Nelken und welschen Nüssen; eine Türkin hat sie mich einsalzen gelehrt, damals, als wir noch Türken in Gefangenschaft hatten. Es war eine gute Türkin, und man merkte es ihr überhaupt nicht an, daß sie sich zum türkischen Glauben bekannte. Sie benahm sich auch beinah genauso, wie es bei uns üblich ist; nur Schweinefleisch aß sie nicht: Sie sagte, daß es bei ihnen durch ein Gesetz verboten wäre. Dies hier sind Pilze mit Johannisbeerblättern und Muskatnuß! Und das da sind große Meeräsche: Ich hab' sie zum erstenmal mariniert; ich weiß noch nicht, wie sie geraten sind; ich habe das Geheimnis von Vater Iwan erfahren. Ein kleines Fäßchen muß man zuvor mit Eichenblättern auslegen, dann mit Pfeffer und Salpeter bestreuen und noch die Blüten vom Habichtkraut beifügen, diese Blüten muß man aber so nehmen und mit dem Stielchen nach oben legen. Und da haben Sie Pastetchen! Das sind Käse- und dies Rahmpastetchen! Und jene hier, mit Kraut und Buchweizengrütze, liebt Afanasi Iwanowitsch ganz besonders.«

»Ja«, setzte Afanasi Iwanowitsch hinzu, »ich liebe sie sehr; sie sind mürbe und ein bißchen säuerlich.«

Pulcheria Iwanowna war für gewöhnlich außerordentlich guter Laune, wenn sie Gäste hatten. Die gute Alte! Sie ging ganz für ihre Gäste auf. Ich war auch gern bei ihnen, und obwohl ich mich, wie alle, die bei ihnen zu Besuch weilten, schrecklich zu überessen pflegte und dies mir sehr schadete, so war ich dennoch stets froh, sie wieder einmal aufsuchen zu können. Übrigens möchte ich bald meinen, daß die Luft Kleinrußlands selbst irgendeine besondere, die Verdauung anregende Eigen-

schaft hat, weil man nämlich, wenn es einem hier einfiele, sich derart vollzuessen, zweifellos nicht ins Bett, sondern auf den Leichentisch zu liegen käme.
Die beiden guten Altchen! Aber meine Erzählung nähert sich einem überaus traurigen Ereignisse, welches das Leben dieses friedlichen Winkels für immer verwandeln sollte. Dieses Ereignis wird um so erstaunlicher erscheinen, weil es aus einem äußerst geringfügigen Vorfall erwuchs. Allein, der seltsamen Ordnung der Dinge gemäß entstanden große Ereignisse stets aus winzigen Ursachen, und umgekehrt endeten große Unternehmungen in kaum merklichen Folgen. Irgendein Eroberer sammelt alle Kräfte seines Staates, führt mehrere Jahre Krieg, seine Feldherrn ernten Ruhm, und schließlich endet das Ganze mit der Erwerbung eines Fleckchens Land, auf dem man nicht einmal Kartoffeln anbauen kann; manchmal dagegen prügeln sich zwei Wurstmacher zweier Städte irgendeines Unsinns wegen, und der Streit erfaßt schließlich die Städte, dann die Dörfer und Weiler und bald auch den ganzen Staat. Doch lassen wir diese Erwägungen: sie passen nicht hierher. Überdies liebe ich sie nicht, wenn sie nur Erwägungen bleiben.
Pulcheria Iwanowna hatte ein graues Kätzchen, das beinah immer wie ein Knäuel zusammengerollt zu ihren Füßen lag. Pulcheria Iwanowna streichelte es manchmal und kraute mit dem Finger sein Hälschen, den das verhätschelte Kätzchen so hoch wie möglich ausstreckte. Man kann nicht sagen, daß Pulcheria Iwanowna es übermäßig liebgehabt hätte, aber sie hing einfach deshalb an ihm, weil sie gewohnt war, es ständig um sich zu sehen. Afanasi Iwanowitsch jedoch machte sich des öfteren über diese Anhänglichkeit lustig.
»Ich weiß nicht, Pulcheria Iwanowna, was Sie nur an so einer Katze haben. Wozu ist sie nütze? Wenn Sie einen Hund hätten, so wär' das etwas ganz anderes:

einen Hund kann man zur Jagd gebrauchen, was soll man aber mit einer Katze?«

»Seien Sie nur ruhig, Afanasi Iwanowitsch«, sagte Pulcheria Iwanowna, »Sie reden bloß gern ein bißchen und weiter nichts. Ein Hund ist unsauber, ein Hund besudelt, ein Hund zerschlägt alles, die Katze aber ist ein stilles Geschöpf, sie tut keinem etwas zuleide.«

Übrigens war es Afanasi Iwanowitsch ganz gleich, ob Hund oder Katze; er redete nur so, um Pulcheria Iwanowna ein bißchen zu necken.

Hinter ihrem Garten erstreckte sich ein großer Wald, der von dem rührigen Verwalter vollkommen verschont worden war, vielleicht deshalb, weil die Axtschläge selbst zu Pulcheria Iwanownas Ohren dringen mußten. Der Wald war verwachsen, verwildert, die alten Baumstämme wurden vom wuchernden Haselgebüsch verdeckt und glichen den zottigen Beinchen von Tauben. In diesem Walde hausten wilde Kater. Die wilden Waldkater darf man nicht mit jenen kühnen Kletterern verwechseln, die auf den Hausdächern umherstreifen. Durch ihren Aufenthalt in der Stadt sind sie, trotz ihres rauhen Wesens, weit zivilisierter als die Bewohner der Wälder. Dies ist dagegen meist ein grimmes und wildes Volk; sie streichen stets verhungert und mager umher und miauen mit rauher, ungebildeter Stimme. Sie wühlen sich zuweilen sogar einen unterirdischen Gang zu den Speichern und stehlen Speck; selbst in der Küche stellen sie sich ein und springen zu diesem Zweck plötzlich in das offenstehende Fenster, wenn sie bemerkt haben, daß der Koch im Steppengras vorbeigegangen ist. Ihnen sind überhaupt edle Gefühle gänzlich unbekannt; sie leben von Räuberei und würgen die jungen Sperlinge schon in ihren Nestern. Diese Kater beschnupperten seit langem das sanfte Kätzchen Pulcheria Iwanownas durch das Loch unter dem Speicher und lockten es schließlich heraus, wie ein Trupp Soldaten ein einfältiges Bauernmädchen mitlockt. Pulcheria Iwanowna bemerkte das Verschwinden ihrer Katze und schickte aus, sie zu suchen, doch die Katze fand sich nicht. Drei Tage verstrichen; Pulcheria Iwanowna war es leid um die Katze, sie hatte sie aber zu guter Letzt ganz vergessen. Eines Tages, als sie ihren Gemüsegarten revidierte und mit etlichen eigenhändig gepflückten frischen grünen Gurken für Afanasi Iwanowitsch zurückkehrte, traf ihr Ohr ein höchst klägliches Miauen. Sie machte gleichsam instinktmäßig: kss, kss!, und auf einmal tauchte aus dem Steppengras ihre graue Katze hervor, mager und verhungert, man merkte sogleich, daß sie schon einige Tage nichts mehr zwischen den Zähnen gehabt hatte. Pulcheria Iwanowna fuhr fort, sie zu rufen, doch die Katze blieb vor ihr stehen, miaute und getraute sich nicht näher; offenbar war sie seitdem sehr verwildert. Pulcheria Iwanowna ging voraus, während sie weiter die Katze rief, die ihr scheu bis dicht an den Zaun folgte. Endlich, als sie die altvertrauten Orte wiedersah, kam sie auch in die Stube herein. Pulcheria Iwanowna ließ ihr sogleich Milch und Fleisch hinstellen und freute sich, vor ihr sitzend, der Gefräßigkeit ihres armen Lieblings, wie sie einen Bissen nach dem anderen verschlang und die Milch schleckte. Die kleine graue Ausreißerin wurde fast vor ihren Augen wieder rund und fraß bereits nicht mehr so gierig. Sie streckte die Hand aus, um die Katze zu streicheln, doch die Undankbare hatte sich offenbar schon zu sehr an die räuberischen Kater gewöhnt oder romantische Grundsätze angenommen, daß Liebe in Armut besser sei als ein ganzer Palast; denn die Kater waren arm wie die Kirchenmäuse; wie dem auch sei, jedenfalls sprang sie durchs Fenster, und keiner vom Hofgesinde konnte sie einfangen.

Die gute Alte begann zu grübeln: »Das war mein Tod, der mich holen will!« sprach sie zu sich selbst, und nichts konnte sie davon abbringen. Den ganzen Tag grämte sie sich. Umsonst scherzte Afanasi Iwanowitsch und suchte zu erfahren, weshalb sie so plötzlich traurig geworden sei. Pulcheria Iwanowna gab keine Antworten oder durchaus nicht solche, die Afanasi Iwanowitsch hätten zufriedenstellen können. Am anderen Tag war sie merklich abgekommen.

»Was ist nur mit Ihnen, Pulcheria Iwanowna? Sie werden mir doch nicht krank sein?«

»Nein, ich bin nicht krank, Afanasi Iwanowitsch! Ich will Ihnen erklären, was Besonderes geschehen ist: Ich weiß, daß ich in diesem Sommer noch sterben werde; der Tod war schon da, mich zu holen!«

Afanasi Iwanowitschs Lippen verzogen sich unsagbar schmerzhaft. Er suchte jedoch in seiner Seele das traurige Gefühl zu übertönen und sprach lächelnd: »Gott weiß, was Sie reden, Pulcheria Iwanowna! Sie haben sich gewiß statt des Kräutertees, den Sie oft trinken, einen Pfirsichschnaps genehmigt.«

»Nein, Afanasi Iwanowitsch, ich habe keinen Pfirsich getrunken«, erwiderte Pulcheria Iwanowna.

Und Afanasi Iwanowitsch tat es leid, daß er Pulcheria Iwanowna so geneckt, und er schaute sie an, und eine Träne hing an seiner Augenwimper.

»Ich bitte Sie, Afanasi Iwanowitsch, daß Sie meinen letzten Willen erfüllen«, sagte Pulcheria Iwanowna. »Wenn ich sterbe, dann begraben Sie mich an der Kirchmauer. Ziehen Sie mir das graue Kleid an, und zwar das mit den kleinen Blümchen auf braunem Grunde. Das Atlaskleid, das mit den himbeerroten Streifen, ziehen Sie mir nicht an: Eine Tote braucht dies Kleid nicht. Was soll es ihr? Sie können es aber noch verwenden: Sie lassen sich aus ihm einen schönen Schlafrock für gut machen, damit Sie anständig aussehen, wenn Besuch kommt, und Sie ihn empfangen können.«

»Gott weiß, was Sie reden, Pulcheria Iwanowna!« sagte Afanasi Iwanowitsch. »Wie kann man wissen, wann der Tod kommt, und Sie ängstigen mich jetzt schon mit solchen Worten!«

»Nein, Afanasi Iwanowitsch, ich weiß schon, wann mein Tod naht. Aber grämen Sie sich nicht meinetwegen, ich bin doch schon eine alte Frau und habe genug gelebt, und Sie sind ja auch schon alt, bald werden wir uns in jener Welt wiedersehen!«

Afanasi Iwanowitsch aber schluchzte wie ein Kind.

»Sünde ist's, zu weinen, Afanasi Iwanowitsch! Laden Sie keine Sünde auf sich, und erzürnen Sie nicht den Herrgott mit Ihrem Gram. Ich klage nicht, daß ich sterben soll. Eines nur allein beklage ich (ein schwerer Seufzer unterbrach einen Augenblick ihre Rede): Es quält mich, daß ich nicht weiß, wem ich Sie anvertrauen könnte, wer nach Ihnen sehn wird, wenn ich sterbe. Sie sind wie ein kleines Kind: Jedenfalls muß Sie derjenige, der einmal für Sie sorgen wird, liebhaben.« Bei diesen Worten stand auf ihrem Angesicht solch ein tiefes, solch bekümmertes Herzeleid, daß sie niemand, glaube ich, währenddessen hätte gleichmütig anblicken können.

»Gib mir acht, Jawdocha«, sagte sie, zur Haushälterin gewandt, die sie eigens hatte rufen lassen, »wenn ich sterbe, daß du nach dem Herrn siehst, ihn hütest wie deinen Augapfel, wie dein eignes Kind. Gib acht, daß man in der Küche bereitet, was er besonders gern hat. Daß du ihm stets frische Wäsche und saubere Kleider gibst; und daß er anständig angezogen ist, wenn Besuch da ist, sonst erscheint er am Ende manchmal in seinem alten Schlafrock; denn er vergißt ja auch jetzt oftmals, wann Feiertag und wann Wochentag ist. Wende kein Auge von ihm, Jawdocha, ich werde in jener Welt für dich beten, und der Herrgott wird dich belohnen. Vergiß aber nicht, Jawdocha, du bist schon alt, du wirst auch nicht mehr ewig leben, lade keine Sünde auf deine Seele. Wenn du dich nicht um ihn kümmerst, so wirst du auf Erden kein Glück mehr haben. Ich selbst will dann den Herrgott bitten, daß er dir kein friedliches Ende gewährt. Du selber würdest unglücklich, deine Kinder würden unglücklich werden, und euer ganzes Geschlecht würde nie mehr Gottes Segen teilhaftig.«

Die arme, gute Alte! Sie dachte zu jener Zeit weder an den großen Augenblick, der ihr bevorstand, noch an ihre Seele, noch an ihr künftiges Leben; sie dachte allein an ihren armen Gefährten, mit dem sie das Leben verbracht und den sie verwaist und unversorgt zurücklassen mußte. Sie ordnete mit ungewöhnlicher Rührigkeit alles so, daß Afanasi Iwanowitsch einst ihr Fehlen gar nicht merken möge. Sie war von ihrem baldigen Ende so überzeugt und ihr Seelenzustand war so sehr darauf eingestellt, daß sie sich tatsächlich nach einigen Tagen zu Bett legte und keinerlei Nahrung mehr zu sich nehmen konnte. Afanasi Iwanowitsch wurde ganz Aufmerksamkeit und wich nicht von ihrem Bett. »Vielleicht möchten Sie etwas essen, Pulcheria Iwanowna?« erkundigte er sich, während er ihr unruhig ins Auge blickte. Pulcheria Iwanowna aber sagte nichts. Schließlich nach langem Schweigen bewegte sie ihre Lippen, als ob sie etwas sagen wolle — und ihr Atemhauch entwich.

Afanasi Iwanowitsch war völlig niedergeschmettert. Es erschien ihm so seltsam, daß ihm nicht einmal Tränen kamen. Trüben Auges starrte er, als ob er nicht begriffe, was der Leichnam zu bedeuten hätte.

Man bettete die Verschiedene auf den Tisch, zog ihr das nämliche Kleid an, das sie selbst bestimmt, und gab ihr in die gefalteten Hände eine Wachskerze — er schaute all dem stumpf zu. Eine Menge Menschen jeglichen Standes erfüllte den Hof, unzählige Gäste kamen zur Beerdigung angereist, lange Tischreihen waren auf dem Hofe aufgestellt, Reisbrei mit Rosinen, Fruchtlikörs und Pasteten standen in Unmassen bereit, die Gäste sprachen, weinten, schauten sich die Verstorbene an, redeten über ihre Eigenschaften und blickten zu ihm; er aber starrte sonderbar auf all das Treiben.

Schließlich trug man die Verstorbene hinaus, das Volk wälzte sich hinterher, auch er folgte ihr nach; die Priester waren im vollen Ornat, die Sonne strahlte, die Säuglinge weinten auf den Armen der Mütter, die Lerchen jubilierten, und Kinder im Hemdchen liefen mit und tummelten sich am Wegrand. Dann setzten sie den Sarg über die Grube, hießen Afanasi Iwanowitsch näher treten und die Verschiedene ein letztes Mal küssen: Er kam herbei, küßte sie, Tränen traten ihm in die Augen, doch es waren irgendwie stumpfe Tränen. Der Sarg wurde niedergesenkt, der Geistliche ergriff den Spaten und warf als erster ein paar Brocken Erde hinab, der tief und gedehnt ertönende Chor, bestehend aus dem Küster und zwei Kirchendienern, sang unter dem klaren, wolkenlosen Himmel von ewigem Gedächtnis, die Arbeiter packten ihre Spaten, und schon hatte Erde die Grube gedeckt und eingeebnet — da drängte er sich nach vorn; alle traten auseinander und machten ihm Platz; denn sie wollten sehen, was er vorhabe. Er hob die Augen, blickte verwirrt und sagte: »So, nun habt ihr sie schon beerdigt! Warum?!« Er brach ab und vollendete seine Rede nicht mehr.

Als er jedoch nach Hause zurückgekehrt, als er sah, daß es in seiner Stube leer war, ja daß sogar der Stuhl, auf dem Pulcheria Iwanowna zu sitzen pflegte, hinausgeschafft worden war — da begann er zu schluchzen, heftig zu schluchzen, untröstlich zu schluchzen, und die Tränen rannen in Strömen aus seinen trüben Augen.

Fünf Jahre sind seitdem verflossen. Welchen Kummer schwemmt nicht die Zeit hinweg? Welche Leidenschaft übersteht den ungleichen Kampf mit ihr? Ich kannte einen Mann in der Blüte seiner noch jungen Kräfte, von wahrem Edelsinn und von Würde erfüllt, ich kannte ihn als zärtlich, leidenschaftlich, rasend, verwegen und bescheiden Verliebten, und, ich seh's noch, vor meinen Augen fast wurde der Gegenstand seiner Leidenschaft — ein zartes Mädchen, schön wie ein Engel — vom unersättlichen Tode verschlungen. Noch nie sah ich solch schreckliche Ausbrüche seelischen Schmerzes, solch rasende Trauer, solch verzehrende Verzweiflung, wie sie den unglücklichen Liebenden bewegten. Ich hatte niemals geglaubt, daß sich ein Mensch selbst eine derartige Hölle schaffen könne, in der kein Schatten, kein Bild war, nichts, was etwas an Hoffnung gemahnte... Man war bemüht, ihn nicht aus dem Auge zu lassen, versteckte vor ihm alle Gegenstände, mit denen er sich hätte umbringen können. Zwei Wochen später hatte er sich mit einemmal überwunden: Er begann wieder zu lachen und zu scherzen; man ließ ihm etwas Freiheit, und das erste, wozu er sie verwandte, war — sich eine Pistole zu kaufen. Eines Tages erschreckte ein plötzlich fallender Schuß seine Angehörigen entsetzlich. Sie eilten in sein Zimmer und erblickten ihn niedergestreckt mit zerschmettertem Schädel. Ein zur Zeit zufällig anwesender Arzt, dessen Kunst in aller Munde war, entdeckte an ihm noch Lebenszeichen, hielt die Wunde nicht für unbedingt tödlich, und zum Staunen aller wurde er wieder geheilt. Man beaufsichtigte ihn mehr denn je. Selbst bei Tisch deckte man für ihn ohne Messer und suchte alles zu entfernen, womit er sich etwas hätte antun können; doch bald fand er erneut eine Gelegenheit und warf sich unter die Räder einer vorbeifahrenden Kutsche. Ein Arm und ein Bein wurden ihm gebrochen; allein man heilte ihn abermals. Ein Jahr später sah ich ihn in einem menschenüberfüllten Saale: Er saß am Spieltisch und sagte vergnügt: 'petit ouvert', eine Karte zudeckend, und hinter ihm stand, ihre Ellbogen auf die Lehne seines Stuhles gestützt, seine hübsche junge Frau und überschlug seine Spielmarken.

Nachdem, wie gesagt, fünf Jahre seit dem Tod Pulcheria Iwanownas verflossen waren, fuhr ich, da ich einmal in jener Gegend war, auch zu Afanasi Iwanowitschs Gehöft, um meinen alten Nachbarn zu besuchen, bei dem ich ehedem so schöne Stunden verlebt und mich jedesmal an den vortrefflichen Erzeugnissen der gastfreundlichen Hausfrau übergessen hatte. Als ich mich dem Hofe näherte, schien mir das Haus noch einmal so alt, die Bauernhütten hatten sich ganz auf die Seite gelegt, zweifellos ebenso wie ihre Besitzer; der Pfahl- und der Flechtzaun auf dem Hofe waren vollkommen verfallen, und ich habe selber gesehen, wie die Köchin dort Pfähle zum Anheizen des Ofens herausriß, während sie bloß zwei Schritte mehr machen mußte, um zu dem gleich daneben aufgehäuften Reisig zu gelangen. Trübsinnig fuhr ich an der Eingangstreppe vor, dieselben Hofhunde und braunen Köter, die nun schon blind waren oder hinkten, erhoben ihr Gebell, wobei sie ihre buschigen, klettenbehangenen Schwänze emporstreckten. Mir entgegen kam ein Greis. Ja, er war's! Ich erkannte ihn sogleich; aber er ging nun gegen früher noch einmal so gebeugt. Er erkannte mich und begrüßte mich mit dem gleichen vertrauten Lächeln. Ich folgte ihm in die Zimmer; es schien, alles war da wie früher; doch bemerkte ich überall eine gewisse sonderbare Unordnung, ein gewisses spürbares Fehlen von etwas; mit einem Wort, in mir regten sich jene eigentümlichen Empfindungen, die uns ergreifen, wenn wir zum erstenmal wieder in die Wohnung eines Witwers treten, den wir vordem untrennbar von der Gefährtin, die ihn sein ganzes Leben begleitet, kannten. Ähnliche Empfindungen pflegen dann aufzusteigen, wenn wir vor uns einen Menschen ohne Beine sehen, den wir immer als Gesunden gekannt. Überall war das Fehlen der sorglichen Pulcheria Iwanowna augenfällig: Beim Tischdecken hatte man ein Messer ohne Griff aufgelegt; die Gerichte waren nicht mehr so kunstreich zubereitet. Nach der Wirtschaft getraute ich mich nicht einmal zu erkundigen, ich fürchtete, die Wirtschaftsgebäude auch bloß anzuschauen.

Als wir uns zu Tisch setzten, band das Dienstmädchen Afanasi Iwanowitsch eine Serviette um, und das war sehr gut so, da er sonst seinen ganzen Schlafrock mit Soße bekleckert hätte. Ich war bemüht, ihn mit irgend etwas zu unterhalten, und erzählte ihm etliche Neuigkeiten, er hörte mit demselben Lächeln zu, mitunter wurde jedoch sein Blick vollkommen stumpf, und er erfaßte die Gedanken nicht mehr, die sich sogleich verflüchtigten. Häufig geschah es, wenn er den Löffel mit Grütze hob, daß er ihn statt zum Munde zur Nase führte, daß er mit seiner Gabel, statt ein Stück Hühnchen aufzuspießen, in eine Karaffe tunkte, und dann nahm das Mädchen seine Hand und führte sie zum Hühnchen. Manchmal hatten wir einige Minuten auf den nächsten Gang zu warten, so daß es schon Afanasi Iwanowitsch selbst merkte und sagte: »Warum dauert das denn so lange, bis man das Essen bringt?« Ich aber sah durch den Türspalt, daß der Bursche, der uns bedienen sollte, überhaupt nicht daran dachte; denn er schlief und ließ den Kopf auf die Bank herabhängen.

»Das ist das Gericht«, sagte Afanasi Iwanowitsch, als man uns Quarkfladen mit Rahm reichte, »das ist das Gericht«, fuhr er fort, und ich bemerkte, daß seine Stimme zu beben begann und eine Träne sich anschickte, aus seinen bleiernen Augen hervorzulugen, aber er nahm alle seine Kräfte zusammen, um sie zu unterdrücken. »Das ist das Gericht, welches meine Frau se... se... sel... seli...«, und plötzlich stürzten die Tränen hervor. Seine Hand fiel auf den Teller, der Teller kippte um, sprang herab und zerbrach, die ganze Soße ergoß sich über ihn; er saß stumpf da, stumpf hielt er den Löffel, und seine Tränen rannen wie ein Bächlein, wie ein ewig sprudelnder Quell, rannen in Strömen auf seine schützende Serviette.

'Herrgott!' dachte ich, ihn anblickend, 'fünf Jahre der alles verschlingenden Zeit — und schon ein stumpfer Greis, ein Greis, dessen Leben kein einziges Mal, scheint's, von einer heftigen Seelenregung unterbrochen worden war, dessen ganzes Leben wohl lediglich aus Sitzen auf seinem hohen Stuhle, Verspeisen getrockneter Fischchen und Birnen, gutmütigem Erzählen bestanden hatte — und solch langer, solch heißer Kummer? Was hat mehr Macht über uns: Leidenschaft oder Gewohnheit? Oder sind alle starken Triebe, der ganze Sturm unserer Wünsche und brodelnden Leidenschaften bloß Folgen unserer hellen Jugendzeit und scheinen einzig und allein deshalb so tief und niederschmetternd?' Wie dem nun auch sei — jedenfalls schienen mir in diesem Augenblick alle unsere Leidenschaften kindisch gegenüber dieser langen, zähen, fast stumpfsinnigen Gewöhnung. Ein paarmal strengte er sich an, den Namen der Verstorbenen auszusprechen, doch nach der Hälfte des Wortes verzerrte sich sein sonst so gelassenes und alltägliches Gesicht krampfhaft, und ein kindergleiches Schluchzen traf mich mitten ins Herz. Nein, das waren nicht jene Tränen, mit denen Greise gewöhnlich so freigebig sind, wenn sie euch von ihrer bedauernswerten Lage und ihrem Mißgeschick erzählen; das waren auch nicht jene Tränen, welche sie bei einem Glase Punsch vergießen; nein, das waren Tränen, die ohne zu fragen, ganz von allein strömten, die sich vom bitteren Schmerz des schon erkalteten Herzens angesammelt.

Er lebte danach nicht mehr lange. Vor kurzem erfuhr ich von seinem Tode. Seltsam ist es jedoch, daß die Begleitumstände seines Ablebens eine gewisse Ähnlichkeit mit dem Ende Pulcheria Iwanownas zeigten. Eines Tages beschloß Afanasi Iwanowitsch, ein bißchen im Garten spazierenzugehen. Als er so gemächlich mit gewohnter Sorglosigkeit seines Weges ging, keinerlei Gedanken im Sinn, hatte er ein ganz seltsames Erlebnis. Er hörte plötzlich, wie hinter ihm jemand mit ziemlich deutlicher Stimme rief: 'Afanasi Iwanowitsch!' Er wandte sich um, aber es war kein Mensch zu sehen, er blickte nach allen Seiten, schaute ins Gebüsch — nirgends ein Mensch. Es war ein stiller Tag, und die Sonne lachte. Er sann einen Moment nach; dann belebte sich sein Gesicht etwas, und er sagte schließlich: »Das ist Pulcheria Iwanowna, sie ruft mich!« Zweifellos ist es euch auch schon einmal widerfahren, solch eine Stimme zu hören, die euch beim Namen ruft, was vom Volke so gedeutet wird: Die Seele eines Toten hat nach einem Menschen Sehnsucht und ruft ihn; hierauf folgt unweigerlich der Tod. Offen gesagt, mir war dieser rätselhafte Ruf stets unheimlich. Ich entsinne mich, daß ich ihn in meiner Kindheit oft vernommen habe; zuweilen geschah es, daß plötzlich hinter mir jemand ganz deutlich meinen Namen aussprach. Es war dabei gewöhnlich ein ungemein heller und sonniger Tag; kein einziges Blatt an den Bäumen im Garten rührte sich, es war eine Totenstille, selbst die Grashüpfer verstummten zu dieser Zeit, keine Menschenseele war im Garten; doch ich gestehe, wenn mich die wütendste Sturmnacht mit der ganzen Hölle der Elemente allein inmitten eines undurchdringlichen Waldes überfallen, sie hätte mich nicht so in Schrekken versetzt wie diese entsetzliche Stille eines wolkenlosen Tages. Ich lief dann gewöhnlich, von größter Furcht gepackt, atemlos aus dem Garten und beruhigte mich erst wieder, wenn mir irgendwer begegnete, dessen Anblick diese schreckliche Öde aus meinem Herzen vertrieb.

Er gehorchte ganz seiner innersten Überzeugung, daß Pulcheria Iwanowna ihn rufe; er gehorchte willenlos wie ein folgsames Kind, er welkte, hustete, verzehrte sich wie eine Kerze und erlosch schließlich wie sie, wenn nichts mehr blieb, was ihre dürftige Flamme noch speisen konnte. »Legt mich neben Pulcheria Iwanowna«, das war alles, was er vor seinem Ende sprach.

Man erfüllte seinen Wunsch und begrub ihn an der Kirche, neben dem Grabe Pulcheria Iwanownas. Es waren weniger Gäste zur Beerdigung da, doch dafür eine Menge einfachen Volkes und Bettler. Das herrschaftliche Häuschen war schon ganz ausgeräumt. Der rül - rige Verwalter und der Dorfschulze schleppten gemeinsam sämtliche übrigen altertümlichen Sachen und das Gerümpel, das die Haushälterin nicht mehr fortgekriegt hatte, in ihre Hütten. Bald traf, ich weiß nicht woher, ein entfernter Verwandter, der Erbe des Anwesens, ein, der vordem als Leutnant gedient hatte, ich entsinne mich nicht mehr, in welchem Regiment, ein gewaltiger Reformator. Er bemerkte sogleich die äußerste Zerrüttung und Vernachlässigung in der Wirtschaftsführung; all das beschloß er entschieden auszurotten, zu verbessern und überall Ordnung hineinzubringen. Er erwarb sechs treffliche englische Sicheln, versah jede Hütte mit einer besonderen Nummer und hatte am Ende alles so gut in Ordnung gebracht, daß das Landgut nach sechs Monaten unter Zwangsverwaltung gestellt wurde. Die weise Zwangsverwaltung (aus einem ehemaligen Beisitzer und einem Stabskapitän in verschossener Uniform bestehend) hatte in kurzer Zeit alle Hühner und Eier vertilgt. Die Hütten, die sich fast ganz zur Erde gelegt hatten, zerfielen nun endgültig; die Bauern hatten sich völlig dem Trunke ergeben und wurden bereits zum größten Teil als Entlaufene gezählt. Der wirkliche Besitzer jedoch, der übrigens mit seinen Zwangsverwaltern auf recht friedlichem Fuße lebte und mit ihnen zusammen Punsch trank, suchte nur sehr selten sein Landgut auf und blieb nie lange Zeit dort. Er fährt bis heute noch auf alle Jahrmärkte in Kleinrußland; sorgfältig unterrichtet er sich zwecks Anpassung über die Preise verschiedener Massenerzeugnisse, die en gros gehandelt werden, wie Mehl, Hanf, Honig und dergleichen mehr, doch kauft er lediglich unbedeutende Kleinigkeiten, wie Feuersteinchen, einen Nagel zum Ausputzen der Pfeife und überhaupt alles, was insgesamt den Preis eines Rubels nicht übersteigt.

* * * * * * * * * * * * * * * * * * * * * * * * * * * * * * * * * *

## WLADIMIR ODOJEWSKI

*Das Haupt der romantischen Erzähler Rußlands, Wladimir Fjodorowitsch Odojewski, wurde 1803 zu Moskau in fürstlicher Familie geboren. Vielseitig, so auch musikalisch begabt und philosophisch interessiert, erhielt er eine hervorragende Ausbildung. Sie legte den Grund für seine früh hervortretende Universalität. Wie sein dichterisches Vorbild E. Th. A. Hoffmann ist er auch mit Schriften über Probleme der Musik hervorgetreten.*

*Schellings romantische Naturphilosophie mit ihrer Lehre von der das All durchwaltenden Weltseele und später dessen Theosophie, Wackenroders Wiederentdeckung mittelalterlicher Kunst und schlichter Werkfrömmigkeit, Jean Pauls und E. Th. A. Hoffmanns Gedanken vom künstlerischen Genius, der einsam, von den Nützlichkeits- und Verstandesphilistern unterdrückt, seinen Weg geht, um in seinem Werk den Weltprozeß zu vollenden, übten starken Zauber auf ihn aus. Von 1823 bis zur Niederwerfung des Dekabristenaufstandes (14. Dezember 1825) war der junge Odojewski Vorsitzender der 'Gesellschaft für Weisheitsliebe' (Ljubomudry) in Moskau, einer Vereinigung philosophischer Idealisten, die Saint-Martins mystische Theosophie mit Schellings Gedanken verbanden, der sich aber auch Dekabristen wie W. K. Küchelbecker anschlossen. Mit diesem gemeinsam gab Odojewski den Almanach 'Mnemosyne' auf die Jahre 1824–26 heraus.*

*Musik und Philosophie durchdrangen zeitlebens sein dichterisches Schaffen. Das zeigt bereits unsere Erzählung 'Beethovens letztes Quartett', die 1831 erschien und später in die*

*'Russischen Nächte' eingefügt wurde. Der ertaubte Tondichter – in seiner Wesenheit und Armut mehr eine romantisch umgedichtete als historische Gestalt – blickt hier auf sein tragisches, unverstandenes Schöpferleben zurück: »Wozu das alles? Wozu? Man lebt, quält sich, grübelt – und hat man es niedergeschrieben, so ist alles aus. An das Papier gefesselt sind die süßen Qualen des Schaffens, sie kehren nicht zurück! ... Und die Menschen? Die Menschen! Sie kommen, hören zu, urteilen – als wären sie die Richter, als schüfe man für sie! Was geht es sie an, ... daß jeder Ausdruck, jeder Zug geboren ward aus den bitteren Tränen des Seraphs, der in menschliche Kleidung gezwängt ward und oft die Hälfte seines Lebens hingibt, um nur einen Augenblick die frische Luft der Begeisterung atmen zu können!«*

*Was Odojewski bei Hoffmann fand: die »Doppelwelt«, die verstandesmäßige Prosarealität der Philister, die mit der »höheren«, »poetischen« Wirklichkeit des Künstlers als einer eigenen, in Schaffensrausch und Schöpfernot erlebten Welt zusammenstößt, ist hier schon Wesenszug seiner Dichtung. Diese »Doppelwelt« kehrt – um bei den bekannteren Arbeiten zu bleiben – in der mystischen Erzählung 'Die Sylphide' (1837) ebenso wieder wie etwa in der deutschtümelnden Handlung von 'Sebastian Bach', in welcher der große Komponist, zeitlebens neben der Welt her schaffend, der Gestaltung seiner musikalischen Jugenderschütterung nachjagt: dem Orgelerlebnis von Eisenach – und dadurch ins Ungeschichtliche romantisiert wird. Die Alltagswirklichkeit der Gesellschaft der Zeit wird, wie bei Hoffmann, wohl scharf und sicher gezeichnet, aber was ist sie für beide gegenüber der schöpferischen Wirklichkeit des großen Künstlers?! So wird sie aus ihrer Alleingeltung gerissen und der Weg zu einer tieferen Daseinsdeutung frei. Dies zeigt noch umfassender die Erzählung 'Der Improvisator': Der mühsam dichtende junge Cypriano erhält auf seine Bitte von dem magischen Dr. Segeliel die Gabe, künftig ohne Mühe zu schaffen, wird jedoch von jetzt an alles sehen, alles wissen, alles erfassen. An die Stelle einsamer schöpferischer Qual tritt für ihn nun der mühelose Publikumserfolg des »Improvisa-*

*tors«, des Alleskönners, verbunden jedoch mit der Tragödie des Menschen, dem sich überall das fertige Wissen, der Verstand, an die Stelle des Suchens, des schöpferischen Träumens, Gefühls und Glaubens geschoben hat. Cypriano ist also von dem schmalen Pfade, der zum Genius führen konnte, abgewichen auf die Heerstraße der platten Allerweltsvernünftigkeit der Philister, auf die Straße, die – wie die Romantiker lehren – zur menschlichen und künstlerischen Verdammnis führt. Er ist auf derjenigen Seite der »Doppelwelt« angekommen, auf welcher der wahre Künstler nichts zu suchen hat: Er hat sich den Tatsachen seiner Umwelt unterworfen, anstatt, auf den Kompaß seines Gewissens blickend, dagegen anzugehen. – Odojewski erzählt diesen Zusammenstoß der beiden Welten, wo dieser auch auftritt und wie er auch ausgeht, nachdenklich und mit einer ziemlich leisen, melancholischen Ironie, ohne Hoffmanns oder Gogols Schärfe.*

*Sein Hauptwerk sind dann 'Russische Nächte', die 1844 in der dreibändigen Ausgabe seiner 'Gesammelten Erzählungen' erschienen. In dieser Rahmenerzählung, die in ihrem Bau an Boccaccios 'Decamerone' oder E. Th. A. Hoffmanns 'Serapionsbrüder' anknüpft, gipfelt zugleich die erzählende philosophische Romantik Rußlands. Von den vier Teilnehmern am Gespräch, von denen jeder eine besondere philosophische Auffassung vertritt, die er durch Erzählungen zu stützen sucht, verkündet Faust die Weltanschauung Odojewskis: einen Schelling allmählich hinter sich lassenden mystischen Idealismus. Der Verstandeskultur Westeuropas wird Rußland gegenübergestellt, das trotz seiner Übernahmen von dort sich als Bestes das erhalten habe, was es in seinem Volkstum besaß. Nicht auf »Ultraslawonismus«, sondern auf die »Verschmelzung des Volkstums mit der allgemeinen Bildung« komme es in seiner Zeit an. Dann werde der Mensch eine neue Wissenschaft, eine neue Kunst und ein neues Leben schaffen.*

*Die Kämpfe, die dem vorausgingen, die Beseitigung der Leibeigenschaft, die ersten Werke von Gontscharow, Turgenjew, Saltykow, hat Odojewski noch erlebt. Er starb 1869 zu Moskau im Alter von sechsundsechzig Jahren.*

## BEETHOVENS LETZTES QUARTETT

Nicht einen Augenblick zweifelte ich daran, daß Krespel wahnsinnig geworden, der Professor behauptete jedoch das Gegenteil. »Es gibt Menschen«, sprach er, »denen die Natur oder ein besonderes Verhängnis die Decke wegzog, unter der wir anderen unser tolles Wesen unbemerkter treiben. Sie gleichen dünn gehäuteten Insekten, die im regen, sichtbaren Muskelspiel mißgestaltet erscheinen, ungeachtet sich alles bald wieder in die gehörige Form fügt. Was bei uns Gedanke bleibt, wird dem Krespel alles zur Tat.«

E. Th. A. Hoffmann

Im Frühjahr 1827 hatten sich in einem Haus eines Wiener Vororts einige Musikfreunde zusammengefunden, um ein neues Streichquartett Beethovens zu spielen, das soeben im Druck erschienen war. Erstaunt und verdrossen folgten sie den unbändigen Ausbrüchen des alternden Genies: Wie hatte sich sein Stil verändert! Verschwunden der Reiz ursprünglicher Melodie voll poetischer Einfälle; künstlerische Vollendung hatte sich in kleinliche Pedanterie eines unbegabten Kontrapunktisten verwandelt; das Feuer, das einst in seinen dahinstürmenden Allegros lohte und sich, allmählich anschwellend, wie brodelnde Lava in vollen, gewaltigen Harmonien ergoß, war in unbegreiflichen Dissonanzen erloschen, und die originellen, scherzhaften Themen fröhlicher Menuetts hatten sich in Sprünge und Triller verwandelt, die keinem Instrumente möglich sind. Überall ein schülerhaftes, gewolltes Streben nach Wirkungen, die die Musik nicht kennt; überall irgendein dunkles, sich selbst unfaßliches Gefühl. Und das war dennoch derselbe Beethoven, dessen Namen der Teutone zusammen mit denen Haydns und Mozarts mit Stolz und Verehrung nennt! Oft setzten die Musiker, von der Sinnlosigkeit des Werkes zur Verzweiflung gebracht, die Streichbogen ab und schienen sich die Frage stellen zu wollen, ob dies nicht nur eine Verspottung der Schöpfungen des Unsterblichen sei. Einige schrieben den Verfall seiner Musik der Taubheit zu, unter der Beethoven in seinen letzten Lebensjahren litt; andere — dem Wahnsinn, der bisweilen auch seine schöpferische Kraft getrübt; der eine hatte für ihn ein eitles Wort des Mitleids, der andere, ein Spötter, entsann sich, wie Beethoven bei einem Konzert, auf dem seine letzte Sinfonie aufgeführt wurde, die Hände überhaupt nicht im Takt führte, indes er das Orchester zu dirigieren meinte, und überdies nicht einmal merkte, daß hinter seinem Rücken der wirkliche Kapellmeister stand — doch bald legten sie wieder ihre Bogen auf und setzten aus Achtung vor dem einstigen Ruhm des großen Sinfonikers, gleichsam wider Willen, das Spiel seines unverständlichen Werkes fort.

Plötzlich tat sich die Tür auf, und herein trat ein Mann in schwarzem Rock, ohne Halsbinde, mit wirrem Haar; seine Augen brannten, aber es schien nicht das Feuer der Genialität; allein die vorspringenden, scharfgeschnittenen Schläfenecken der Stirn verrieten eine außergewöhnliche Entwicklung des musikalischen Sinnes, wie sie Gall bei der Betrachtung von Mozarts Schädel so begeistert hatte. — »Sie verzeihen, meine Herren«, sprach der unerwartete Gast, »gestatten Sie, daß ich mir Ihre Wohnung ansehe — sie ist, sagte man mir, zu vermieten...« Darauf legte er seine Hände auf den Rücken und trat zu den Musizierenden. Die Anwesenden machten ihm achtungsvoll Platz; in dem Bemühen, die Musik zu vernehmen, neigte er seinen Kopf bald nach dieser, bald nach jener Seite; doch vergebens: Tränen entströmten seinen Augen. Leise wandte er sich von den Spielenden ab, um sich in einem entfernten Winkel des Raumes niederzulassen, und barg sein Gesicht in den Händen; doch da strich der Bogen des Geigers hart am Steg noch einen winselnden Fehlton, der zum Septimenakkord hinzukam, was zusammen mit dem verstärkten Spiel der anderen Instrumente einen so wilden Klang ergab, daß der Unglückliche auffuhr und laut ausrief: »Ich höre! Ich höre!« wobei er vor stürmischer Freude in die Hände schlug und mit den Beinen stampfte.

»Ludwig!« sagte zu ihm das junge Mädchen, das unmittelbar nach ihm eingetreten war. »Ludwig! Wir müssen jetzt gehen! Wir stören hier!«

Er blickte das Mädchen an, verstand sie und folgte ihr, ohne ein Wort zu erwidern, langsamen Schritts, wie ein Kind.

Am Ende der Stadt im dritten Stock eines alten Hauses lag ein kleines, stickiges Zimmer, das durch eine dünne Wand geteilt wurde. Ein Bett mit einer zerrissenen Decke, einige Bündel Notenpapier, die Überreste eines Klaviers — das war die ganze Einrichtung. Das war die Behausung, die Welt des unsterblichen Beethoven. Den ganzen Weg sprach er kein Wort; da sie aber ins Zimmer getreten waren, setzte sich Ludwig auf das Bett, nahm die Hand des Mädchens und sagte zu ihr: »Meine gute Luise! Du bist der einzige Mensch, der mich versteht; du allein fürchtest mich nicht; dir allein bin ich nicht lästig... Meinst du, daß alle diese Herrschaften, die meine Musik spielen, mich verstehen? Keine Spur! Kein einziger der Herren Kapellmeister hier versteht sie auch nur zu dirigieren; wenn ihnen das Orchester nur richtig im Takt spielt, aber was schert sie meine Musik! Sie denken, ich hätte nachgelassen: ich habe sogar bemerkt, wie einige von ihnen offensichtlich lächelten, als sie mein Quartett spielten — ein sichres Zeichen, daß sie mich nie verstanden haben; nein, im Gegenteil, erst jetzt bin ich ein wahrhaft großer Musiker geworden. — Als wir vorhin heimwärts gingen, hab' ich im Geist eine Sinfonie entworfen, die meinen Namen unsterblich machen wird; ich werde sie schreiben und alles Frühere verbrennen. In ihr will ich alle Gesetze der Harmonie umstoßen, Wirkungen erzielen, die bis auf den heutigen Tag noch niemand auch nur zu ahnen vermochte; ich werde sie auf der chromatischen Melodie von zwanzig Pauken aufbauen; in

dieser Sinfonie werden Akkorde Hunderter von Glokken erschallen, die auf verschiedene Kammertöne gestimmt sind; denn«, setzte er flüsternd hinzu, »ich will dir im Vertrauen sagen: Als du mich neulich auf den Glockenturm führtest, entdeckte ich — was niemandem zuvor in den Sinn gekommen —, entdeckte ich, daß die Glocke ein höchst harmonisches Instrument ist, das sich vortrefflich im ruhigen Adagio verwenden läßt. Ins Finale nehme ich Trommelschlag und Gewehrschüsse — und diese Sinfonie werde ich hören, Luise!« rief er außer sich vor Begeisterung, »ich hoffe, ich werde sie hören«, fügte er lächelnd nach einigem Nachdenken hinzu. — »Entsinnst du dich noch, wie ich in Wien im Beisein aller gekrönten Häupter der Welt meine Sinfonie 'Die Schlacht bei Waterloo' dirigierte? Tausende von Musikern, die meinem Taktstock gehorchten, zwölf Kapellmeister, und ringsum Schlachtenlärm, Kanonenschüsse... Oh! Das ist mein bestes Werk bis jetzt, trotz dieses Pedanten Weber*. Was ich aber jetzt schaffen will, das wird selbst dieses Werk in den Schatten stellen. — Es drängt mich, dir wenigstens eine kleine Vorstellung davon zu geben.«
Bei diesen Worten trat Beethoven zum Klavier, an dem keine einzige Saite mehr heil war, und griff mit bedeutsamer Miene in die leeren Tasten. Eintönig pochten sie auf das dürre Holz des zerstörten Instruments, während die schwierigsten fünf- und sechsstimmigen Fugen alle Geheimnisse des Kontrapunkts durchliefen, sich wie von selbst unter den Fingern des Schöpfers der Musik zum »Egmont« formten, und er seinem Anschlag nach Kräften Ausdruck zu verleihen suchte... Plötzlich schlug er die ganze Handfläche auf die Tasten und hielt inne.

* Gottfried Weber – ein bekannter Kontrapunktist unserer Zeit, den man aber nicht mit dem Schöpfer des 'Freischütz' verwechseln darf – kritisierte in seiner unterhaltsamen und gelehrten Zeitschrift 'Cäcilia' mit Recht heftig 'Wellingtons Sieg', eines der schwächsten Werke Beethovens. (Anmerkung Odojewskis)

»Hörst du?« sagte er zu Luise. »Das ist ein Akkord, den bis heut noch niemand zu verwenden gewagt. — Ich vereine alle Töne der chromatischen Gammatonleiter in einen einzigen Akkord und werde den Pedanten beweisen, daß dieser Klang berechtigt ist. — Doch ich hör' ihn nicht, Luise, ich höre ihn nicht! Begreifst du, was das heißt, seine eigene Musik nicht hören zu können?... Doch will mir's scheinen, als töne etwas davon in meinem Ohr wider, wenn ich die wildesten Klänge in einer Harmonie vereine. Und je schwerer mir ums Herz wird, desto mehr Töne möchte ich zum Septimenakkord hinzufügen, dessen wahre Natur noch niemand vor mir recht erkannt hat... Doch genug! Vielleicht langweile ich dich, wie ich jetzt alle langweile. — Aber weißt du was? Für solch einen wundervollen Einfall sollte man sich gleich mit einem Gläschen Wein belohnen. Wie denkst du darüber, Luise?«

Tränen traten dem armen Mädchen in die Augen, die als einzige von allen Schülerinnen Beethoven nicht verlassen hatte und ihn, unter dem Vorwand, Unterricht bei ihm zu nehmen, mit ihrer Hände Arbeit unterhielt: sie besserte so die kärglichen Einkünfte auf, die Beethoven aus seinen Werken bezog, die er größtenteils unüberlegt für den beständigen Wechsel der Wohnung ausgab und an diesen und jenen, der ihm in den Weg lief, verteilte. Es war kein Wein da! Kaum waren noch ein paar Groschen für das Brot geblieben... Sie wandte sich jedoch schnell von Ludwig ab, um ihre Bestürzung zu verbergen, füllte darauf den Becher mit Wasser und reichte ihn Beethoven.

»Herrlicher Rheinwein!« sagte er, mit Kennermiene einen kleinen Schluck kostend. »Königlicher Rheinwein! Er ist wahrlich wie aus dem Keller meines Vaters seligen Angedenkens. Ich erinnere mich noch sehr gut dieses Weins! Von Tag zu Tag wird er besser — daran erkennt man den guten Wein!« Und nach diesen Worten stimmte er, zwar mit rauher Stimme, doch richtig, Goethes bekanntes Lied des Mephistopheles an, das er selbst vertont hatte:

»Es war einmal ein König,
Der hatt einen großen Floh ...«

Allein wider Willen geriet er immer wieder in die geheimnisvolle Melodie, die er Mignons Lied* verliehen. »Hör zu, Luise«, sagte er schließlich, ihr das Glas zurückgebend, »der Wein hat mich gestärkt, und ich möchte dir etwas erzählen, wovon ich schon längst zu dir reden wollte, zugleich aber auch immer zu reden fürchtete. Weißt du, ich glaube, ich werde nicht mehr lange leben — ja, was ist das auch für ein Leben, das ich führen muß? Eine Kette endloser Qualen. Seit meinen frühesten Jahren sehe ich den klaffenden Abgrund zwischen Idee und Ausdruck. Ach, nie ist's mir gelungen, meiner Seele Ausdruck zu verleihen; nie ist's mir gelungen, das, was meiner Phantasie vorschwebte, auch aufs Papier zu bannen; und schreib' ich's nieder — was spielen sie? — Sonst was!... — Sie spielen ja nicht nur nicht so, wie ich es empfunden hab', nein, nicht mal was ich aufs Papier gesetzt. Da geht eine Melodie nur deshalb verloren, weil ein erbärmlicher Handwerker nicht auf den Gedanken kam, noch eine Klappe am Instrument anzubringen; dort zwingt mich ein unausstehlicher Fagottbläser, eine ganze Sinfonie umzuarbeiten, weil sein Fagott ein paar Baßnoten nicht ausführen kann; endlich vernachlässigt der Violinspieler einen im Akkord unentbehrlichen Ton, weil ihm der Doppelgriff Schwierigkeiten macht. — Und dann: die Stimmen, der Gesang, die Proben von Oratorien und Opern!... Oh, diese Hölle klingt mir noch heute in den Ohren! — Aber damals war ich noch glücklich; denn manchmal konnte ich bemerken, wie die verständnislosen Darsteller doch eine Art innerer Erregung ergriff; dann hörte ich in ihren Klängen etwas

* Kennst du das Land usw. (Anmerkung Odojewskis)

von jener unklaren Idee, die sich meiner Phantasie eingeprägt: in diesen Augenblicken war ich außer mir, ich verlor mich in den von mir geschaffenen Harmonien. Doch es kam die Zeit, wo mein feines Ohr allmählich stumpf wurde: noch war ihm so viel Empfindsamkeit verblieben, die Fehler der Musiker zu hören, allein die Schönheiten waren ihm schon verschlossen; eine dumpfe Wolke hielt es umfangen — und ich hörte meine eigenen Werke nicht mehr — ich hörte nicht mehr, Luise!... In meiner Vorstellung schwirren ganze Reihen harmonischer Klänge; nie gehörte Melodien jagen einander, in geheimnisvolle Verbindungen zusammenfließend; will ich's ausdrücken — alles verschwunden: der hartnäckige Stoff vergönnt mir keinen einzigen Laut, und die groben Empfindungen vernichten alle Regungen der Seele. Oh, was könnte schrecklicher sein als diese Zwietracht zwischen Seele und Empfindungen, zwischen Seele und Seele! In seinem Geist ein Schöpferwerk vollbringen und tagein, tagaus sterben in Geburtenqualen!... Sterben der Seele! — Wie entsetzlich, wie lebendig ist dieser Tod! Und dann kommt noch dieser gedankenlose Gottfried, verwickelt mich in eitle musiktheoretische Streitigkeiten und will mich dazu bringen, zu erklären, weshalb ich mich an der einen oder anderen Stelle dieser oder jener Melodienkombination bedient, wo ich mir's doch selbst nicht erklären kann! Diese Leute scheinen überhaupt nicht zu wissen, was das ist: die Seele eines Musikers, die Seele eines Menschen! Sie meinen, man könne sie gemäß den Willkürlichkeiten der Handwerker, die die Instrumente bauten, nach Regeln, die ein vertrocknetes Theoretikerhirn müßig erdacht, zerlegen... Nein, wenn mich der Augenblick der Eingebung überkommt, dann weiß ich ganz genau, daß ein solch widersinniger Zustand der Kunst nicht von langer Dauer sein kann; daß neue, frische Formen die veralteten verdrängen müssen; daß alle heutigen Instrumente aufgegeben und an ihre Stelle neue treten werden, die die Werke des Genies in höchster Vollendung wiederzugeben vermögen, so daß auch endlich der abgeschmackte Unterschied zwischen geschriebener und hörbarer Musik verschwindet. Ich habe zu den Herren Professoren davon gesprochen; allein sie verstanden mich nicht, wie sie auch nicht die der künstlerischen Eingebung innewohnende Kraft verstanden, ebenso wie sie nicht begriffen, daß ich dann der Zeit voraneile und nach inneren Gesetzen der Natur schaffe, die von den Alltagsmenschen noch nicht erkannt und mir selbst in anderen Stunden gleichfalls unverständlich sind... Narren! In ihrer kalten Emsigkeit lösen sie, wenn sie grad nichts Beßres zu tun haben, ein Thema aus einem Werk heraus, feilen an ihm herum, führen es fort und wiederholen es dann gar noch in einer anderen Tonart; da fügen sie auf Bestellung Blasinstrumente hinzu oder sonst einen wunderlichen Akkord, worüber sie hin und her sinnieren und alles fein verständig ausklügeln, ausglätten; — ja, was wollen sie? Ich kann nicht so arbeiten... Man vergleicht mich mit Michelangelo — wie aber pflegte der Schöpfer des 'Moses' zu arbeiten? Im Zorn, in der Wut hieb er mit wuchtigen Hammerschlägen auf den starren Marmor ein und zwang ihn schließlich, die lebendige Idee zu offenbaren, die sich unter der steinernen Schale verbarg. So bin auch ich! Die kalte Emsigkeit ist mir unbegreiflich! Ich kenne nur die Begeisterung der Eingebung, wenn sich mir die ganze Welt in Harmonien verwandelt, alles Fühlen, jeder Gedanke in mir zu klingen anhebt, wenn alle Kräfte der Natur mir untertan, mein Blut in den Adern braust, mir Schauer über den Körper laufen und mein Haar sich auf dem Kopfe sträubt... Und doch umsonst! Wozu das alles? Wozu? Man lebt, plagt sich, grübelt — und hat man es niedergeschrieben, so ist alles aus. An das Papier gefesselt sind die süßen Qualen des Schaffens, sie kehren nicht zurück! Erniedrigt, in einen Kerker gesperrt sind die Gedanken des stolzen schöpferischen Geistes; die hohe Tat eines irdischen Schöpfers, der selbst die Kräfte der Natur zum Wettstreit fordert, wird Werk von Menschenhänden! — Und die Menschen? Die Menschen! Sie kommen, hören zu, urteilen — als wären sie die Richter, als schüfe man für sie! Was geht es sie an, daß der Gedanke, der eine ihnen verständliche Form gewonnen hat, nur ein Glied ist in einer unendlichen Kette des Denkens und Leidens; daß der Augenblick, da der Künstler zu den Menschen herabsteigt, nur ein Bruchstück eines langen schmerzvollen Lebens voll unendlichen Empfindens ist; daß jeder Ausdruck, jeder Zug geboren ward aus den bitteren Tränen des Seraphs, der in menschliche Kleidung gezwängt ward und oft die Hälfte seines Lebens hingibt, um nur einen Augenblick die frische Luft der Begeisterung atmen zu können. Unterdes aber kommt die Zeit — schau, wie jetzt bei mir —, man spürt: die Seele ist ausgebrannt, die Kräfte schwinden dahin, der Kopf wird schwach: alle Gedanken, alles bringt man durcheinander, alles ist von einem absonderlichen Schleier verdeckt... Ach! Ich wollte dir, Luise, die letzten Gedanken und Gefühle, die ich im Innersten meiner Seele bewahrt, anvertrauen, damit sie nicht mit mir vergehen mögen... Doch was hör' ich da?...«

Bei diesen Worten sprang Beethoven auf und riß mit einem heftigen Ruck das Fenster auf, durch das von einem Nachbarhaus her harmonische Klänge drangen. — »Ich höre!« rief Beethoven, auf die Knie sinkend, und streckte ergriffen seine Hände gegen das offene Fenster; »das ist die Egmont-Ouvertüre; ja, ich erkenne sie: da, das wilde Schlachtgeschrei, da, der Sturm der Leidenschaft; er schwillt an, er tobt; jetzt in seiner vollen Entfaltung — und alles verstummt, nur ein Lämpchen glüht noch, das bald vergeht — erlöscht — doch nicht für immer... Aufs neu erschallt Trompetengeschmetter, daß es die ganze Welt erfüllt und keiner ihm entgehen kann...«

Auf dem prunkvollen Ball eines Wiener Ministers; die Menschenmengen wogen auf und ab.

»Wie bedauerlich!« sagte jemand, »der Theaterkapellmeister Beethoven ist gestorben und hat, sagt man, nichts hinterlassen, um ihn beerdigen zu können.«

Allein diese Stimme verlor sich in der Menge; denn alle lauschten nur den Worten zweier Diplomaten, die sich über irgendwelche Streitigkeiten unterhielten, die sich zwischen irgendwem am Hof eines deutschen Fürsten zugetragen hatten.

* * * * * * * * * * * * * * * * * * * * * * * * * * * * * * * * * * * * * * * *

## MICHAIL LERMONTOW

*Michail Jurjewitsch Lermontow, fünfzehn Jahre jünger als Puschkin, ist 1814 in einer alten Adelsfamilie, die auf schottische Edelleute zurückgeht, in Moskau geboren. Er wuchs nach dem frühen Tode der Mutter auf dem Familiengut der Großmutter mütterlicherseits, Tarchany im Gouvernement Pensa, als frühreifer, empfindsamer Knabe auf. Die Großmutter Jelisawjeta Alexejewna Arsenjewa entzog ihn damit eifersüchtig dem Vater und hat ihm zeitlebens den Schutz ihrer bedeutenden Mittel und Beziehungen gewährt. Mit dem elfjährigen kränklichen Knaben unternimmt sie 1825 eine Badereise in den Kaukasus. Lermontow findet hier, unter den freiheitliebenden Menschen, den »ungebundenen Adlern«, bereits als Kind seine geistige Heimat und erkennt, zurückgekehrt, voll Teilnahme das Slavenleben der leibeigenen Bauern. 1827 siedeln Großmutter und Enkel nach Moskau über, und im folgenden Jahre wird Lermontow zur Vorbereitung auf das Studium in das Adelspensionat der Moskauer Universität aufgenommen. Er liest die russischen, englischen und französischen Dichter der Zeit und die deutschen Klassiker; Puschkin und Byron beeindrucken ihn tief. Das Gedächtnis der hingerichteten Dekabristen wird im Pensionat heimlich gepflegt. Lermontows Jugendlyrik verbindet das Motiv unerwiderter Liebe mit seiner ruhelosen Rebellengestalt, die sich an der französischen Julirevolution von 1830, an den Bauernaufständen und Heeresrevolten dieser Jahre entzündet. Die lebenslange Liebe zu seiner Kusine Warwara Lopuchina beginnt. Seit Herbst 1830 ist er an der Philologi-*

*schen Fakultät der Moskauer Universität immatrikuliert, deren Bedeutung damals weniger eine wissenschaftliche als eine politische war: in ihren Studentenzirkeln klärte man sich zur Kritik am System der Selbstherrschaft und Leibeigenschaft. Lermontows Jugendwerk, das Schauspiel 'Ein merkwürdiger Mensch', 1831 entstanden, stellt bereits mit Empörung Überfluß und Grausamkeit der Gutsbesitzer dem Elend der Bauern gegenüber. Als die Professoren Lermontow wegen hochfahrender Antworten durch eine Prüfung fallen lassen, gibt er die Universität Moskau auf und entschließt sich, wenn auch ungern, zur militärischen Laufbahn. Er tritt neunzehnjährig, im November 1832, in die Kavallerieoffiziersschule Petersburg ein. Auf die zwei Jahre Universität folgen nun die zwei »furchtbaren Jahre« Offiziersschule mit ihrer kleinlichen Disziplin und ihrer Ungeistigkeit – in denen Lermontow nur für künftig sein Inneres verschließen und nach außen eine Maske anzulegen lernt –, bis er 1834 zum Kornett des Leibgardehusarenregiments in Zarskoje Selo bei Petersburg befördert wird. Von der Großmutter reich ausgestattet, lebt er jetzt zwei Jahre in den Kreisen der Petersburger Hofgesellschaft, deren Wesen er durchschaut, zu der er durch Geburt und militärische Stellung jedoch gehört und die er auch nicht missen kann. Wie es damals in ihm aussah, zeigt sein Hauptwerk dieser Jahre: das Schauspiel 'Der Maskenball', in dem sich der leidenschaftliche »Held« Arbenin gegen die allgemeine Heuchelei auflehnt und zwischen Menschenverachtung und Sehnsucht hin und her geworfen wird, in einer Gesellschaft von Spielern, Schwätzern und Lebemännern, wie sie Gribojedows Komödie 'Verstand schafft Leiden' (vollendet 1824) zuerst dargestellt hatte. Druck und Aufführung des 'Maskenballs' wurden 1835 wegen seines gesellschaftskritischen Inhalts von der Zensur abgelehnt. Zum entscheidenden Ereignis für Lermontow wurde jedoch Puschkins Tod an den Folgen eines Duells im Januar 1837. An Puschkins Todestag gingen in Petersburg des zweiundzwanzigjährigen Lermontow Verse 'Der Tod des Dichters' von Hand zu Hand, in denen die herrschende Gesellschaft, »deren Väter aus dem Nichts aufstiegen durch*

*Knechtssinn« statt »der vom Spiel des Schicksals gekränkten Geschlechter«, mit flammender Empörung des Mordes angeklagt wird. Lermontows Strafversetzung zu einem Dragonerregiment an die Kaukasusfront, das im Kampfe mit den Bergvölkern lag, war die Antwort der Hofkreise. Sie brachte ihm die seelische Gesundung und das erneute Erlebnis des Kaukasus, das sich in der endgültigen Fassung des Poems 'Der Dämon' (1838) niederschlug und ihm den Stoff zu dem farbigen Poem 'Der Mziri' (d.h. 'Klosternovize', 1839) gab. Die Großmutter setzte jedoch dreiviertel Jahr später Lermontows Rückberufung zu seinem Stammregiment nach Petersburg durch, wo dieser im April 1838 eintraf und sich sogleich wieder in das Salonleben der »großen Gesellschaft«, des »vornehmen Pöbels«, stürzte. Sein dichterisches Ansehen war inzwischen gestiegen durch das Erscheinen des 'Liedes vom Zaren Iwan Wassiljewitsch', das sich wunderbar in den Geist des altrussischen Volksepos zu versetzen weiß, und durch eine Anzahl bedeutender Gedichte. Auch lief sein Poem 'Der Dämon' in zahlreichen Abschriften um, in dem er die Erlösungssehnsucht des trotzigen, zerrissenen und einsam verschlossenen Helden und dessen seelische Erneuerung durch die Liebe Tamaras, den Sieg der Liebe über die Vereinsamung, ergreifend gestaltet hat. Lermontow tritt jetzt zu dem Dichter Shukowski, dem Kritiker Belinski und dem »Zirkel der Sechzehn« in Beziehung, der als Klub adliger Oppositioneller wohl die politischen Ideen der Dekabristen bewahrte, jedoch einen wirklichen Kampf gegen das herrschende Regime nunmehr für aussichtslos ansah. So hielt auch Lermontow seine Generation für verdammt, ihr Leben in politischer Ausweglosigkeit hinzubringen, da er von einer neuen, aufsteigenden Klasse, die 25 Jahre später sichtbar werden sollte, nichts geahnt hat, und dies Gefühl der politischen Aussichtslosigkeit ist einer der Gründe der Melancholie, des »Weltschmerzes« in seinem Werk. Ende 1839 war er zum Leutnant avanciert, doch die Gegner in der Hofgesellschaft, die sich von seinem »unschicklichen Benehmen«, seinem überlegenen Auftreten und seiner scharfen Zunge immer wieder verletzt fühlten, waren nicht untätig. Als das Januarheft 1840 der 'Vaterländischen Annalen' Lermontows Gedicht 'Der erste Januar' veröffentlichte, wurde dieses als persönliche Respektlosigkeit gegenüber der Zarentochter Maria Nikolajewna ausgelegt. Der Sohn des französischen Botschafters de Barante, der eine ihm nahestehende Dame durch Lermontow beleidigt glaubte, forderte ihn zum Duell, das zwar harmlos ausging, Lermontow jedoch ein Kriegsgerichtsverfahren und Strafversetzung, nunmehr in ein Infanterieregiment an der Kaukasusfront, eintrug. Wenige Tage nach seiner Abreise im Mai 1840 erschien sein Hauptwerk 'Ein Held unserer Zeit', aus dem wir die Novelle 'Taman' abdrucken. Es gruppiert sich um die Hauptperson Petschorin, dessen seelische Eigenart mit großer psychologischer Meisterschaft und Wahrhaftigkeit geschildert ist. Petschorin streift als innerlich einsamer, seelisch zerrissener Wanderer durch die wilde, kriegerische Welt des Kaukasus, wobei die eine Seite seines Wesens unmittelbar erlebt und empfindet, die andere aber die erste scharf beobachtet und kritisiert, und scheint das Unglück mit sich zu führen, ohne Hoffnung, sein Leben auf anderer Grundlage erneuern zu können; »ein Porträt, doch nicht das eines einzelnen Menschen: es ist ein Porträt, das zusammengesetzt ist aus den Lastern unseres ganzen Geschlechts in ihrer vollsten Entwicklung« (Lermontow), die dämonische Zeichnung eines Vertreters der epigonenhaften Oberschicht seiner Zeit, die ohne politisches und menschliches Ziel lebte. Lermontow wurde mit diesem scheinbar »zerrissen« komponierten, in der Wirkung jedoch einheitlichen Werk der Begründer des psychologischen Romans und durch seine Gestalten und Schilderungen zugleich ein Meister der Wirklichkeitsdarstellung. – Jetzt, wieder im Kaukasus, zeichnet er sich durch Tapferkeit gegen die Tscherkessen aus. Im Januar 1841 erhält er auf eifriges Betreiben seiner Großmutter einen längeren Urlaub nach Petersburg, wo er um Entlassung aus dem Heeresdienst nachsucht. Sein Gesuch wird von höchster Stelle abgelehnt. Es vurde Lermontow sehr verübelt, daß er, obwohl noch nicht wöllig amnestiert, die Kühnheit gehabt hatte, bereits am Tage nach seiner Ankunft auf einem Ball der Gräfin Worontzow-*

*Daschkow zu erscheinen, an dem auch Mitglieder des Zarenhauses teilnahmen. Als er dann, immer noch in der Hoffnung auf Entlassung, seinen Urlaub überschritt, erhielt er im April 1841 den Befehl, Petersburg binnen 48 Stunden zu verlassen. Auf dem Wege zu seiner Truppe meldete er sich jedoch in dem Bade Pjatigorsk krank und verbrachte hier seinen letzten Sommer. Dabei kommt es zu einer Auseinandersetzung zwischen ihm und dem unbedeutenden, eitlen Major Martynow, der Lermontow schon von der Kavallerieschule her bekannt war und sich nun, möglicherweise von Hintermännern aufgehetzt, von Lermontow wegen Kleinigkeiten verspottet fühlt. Martynow fordert Lermontow und schießt ihn am 15. Juli 1841 in einem Duell, bei dem kein Arzt zugegen war, nieder, während Lermontow, wie immer, absichtlich in die Luft zielte. In dem Gedicht 'Traum' hatte er dies Ende kurz zuvor vorausgesehen. Nikolaus I. soll beim Empfang der Nachricht von Lermontows Ende gesagt haben: »Einem Hunde gebührt ein hündischer Tod«; er begnadigte Martynow zu drei Monaten Festungshaft. Lermontow starb im siebenundzwanzigsten Jahre. Seine Lyrik beherrschte ein halbes Jahrhundert; mit seinem 'Helden unserer Zeit' beginnt die russische Romandichtung ihren Höhenflug. »Er war ein Sänger und war politischer Tribun, er konnte wie wenige in die Tiefe der menschlichen Seele blicken. Von ihm aus führen Fäden zu Nekrassow, zu Turgenjew, zu Tolstoi und zu Tschechow« (W. Neustadt).*

## TAMAN

Taman ist das übelste Nest von allen russischen Seestädten. Um ein Haar wäre ich dort verhungert, und obendrein wollte man mich noch ertränken. Spät nachts traf ich mit einem kleinen Postwagen ein. Der Kutscher ließ sein erschöpftes Dreigespann vorm Tor des einzigen Steinhauses am Ortseingang halten. Als der Posten, ein Schwarzmeerkosak, das Glöckchengeläut hörte, rief er schlaftrunken mit wilder Stimme: »Wer da?« Ein Kosakenunteroffizier und ein Gefreiter traten aus dem Haus. Ich erklärte ihnen, daß ich Offizier sei, dienstlich zur Feldtruppe reise und Quartier verlange. Darauf führte uns der Gefreite durch die Stadt. Doch jede Hütte, bei der wir vorfuhren, erwies sich als besetzt. Es war kalt, drei Nächte hatte ich nicht mehr geschlafen, war vollends erschöpft und begann allmählich gereizt zu werden. »Bring mich irgendwohin, du Räuber! Von mir aus auch zum Teufel, wenn's da nur Unterkunft gibt!« schrie ich ihn an. – »Es gibt noch eine Hütte«, antwortete der Gefreite, sich im Nacken kratzend, »nur wird's Euer Wohlgeboren nicht gefallen; die Leute da sind nicht sauber!« – Ohne die rechte Bedeutung des letzten Wortes erfaßt zu haben, befahl ich ihm, uns dahin zu bringen, und nach langer Irrfahrt durch Nebengassen, wo man zu beiden Seiten nichts als morsche Bretterzäune zu sehen bekam, erreichten wir eine kleine Hütte, die unmittelbar am Gestade des Meeres lag.

Der Vollmond leuchtete auf das Schilfdach und die weißen Wände meiner neuen Behausung herab; auf dem Hofe, der von einer Mauer aus Feldsteinen umgeben war, stand noch eine zweite windschiefe Kate, kleiner und älter als die erste. Gleich neben ihrer Wand fiel das Ufer in einem Steilhang zum Meer ab, und tief unten schlugen gleichförmig rauschend die schwarzblauen Wogen. Stumm blickte der Mond auf das ruhelose, ihm doch so ergebene Element, und ich konnte bei seinem Licht weit draußen zwei Schiffe erkennen, deren schwarzes Takelwerk sich Spinngeweben gleich reglos gegen den fahlen Streifen am Horizont abzeichnete. ‘Im Hafen liegen Schiffe’, dachte ich für mich, ‘morgen werde ich also nach Gelendshik segeln können.’

Ein Linienkosak leistete mir Burschendienste. Nachdem ich ihm befohlen, meinen Koffer herunterzunehmen und den Kutscher zu entlassen, machte ich mich daran, den Hausherrn zu rufen – alles still; ich klopfte – alles still... Was war das nun wieder? Schließlich schob sich aus dem Hausflur ein etwa vierzehnjähriger Knabe.

»Wo ist der Hausherr?« – »Haben keinen.« – »Wie? Überhaupt keinen?« – »Überhaupt keinen«, erwiderte er auf kleinrussisch. – »Und die Hausfrau?« – »Ist in die Vorstadt gelaufen.« – »Wer macht mir aber die Tür auf?« sagte ich, mit dem Fuß gegen sie stoßend. Und schon war die Tür von selbst aufgesprungen; feucht wehte es mir aus der Hütte entgegen. Nun strich ich ein Schwefelhölzchen an und hielt es dem Knaben vors Gesicht; es beleuchtete zwei völlig weiße Augen. Er war blind, ganz blind von Geburt an. Unbewegt stand er vor mir, indes ich aufmerksam seine Gesichtszüge betrachtete.

Ich bekenne, daß ich ein beträchtliches Vorurteil gegen alle Blinden, Einäugigen, Tauben, Stummen, Beinlosen, Armlosen, Buckligen und ähnlichen hege. Ich habe bemerkt, daß stets eine gewisse eigentümliche Beziehung zwischen dem Äußeren eines Menschen und seiner Seele besteht: Es ist, als wenn auch die Seele mit dem Verlust eines Körperteils irgend etwas von ihrem Gefühlsleben einbüße.

Ich betrachtete also das Gesicht des Blinden; aber was kann man schon aus einem Gesicht lesen, das keine Augen hat?... Lange schaute ich ihn voll unwillkürlichen Mitleids an, als mit einem Male ein kaum merkliches Lächeln über seine schmalen Lippen huschte, das, ich weiß nicht warum, einen äußerst unangenehmen Eindruck auf mich machte. In mir regte sich der Verdacht, daß dieser Blinde vielleicht gar nicht so blind sei, wie es den Anschein hatte; umsonst bemühte ich mich, mir selbst zu versichern, daß man den weißen Star keinesfalls vortäuschen könne, und wozu auch? Aber was soll man da machen? Ich habe oft eine besondere Neigung zu Vorurteilen...

»Du bist der Sohn der Wirtin?« fragte ich ihn schließlich. – »Nein.« – »Nun, wer bist du denn?« – »Ein armes Waisenkind.« – »Und hat die Wirtin Kinder?« – »Nein; eine Tochter war da, und die ist mit dem Tataren übers Meer fort.« – »Mit was für einem Tataren?« – »Ach, weiß der Teufel! Ein Krimtatare, ein Bootsmann aus Kertsch.«
Ich trat in die Hütte: zwei Bänke, ein Tisch und eine riesige Truhe neben dem Ofen bildeten ihr ganzes Mobiliar. An der Wand kein einziges Heiligenbild – ein schlechtes Zeichen! Durch die zerbrochene Fensterscheibe zog der Seewind herein. Ich holte aus meinem Koffer den Stummel einer Wachskerze und begann, als ich ihn angezündet, meine Sachen auszupacken, stellte Säbel und Gewehr in die Ecke, legte die Pistolen auf den Tisch und breitete meinen kaukasischen Filzmantel auf der Bank aus; der Kosak tat mit dem seinen auf der anderen Bank das gleiche, und nach zehn Minuten fing er schon an zu schnarchen; ich aber konnte nicht einschlafen: beständig tauchte vor meinem Geiste im Dunkel der Knabe mit den weißen Augen auf.
So verstrich wohl eine Stunde. Der Mond schien zum Fenster herein, seine Lichtstrahlen spielten auf dem Lehmboden der Kate. Plötzlich glitt ein Schatten über den hellen Streifen, der quer den Boden durchschnitt. Ich richtete mich etwas auf und blickte zum Fenster hinaus: abermals lief jemand vorbei und verschwand, Gott weiß wohin. Wie sollte ich auch annehmen, daß dieses Wesen den Ufersteilhang hinabgestiegen sei; allein es konnte nirgendwo anders hin sein. Nun erhob ich mich, warf meinen tatarischen Rock über, nahm den Dolch und schlich mich leise aus der Hütte; eben kam mir der blinde Knabe entgegen. Ich verbarg mich am Zaun, während er sicheren, aber vorsichtigen Schritts an mir vorbeilief. Unterm Arm trug er ein Bündel und stieg einen schmalen, steilen Pfad zum

Hafen hinunter. 'Alsdann werden der Blinden Augen aufgetan und der Tauben Ohren geöffnet werden', ging es mir durch den Kopf, da ich ihm in einiger Entfernung, ohne ihn aus dem Auge zu verlieren, nachfolgte. Unterdessen begann der Mond sich in ein Wolkenkleid zu hüllen, aus dem Meere stieg Nebel auf; kaum drang das Licht der Hecklaterne vom nächsten Schiff noch hindurch; weiß leuchtete am Strand der Gischt der Wogen, die ihn unablässig zu überfluten drohten. Mühsam kletterte ich den Steilhang hinab, und da sah ich: der Blinde war stehengeblieben, dann wandte er sich unten nach rechts; er ging so nah am Wasser entlang, daß es schien, als ob ihn sogleich eine Welle ergreifen und davontragen würde; nach seiner Sicherheit zu urteilen, mit der er von Stein zu Stein schritt und die Wasserlöcher umging, war dies jedoch offensichtlich nicht sein erster Spaziergang. Schließlich blieb er stehen, als lausche er auf etwas, hockte sich auf die Erde und legte sein Bündel neben sich. Von meinem Versteck hinter einem vorspringenden Uferfels folgte ich allen seinen Bewegungen. Nach wenigen Minuten erschien von der entgegengesetzten Seite eine weiße Gestalt; sie kam auf den Blinden zu und setzte sich neben ihn. Hin und wieder trug der Wind ihre Worte zu mir herüber.

»Was denkst du, Blinder?« sagte eine weibliche Stimme. »Es stürmt zu sehr; Janko wird nicht kommen.« – »Janko fürchtet sich nicht vorm Sturme«, erwiderte er. – »Der Nebel wird immer dichter«, entgegnete abermals die weibliche Stimme in traurigem Tone.

»Bei Nebel kann man sich besser an den Wachtschiffen vorbeipirschen«, war die Antwort. »Und wenn er untergeht?« – »Na und? Dann gehst du am Sonntag halt ohne ein neues Band in die Kirche.«

Es trat Schweigen ein; mich setzte indessen eins in Erstaunen: der Blinde hatte mit mir in kleinrussischer Mundart geredet, während er jetzt rein russisch sprach.

»Siehst du, ich hatte recht«, sagte der Blinde aufs neue, wobei er in die Hände klatschte. »Janko fürchtet sich nicht vor dem Meere, dem Wind, dem Nebel und der Küstenbewachung; horch mal: das ist nicht der Wellenschlag des Wassers; da kann man mir nichts vormachen — es sind seine langen Ruder.«

Die weibliche Gestalt sprang auf und starrte voll Unruhe in die Ferne.

»Du träumst, Blinder«, sagte sie; »ich sehe nichts.«

Ich muß gestehen, wie sehr ich mich auch bemühte, in der Ferne etwas wie ein Boot zu erkennen, es war ohne Erfolg. So verstrichen wohl zehn Minuten; und da tauchte tatsächlich inmitten der Wellenberge ein schwarzer Punkt auf, der bald größer, bald kleiner wurde. Langsam auf die Wellenköpfe steigend und schnell von ihnen herabgleitend, näherte sich dem Ufer ein Boot. Welch kühner Schiffer mußte das sein, der es in einer solchen Nacht wagte, über die zwanzig Werst breite Meerenge zu rudern; es mußte ein gar wichtiger Grund sein, der ihn dazu bewogen hatte. Während ich so dachte, blickte ich unter unwillkürlichem Herzklopfen nach dem kümmerlichen Boot; es tauchte wie eine Ente, um aber sogleich wieder, mit den Rudern rasch wie mit Flügeln schlagend, vom Gischt umtost aus dem Abgrund hervorzuschießen; jetzt, meinte ich, wird es mit voller Wucht ans Ufer schlagen und in tausend Stücke zerschellen, doch gewandt drehte es seitwärts bei und glitt unversehrt in eine kleine Bucht. Dem Boote entstieg ein Mann von mittlerem Wuchs, der eine Tatarenmütze aus Schaffell trug; er winkte mit der Hand, worauf sich alle drei anschickten, etwas aus dem Boote zu schleppen. Die Ladung war dermaßen groß, daß ich bis heute noch nicht begreife, wieso das Boot nicht untergegangen ist. Als sich nun jeder ein Bündel auf die Schulter geladen, setzten sie sich längs des Ufers in Bewegung, und bald hatte ich sie aus dem Auge verloren. Auch für mich war es nun Zeit, zur Hütte zurückzukehren; alle diese sonderbaren Vorgänge versetzten mich jedoch, offen gesagt, in Unruhe, so daß ich kaum den Morgen erwarten konnte.

Mein Kosak war beim Erwachen höchst erstaunt, als er bemerkte, daß ich schon vollkommen angekleidet war; ich verriet ihm jedoch nicht, aus welchem Grunde. Vom Fenster aus ergötzte ich mich einige Zeit an dem zartblauen Himmel, der mit zerrissenen Wölkchen überstreut war, an der fernen Küste der Krim, die sich als violetter Streifen hinzieht und in einem Fels endet, auf dessen Höhe ein weißer Leuchtturm aufragt. Sodann begab ich mich zur Festung Fanagoria, um vom Kommandanten zu erfahren, wann ich nach Gelendshik abreisen könne.

Doch, o weh, der Kommandant konnte mir nichts Genaues sagen. Die Schiffe, die im Hafen lagen, waren sämtlich entweder Wacht- oder Handelsschiffe, die überdies noch nicht einmal mit Laden begonnen hatten. »Vielleicht kommt in drei, vier Tagen das Postschiff«, sagte der Kommandant, »dann wollen wir sehen.« Trübsinnig und verärgert kehrte ich nach unserem Haus zurück. An der Tür empfing mich mein Kosak mit erschrecktem Gesicht.

›Schlimm, Euer Wohlgeboren!‹ sprach er mich an.

»Ja, mein Lieber, das weiß der Herrgott, wann wir von hier wegkommen!«

Da wurde er noch aufgeregter und sagte flüsternd, zu mir geneigt: »Hier ist's nicht sauber! Ich traf heut einen Unteroffizier von den Schwarzmeerkosaken; wir sind miteinander bekannt—er war im vergangnen Jahr in unserer Abteilung; als ich ihm sage, wo wir unser Quartier haben, gibt er mir zur Antwort: 'Da ist's nicht sauber, Bruder, das sind schlimme Menschen!...' Ja wirklich, was ist das für ein Blinder! Er geht überall allein hin, auf den Markt Brot kaufen und Wasser holen... Die Leute hier haben sich, scheint's, schon dran gewöhnt.«

»Nun, und hat sich denn wenigstens die Wirtin gezeigt?«

»Als Sie heut fort waren, kam eine Alte mit ihrer Tochter.«

»Was für eine Tochter? Sie hat überhaupt keine Tochter mehr.«

»Gott weiß, wer sie dann ist, wenn sie nicht die Tochter ist; die Alte sitzt jetzt drin in ihrer Hütte.«

Ich trat in die alte Hütte. Im Ofen war tüchtig eingeheizt; darauf kochte ein für solch arme Schlucker doch recht üppiges Mittagessen. Die Alte antwortete auf alle meine Fragen, sie sei taub und verstehe nichts. Was war da mit ihr zu machen? Ich wandte mich an den Blinden, der vorm Ofen saß und Reisig ins Feuer legte. »Nun, sag mal, du kleiner blinder Teufel«, begann ich und zog ihn am Ohr, »wohin bist du eigentlich in der Nacht mit dem Bündel geschlichen?« Sogleich fing der kleine Blinde an zu heulen, zu schreien und stöhnte, sich wieder des Kleinrussischen bedienend: »Wohin ich gegangen bin?... Nirgendwo bin ich hingegangen... Mit einem Bündel? Mit was für einem Bündel?« Diesmal hatte die Alte verstanden und fing an zu brummen: »Was für Zeug Sie sich bloß ausgedacht haben, und noch dazu von einem Krüppel! Was wollen Sie denn von ihm? Was hat er Ihnen getan?« Ich hatte das alles satt und verließ die beiden, fest entschlossen, den Schlüssel zu diesem Rätsel zu finden.

Ich hüllte mich in meinen kaukasischen Filzmantel, setzte mich auf einen Stein am Zaun und blickte in die Ferne hinaus; vor mir breitete sich das vom nächtlichen Sturm aufgewühlte Meer aus, sein eintöniges Rauschen, das dem dumpfen Rollen einer eben sacht einschlummernden Stadt glich, erinnerte mich an längst verflossene Jahre und ließ meine Gedanken nach dem Norden, in unsere kalte Hauptstadt schweifen. Von Erinnerungen überwältigt, versank ich in Träumen... So verstrich wohl eine Stunde, vielleicht auch mehr. Plötzlich vernahm mein Ohr etwas wie ein Lied. Wirklich, es war ein Lied, das von einer frischen weiblichen Stimme gesungen wurde — doch woher kam es? ... Ich lauschte — eine seltsame Weise, bald gedehnt und traurig, bald rasch und lebendig. Ich schaute um mich — ringsum keine Menschenseele; ich lauschte abermals — die Töne schienen wie vom Himmel herabzuschweben. Ich hob die Augen: auf dem Dach meiner Hütte stand ein Mädchen in einem gestreiften Kleide, mit gelösten Haarflechten — eine richtige Wassernymphe. Die Augen mit der flachen Hand vor den Sonnenstrahlen schützend, spähte sie unverwandt in die Ferne; bald lachte sie und sprach mit sich selbst, bald hob sie erneut an, ihr Lied zu singen.

Ich entsinne mich noch Wort für Wort dieses Liedes:

»Frei ziehn in die weite Welt
Auf dem grünen Meere
Immerfort die Schifflein hin,
Flinke weiße Segler.

Unter all den Schifflein dort
Schwimmt mein Boot, mein kleines,
Braucht kein weißes Segeltuch,
Hat zwei lange Ruder.

Braust ein böser Sturm einher —
Breiten ihre Flügelein
Dann die alten Schifflein aus,
Und jagen übers Meer hin.

Und ich bitte dann das Meer,
Flehe es voll Furcht an:
Rühr, ach du, du grimmes Meer,
Ja mein Boot nicht an:

Denn es hat mein kleines Boot
Teure Fracht geladen,
Und das Boot durch schwarze Nacht
Lenkt ein wilder Bursche.«

Unwillkürlich fuhr es mir durch den Kopf, daß ich nachts die gleiche Stimme gehört; ich überlegte einen Augenblick, doch als ich wieder zum Dach blickte, war das Mädchen nicht mehr da. Auf einmal lief sie, eine andere Weise halblaut vor sich hinträllernd, mit den Fingern schnalzend, an mir vorbei und zur Alten hinein; gleich darauf begannen sie miteinander zu streiten. Die Alte schalt böse, während das Mädchen laut auflachte. Und dann sah ich, wie meine Undine wieder einhersprang; kurz vor mir machte sie plötzlich halt und faßte mich scharf ins Auge, als ob sie meine Anwesenheit verwundere; schließlich wandte sie sich gelassen ab und ging gemessenen Schritts dem Hafen zu. Doch das war beileibe nicht alles; den ganzen Tag strich sie um mein Quartier herum, keinen Augenblick das Singen und Springen lassend. Welch sonderbares Wesen! Auf ihrem Gesicht fanden sich aber keinerlei Anzeichen von Irrsinn; im Gegenteil, ihre Augen ruhten munter und durchdringend auf mir, ja es schien diesen Augen magnetische Kraft verliehen zu sein; dabei kam es mir jedesmal vor, als erwarte sie eine Frage. Aber sobald ich zu sprechen anfing, lief sie mit einem hintergründigen Lächeln davon.

Wahrhaftig, solch einer Frau war ich noch nie begegnet. Sie war bei weitem keine Schönheit, doch habe ich selbst hinsichtlich der Schönheit meine Vorurteile. Sie hatte viel Rasse... Rasse ist bei Frauen wie bei Pferden etwas ganz Besonderes; diese Entdeckung verdanken wir dem jungen Frankreich. Sie, das heißt die Rasse, zeigt sich zumeist im Gang, in den Händen und Füßen; namentlich die Nase hat viel zu bedeuten. Eine regelmäßige Nase ist in Rußland seltner als ein kleiner Fuß. Meine Sängerin schien nicht älter als achtzehn Jahre. Die außergewöhnliche Geschmeidigkeit ihres Körpers, ein besonderes, nur ihr allein eigenes Neigen des Kopfes, ihr langes blondes Haar, der goldene Schimmer ihrer leicht sonnengebräunten Haut auf Hals und Schultern und besonders die regelmäßige Nase — all das erschien mir einfach bezaubernd. Obgleich ich in ihren scheuen Blicken etwas Wildes und Verdächtiges las, obwohl auch ihr Lächeln etwas Unbestimmtes barg, so war doch die Macht des Vorurteils derart stark, daß mir die regelmäßige Nase vollends den Kopf verdrehte; ich bildete mir ein, Goethes Mignon, diese wundersame Schöpfung seiner deutschen Phantasie, gefunden zu haben — und wahrhaftig, die beiden glichen sich in vielem: dieselben raschen Übergänge von äußerster Unruhe zu völliger Reglosigkeit, dieselben rätselhaften Reden, dasselbe Springen, die seltsamen Lieder...

Gegen Abend hielt ich sie an der Tür auf und knüpfte mit ihr folgendes Gespräch an:

»Sag mir doch mal, du schönes Kind«, fragte ich, »was hast du heut auf dem Dach gewollt?« – »Ach, ich habe bloß nachgeschaut, woher der Wind weht.« – »Was geht's dich an?« – »Woher der Wind, daher das Glück.« – »Was denn? Hast du etwa mit deinem Lied das Glück herbeirufen wollen?« – »Wo gesungen wird, da ist man auch glücklich.« – »Und wenn du dir nun Kummer herbeisingst?« – »Was macht's? Wo's nicht besser wird, da wird's schlechter, und vom Schlechten zum Guten ist's abermals nicht weit.« – »Wer hat dich denn dies Lied gelehrt?« – »Niemand hat's mich gelehrt; fällt mir was ein, dann sing' ich; wer's hören soll, der wird's hören; und wer's nicht hören soll, der wird's nicht verstehn.« – »Und wie heißt du, kleiner Singvogel?« – »Wer mich getauft, der weiß es.« – »Und wer hat dich getauft?« – »Wer weiß.« – »So eine Heimliche! Aber ich weiß etwas von dir« (sie wechselte weder ihre Gesichtsfarbe noch bewegte sie ihre Lippen, ganz als ob es sie gar nichts angehe). »Ich weiß, daß du gestern nacht zum Strand gegangen bist.« Und dann erzählte ich ihr sehr wichtig alles, was ich gesehen; denn ich meinte sie damit in Verlegenheit bringen zu können;

keine Spur! Sie fing an, aus vollem Halse zu lachen. – »Viel gesehen, doch wenig verstanden; und was Sie wissen, das halten Sie nur schön hinter Schloß und Riegel.« – »Nun, wenn ich zum Beispiel auf den Einfall käme, es dem Kommandanten zu berichten?« – hierbei setzte ich eine sehr ernste, ja sogar strenge Miene auf. Plötzlich sprang sie davon, begann zu singen und verschwand wie ein im Gebüsch aufgescheuchtes Vöglein. Meine letzten Worte waren ganz und gar nicht angebracht gewesen; damals maß ich ihnen keinerlei besondere Bedeutung zu, bald hatte ich indes Gelegenheit, sie zu bereuen.

Als die Dämmerung hereinbrach, befahl ich meinem Kosaken, den Teekessel zu heizen, so wie man es im Felde tut, zündete eine Kerze an und setzte mich, meine Reisepfeife rauchend, an den Tisch. Schon hatte ich das zweite Glas Tee geleert, als auf einmal die Tür knarrte, und ich vernahm Schritte und leises Kleiderrascheln hinter mir; ich fuhr zusammen, wandte mich um – sie war's, meine Undine! Sie setzte sich leise und schweigend mir gegenüber und heftete ihre Augen auf mich; dieser Blick erschien mir – ich weiß nicht warum – wunderbar zärtlich; er erinnerte mich an einen jener Blicke, die in längstverflossenen Jahren so selbstherrlich mit meinem Leben gespielt. Sie schien eine Frage zu erwarten, ich schwieg jedoch in unsäglicher Verwirrung. Ihr Gesicht war von einer matten Blässe überzogen, die ihre seelische Erregung verriet; ihre Hand irrte ziellos auf dem Tisch umher, ich bemerkte auch ein leichtes Beben an ihr; bald hob sich heftig ihr Busen, bald schien sie den Atem zu verhalten. Allmählich begann mir diese Komödie langweilig zu werden, deshalb war ich gerade im Begriff, das Schweigen auf äußerst prosaische Weise zu brechen, das heißt, ihr ein Glas Tee anzubieten, als sie plötzlich aufsprang, ihre Arme um meinen Hals schlang und ein feuchter, feuriger Kuß meine Lippen traf. Mir wurde schwarz vor Augen, der Kopf schwindelte mir, ich preßte sie mit der ganzen Kraft jugendlicher Leidenschaft in meine Arme; allein sie entschlüpfte meiner Umarmung wie eine Schlange, nachdem sie mir ins Ohr geflüstert: »Komm heut nacht, wenn alles schläft, zum Strand«, und schoß wie ein Pfeil aus dem Zimmer. Im Hausflur stürzte sie den Teekessel und die Kerze um, die auf dem Boden standen. »So ein Teufelsmädel!« schrie mein Kosak, der sich aufs Stroh ausgestreckt und davon geträumt hatte, sich mit den Resten des Tees aufzuwärmen. Da erst kam ich wieder zu mir.

Nach etwa zwei Stunden, als im Hafen alles verstummt war, weckte ich meinen Kosaken: »Wenn ich meine Pistole abfeure«, sagte ich zu ihm, »dann lauf zum Strand.« Er machte große Augen und antwortete mechanisch: »Zu Befehl, Euer Wohlgeboren.« Ich steckte meine Pistole in den Gürtel und trat hinaus. Sie erwartete mich schon am Rande des Steilhanges; ihre Kleidung war mehr als leicht, ein kleines Tuch umgürtete ihren geschmeidigen Körper.

»Kommen Sie!« sagte sie, nahm mich bei der Hand, und wir begannen hinabzuklettern. Ich verstehe nicht, warum ich mir dabei nicht das Genick gebrochen habe; unten wandten wir uns dann nach rechts und gingen den nämlichen Weg, auf dem ich tags zuvor dem Blinden gefolgt. Der Mond war noch nicht aufgegangen, nur zwei kleine Sterne standen am schwarzblauen Himmelszelt wie zwei rettende Leuchtfeuer. Die schwarzen Wogen rollten gleichmäßig und gemessen daher und hoben das einsame, am Ufer vertäute Boot leicht empor. »Steigen wir ins Boot«, sagte meine Begleiterin. Ich war unschlüssig, denn ich bin kein Freund von sentimentalen Spazierfahrten auf dem Meere, doch blieb mir keine Zeit, es abzuschlagen. Sie sprang ins Boot, ich ihr nach, und eh' ich mich versah, merkte ich, daß wir hinaustrieben. »Was soll das heißen?« sprach ich aufgebracht. – »Das heißt«, antwortete sie, mich auf die Bank niederdrückend und mit ihren Armen umschlingend, »das heißt, daß ich dich liebe...« Und ihre Wange schmiegte sich an die meine, und ich spürte ihren heißen Atemhauch auf meinem Gesicht. Plötzlich klatschte etwas ins Wasser: ich griff nach meinem Gürtel – die Pistole war weg. Oh, ein schrecklicher Verdacht tauchte da in meiner Seele auf, das Blut stieg mir zu Kopf! Ich schaute mich um – wir waren schon gegen fünfzig Faden vom Ufer entfernt, und ich konnte nicht einmal schwimmen! Ich wollte sie von mir stoßen – sie verkrallte sich wie eine Katze in meine Kleider, und mit einem Male hätte mich ein kräftiger Stoß beinah ins Meer gestürzt. Das Boot geriet ins Schwanken, aber ich bekam es wieder ins Gleichgewicht. Nun begann zwischen uns ein verzweifelter Kampf; die Wut verlieh mir Kräfte, doch bald merkte ich, daß ich meiner Gegnerin an Gewandtheit unterlegen war... »Was willst du eigentlich?« schrie ich sie an und preßte ihre kleinen Hände zusammen, daß ihre Finger knackten, aber sie gab keinen Schmerzenslaut von sich; ihre Schlangennatur widerstand dieser Tortur.

»Du hast alles gesehen«, antwortete sie, »du willst's anzeigen!« und mit schier übernatürlichen Kräften warf sie mich auf den Bootsrand; wir hingen nun beide bis zum Gürtel aus dem Boot; ihr Haar berührte schon das Wasser; das war der entscheidende Augenblick. Mit dem Knie stemmte ich mich gegen den Boden, packte mit der einen Hand ihre Haarflechte, mit der anderen ihre Gurgel – sie ließ von meiner Kleidung ab – und im Nu hatte ich sie in die Wellen geschleudert.

Es war schon recht dunkel; ihr Kopf tauchte noch ein paarmal aus dem Gischt der Wogen auf, dann sah ich nichts mehr von ihr...

Unten im Boot fand ich noch die Hälfte eines alten Ruders und erreichte so mit Müh und Not nach großen Anstrengungen wieder die Anlegestelle. Als ich gerade am Ufer zu meiner Hütte zurückschlich, mußte ich unwillkürlich dorthin schauen, wo tags zuvor der Blinde den nächtlichen Schiffer erwartet hatte. Der Mond stand schon am Himmel, und mir schien es, als säße eine weiße Gestalt am Strand; von Neugier getrieben, kroch ich näher und legte mich über dem Steilhang des Ufers ins Gras; wenn ich meinen Kopf etwas vorreckte, so konnte ich von meinem Fels alles gut sehen, was unten vorging; ich war nicht sehr verwundert, ja fast erfreut, da ich meine Wassernixe erkannte. Sie drückte das Meerwasser aus ihrem langen Haar; das nasse Hemd ließ die Umrisse ihres geschmeidigen Körpers und die hohe Brust hervortreten. Bald darauf zeigte sich in der Ferne ein Boot, das schnell näher kam; wie tags zuvor entstieg ihm ein Mann mit einer Tatarenmütze, der kurzgeschnittenes Haar nach Kosakenart trug, in seinem Ledergürtel steckte ein großes Messer. – »Janko«, sprach sie, »alles ist verloren!« Danach setzten sie ihr Gespräch so leise fort, daß ich nichts verstehen konnte. – »Und wo ist der Blinde?« fragte schließlich Janko mit lauter Stimme. »Habe ihn hingeschickt«, war die Antwort. Nach einigen Minuten erschien der Blinde, auf dem Rücken einen Sack schleppend, der ins Boot verstaut wurde.

»Hör zu, Blinder!« sagte Janko, »du gibst acht auf den Platz... weißt du? Es liegen dort kostbare Waren... Und sag (den Namen konnte ich nicht verstehen), daß ich ihm nicht länger dienen werde; es steht schlecht ums Geschäft, mich kriegt er jedenfalls nicht wieder zu sehen; jetzt ist's gefährlich; ich fahre hinaus, um mir anderswo Arbeit zu suchen, er wird jedenfalls keinen solch waghalsigen Burschen wieder finden. Und sag ihm, daß ihn Janko nicht im Stich gelassen, wenn er die Arbeit besser bezahlt hätte; mir aber steht überall der Weg offen, wo der Wind weht und das Meer rauscht!« – Nach kurzem Schweigen fuhr Janko fort: »Sie fährt mit mir; denn sie kann hier nicht mehr bleiben; und der Alten sag, daß es für sie Zeit wird, ans Sterben zu denken; sie hat lange genug gelebt, man muß auch wissen, was sich gehört. Uns wird sie nie wiedersehn.«

»Und ich?« fragte mit kläglicher Stimme der Blinde.

»Was soll ich denn mit dir?« war die Antwort.

Unterdes war meine Undine ins Boot gesprungen und winkte ihrem Gefährten, zu folgen; dieser legte dem Blinden etwas in die Hand mit den Worten: »Da, kauf dir Printen.« — »Nur?« sagte der Blinde. — »Nun, da hast du noch was«, und klingend schlug eine Münze auf den Stein; allein der Blinde hob sie nicht auf. Janko nahm im Boot Platz; der Wind wehte vom Land her; sie setzten ein kleines Segel, und rasch wurden sie davongetrieben. Noch lange blinkte das weiße Segel im Mondlicht zwischen den dunklen Wogen; der Blinde saß noch immer am Strand, und da war auch etwas wie ein Schluchzen zu hören: in der Tat, der blinde Knabe weinte lange, lange... Mir wurde ganz traurig zumut. Warum auch hatte mich das Schicksal in diesen friedlichen Kreis ehrlicher Schmuggler geworfen? Wie ein Stein, in einen stillen Quell geschleudert, so hatte ich sie aus ihrem Frieden gestört, und wie ein Stein wär' ich selber beinah auf den Meeresgrund gesunken!

Ich kehrte zur Hütte zurück. Im Hausflur knisterte die herabgebrannte Kerze auf ihrem Holzteller, mein Kosak lag meinem Befehle zuwider in festem Schlaf, wobei er sein Gewehr mit beiden Händen umklammert hielt. Ich ließ ihn ruhen, nahm die Kerze und ging ins Innere der Hütte. O weh! Meine Schatulle, mein Säbel mit dem silbergetriebenen Griff, mein Daghestaner Dolch — das Geschenk eines Freundes —, alles war verschwunden. Nun wurde mir erst klar, was für Sachen der verdammte Blinde geschleppt hatte. Mit einem ziemlich groben Stoß weckte ich den Kosaken, schalt ihn und regte mich auf, aber es war ja nichts mehr zu ändern! Wär' es nicht lächerlich gewesen, sich bei der

Ortsbehörde zu beschweren, daß mich ein blinder Knabe bestohlen und ein achtzehnjähriges Mädchen beinah ertränkt hätte? Gott sei Dank fand sich am Morgen eine Reisemöglichkeit, und so verließ ich Taman. Was aus der Alten und dem armen Blinden geworden ist? Ich weiß es nicht. Und was kümmern mich schließlich die Freuden und Leiden der Menschen, mich, einen reisenden Offizier, und noch dazu mit einem Paß: »In dienstlichen Angelegenheiten«.

* * * * * * * * * * * * * * * * * * * * * * * * * * * * * * * * * *

## IWAN GONTSCHAROW

*Iwan Alexandrowitsch Gontscharow, der geduldige Kleinmaler der Zeit des Übergangs um die Mitte des Jahrhunderts, ist 1812 in dem Gouvernementsstädtchen Simbirsk an der Wolga (dem heutigen Uljanowsk) als Sohn eines wohlhabenden adligen Getreidehändlers auf einem patriarchalischen Gutshof geboren, den er in der 'Schlucht' als Malinowka geschildert hat. Er verlor früh seinen Vater, wurde sorgfältig ausgebildet, absolvierte 1834 die sprachliche Fachschaft der Moskauer Universität und trat in den Staatsdienst, zunächst in der Kanzlei des heimatlichen Gouvernements. Seit 1835 als Übersetzer im Außenhandelsdepartement des Finanzministeriums, Petersburg, beschäftigt, schreibt er »für sich«, um sich literarisch auszubilden, fünfzehn Jahre lang romantische Gedichte, die er nicht drucken läßt, veröffentlicht 1847 den ersten seiner drei Romane: 'Eine alltägliche Geschichte', und nimmt 1852–55 als Sekretär des Admirals Putjatin auf der Fregatte 'Pallas' an der Fahrt um Afrika und der ersten russischen Handelsberührung mit Japan teil, die er in dem 1856 erschienenen gleichnamigen Buche beschrieben hat. Von 1856–60 in der Zensurbehörde und zeitweilig in der Redaktion einer Regierungszeitung tätig, veröffentlicht er 1859 seinen zweiten Roman: sein Hauptwerk 'Oblomow', dessen von uns abgedruckter Teil 'Oblomows Traum' schon 1849 in der Zeitschrift 'Der Zeitgenosse' gesondert erschienen war. In den Jahren 1862–63 redigiert Gontscharow die offiziöse Zeitung des Innenministeriums 'Nordische Post' ('Ssjewernaja poschta'). Seit dem Erscheinen von 'Oblomow' ist er mit seinem dritten großen Roman*

'Die Schlucht' (1869) beschäftigt, der jedoch erst nach seiner Pensionierung als Wirklicher Staatsrat (1867) erscheint. Seinen Lebensabend verbringt er zurückgezogen in Petersburg. Aus dieser Zeit besitzen wir von seiner Feder eine meisterhafte Würdigung von Gribojedows Komödie 'Verstand schafft Leiden' unter dem Titel 'Eine Million Qualen' (1872), eine Deutung seiner eigenen Romane ('Lieber spät als niemals'. 1879), eine Reihe Erinnerungen, darunter solche an Belinski, und mehrere Skizzen. Als er 1891 fast achtzigjährig stirbt, vermacht er, unverheiratet geblieben, seinen Nachlaß der Familie seines alten Dieners.

Seine drei Romane will Gontscharow als eine Einheit betrachtet wissen: sie beschreiben – so hat er über die 'Schlucht' selbst erklärt –, wie »in einem winzig kleinen See sich die Gärung, der Kampf des Alten mit dem Neuen spiegelt. Ich zeichnete ein Abbild dieses Kampfes an mir vertrauten Lebensverhältnissen, an mir bekannten Persönlichkeiten«. Die Romane umfassen, mit dem Jahre des Beginns der Bauernbefreiung (1861) als Wendepunkt, »die lange Zeitspanne von den vierziger bis zu den siebziger Jahren«. Gontscharow richtet in ihnen seine ganze große Kunst minutiöser, leidenschaftsloser Schilderung und Menschendarstellung – die ihm sogleich einen hervorragenden Platz unter den realistischen Meistern im Gefolge Gogols verschaffte – darauf, ein möglichst »objektives«, »neutrales« Bild seiner Zeit zu geben. Seine eigene Ansicht – die des gemäßigt liberalen Kritikers der Leibeigenschaft, der ohne Berührung zu den Revolutionären der sechziger Jahre bleibt, deren Ideen in der 'Schlucht' jedoch zu gestalten versteht – sucht er, wie der von ihm verehrte Flaubert, dabei möglichst auszuschalten. Die Wahrheitsliebe, der Sinn für Genauigkeit, führt den großen Künstler unbewußt über seine politischen Überzeugungen hinaus zu einem Bilde von der Gesellschaft seiner Zeit, in dem, wie »in einem winzig kleinen See«, ihre Kämpfe klar und richtig gespiegelt sind. Die Voraussetzung für alle seine »Helden« ist die Gesellschaftsordnung der Leibeigenschaft. Ohne sie könnte Alexander Adujew ('Eine alltägliche Geschichte') nicht in Ruhe die kleinen und großen Enttäuschun-

*gen des Muttersöhnchens durchmachen, bis er vom Weltbeglückungsträumer zum brauchbaren zaristischen Beamten und abgeschliffenen Gesellschaftsmenschen geworden ist. Ohne sie könnte Raiski ('Die Schlucht'), der aus Langweile zwischen malerischen und schriftstellerischen »Phantomen« hin und her schwankende, an ein »Talent ohne Mühe« glaubende Dilettant, der überflüssige Mensch als Künstler, dem ernste Arbeit unbekannt ist, seiner »müßigen Phantasie« nicht nachgehen. Ohne sie ist aber vor allem die passive, nutzlose Existenz des untätigen Phantasten Oblomow undenkbar, der den Tag, ohne jede Aufgabe in träger Träumerei und Apathie hinbringt und sogar die normalen Beziehungen zu seiner Umwelt darüber verliert. Hinter dem »Idyll« des meisterhaft gestalteten Vordergrundes fühlt der Leser allenthalben unausgesprochen wie einen schweigenden Vorwurf, daß diese Welt der adligen, patriarchalischen Gutsherren, in der solche nur für sich selbst lebenden, sozial wertlosen Menschen möglich sind, zum Untergang reif sein müsse. »Wir sind Legion«, sagt Oblomow, und das Dorf Oblomowka »ist das ganze alte, heilige Rußland mit seinen verfallenden Gutshöfen, in deren Küchen den ganzen Tag die Hackmesser hämmern, das Herdfeuer nicht ausgeht, unnützes Gesinde herumlungert; mit seinen Kindtaufen, Begräbnissen, Hochzeiten, seinem tiefen, langen Schlaf in der heißen Nachmittagssonne, mit seiner atavistischen Wald- und Märchenpoesie und seiner gähnenden geistigen Leere« (E. Frisch) – jenes Rußland, das von den Bemühungen um seine soziale Neuordnung noch gar keine Notiz genommen hat. Gontscharows Bild spricht, vor allem in den »Helden« seiner beiden letzten Romane, mild und objektiv das vernichtende Urteil über den Gutsadel, der nicht arbeitet, verantwortungslos alles dem alten Schlendrian überläßt, unselbständig ohne Ziel dahinlebt und Kunst und Wissenschaft nur als schöne Dekoration des Müßiggangs kennt. Zwar hat Oblomow den bürgerlich tüchtigen Deutschrussen Andrej Stolz zur Gegenfigur, Alexander Adujew seinen Onkel Pjotr, Raiski den praktischen Tuschin, doch sie sind nicht so überzeugend wie die p a s s i v e n »Helden«; wir können ihnen wohl glauben, daß sie ihr Gut nach den neuen, rechnerischen Methoden kapitalistischen Denkens bebauen oder besser Karriere machen, nicht aber, daß sie einen grundsätzlichen Ausweg aus der Misere finden werden. Dies scheint allein zwei weiblichen Gestalten Gontscharows beschieden zu sein: der nach Tätigkeit verlangenden Olga (in 'Oblomow') und der liebevoll als ein neuer Typus gezeichneten Wjera (in der 'Schlucht'), welche die Denker von den Enzyklopädisten bis zu Feuerbach liest und sich aus den Banden einer »veralteten, verschrobenen Lebensform« befreit, »in die das geistige Leben, die Sitten, die ganze Bildung und Erziehung der jungen Mädchen bis zu ihrer Verheiratung seit so langer Zeit gepreßt worden waren. Sie fühlte die Verlogenheit dieser Lebensform und suchte sich von ihr im ehrlichen Ringen nach Wahrheit zu befreien (Gontscharow). Mit diesen Gestalten blickt der liebevolle Maler des Zuständlichen, der um des »Idylls« willen die sozialen tragischen Gegensätze milderte, über die Jahrzehnte des Übergangs hinaus in die Zukunft.*

## OBLOMOWS TRAUM

Wo sind wir? In welch gesegneten Erdenwinkel hat uns Oblomows Traum versetzt? Was für ein wunderbares Land!

Zwar gibt es da weder Meer noch hohe Berge, Felsen und Schluchten, noch tiefe, dichte Wälder – nichts Grandioses, Wildes und Düsteres.

Ja, wozu denn auch Wildes und Grandioses? Das Meer zum Beispiel? Gott sei mit ihm! Es macht den Menschen bloß schwermütig: Wenn man es schaut, möchte man weinen. Das Herz stockt verzagt vor der unübersehbaren Wasserfläche, und nichts bietet sich dar, wo der von der Einförmigkeit des endlosen Bildes erschöpfte Blick ausruhen könnte.

Das Brüllen und das wütende Dröhnen der Wogen klingt schwachen Ohren nicht wohl: immerzu, seit Anbeginn der Welt wiederholen sie ihr gleiches altes Lied; und immerzu wird darin ein und dasselbe Stöhnen, ein und dasselbe Klagen vernehmbar, wie von einem zu Qualen verdammten Ungeheuer, und irgendwelche durchdringenden, unheilschwangeren Stimmen. Keine Vögel zwitschern ringsum; nur Möwen ziehen lautlos, trostlos gleich verdammten Seelen am Gestade hin und kreisen über dem Wasser...

Nicht solcher Art war der friedliche Winkel, wohin sich unser Held plötzlich versetzt fand.

Der Himmel scheint sich da näher an die Erde zu schmiegen, doch nicht, damit er seine Pfeile stärker herabschleudere, sondern allenfalls, um sie liebevoll noch fester zu umfangen: Er breitet sich so nah über dem Haupte aus wie das heimatliche schirmende Dach, um, wie es scheint, den auserwählten Winkel vor jeglichem Unheil zu bewahren.

Die Sonne scheint dort bald die Hälfte des Jahres hell und heiß, und dann entschwindet sie auch nicht auf einmal, vielmehr gleichsam widerstrebend, als wende sie sich zurück, um noch ein- oder zweimal auf den geliebten Fleck zu blicken und ihm im Herbst, inmitten Regenwetters, einen klaren, warmen Tag zu schenken.

Die Berge da scheinen nur Modelle jener beängstigenden, irgendwo aufgetürmten Bergketten, welche die Einbildung in Schrecken setzen. Es sind Gruppen von leicht gewellten Hügeln, von denen man sich gern ausgelassen auf dem Rücken herabrutschen läßt oder, oben sitzend, in Gedanken auf die untergehende Sonne schaut.

Der Fluß eilt fröhlich, mutwillig spielend dahin; bald ergießt er sich in einen weiten Teich, bald strömt er als hurtiges Band oder wird still, als besinne er sich, und kriecht ganz leise über die Steinchen hin, indes er nach den Seiten muntere Bächlein abzweigt, bei deren Murmeln sich süß träumen läßt.

Der ganze Winkel stellt im Umkreis von fünfzehn oder zwanzig Werst eine Reihe malerischer Studien heiterer, lächelnder Landschaftsbilder dar. Die sandigen, sanft geneigten Ufer des klaren Flüßchens, das sich vom Hügel zum Wasser herabziehende niedrige Buschwerk, die sich windende Senkung mit dem Bach auf dem Grunde und das Birkenwäldchen — alles scheint eigens aufeinander abgestimmt und meisterhaft entworfen.

Ein von Aufregung erschöpftes oder auch ein davon gänzlich unberührtes Herz hat gleicherweise den Wunsch, sich in diesem von allen vergessenen Winkel zu verbergen und in nie gekanntem Glück zu leben. Alles verspricht da ein friedsames, langwährendes Leben, bis das Haar bleicht, und einen unmerklichen schlafgleichen Tod...

Wie still, wie verträumt ist alles in den drei, vier Dörfern, die diesen Winkel bilden! Sie liegen dicht beieinander und scheinen wie zufällig von der Hand eines Riesen hingeworfen, wobei sie sich nach allen Seiten verstreuten, und so sind sie seitdem auch liegengeblieben.

Wie die eine Hütte an den Abfall der Schlucht geraten war, genauso hängt sie noch dort seit urdenklichen Zeiten, mit der einen Hälfte in die Luft hinausragend, von drei Stangen gestützt. Drei — vier Generationen haben darin still und glücklich gelebt.

Es möchte scheinen, ein Huhn würde sich fürchten, hier einzutreten, während doch in dieser Hütte Onissim Suslow, ein stämmiger Mann, der in seiner Behausung in voller Größe nicht einmal Platz finden kann, mit seinem Weibe wohnt.

Auch wird es nicht jedem gelingen, zu Onissim in die Hütte zu treten; es sei denn, der Besucher hat sie gebeten, dem Walde die Rückwand und ihm die Vorderseite zuzukehren.

Die Außentreppe hängt über der Schlucht, und um sie mit dem Fuße zu erreichen, muß man sich mit der einen Hand am Grase, mit der anderen am Dach der Hütte anklammern und dann einen Schritt gradwegs auf die Treppe zu machen.

Eine andere Hütte ist wie ein Schwalbennest an eine Anhöhe geklebt; dort finden sich drei zufällig nah beieinander, und zwei stehen selbst auf dem Grund der Schlucht.

Alles ist still und verträumt im Dorf; die Türen der stummen Hütten sind sperrangelweit offen; keine Menschenseele ist zu sehen; nur Fliegen schwirren und summen zu Unmengen in der Schwüle.

Tritt man in eine Hütte, so wird man vergebens laut rufen: tödliches Schweigen wird einem zur Antwort; selten läßt sich in einer Hütte das krankhafte Stöhnen oder hohle Husten einer Alten hören, die ihr Leben auf dem Ofen beschließt; manchmal erscheint hinterm Verschlag barfuß ein dreijähriges Kind mit langem Haar, bloß in einem Hemdchen; schweigend schaut es unverwandt auf den Eingetretenen, und scheu versteckt sich's wieder.

Dieselbe tiefe Stille und ebensolcher Frieden liegen auch auf den Feldern; nur hie und da krabbelt auf der schwarzen Flur wie eine Ameise ein von Sonnenglut gesengter, schweißbedeckter Pflüger, schwer auf den Hakenpflug gestemmt.

Stille und unerschütterliche Seelenruhe herrschen auch in den Sitten der Menschen jener Gegend. Weder Raubüberfälle noch Mordtaten, keinerlei schreckliche Ereignisse pflegen sich dort zuzutragen; weder heftige Leidenschaften noch kühne Unternehmungen bewegen sie.

Welche Leidenschaften und Unternehmungen hätten sie auch bewegen sollen? Jeder kannte da nur sich selbst. Die Bewohner dieser Gegend lebten weit weg von anderen Menschen. Die nächstliegenden Dörfer und die Kreisstadt waren fünfundzwanzig und dreißig Werst entfernt.

Die Bauern fuhren das Korn zur bestimmten Zeit an die nächste Landungsstelle der Wolga, die gleichsam ihr Kolchis und ihre Herkulessäulen war; einmal im Jahr besuchten einige den Jahrmarkt, und weiter unterhielten sie zu niemand irgendwelche Verbindungen.

Ihre Interessen waren auf sie selber gerichtet, kreuzten und berührten sich nicht mit fremden.

Sie wußten, daß achtzig Werst von ihnen entfernt das »Gouvernement«, das heißt die Gouvernementsstadt, lag, doch selten fuhr jemand dahin; dann wußten sie, daß da etwas weiter Saratow und Nischni-Nowgorod waren; sie hatten gehört, daß es Moskau und Petersburg gebe, daß hinter Petersburg die Franzosen und die Deutschen leben; und danach begann für sie schon, wie für die Alten, die dunkle Welt, unbekannte Länder, die von Ungeheuern, Menschen mit zwei Köpfen, Riesen bewohnt waren; darauf folgte Dunkel — und schließlich endete alles in jenem Fisch, der die Erde trägt.

Und da ihr Winkel vom Verkehr nahezu unberührt war, gab es auch keine Möglichkeit, irgendwoher die neusten Nachrichten von dem, was in der weiten Welt vor sich ging, zu schöpfen; fahrende Händler mit Holzgeschirr wohnten nur zwanzig Werst weit und wußten kaum mehr als sie. Sie hatten nicht einmal Gelegenheit, ihre Lebensweise mit der anderer zu vergleichen; ob sie gut lebten oder nicht; ob sie reich oder arm wären; ob man noch etwas wünschen könnte, was andere haben.

Diese glücklichen Menschen lebten in dem Glauben, daß man es nicht anders dürfe und könne, und waren überzeugt, daß auch alle anderen ganz genauso lebten und daß auf andere Art zu leben Sünde sei.

Sie hätten es auch nicht geglaubt, wenn man ihnen erzählt hätte, daß andere Menschen irgendwie anders pflügen, säen, mähen, verkaufen. Welche Leidenschaften und Aufregungen hätten sie somit bewegen sollen?

Aber auch sie hatten wie alle Menschen ihre Sorgen und Schwächen: Steuer- und Grundzinszahlungen — Trägheit und Schläfrigkeit; doch all das kam ihnen billig zu stehen, ohne Aufregung und böses Blut.
In den letzten fünf Jahren war von den einigen hundert Seelen niemand gestorben, weder eines gewaltsamen noch selbst eines natürlichen Todes.
Wenn aber jemand Alters wegen oder an irgendeiner verschleppten Krankheit zur ewigen Ruhe entschlief, so konnte man sich dort noch lange danach nicht genug über solch ungewöhnliches Ereignis wundern.
Dahingegen schien es ihnen keineswegs besonders verwundernswert, als sich beispielsweise der Schmied Taras bei einem Dampfbad in der Erdhütte eigenhändig beinah zu Tode verbrühte, so daß man ihn dann mit Wasser übergießen mußte.
An Verbrechen war eines, nämlich das Stehlen von Erbsen, Möhren und Rüben in den Gemüsegärten, sehr gang und gäbe, doch einmal waren plötzlich zwei Ferkel und ein Huhn verschwunden — eine Begebenheit, welche die ganze Umgebung empörte und einstimmig den Händlern, die am Vortage mit Holzgeschirr nach dem Jahrmarkt durchgefahren waren, zugeschrieben wurde. Ansonsten trugen sich Ereignisse jeglicher Art im allgemeinen höchst selten zu.
Einmal fand man übrigens am Gatter im Graben bei der Brücke einen Menschen liegen, den offenbar eine Gesellschaft von Arbeitern, die auf dem Wege nach der Stadt war, zurückgelassen hatte.
Die Buben hatten ihn zuerst entdeckt und kamen ins Dorf gelaufen mit der Nachricht von einer schrecklichen Schlange oder einem Werwolfe, der im Graben liege, und fügten hinzu, daß er sie verfolgt und Kuska beinah aufgefressen habe.
Die etwas beherzteren Bauern bewaffneten sich mit Mistgabeln und Äxten und zogen in einem Haufen zum Graben.

»Was wollt ihr dahin gehen?« beschwichtigten die Alten. »Wollt euch wohl das Genick brechen? Was habt ihr davon? Ach, kümmert euch nicht drum: Man hat euch ja nicht hingeschickt.«

Die Bauern machten sich aber doch auf und begannen in einer Entfernung von fünfzig Klafter vor der Stelle das Ungeheuer mit vereinter Stimme anzurufen: keine Antwort; sie blieben stehen, dann rückten sie von neuem weiter.

Im Graben lag ein Bauer, den Kopf an die Böschung gelehnt, neben ihm ein Sack und ein Stock, an den zwei Paar Bastschuhe gebunden waren.

Die Bauern konnten sich nicht entschließen, nah heranzutreten oder ihn anzurühren.

»He! Du, Freund!« riefen sie abwechselnd, wobei sich dieser im Nacken, jener auf dem Rücken kraute: »Wie kommst du dahin? Wer bist du? He, du! Was willst du hier?«

Der Fremde machte eine Bewegung, um den Kopf aufzurichten, doch er vermochte es nicht: anscheinend war ihm nicht wohl, oder er war zu sehr erschöpft.

Einer wagte es, ihn mit der Mistgabel anzurühren.

»Rühr ihn nicht an! Rühr ihn nicht an!« schrien etliche: »Wer weiß, was für einer der ist: sieh mal, er sagt nichts; vielleicht ist's irgend so einer... Rührt ihn nicht an, Leute!«

»Gehen wir«, sagten einige, »ganz recht, gehen wir: Was kümmert er uns, ist er etwa unser Onkel? Wir haben bloß Scherereien mit ihm!«

Und alle begaben sich zum Dorf zurück, wo man den Alten berichtete, daß da einer liege, der kein Hiesiger sei, nichts sage und Gott weiß was dort suche...

»Kein Hiesiger, dann kümmert euch nicht drum!« sagten die Alten, die vorm Hause saßen, wobei sie ihre Ellbogen auf die Knie stützten: »Laßt ihn gehn! Ihr hättet gar nicht erst hinzuziehen brauchen!«

Solcher Art war der Winkel, wohin sich Oblomow plötzlich im Traume versetzt fand.
Von den drei oder vier verstreuten Dörfern hieß eines Sosnowka, das andere Wawilowka; sie lagen eine Werst voneinander.
Sosnowka und Wawilowka gehörten zum Erbgut des Geschlechts der Oblomows und waren deshalb unter dem gemeinsamen Namen Oblomowka bekannt.
In Sosnowka befand sich der herrschaftliche Hof, die Residenz. Etwa fünf Werst von Sosnowka entfernt lag das kleine Kirchdorf Werchljowo, das einst ebenfalls der Familie Oblomow gehört und lange schon in andere Hände übergegangen war, nebst einigen zu diesem Dorfe zählenden hie und da verstreuten Hütten.
Das Kirchdorf gehörte einem reichen Gutsherrn, der sich nie auf seiner Besitzung sehen ließ, die einem Verwalter deutscher Herkunft anvertraut war.
Und das war die ganze Geographie dieses Erdenwinkels.

Im Traum erwachte Oblomow als der kleine Ilja Iljitsch an einem Morgen in seinem Bettchen. Er war erst sieben Jahre alt. Leicht und froh fühlte er sich.
Wie hübsch, wie rosigrot und stramm er war! Seine Bäckchen waren so schön rund, daß manch ein Schelm, der sich absichtlich aufbläst, sie wohl nicht so machen kann.
Die Kinderfrau wartete auf sein Erwachen. Sie begann, ihm die Strümpfchen anzuziehen; doch er mochte nicht, trieb Unsinn und zappelte mit den Beinen; die Kinderfrau haschte ihn, und beide lachten sie fröhlich.
Endlich war sie glücklich so weit, daß er auf den Beinen stand, sie wusch ihn, kämmte seine Löckchen und führte ihn zur Mutter.
Als Oblomow seine inzwischen längst verstorbene Mutter erblickte, da begann er selbst im Traume vor Freude, vor heißer Liebe zu ihr zu zittern: Ihm, dem

Schlafenden, traten langsam zwei warme Tränen unter den Augenwimpern hervor und standen reglos still.

Die Mutter bedeckte ihn mit herzinnigen Küssen, betrachtete ihn dann mit durchdringenden, sorglichen Augen, ob seine Äuglein nicht trübe schauten, fragte, ob ihm nicht etwas weh tue, erkundigte sich bei der Kinderfrau, ob er ruhig geschlafen, während der Nacht nicht wach geworden, sich im Schlaf nicht hin und her geworfen oder ob er kein Fieber gehabt; darauf nahm sie ihn bei der Hand und führte ihn zum Heiligenbild.

Dann sprach sie ihm, nachdem sie niedergekniet, ihn mit einem Arm umfangen haltend, die Worte des Gebets vor.

Der Knabe wiederholte sie zerstreut und schaute zum Fenster, woher Frische und Fliederduft ins Zimmer strömten.

»Gehen wir heute spazieren, Mamachen?« fragte er plötzlich mitten im Gebet.

»Ja, mein Herzchen«, antwortete sie rasch, ohne ihre Augen vom Heiligenbilde abzuwenden, und beeilte sich, die heiligen Worte zu Ende zu sprechen.

Der Knabe wiederholte sie schleppend, die Mutter aber legte ihre ganze Seele in sie hinein.

Darauf gingen sie zum Vater und dann zum Tee.

Am Teetisch versammelt, erblickte Oblomow die bei ihnen lebende hochbejahrte Tante von achtzig Jahren, die unausgesetzt über ihr Mädchen schalt, das vor Alter mit dem Kopfe wackelte und sie, hinter ihrem Stuhl stehend, bediente. Dann waren da noch drei ältliche Jungfern, entfernte Verwandte des Vaters, der etwas verrückte Schwager der Mutter und der Gutsbesitzer Tschekmenew, der über sieben Bauern verfügte und bei ihnen als Gast weilte, sowie noch einige alte Mütterchen und Männlein.

Dieser ganze Hofstaat, die Suite des Hauses Oblomow, nahm Ilja Iljitsch in die Arme und überhäufte ihn mit

Liebkosungen und Lobesworten; er kam kaum nach, die Spuren der unerbetenen Küsse abzuwischen.
Danach begann man, ihn mit Weißbrötchen, Zwieback und Sahne zu füttern.
Dann tätschelte ihn die Mutter noch einmal und ließ ihn im Garten, im Hof und auf der Wiese spazierengehen, wofür sie der Kinderfrau strengstens einschärfte, das Kind nie allein zu lassen, nicht zu den Pferden, den Hunden und dem Ziegenbock heranzutreten, nicht weit vom Hause fortzugehen, vor allem aber, es nicht zur Schlucht, dem schrecklichsten Ort in der ganzen Umgegend, zu lassen, die in einem schlechten Rufe stand.
Einmal hatte man dort einen Hund aufgestöbert, der allein deshalb für tollwütig erklärt wurde, weil er, als man gegen ihn mit Heugabeln und Äxten anrückte, vor den Leuten die Flucht ergriff und irgendwo hinter dem Berge verschwand. In die Schlucht schaffte man gewöhnlich das Aas; man vermutete dort Räuber, Wölfe wie auch allerlei andere Wesen, die es in jener Gegend oder auf der Welt gar nicht gab.
Das Kind hatte die Ermahnungen der Mutter nicht erst abgewartet, sondern war längst schon auf dem Hofe.
Mit frohem Staunen lief er um das elterliche Haus und beäugte es, als sähe er es zum ersten Male, mit dem schief zur Seite geneigten Tor, seinem in der Mitte etwas eingesunkenen Schindeldach, auf dem zartes, grünes Moos wuchs, der schwankenden Eingangstreppe, den verschiedenen An- und Aufbauten und dem verwilderten Garten.
Er hätte furchtbar gern auf die hängende Galerie, die sich um das ganze Haus zog, hinaufsteigen mögen, um von da nach dem Fluß zu blicken; die Galerie war jedoch altersschwach, hielt gerade noch fest, und nur den »Leuten« war es erlaubt, sie zu benutzen, während die Herrschaft sie nie betrat.

Das Verbot der Mutter nicht achtend, strebte er schon den verlockenden Stufen zu, als an der Eingangstreppe die Kinderfrau erschien und ihn eben noch erhaschen konnte.

Er entsprang ihr zum Heuboden mit der Absicht, die steile Leiter, die da hinaufführte, zu erklimmen; und kaum war sie am Heuboden noch zurechtgekommen, da mußte sie auch schon eilen, um sein Vorhaben zu vereiteln, auf den Taubenschlag zu klettern, zum Viehhof vorzudringen und, Gott bewahre, in die Schlucht zu laufen.

»Ach, du lieber Gott, was ist das für ein Kind, was für ein Wildfang, ein rechter! Ja, willst du wohl mal stille sitzen, junger Herr? Schäm dich!« sagte die Kinderfrau.

Und der ganze Tag, ja alle Tage und Nächte waren für die Kinderfrau von Gehetze und Lauferei erfüllt: bald war es Qual, bald lebendige Freude über das Kind, bald Furcht, daß es hinfallen und sich die Nase aufschlagen möchte, bald Rührung ob seiner ungeheuchelten kindlichen Liebkosungen oder dunkle Sorge um seine ferne Zukunft. Nur hierfür schlug ihr Herz noch, von diesen Aufregungen nur wurde das Blut der alten Frau erwärmt und ihr schläfriges Leben irgendwie unterhalten, das ohne dies vielleicht schon längst erloschen wäre.

Jedoch nicht immer war das Kind ausgelassen: Manchmal wurde es, neben der Kinderfrau sitzend, plötzlich still und schaute alles ganz aufmerksam an. Sein kindlicher Verstand beobachtete alle um ihn vorgehenden Erscheinungen; sie prägten sich seiner Seele tief ein, wuchsen und reiften dann mit ihm zusammen.

Ein herrlicher Morgen; die Luft war frisch; die Sonne stand noch nicht hoch. Vom Haus, von den Bäumen, dem Taubenschlag und der Galerie — von allem liefen weit die langen Schatten aus. Im Garten und auf dem Hofe fanden sich kühle Eckchen, die zum Sinnen und

Träumen einluden. Nur in der Ferne brannte das Roggenfeld wie lauter Feuer, und das Flüßchen glänzte und blitzte in der Sonne, daß es den Augen weh tat.

»Warum ist es hier dunkel und da hell, Tante, und wird es da nachher auch hell?« fragte das Kind die Wärterin.

»Das kommt davon, mein Liebling, daß die Sonne dem Mond entgegengeht und ihn nicht sieht, darum schaut sie so finster drein; aber nachher, wenn sie ihn von fern erblickt, dann wird sie wieder hell lachen.«

Das Kind dachte nach und blickte immerzu ringsumher: Es sah, wie Antip nach Wasser fuhr und neben ihm auf dem Boden ein zweiter Antip herging, der zehnmal größer war als der wirkliche, und wie die Tonne von der Größe eines Hauses schien, während der Schatten des Pferdes die ganze Wiese bedeckte; der Schatten brauchte nur zwei Schritte über die Wiese und bewegte sich plötzlich hinter dem Berg, indes Antip noch nicht einmal aus dem Hofe gefahren war.

Das Kind tat ebenfalls ein paar Schritte und noch einen — auch sein Schatten verschwand hinter dem Berg.

Gern hätte es zum Berge gemocht, um zu sehen, wo das Pferd hingegangen war. Es lief zum Tor, aber schon ließ sich vom Fenster her die Stimme der Mutter vernehmen.

»Kinderfrau, siehst du nicht, daß das Kind in die Sonne gelaufen ist! Bring es ins Kühle zurück; hier brennt's ihm ja aufs Köpfchen — es wird Kopfweh kriegen, ihm wird schlecht werden, es wird nicht essen. Das Kind wird dir schon noch mal in die Schlucht ausreißen.«

»Uch, verwöhnter Schlingel!« brummte leise die Kinderfrau, während sie ihn wieder zur Eingangstreppe schleppte.

Das Kind schaute und beobachtete mit scharfem, alles umfassendem Blick, wie und was die Erwachsenen taten, mit welcher Beschäftigung sie den Morgen hinbrachten.

Weder die geringste Kleinigkeit noch der feinste Zug entgingen der wißbegierigen Aufmerksamkeit des Kindes; unauslöschlich prägte sich seiner Seele das Bild des häuslichen Getriebes ein; der formbare Verstand wurde gesättigt mit lebendigen Vorbildern und entwarf unbewußt sein Lebensprogramm gemäß seiner Umwelt.

Man kann nicht sagen, daß der Morgen im Hause Oblomow ungenutzt verstrich. Das Klappern der Messer, die in der Küche Koteletts und Gemüse hackten, drang selbst bis ins Dorf.

Aus der Gesindestube tönte das Surren der Spindeln und die leise, dünne Stimme eines Bauernweibes: Es war schwer zu unterscheiden, ob sie weinte oder ein schwermütiges Lied ohne Worte improvisierte.

Sowie Antip mit der Wassertonne zurückgekehrt war, schleppten auch schon Weiber und Kutscher auf dem Hofe aus verschiedenen Winkeln Eimer, Tröge und Krüge herbei.

Und da trug ein altes Weib eine Schüssel mit Mehl und eine Menge Eier aus dem Speicher in die Küche; dort goß der Koch auf einmal Wasser zum Fenster hinaus und überschüttete dabei Arapka, die den ganzen Morgen, ohne ein Auge abzuwenden, nach dem Fenster äugte, schmeichelnd mit dem Schwanze wedelte und sich leckte.

Auch der alte Oblomow selbst war nicht ohne Beschäftigung. Er saß den ganzen Morgen am Fenster und überwachte unverwandt alles, was auf dem Hofe geschah.

»He, Ignaschka! Was trägst du da, Dummkopf?« fragte er einen Mann, der eben über den Hof ging.

»Ich schaffe Messer zum Schleifen in die Gesindestube«, antwortete jener, ohne seinen Herrn anzublicken.

»Nu, schön, schön, bring sie hin; und sieh zu, schleif sie mir ordentlich.«

Dann hielt er ein Bauernweib an:
»He, Bäuerin! Bäuerin! Wo bist du gewesen!
»Im Keller, Väterchen«, sagte sie stehenbleibend und blickte zum Fenster, die Augen mit der Hand schützend, »um Milch fürs Mittagessen zu holen.«
»Nu, geh schon, geh!« antwortete der Herr: »Und schau, daß du deine Milch nicht verschüttest.« — »Und du, Sacharka, du Wildfang, wohin läufst du schon wieder?« rief er dann: »Wart, ich will dich lehren, dauernd herumzulaufen! Ich sehe, daß du nun schon zum drittenmal vorüberspringst. Marsch, zurück ins Vorzimmer!«
Und Sachar machte sich wieder ins Vorzimmer, um somit weiterzuduseln.
Sei es nun, daß die Kühe vom Felde heimkamen, der alte Herr trug als erster dafür Sorge, daß sie getränkt wurden, oder daß er vom Fenster aus bemerkte, wie ein Hofhund einem Huhn nachstellte, sofort traf er strenge Maßnahmen wider die Unordnung.
Auch seine Frau war sehr beschäftigt: Sie besprach an drei Stunden mit Awerka, dem Schneider, wie aus einer Unterjacke ihres Gatten eine Joppe für Iljuscha zu nähen sei, entwarf diese selber mit Kreide und paßte auf, daß Awerka keinen Stoff entwendete; dann ging sie in die Mägdestube hinüber, gab einem jeden Mädchen auf, wieviel Spitze sie am Tag zu klöppeln habe; hernach ließ sie Nastasja Iwanowna oder Stepanida Agapowna oder eine andere Frau aus ihrem Gefolge zu sich rufen, um sich, zugleich auch praktische Zwecke verfolgend, im Garten zu ergehen: zu schauen, wie die Äpfel reiften, ob die schon gestern gereiften nicht abgefallen; da wäre zu pfropfen, hier zu beschneiden und dergleichen mehr.
Ihre Hauptsorge galt jedoch der Küche und dem Mittagessen. Über das Mittagessen wurde vom gesamten Hause beraten; auch die hochbetagte Tante wurde zur Beratung hinzugezogen. Ein jeder schlug sein Gericht vor: dieser Gekrösesuppe, jener Nudeln

oder Magen, einer Kaldaunen, ein anderer rote, ein dritter weiße Soße dazu.

Jeder Vorschlag wurde in Erwägung gezogen, gründlich besprochen und dann gemäß dem endgültigen Urteil der Hausfrau angenommen oder abgelehnt.

In einem fort wurde bald Nastasja Petrowna, bald Stepanida Iwanowna in die Küche geschickt, um an dies zu erinnern, das zu ergänzen oder jenes abzuändern, um Zucker, Honig, Wein für die Speisen hinzubringen und aufzupassen, ob der Koch auch alles von den Zutaten verwende.

Die Sorge ums Essen war die erste und wichtigste Lebensaufgabe in Oblomowka. Was für Kälber wurden dort für die Feste des Jahres gemästet! Was für Geflügel wurde aufgezogen! Wieviel findige Erwägung, wieviel Mühe und Sorge verwandte man auf seine Pflege! Die Puten und Kücken, die für die Namenstage und andere Festlichkeiten bestimmt waren, wurden mit Nüssen gemästet; den Gänsen nahm man die Möglichkeit, sich zu bewegen, indem man sie einige Tage vor dem Feste reglos in einem Sack hängen ließ, damit sie Fett ansetzten. Was für Vorräte gab es da an Eingekochtem, an Eingesalzenem und Gebackenem! Wieviel Met, wieviel Kwaß braute man, welche Pasteten buk man in Oblomowka!

Und so war bis Mittag alles in geschäftiger und eifriger Tätigkeit, war alles von einem schier ameisenhaften, auffälligen Treiben belebt.

Auch sonntags und an Feiertagen gönnten sich diese fleißigen Ameisen keine Ruhe: ja dann ertönte das Klappern der Messer in der Küche sogar noch rascher und heftiger; das Weib hatte mit der doppelten Menge an Mehl und Eiern den Weg vom Speicher zur Küche etliche Male zurückzulegen; auf dem Geflügelhof gab es noch mehr Todesgeschrei und Blutvergießen. Man buk eine riesenhafte Pastete, an der die Herrschaft selbst noch am nächsten Tag zu essen hatte; am dritten und vierten Tag wanderten die Überreste in die Mägdestube; die Pastete aber fristete ihr Leben bis zum Freitag, so daß ein ganz trockenes letztes Stück ohne jegliche Füllung als besondere Gnadenbezeugung Antip zufiel, der sich bekreuzte und krachend diese interessante Versteinerung unerschrocken zermalmte, wobei er mehr am Bewußtsein, daß es eine herrschaftliche Pastete sei, als an der Pastete selber Genuß fand, gleich einem Archäologen, der genießerisch einen elenden Wein aus der Scherbe irgendeines jahrtausendalten Gefäßes trinkt.

Das Kind aber schaute alles und beobachtete alles mit seinem kindlichen, nichts übersehenden Verstand. Es sah, wie nach dem nützlich und geschäftig verbrachten Morgen die Mittags- und Essenszeit anbrach.

Der Mittag war drückend heiß; am Himmel zeigte sich kein Wölkchen. Die Sonne stand reglos über dem Kopf und sengte das Gras. Die Luft hatte aufgehört, leise zu strömen, und schwebte nun ohne alle Bewegung. Weder Baum noch Wasser regten sich; über dem Dorf und der Flur lag tiefste Stille — alles war wie ausgestorben. Hell und weit ertönte die menschliche Stimme in der Leere. Auf zwanzig Klafter war zu hören, wie ein Käfer vorbeiflog und summte, wie im dichten Grase irgendwer immerzu schnarchte, als habe sich da jemand hingelegt und schlummere in süßem Schlaf.

Auch im Hause herrschte eine Totenstille. Die Stunde des allgemeinen Nachmittagsschläfchens war gekommen.

Das Kind sah, daß sowohl Vater wie Mutter, die alte Tante wie die ganze Suite — alle sich in ihr Eckchen verzogen; wer aber keins hatte, der ging auf den Heuboden, der andere in den Garten, der dritte suchte die Kühle des Flurs, und wieder ein anderer bedeckte sein Gesicht mit einem Tuch gegen die Fliegen und schlief dort, wo die Hitze ihn fand und das reichliche Mittagessen ihn niederwarf. Und der Gärtner streckte sich im

Garten neben seinem Acker unter einem Busch aus, und der Kutscher schlief im Pferdestall.

Ilja Iljitsch guckte in die Gesindestube: auch hier lagen sie alle der Länge lang auf den Bänken, auf dem Boden und im Flur, während die kleinen Kinder, sich selber überlassen, auf dem Hofe herumkrabbelten und im Sande spielten. Auch die Hunde waren tief in die Hundehütten hineingekrochen, weil es ja doch niemanden anzubellen gab.

Man konnte kreuz und quer das ganze Haus durchstreifen, ohne einer Menschenseele zu begegnen, leicht hätte man rings alles stehlen und auf Fuhrwerken vom Hofe davonschaffen können: Niemand hätte einen daran gehindert, wenn es nur Diebe in jener Gegend gegeben hätte.

Es war ein alles überwältigender, unwiderstehlicher Schlaf, ein regelrechtes Ebenbild des Todes. Alles schien wie tot, nur daß sich aus jeder Ecke mannigfaltiges Schnarchen in sämtlichen Tonarten und Weisen erhob.

Bisweilen richtete plötzlich jemand im Schlaf den Kopf hoch, blickte verwundert und blöd nach rechts und links und wälzte sich auf die andere Seite oder spie noch halb im Schlaf aus, ohne die Augen zu öffnen, schmatzte mit den Lippen oder brummte etwas bei sich und schlief wieder ein.

Ein anderer aber fuhr rasch ohne jedwede Vorbereitung mit beiden Beinen von seinem Lager auf, als ob er fürchte, kostbare Minuten zu verlieren, ergriff einen Krug mit Kwaß, blies auf die oben schwimmenden Fliegen, so daß sie an den anderen Rand getrieben wurden — wodurch sich jene, die bis jetzt reglos still lagen, in der Hoffnung auf Verbesserung ihrer Lage heftig zu bewegen begannen —, feuchtete sich die Kehle an und fiel dann wie von einer Kugel niedergestreckt wieder aufs Bett.

Das Kind beobachtete unverwandt dies alles.

Nach dem Mittagstisch ging es mit der Wärterin wieder hinaus an die Luft. Doch auch die Kinderfrau vermochte, trotz aller Strenge der Anweisungen der gnädigen Frau und ihrem eigenen Willen, nicht den Verlockungen des Schlafes zu widerstehen. Sie wurde ebenfalls von dieser in Oblomowka herrschenden epidemischen Krankheit befallen.

Anfänglich beaufsichtigte sie unentwegt das Kind, ließ es nicht weit von sich fort, brummte streng über seine Wildheit, begann aber dann, wenn sie die Symptome der herannahenden Seuche spürte, es inständig zu bitten, nicht ans Tor zu gehen, den Ziegenbock nicht anzurühren, den Taubenschlag oder die Galerie nicht zu besteigen.

Sie selbst pflegte sich irgendwo an ein kühles Fleckchen zu setzen: auf die Eingangstreppe, auf die Schwelle vorm Keller oder einfach ins Gras; scheinbar mit der Absicht, am Strumpfe weiterzustricken und das Kind zu beaufsichtigen. Doch bald wies sie den Knaben immer nachlässiger zurecht, während sie bereits mit dem Kopfe nickte.

'Ach, er wird, dieser Wildfang, eh man sich's versieht, auf die Galerie klettern', dachte sie fast schon im Schlaf, 'oder gar... wenn er in die Schlucht...'

Und da neigte sich der Kopf der Alten den Knien zu, der Strumpf entglitt ihren Händen; sie verlor das Kind aus den Augen und stieß, den Mund ein wenig geöffnet, ein leichtes Schnarchen hervor.

Er aber hatte voll Ungeduld auf diesen Augenblick gewartet, von dem an sein selbständiges Leben begann.

Es war, als wäre er allein auf der ganzen Welt; er lief auf den Zehenspitzen von der Kinderfrau fort und betrachtete sich alle, die da im Schlafe lagen; er blieb stehen und schaute aufmerksam zu, wie jemand zu sich kam, ausspie und im Traume etwas brummte; dann lief er angstbeklommenen Herzens auf die Galerie hinauf und dort auf den knarrenden Brettern ringsherum, kletterte auf den Taubenschlag, drang ins Dickicht des Gartens ein, hörte, wie ein Käfer vorbeisummte, und folgte seinem Flug in der Luft lange mit den Augen; er horchte, wie es im Grase immerzu zirpte, suchte und fing den Störer dieser Stille; erwischte er eine Libelle, so riß er ihr die Flügel aus und schaute zu, was mit ihr geschah, oder er durchstach sie mit einem Strohhalm und verfolgte, wie sie mit dieser Bürde davonflog; voll Ergötzen beobachtete er auch, indes er kaum zu atmen wagte, eine Spinne, wie sie einer gefangenen Fliege das Blut aussog, wie das arme Opfer in ihren Fängen kämpfte und summte. Der Knabe beendete das Schauspiel, indem er sowohl Opfer wie Peinigerin tötete.

Danach kroch er in den Graben, wühlte darin herum, stocherte ein paar Würzelchen auf, säuberte sie von der Kruste und aß sie voll Behagen, ja er zog sie sogar den Äpfeln und eingemachten Früchten vor, die ihm Mamachen gab.

Er lief auch vors Tor hinaus: zu gern möchte er zum Birkengehölz; es erschien ihm so nah, daß er es schier in fünf Minuten zu erreichen meinte, zwar nicht auf dem Weg, der einen Bogen machte, sondern gradwegs durch den Graben, über Flechtzäune und Gruben; allein er fürchtete sich: Man sagte nämlich, es gebe da Waldgeister, Räuber und schreckliche wilde Tiere.

Er möchte auch gern zur Schlucht hinüberspringen: sie war wohl ganze fünfzig Klafter vom Garten entfernt; und schon war das Kind bis an den Rand gelaufen, kniff die Augen zu und wollte einen Blick hinunterwerfen, wie in den Krater eines Vulkans... Doch plötzlich erstand vor ihm all das, was Gerede und Legenden von dieser Schlucht berichteten: Von Entsetzen gepackt, jagte er mehr tot als lebendig zurück und stürzte, zitternd vor Furcht, zur Wärterin und weckte die alte Frau.

Sie fuhr aus dem Schlafe, rückte ihr Tuch auf dem Kopfe zurecht, schob mit dem Finger eine Strähne ihres grauen Haars darunter, blickte, sich stellend, als ob sie überhaupt nicht geschlafen, mißtrauisch auf Iljuscha, dann nach den herrschaftlichen Fenstern und hob an, mit zitternden Fingern die Stricknadeln des Strumpfes, der auf ihren Knien lag, gegeneinander zu stoßen.

Inzwischen begann die Hitze ein wenig nachzulassen, in der Natur war es allenthalben etwas lebendiger geworden; die Sonne war schon gegen den Wald gerückt.

Auch im Hause wurde nun die Stille nach und nach gebrochen: in einer Ecke hatte irgendwo eine Tür geknarrt; auf dem Hofe wurden jemandes Schritte vernehmbar; auf dem Heuboden hatte einer geniest.

Bald darauf trug eilends ein Bedienter, gebeugt von der Last, den riesigen Samowar aus der Küche. Man schickte sich an, sich zum Tee zu versammeln: Bei dem war das Gesicht zerdrückt, und die Augen schwammen in Tränen, jener hatte sich einen roten Fleck an der Wange und den Schläfen gelegen; der dritte sprach noch vom Schlaf her mit belegter Stimme. Alles schnaufte, stöhnte, gähnte, kratzte sich den Kopf und streckte sich, kaum recht zu sich gekommen.

Mittagessen und Schlaf hatten einen unstillbaren Durst erzeugt. Der Durst brannte in der Kehle; man trank seine zwölf Tassen Tee, doch das half nicht: das Ächzen und Stöhnen ertönte weiter; man nahm seine Zuflucht zu Preiselbeer- und Birnensaft, zu Kwaß, mancher auch zu einem Arzneimittel, nur um die Trockenheit in der Kehle zu löschen.

Alle suchten Erlösung vom Durste wie von irgendeiner Gottesstrafe; alle schwankten einher und schmachteten gleich einer Karawane von Reisenden in der arabischen Wüste, die nirgends eine Quelle mit Wasser finden können.

Das Kind saß auch dabei, neben Mamachen: Es besah sich genau die seltsamen Gestalten, die es umgaben, horchte auf ihr schläfriges und mattes Gespräch. Es bereitete ihm Vergnügen, sie zu betrachten, interessant schien ihm jeder von ihnen gesagte Unsinn.

Nach dem Tee beschäftigte sich ein jeder auf seine Weise: der eine ging zum Fluß und wanderte gemächlich am Ufer entlang, mit dem Fuße Steinchen ins Wasser stoßend; der andere setzte sich ans Fenster und suchte mit den Augen jede flüchtige Erscheinung zu erhaschen: Ob nun eine Katze über den Hof lief oder eine Dohle vorbeiflog, der Beobachter verfolgte diese wie jene mit seinem Blick und seiner Nasenspitze, den Kopf bald nach rechts, bald nach links kehrend. So lieben manchmal Hunde ganze Tage lang im Fenster zu sitzen, während sie den Schädel von der warmen Sonne bescheinen lassen und aufmerksam jeden Vorbeigehenden beäugen.

Die Mutter nahm Iljuschas Kopf, legte ihn zu sich auf die Knie und strich ihm leise das Haar, wobei sie sich an dessen Weichheit erfreute und auch Nastasja Iwanowna und Stepanida Tichonowna nötigte, sich daran zu erfreuen, und sprach mit ihnen von Iljuschas Zukunft, machte ihn zum Helden irgendeiner selbsterdachten, wunderbaren Epopöe. Jene versprachen ihm goldene Berge.

Doch dann setzte schon die Dämmerung ein. In der Küche prasselte wieder das Feuer, wieder ertönte das hurtige Klappern der Messer: das Abendbrot wurde bereitet.

Das Gesinde hatte sich am Tor zusammengefunden: Da erklang eine Balalaika, Gelächter wurde laut. Die Leute spielten Haschen.

Nun hatte sich die Sonne schon hinter den Wald gesenkt; sie schickte noch einige kaum mehr wärmende Strahlen aus, die gleich feurigen Streifen den ganzen Wald durchschnitten, die Wipfel der Fichten in leuchtendes Gold tauchend. Dann erloschen die Strahlen, einer nach dem anderen; der letzte Strahl blieb noch lange; wie eine feine Nadel drang er ins Dickicht des Gezweigs; aber auch er verlosch.

Die Gegenstände verloren ihre Form; alles verschmolz erst in eine graue, dann in eine dunkle Masse. Der Gesang der Vögel verklang allmählich; bald waren sie ganz verstummt, außer einem besonders hartnäckigen Sänger, der allein, gleichsam allen zum Trotz, inmitten der allgemeinen Stille monoton, mit zeitweiligen Unterbrechungen, weiterzwitscherte, doch immer seltener und seltener, bis er endlich schwach und mißtönend ein letztes Mal pfiff, sich aufplusterte – die Blätter erschauerten leis... und er schlief ein.

Alles war still. Nur die Grillen zirpten eifriger um die Wette. Von der Erde stieg weißer Dunst auf und breitete sich über Wiese und Fluß. Dieser war ebenfalls still geworden; ein wenig später plätscherte plötzlich etwas noch ein letztes Mal, und dann lag auch er regungslos.

Es roch feucht. Immer dunkler und dunkler wurde es. Die Bäume flossen zu allerlei Ungeheuern zusammen; im Walde wurde es zum Fürchten: Da knarrte plötzlich etwas, als wandle eines der Ungeheuer von seinem Fleck zu einem anderen, und ein trockenes Ästchen knackte, so schien es, unter seinem Fuße.

Am Himmel funkelte hell wie ein lebendiges Auge das erste Sternlein, und in den Fenstern des Hauses blinkten die Lichter auf.

Die Zeit allgemeiner feierlicher Stille der Natur brach an, jene Zeit, in der der schöpferische Geist mächtiger arbeitet, die dichterischen Einfälle heißer hervorquellen, wenn im Herzen die Leidenschaft heftiger auflodert oder das Weh stärker schmerzt, da im grausen Herzen das Samenkorn verbrecherischer Gedanken kaltblütiger und üppiger heranreift und – in Oblomowka alle so fest und friedlich im Schlafe lagen.

»Komm, Mama, spazierengehen«, sagte Iljuscha.
»Wo denkst du hin, Gott mit dir! Jetzt spazierengehen!« entgegnete sie: »Draußen ist's feucht, du wirst dir die Füßchen verkühlen; und unheimlich ist's: Im Holz geht jetzt der Waldgeist um, der nimmt die kleinen Kinder mit.«
»Wohin nimmt er sie mit? Wie sieht er aus? Wo wohnt er?« fragte das Kind.
Und die Mutter ließ ihrer ungebändigten Phantasie freien Lauf.
Der Knabe hörte ihr, die Augen ab und zu öffnend und wieder schließend, zu, bis ihn endlich der Schlaf ganz übermannte. Dann kam die Kinderfrau, nahm ihn von Mutters Knien und trug ihn, der schon halb im Schlaf war, dessen Kopf über ihre Schulter hing, ins Bett.
»Und wieder ein Tag vergangen, dem Herrgott sei Dank!« sagten die Leute von Oblomowka, wenn sie sich ächzend zu Bett legten und sich mit dem Kreuzeszeichen segneten. »Zufrieden haben wir ihn verbracht; gib Herr, daß es auch morgen so ist! Ehre sei Gott, dem Herrn! Ehre dem Herrn!«

Dann träumte es Oblomow von einer anderen Zeit: Es war an einem der endlosen Winterabende, er schmiegte sich furchtsam an die Kinderfrau, während sie ihm mit flüsternder Stimme von einem unbekannten Lande erzählte, wo es weder Nacht noch Kälte gab, wo in einem fort Wunder geschahen, wo Flüsse von Milch und Honig flossen, wo man das ganze Jahr hindurch überhaupt nicht arbeitete, sondern den lieben langen Tag nur eines kannte, daß hübsche Burschen, solche wie Ilja Iljitsch, und gar wunderschöne Mädchen, wie es weder in Märchen zu sagen noch mit der Feder zu beschreiben wäre, immerzu spazierengingen.
Da gab es auch die gute Fee, welche uns bisweilen in Gestalt eines Hechts erscheint, die sich einen Liebling erwählte, einen harmlosen Burschen — mit anderen

Worten, irgendeinen Faulenzer, auf den alle nur schalten —, und die ihn, mir nichts, dir nichts, mit allerlei Wohltaten überhäufte, und er brauchte bloß zu essen und die fertigen Kleider anzulegen; und dann heiratete er ein Mädchen von nie geschauter Schönheit, das Militrissa Kirbitjewna hieß.

In Bann gezogen, versank das Kind, das nur noch Auge und Ohr war, ganz in der Erzählung...

Eine Geschichte folgte der anderen. Die Kinderfrau erzählte voll Eifer, lebendig, hingebungsvoll, stellenweise mit Begeisterung, da sie ja selbst ihren Erzählungen halb glaubte. Die Augen der Alten sprühten Feuer; der Kopf bebte vor Erregung; die Stimme stieg zu ungewohnter Höhe.

Von unheimlichem Entsetzen gepackt, schmiegte sich das Kind mit Tränen in den Augen an sie.

Ob nun von Toten die Rede war, die sich um Mitternacht aus ihren Gräbern erhoben, oder von Opfern, die bei einem Ungeheuer in Gefangenschaft schmachteten, oder vom Bären mit dem hölzernen Bein, der von Dorf zu Dorf lief, um sein abgeschlagenes richtiges Bein wiederzufinden — dem Kinde sträubten sich vor Entsetzen die Haare auf dem Kopfe; die kindliche Einbildungskraft war bald wie erstarrt, bald in siedend heißer Erregung; es war ein qualvoller, schmerzhaftsüßer Prozeß, und die Nerven waren wie Saiten gespannt.

Als die Kinderfrau düster die Worte des Bären nachsprach: »Knarre, knarre, mein Bein von Lindenholz; durch die Dörfer bin ich gegangen, durch die Weiler bin ich gegangen, alle Weiber schlafen, ein Weib schläft nicht, auf meinem Fell sitzt es, mein Fleisch kocht es, meine Wolle spinnt es« usw.; als der Bär dann endlich in die Hütte trat und sich anschickte, denjenigen zu packen, der ihm sein Bein geraubt, hielt es das Kind nicht mehr aus: zitternd und heulend stürzte es in die Arme der Kinderfrau; Tränen des Schrecks sprangen hervor, und zugleich lachte es vor Freude, daß es sich nicht in den Pranken der Bestie, sondern auf der Ofenbank neben der Kinderfrau befand.

Des Knaben Einbildungskraft war von seltsamen Geisterwesen bevölkert; Furcht und Sehnsucht setzten sich auf lange Zeit, vielleicht für ewig in seiner Seele fest. Betrübt blickte er rings um sich und sah im Leben bloß Nachteiliges und Unheil, träumte immerzu von jenem Wunderland, wo es weder Böses noch Sorgen und Kummer gab, wo Militrissa Kirbitjewna lebte, wo man so gut speiste und umsonst gekleidet wurde...

Das Märchen hatte in Oblomowka seine Macht nicht bloß über die Kinder, sondern auch über die Erwachsenen bis zum Ende ihres Lebens bewahrt. Alle im Haus und im Dorf, angefangen vom Herrn und seiner Frau bis zum robusten Schmied Taras — alle zitterten vor etwas Unbekanntem an einem finsteren Abend: jeder Baum wurde dann zum Riesen, jeder Busch zur Räuberhöhle.

Das Rütteln eines Fensterladens und das Geheul des Windes im Schornstein ließ Männer wie Frauen und Kinder erbleichen. Am Dreikönigsfest ging niemand nach zehn Uhr abends allein vor das Tor; in der Nacht vor Ostern wird jeder den Stall zu meiden suchen, weil er fürchtet, dort den Hausgeist anzutreffen.

In Oblomowka glaubte man an alles: an Werwölfe und an Totengeister. Ob man ihnen nun erzählte, ein Heuhaufen wäre übers Feld spaziert — sie glaubten es, ohne sich zu bedenken; ob jemand das Gerücht verbreitete, dies da sei gar kein Hammel, sondern etwas anderes, oder eine gewisse Marfa oder Stepanida eine Hexe, so werden sie sich vor dem Hammel und auch vor Marfa fürchten: Es kam ihnen nicht einmal in den Sinn zu fragen, weshalb denn der Hammel kein Hammel mehr sei und die Marfa eine Hexe, ja sie wären noch über den hergeraten, dem es eingefallen wäre, daran zu zweifeln — so stark war der Glaube an das Wundersame in Oblomowka!

Ilja Iljitsch sah später wohl, daß es in der Welt recht einfach zugeht, daß die Toten nicht aus ihren Gräbern steigen, daß man Riesen, sobald sie auftauchen, sogleich in Schaubuden setzt, Räuber aber ins Gefängnis; wenn auch der Glaube selbst an Geisterwesen verlorenging, so blieb doch ein gewisser Bodensatz an Furcht und unbewußter Sehnsucht zurück.

Ilja Iljitsch hatte erkannt, daß kein Unheil von Ungeheuern bewirkt wird, dabei wußte er kaum, welches Unheil es alles gibt, und doch erwartete er auf Schritt und Tritt etwas Schreckliches und fürchtete sich. Im dunklen Zimmer allein gelassen oder beim Anblick eines Verstorbenen zitterte er auch jetzt noch in jener unglückseligen, seiner Seele in der Kindheit eingeimpften Bangigkeit; am Morgen lachte er dann über seine Ängste, um am Abend wiederum zu erbleichen.

Alsdann sah sich Ilja Iljitsch plötzlich als dreizehn- oder vierzehnjährigen Buben.

Er nahm bereits im Kirchdorf Werchljowo, das gegen fünf Werst von Oblomowka gelegen war, Unterricht beim dortigen Verwalter, einem Deutschen namens Stolz, der ein kleines Pensionat für die Kinder der benachbarten Edelleute eingerichtet hatte.

Er hatte selbst einen Sohn, Andrej, nahezu gleichen Alters wie Oblomow; dann war ihm noch ein Knabe anvertraut, der sich fast nie am Unterricht beteiligte, weil er meist an Skrofeln litt, seine ganze Kindheit ständig mit verbundenen Augen oder Ohren zubrachte und insgeheim immerzu darüber weinte, daß er nicht bei seiner Großmutter, sondern in einem fremden Hause unter lauter bösen Leuten leben mußte, daß es keinen Menschen gab, der lieb zu ihm war, und ihm niemand seine Lieblingspastetchen buk.

Außer diesen Kindern befanden sich vorläufig noch keine weiter im Pensionat.

Da war nichts zu machen, Vater und Mutter setzten Iljuscha, den verwöhnten Schlingel, hinter die Bücher. Das kostete Tränen, Geschrei und Ausbrüche von Eigensinn. Schließlich fuhr man ihn hin.

Der Deutsche war ein tüchtiger und strenger Mensch, wie ja fast alle Deutschen. Vielleicht hätte Iljuscha bei ihm etwas Ordentliches gelernt, wenn Oblomowka an fünfhundert Werst von Werchljowo entfernt gewesen wäre. Doch wie sollte man denn so lernen? Der Zauber der oblomowschen Atmosphäre, der Lebensweise und der Gewohnheiten erstreckte sich auch auf Werchljowo; war es doch einstmals ebenfalls ein Teil von Oblomowka gewesen; ausgenommen Stolz' Haus, atmete dort alles die gleiche urtümliche Trägheit, dieselbe Einfalt der Sitten, die nämliche Ruhe und Unbeweglichkeit.

Herz und Verstand des Kindes waren von all den Bildern, Szenen und Sitten dieser Lebensweise erfüllt, bevor es das erste Buch vor Augen bekam. Und wer weiß, wie früh die Entfaltung des geistigen Samenkorns im kindlichen Gehirn einsetzt? Wie vermöchte man die Entstehung der ersten Begriffe und Eindrücke in der Seele eines Kindes zu verfolgen?

Als das Kind kaum erst ein paar Worte hervorbringen, ja vielleicht überhaupt noch nicht sprechen, nicht einmal laufen konnte, sondern alles bloß mit jenem unverwandten stummen Kinderblick anguckte, den die Erwachsenen gemeinhin stumpf nennen, hatte es vielleicht bereits Bedeutung und Zusammenhang der Erscheinungen seiner Umwelt erschaut und erraten, nur ohne es sich selber noch anderen bewußt werden zu lassen.

Vielleicht bemerkte und begriff Iljuscha schon längst, was in seiner Gegenwart gesprochen und getan wurde: wie sein Vater in Plüschhosen und einer braunen wattierten Tuchjoppe den lieben langen Tag nichts weiter tat, als, die Hände zurückgelegt, von einer Ecke in die andere zu gehen, Tabak zu schnupfen und sich zu schneuzen, während die Mutter vom Kaffee zum Tee und vom Tee zum Essen überging; daß es dem Vater nie auch nur einfiel, nachzuprüfen, wieviel Schober gemäht oder geschnitten worden waren, und Nachlässigkeit zu bestrafen; reichte man ihm aber einmal nicht rasch genug sein Taschentuch, so schrie er über die Unordnung und stellte das ganze Haus auf den Kopf.

Vielleicht hatte sein kindlicher Verstand längst entschieden, daß man so wie die Erwachsenen um ihn leben müsse und nicht anders. Ja, wie hätte er sich auch anders entscheiden sollen?...

Endlich träumte es Ilja Iljitsch noch von dem großen dunklen Gastzimmer im elterlichen Haus mit den altmodischen Sesseln aus Eschenholz, die stets in Überzüge gehüllt waren, mit dem riesenhaften, ungefügen und harten Diwan, der mit verschossenem, fleckigem, blauem Barakan bezogen war, und mit dem einen großen Ledersessel.

Der lange Winterabend brach herein.

Die Mutter saß auf dem Diwan, hatte die Beine untergeschlagen und strickte geruhsam an einem Kinderstrumpf, wobei sie gähnte und sich hin und wieder mit der Stricknadel auf dem Kopf kratzte.

Neben ihr saßen Nastasja Iwanowna und Pelageja Ignatjewna und stickten, die Nasen in ihre Arbeit gesteckt, emsig an einem Festgeschenk für Iljuscha oder seinen Vater oder auch für sich selber.

Der Vater ging, die Hände auf dem Rücken, in vollster Zufriedenheit im Zimmer auf und ab oder setzte sich in einen Sessel und nahm, nachdem er etwas gesessen, seine Wanderung wieder auf, wobei er aufmerksam dem Klang seiner eigenen Schritte lauschte. Darauf schnupfte er etwas Tabak, schneuzte sich und schnupfte abermals.

Im Zimmer brannte matt ein einziges Talglicht, und auch das gönnte man sich nur an Winter- und Herbstabenden. In den Sommermonaten waren alle bemüht, ohne Kerzen bei Tageslicht zu Bett zu gehen und aufzustehen.

Dies geschah teils aus Gewohnheit, teils aus Sparsamkeit. Mit allen Dingen, die nicht im Haus erzeugt, sondern käuflich erworben wurden, waren die Leute von Oblomowka außerordentlich geizig...

Lange herrschte allgemeines Schweigen; nur das Streichen der von den Nadeln auf und ab gezogenen Fäden war zu hören. Mitunter brach die Hausfrau das Schweigen.

»Ja, es ist nun schon dunkel draußen«, sagte sie. »Doch so Gott will, kommen gegen Weihnachten Gäste, und dann wird's bißchen lustiger, und die Abende werden wie im Fluge vergehn. Wenn gar Malanja Petrowna käme, gäb' das einen Spaß! Was sie sich nicht alles ausdenkt: Zinngießen, Wachsschmelzen, ins Freie hinauslaufen; alle Mädels bringt sie mir durcheinander. Stiftet allerlei Spiele an... So eine, nein wirklich!«

»Ja, sie ist eine feine Dame!« bemerkte einer von den Anwesenden. »Vor zwei Jahren hatte sie sich die Sache mit dem Rodeln ausgedacht, damals, als sich Luka Sawitsch an der Augenbraue verletzte...«

Auf einmal waren alle munter, blickten zu Luka Sawitsch hin und brachen in Lachen aus.

»Wie kam das eigentlich, du, Luka Sawitsch? Nu, erzähl mal!« sagte Ilja Iwanowitsch und wollte sich schier totlachen.

Und alle setzten ihr Gelächter fort, auch Iljuscha, der davon wach geworden war, lachte mit.

»Na, was gibt's da zu erzählen!« antwortete Luka Sawitsch verwirrt. »Das hat sich alles Alexej Naumytsch bloß ausgedacht: überhaupt nichts ist gewesen...«

»He!« fielen alle im Chor ein. »Was heißt: nichts gewesen? Meinst du, wir sind gestorben?... Und deine

Stirn, deine Stirn, bis heute noch sieht man da die Narbe...«

Und wieder packte sie das Lachen.

»Ja, was lacht ihr mich aus?« bemühte sich Luka Sawitsch in den Lachpausen zu erklären: »Ich wäre... bestimmt nicht so... und alles ist nur durch Waśka, den Schlingel... hat mir einen alten Rodelschlitten untergeschoben... der dann auch unter mir zusammenbrach... und so bin ich...«

Allgemeines Gelächter übertönte seine Stimme. Vergeblich strengte er sich an, die Geschichte seines Sturzes zu Ende zu erzählen: das Gelächter breitete sich über die ganze Gesellschaft, drang ins Vorzimmer und bis zur Mägdestube, erfaßte das gesamte Haus; alle erinnerten sich der spaßigen Begebenheit, alle lachten lange, einmütig, unsagbar, wie die Götter des Olymps. Und kaum begann es zu verstummen, so griff es auch schon irgend jemand wieder auf — und dann ging's von neuem los.

Schließlich hatte man sich mit Mühe einigermaßen beruhigt.

»Na, wie wär's, Luka Sawitsch, willst du diesmal zu Weihnachten wieder rodeln?« fragte Ilja Iwanowitsch, nachdem es etwas still geworden war.

Wieder eine gemeinsame Lachsalve, die etwa zehn Minuten anhielt.

»Sollte man nicht Antipka beauftragen, zur Fastenzeit eine Rodelbahn zu machen?« sagte da Oblomow abermals. »Luka Sawitsch ist doch ein großer Freund von so was, er kann's kaum erwarten...«

Das Gelächter der ganzen Stube ließ ihn nicht zu Ende kommen.

»Ja, ist er denn ganz... der Schlitten?« brachte einer der Anwesenden kaum vor Lachen heraus.

Wiederum Gelächter.

Lange noch lachten sie alle, bis man endlich nach und nach ruhig wurde; der eine wischte sich die Tränen ab,

der andere schneuzte sich, der dritte hustete heftig und keuchte, mühsam hervorbringend:
»Ach, du lieber Gott! Der ganze Hals ist mir zu... War das ein Spaß damals, bei Gott! Welche Sünde! Wie er so mit dem Rücken nach oben, und die Rockschöße auseinander...«
Hier folgte der endgültig letzte, längste Ausbruch von Heiterkeit, und darauf wurde alles still. Dieser seufzte, jener gähnte laut, wobei er etwas vor sich hinmurmelte, und alles versank in Schweigen.
Wie zuvor war nur das Schwingen des Uhrpendels, die Tritte von Oblomows Stiefeln und das leise Geräusch beim Abbeißen eines Fadens zu hören...
Manchmal las er auch aus zwei Jahre alten Zeitungen allen laut vor oder teilte ihnen die Neuigkeit so mit.
»Da schreibt man aus dem Haag«, sagte er, »daß Seine Majestät der König von einer kurzen Reise glücklich in das Schloß zurückzukehren geruhte«, und blickte dabei über die Brille nach seinen Zuhörern.
Oder:
»In Wien hat der und der Gesandte seine Beglaubigungsurkunde überreicht.«
»Und hier schreibt man«, las er weiter, »daß die Werke der Madame Genlis ins Russische übersetzt worden sind.«
»Das wird ja alles bloß dazu übersetzt«, bemerkte einer von den Zuhörern, der Besitzer eines kleinen Landgutes, »um uns Adligen das Geld herauszulocken.«

Und der arme Iljuscha mußte immer und immer wieder zu Stolz zum Unterricht fahren. Sowie er am Montag früh erwachte, überfiel ihn schon Schwermut. Er hörte Waskas schroffe Stimme, der von der Eingangstreppe her schrie:
»Antipka! Spann die Schecke an: Der junge Herr soll zum Deutschen fahren!«

Sein Herz erbebte. Gedrückt kam er zur Mutter geschlichen, die genau wußte, weshalb, und ihm die bittere Pille zu versüßen suchte, indes sie heimlich selber seufzte, von ihm eine ganze Woche getrennt zu sein.
Man wußte gar nicht, womit man ihn an jenem Morgen füttern sollte, Weißbrötchen und Kringelchen buk man für ihn, gab ihm Eingesalzenes, Gebackenes, Eingemachtes, verschiedenes Obstmus und allerlei andere getrocknete und frische Leckerbissen, ja sogar Mundvorrat mit. Alles dies wurde ihm in der Annahme eingepackt, daß man bei dem Deutschen recht mager verpflegt werde.
»Dort hast du nicht satt zu essen«, sagten die Leute von Oblomowka, »zum Mittagessen gibt es Suppe, Braten und Kartoffeln, zum Tee Butter, beim Abendbrot aber heißt's gleich: morgen früh – putz dir die Nase.«
Übrigens träumte Ilja Iljitsch mehr von solchen Montagen, an denen er Waskas Stimme, die den Befehl, die Schecke anzuspannen, verkündete, nicht vernahm und ihn die Mutter beim Tee mit einem Lächeln und der angenehmen Überraschung empfing:
»Heute wirst du nicht fahren; Donnerstag ist ein wichtiger Feiertag: Lohnt sich's denn, wegen drei Tagen hin- und zurückzufahren?«
Oder manchmal wurde ihm plötzlich erklärt, daß heute eine Gedenkwoche beginne: »Da kann man doch nicht lernen: Plinsen werden wir backen.«
Ein andermal blickte ihn die Mutter Montag früh durchdringend an und sagte dann:
»Deine Augen schauen heut gar nicht recht frisch. Fühlst du dich ganz gesund?« und sie schüttelte den Kopf.
Der listige Bengel war kerngesund, schwieg jedoch.
»Bleib du mal diese Woche lieber zu Hause«, sagte sie, »und sehen wir zu, was der Herrgott schickt.«
Und alle im Hause waren völlig von der Überzeugung durchdrungen, daß sich Lernen und Gedächtnis-

sonnabend keinesfalls miteinander vertrügen oder der Feiertag am Donnerstag ein unüberwindliches Hindernis für den Unterricht während der ganzen Woche sei.

Allenfalls, daß manchmal ein Diener oder ein Dienstmädchen, die des jungen Herren wegen einen Verweis bekommen hatten, bei sich brummten:

»Uch, du verwöhnter Schlingel! Wenn du nur bald wieder zu deinem Deutschen verschwändest!«

Ein andermal erschien plötzlich am Anfang oder mitten in der Woche Antipka mit der bekannten Schecke bei dem Deutschen, um Ilja Iljitsch zu holen.

»Marja Sawischna oder Natalja Fadewna oder die Kuskows mit ihren Kindern sind nämlich auf Besuch gekommen, und ich soll Sie nach Hause bringen!«

So blieb Iljuscha wohl drei Wochen lang daheim, und da sah man: zur Karwoche war's auch schon nicht mehr weit, dann kam das Fest, und endlich entschied jemand in der Familie aus irgendeinem Grunde, daß man in der Thomaswoche nicht lernen dürfe; bis zum Sommer waren es bloß noch zwei Wochen, die es nicht lohnten, erst noch hinzufahren; im Sommer aber gönnte sich selbst der Deutsche Ruhe, so daß man es schon am besten bis Herbst aufschob.

Zusehends erholte sich Ilja Iljitsch in dem halben Jahre, und wie war er in dieser Zeit gewachsen! Wie hatte er zugenommen! Wie prächtig schlief er! Man konnte sich im Hause an ihm nicht satt sehen und bemerkte, daß das Kind dagegen, wenn es sonnabends vom Deutschen zurückgekehrt war, schlecht und blaß ausgesehen hatte.

»Wie schnell ist ein Unglück geschehen«, sagten Vater und Mutter. »Das Lernen läuft ja nicht davon, und Gesundheit kann man sich nicht für Geld kaufen; Gesundheit ist das kostbarste Gut im Leben. Sieh einer, wie aus dem Krankenhaus kehrt er vom Unterricht nach Hause zurück: ist ganz abgekommen, kein bißchen Fett an ihm... Er ist ja auch ein rechter Wildfang: in einem fort möcht' er herumspringen!«

»Ja«, bemerkte der Vater, »Lernen ist kein Zuckerlecken; das kann einen schon ins Bockshorn jagen!«

Und die zärtlichen Eltern fuhren fort, Vorwände zu suchen, um ihren Sohn daheim zu behalten. An Vorwänden war, ganz abgesehen von den Feiertagen, kein Mangel. Im Winter schien es ihnen zu kalt, im Sommer ging es aber der Hitze wegen ebenfalls nicht an, hinüberzufahren, und manchmal regnete es auch; im Herbst war der Schlamm hinderlich. Bisweilen machte Antipka einen etwas zweifelerregenden Eindruck: ob er nun betrunken war oder nicht, jedenfalls blickte er irgendwie wild — könnte es nicht ein Unglück geben, daß er steckenbliebe oder gar wo herunterfiele?

Die Oblomows bemühten sich übrigens, diesen Vorwänden in ihren eigenen Augen sowie besonders in denen Stolz' so sehr wie möglich einen Anschein von Berechtigung zu verleihen; dieser sparte auch nicht mit Donnerwettern über solch eine Verwöhnung, ihnen ins Gesicht wie auch hinter ihrem Rücken.

Die Zeiten der Prostakows und Skotinins waren längst vorbei. Das Sprichwort: Wissen ist Licht, Unwissen Finsternis, wanderte schon durch Dörfer und Weiler, zusammen mit den Büchern, die von den Buchtrödlern verbreitet wurden.

Die Alten hatten wohl den Nutzen der Bildung erkannt, doch allein ihren äußeren Nutzen. Sie sahen, daß nun alle Welt nicht anders Karriere zu machen, das heißt Rang und Würden, Ehrenkreuze und Geld zu erlangen suchte, als durch Studium; daß es den alten Amtsschreibern, den im Dienste verknöcherten Rechtskundigen, die in uralten Gewohnheiten über ihren Akten und Paragraphen vergreist waren, schlecht ging.

Unheilschwere Gerüchte liefen nun um, wonach nicht nur Schriftkundigkeit, sondern auch andere, bisher zu

jener Laufbahn unerhörte Wissenschaften notwendig seien. Zwischen dem Titularrat und dem Kollegienassessor tat sich ein Abgrund auf, über welchen nur ein Diplom als Brücke half.
Die alten Kanzleibediensteten, Kinder der Gewohnheit und Zöglinge der Bestechlichkeit, begannen zu verschwinden. Viele, die nicht noch zur rechten Zeit gestorben waren, wurden wegen Unzuverlässigkeit hinausgeworfen, andere stellte man vor Gericht; am glücklichsten waren diejenigen dran, die über die neue Ordnung der Dinge resignierend mit der Hand winkten und sich noch mit heiler Haut in ihre wohlerworbenen Winkel davonmachten.
Die Oblomows hatten dies gemerkt und verstanden den Nutzen der Bildung, doch eben nur diesen augenscheinlichen Nutzen. Von einem inneren Bedürfnis, etwas zu lernen, hatten sie bloß eine dunkle und ferne Vorstellung, und deshalb wünschten sie, für ihren Iljuscha einstweilen einige glänzende Vorrechte zu sichern.
Sie träumten auch von einer schön gestickten Uniform für ihn, stellten sich ihn als Obergerichtsrat vor, und die Mutter sogar als Gouverneur; allein das alles wünschten sie so leicht wie möglich zu erlangen, durch verschiedenerlei Listen die auf dem Weg zu Bildung und Ehren ausgestreuten Steine und Hindernisse heimlich zu umgehen, ohne sich zu bemühen, diese zu überwinden, das heißt zum Beispiel, nur ein wenig zu lernen, nicht bis zur Erschöpfung von Leib und Seele, nicht bis zum Verlust der gesegneten, in der Kindheit erworbenen Fülle, sondern so, daß lediglich der vorgeschriebenen Form Genüge getan werde, um irgendein Zeugnis zu erlangen, in dem bestätigt wäre, daß Iljuscha alle Wissenschaften und Künste studiert habe.
Dies ganze Oblomowsche Erziehungssystem stieß in Stolz' System auf heftigen Widerspruch. Von beiden Seiten war der Kampf hartnäckig. Stolz hieb auf seine Gegner gerade, offen und beharrlich ein, während

diese seinen Schlägen durch obenerwähnte und andere Listen auswichen.
Ein Sieg wurde nirgends errungen; vielleicht hätte die deutsche Beharrlichkeit noch die Halsstarrigkeit und Verstocktheit der Oblomower bezwungen, doch der Deutsche traf in seinem eigenen Lager auf Schwierigkeiten, und so war ein entscheidender Sieg weder dieser noch jener Seite beschieden. Die Sache war nämlich die, daß Stolz' Sohn Oblomow verwöhnte, indem er ihm bald die Lektionen vorsagte, bald die Übersetzungen machte.

Ganz deutlich schaute Ilja Iljitsch im Traum die Lebensweise zu Hause wie auch das Treiben bei Stolz.
Sobald er im elterlichen Hause erwacht war, stand an seinem Bett schon Sacharka, der späterhin sein bekannter Kammerdiener Sachar Trofimytsch wurde.
Sachar zog ihm, wie früher die Kinderfrau, Strümpfe und Schuhe an, indes Iljuscha, der nun schon ein vierzehnjähriger Knabe war, nichts weiter tat, als ihm liegend bald das eine, bald das andere Bein vorzustrecken; und schien ihm dabei das Geringste nicht recht zu sitzen, so stieß er Sacharka mit dem Fuß an die Nase.
Und wenn es dem gekränkten Sacharka einfiel, sich darüber zu beklagen, so kriegte er noch was von den Alten ab.
Dann kämmte ihm Sacharka das Haar, zog ihm die Joppe an, behutsam Ilja Iljitschs Arme durch die Ärmel steckend, um ihn nicht zu sehr zu belästigen, und erinnerte Ilja Iljitsch, daß man dies und das zu tun habe: so, nachdem man morgens aufgestanden, sich zu waschen und dergleichen mehr.
Ob nun Ilja Iljitsch etwas begehrte, er brauchte bloß mit den Augen zu winken — schon stürzen drei, vier Bediente herbei, seinen Wunsch zu erfüllen; ob er irgendwas verlor oder einen Gegenstand herunter-

nehmen wollte und nicht erreichte — etwas zu holen oder nach etwas zu laufen war: so hatte er als ein flinker Bub manchmal Lust hinzuspringen und alles selber zu erledigen, aber da riefen auf einmal Vater und Mutter nebst drei Tanten fünfstimmig laut:
»Warum? Wohin? Wozu haben wir Waska, Wanka und Sacharka? He! Waska! Wanka! Sacharka! Was gafft ihr denn, ihr Maulaffen? Ich werd' euch gleich!...«
Und niemals gelang es Ilja Iljitsch, irgend etwas für sich selbst zu tun.
Später fand er, daß es doch so weit bequemer sei, und lernte selbst das Kommandieren: »He, Waska! Wanka! Bring dies, bring das! Nein, das will ich nicht haben, dies da will ich! Lauf, hol es!«
Mitunter wurde er auch der zärtlichen Besorgtheit seiner Eltern überdrüssig.
Lief er die Treppe hinab oder über den Hof, so riefen ihm plötzlich zehn verzweifelte Stimmen hinterher: »Ach, ach! Haltet ihn, haltet ihn auf! Er wird stürzen, sich aufschlagen!... Halt, halt!«
Schickte er sich im Winter an, auf den Flur hinauszuspringen oder das Klappfensterchen zu öffnen, ertönten wiederum Schreie: »Ach, wohin? Wie kann man nur? Lauf nicht, geh nicht, mach nicht auf: du holst dir den Tod, wirst dich erkälten...«
Und so blieb Iljuscha traurig daheim, umhegt wie eine exotische Blume im Gewächshaus, und ebenso wie diese unter Glas wuchs er träge und schlaff heran. Die Betätigung suchenden Kräfte richteten sich nach innen, welkten und schwanden.
Manchmal erwachte er so munter, frisch und fröhlich; er spürte: in ihm prickelte und schäumte etwas, grad' als habe sich irgendein Teufelchen eingenistet, das ihn in einem fort neckte, bald aufs Dach zu klettern, bald den Braunen zu besteigen und zur Wiese zu galoppieren, wo man Heu schnitt, oder sich oben auf den Zaun zu hocken oder die Dorfköter zu ärgern; oder

plötzlich möchte er gern durchs Dorf rennen, dann aufs Feld, durch die Einschnitte in das Birkenwäldchen und mit drei Sätzen in die Schlucht hinabspringen oder sich den Lausbuben anschließen, um Schneeballschlacht zu spielen und seine Kräfte zu erproben.

Das Teufelchen reizte ihn so arg; er nahm sich zusammen und wollte widerstehen, schließlich ertrug er's nicht mehr, und plötzlich sprang er mitten im Winter ohne Mütze von der Eingangstreppe auf den Hof, von da zum Tor hinaus; beide Hände voll Schnee gepackt, stürmte er zu der Horde von Lausbuben.

Der eisige Wind schnitt ihm scharf ins Gesicht, an den Ohren biß der Frost, in Mund und Hals wehte Kälte, aber seine Brust war von Freude ergriffen — er stürmte, was die Beine hergaben, kreischte dabei und lachte.

Da waren auch schon die Jungen! Er warf einen Schneeball — gefehlt: es mangelte ihm an Fertigkeit; er wollte eben wieder Schnee für einen Ball aufheben, als ihm ein richtiger Batzen Schnee das ganze Gesicht verklebte: er stürzte; weh tat es ihm zwar, weil ungewohnt, doch war er fröhlich und lachte laut, während er Tränen in den Augen hatte...

Unterdessen gab es im Hause einen Mordsspektakel: Iljuscha nicht da! Geschrei, Lärm. Sacharka stürzte auf den Hof, hinter ihm her Waska, Mitka, Wanka — alle liefen kopflos auf dem Hofe umher.

Ihnen sprangen, nach ihren Fersen schnappend, zwei Hunde hinterdrein, die bekanntlich keinen Menschen gleichmütig rennen sehen können.

Die Leute stürmten rufend und schreiend durchs Dorf, die Hunde bellend.

Endlich hatte man die Lausebengels erwischt und begann Gericht zu halten: den einen kriegte man bei den Haaren, jenen bei den Ohren, ein anderer bekam eine Kopfnuß; auch ihren Vätern drohte man.

Darauf bemächtigte man sich sogleich des jungen Herrn, steckte ihn in den mitgebrachten Schafpelz, dann in den Pelzmantel des Vaters, dann noch in zwei Decken und trug ihn triumphierend auf den Armen heim. Zu Hause hatte man schon die Hoffnung aufgegeben, ihn je wiederzusehen; da man ihn nun aber lebendig und unversehrt erblickte, war die Freude der Eltern unbeschreiblich. Man dankte dem Herrgott, flößte dem Buben Pfefferminztee ein, dann Holunder-, gegen Abend noch Himbeerblättertee und hielt ihn drei Tage lang zu Bett, während für ihn doch nur eines das Rechte gewesen wäre: wieder Schneeball zu spielen...

* * * * * * * * * * * * * * * * * * * * * * * * * * * * * * * * * *

## IWAN TURGENJEW

*In Orjol 1818 als Sohn eines Obersten a. D. und der »Seelenbesitzerin« Warwara Petrowna geboren, stammte Iwan Sergejewitsch Turgenjew aus dem mittelbegüterten Adel. Von seiner Kindheit, die er auf dem väterlichen Gut Spasskoje-Lutowinowo bei Mzensk verlebte, schrieb er später: »Der Haß auf das System der Leibeigenschaft lebte schon damals in mir. Dieser Haß war die Ursache, daß ich, unter Prügeln und Mißhandlungen aufgewachsen, meine Hand nicht durch einen Schlag entehrt habe.« Deutsche und Schweizer Hauslehrer legten den Grund zu seiner Vielsprachigkeit; der leibeigene Privatsekretär seiner Mutter führte ihn nur nebenbei in die russische Literatur, und zwar in die vor Puschkin, ein. Seit 1827 lebte die Familie in Moskau. Turgenjew bezog fünfzehnjährig die Universität und studierte anschließend in Petersburg bis 1836 leidenschaftlich Philosophie und Literatur. Zu dem gleichen Zweck weilte er 1838–41 in Berlin. Er besteht die Magisterprüfung in Petersburg, kann aber keine Dozentur erhalten, da die Regierung Nikolaus' I. die Lehrstühle für Philosophie aufgehoben hatte. Da lernt er 1843 Belinski kennen, wird sein Freund und beschließt, sich der Literatur zu widmen. Versdichtungen und erste Erzählungen entstehen. Während eines im Sommer 1847 mit Belinski gemeinsam in Bad Salzbrunn verbrachten Kuraufenthalts beginnt er die 'Aufzeichnungen eines Jägers', die ihn berühmt machen. »Ich konnte einfach nicht mehr mit all dem, was ich haßte, dieselbe Luft atmen und Seite an Seite leben ... Unter der Bezeichnung 'Leibeigenschaft' faßte ich alles zusammen und konzen-*

*trierte es auf diesen einen Punkt, was ich bis zu seiner Vernichtung zu bekämpfen beschlossen und womit ich mich niemals abzufinden mir geschworen hatte. Das war mein Hannibalschwur...« Die 'Aufzeichnungen eines Jägers' (1852), in Paris und in Rußland vollendet, wirkten wie ein Signal. Sie stellten in einer Reihe von Erzählungen die nach offizieller Ansicht träge, unselbständige und dem Trunk ergebene einförmige Masse der leibeigenen Bauern mit großer Wirklichkeitskunst als begabte, an sittlicher Lebensführung ihren Herren oft weit überlegene Menschen dar und ließen auch Abseitsstehende erkennen, wie brüchig ein bloßes Nutznießerdasein gegenüber solchen Bauern auf die Dauer sein müsse. Die hier folgende Erzählung 'Mumu' (1854), die noch zum Gedankenkreis der 'Aufzeichnungen eines Jägers' gehört und als Bild der durch die Laune erniedrigten Natur für ein Meisterwerk unter Turgenjews Erzählungen gilt, läßt all das ergreifend vor dem Leser Gestalt gewinnen, was künftig ein immer neu variiertes Thema seines Schaffens bleiben sollte. Gleichzeitig bekam Turgenjew die Strenge seiner regierenden Klasse zu spüren: Als er auf Gogols Tod einen Nachruf, dessen Verbreitung die Zensur in Petersburg verboten hatte, in den 'Moskauer Nachrichten' veröffentlichte, wurde er verhaftet und auf sein Gut Spasskoje verbannt. Hier schrieb er im Sommer 1855 seinen ersten Roman: 'Rudin', der dann im folgenden Jahre in der Zeitschrift 'Der Zeitgenosse' erschienen ist. Mit der sicheren, zarten Hand und Vollendung, die Turgenjew von Anfang an auszeichnet, schildert er in Rudin einen für hohe Menschheitsziele glühenden Idealisten, der aber die russische Wirklichkeit unter seinen Füßen verloren hat, der den Schritt vom kosmopolitischen Ideal zum praktischen Tun, vom Enthusiasmus zum Charakter nicht findet, die Liebe der jungen Natascha um seiner fernen Ziele willen zurückweist und – als ein im Leben »Überflüssiger« – auf den Barrikaden von Paris 1848 für seine Ideale fällt. Als Porträt der vorwärts gerichteten Adelsintelligenz der dreißiger und vierziger Jahre machte Rudin mit seinem aus Stärke im Denken und Schwachheit im Handeln zusammengesetzten Wesen tiefen*

*Eindruck, wenngleich die Kritiker der demokratischen Linken, Tschernyschewski und Dobroljubow, diesen Charakter des »überflüssigen Menschen« bald danach auf seine sozialen, nämlich adligen Ursprünge zurückzuführen und als Symbol einer niedergehenden Klasse zu werten suchten.*
*Turgenjew hatte Rudin nur mit Wehmut untergehen lassen. Zarte Trauer liegt auch über seinem zweiten Roman 'Das Adelsnest' (1858), der mit der Verklärung des Abschieds dieser verklingenden Welt der Gutshöfe und ihrer »Poesie der schlanken weißen Taillen im Mondlicht« ein Denkmal setzt. Die Menschen dieses Romans müssen verzichten, weil sie nicht die Kraft zur Zukunft haben, zur Sprengung der Formen, in denen sie aufgewachsen sind, weil sie dem geahnten eigentlichen Leben nicht vertrauen, sondern ihm ausweichen: Lawretzki kehrt zu seiner koketten Frau zurück; Lisa, diese »echt russische Seele«, die sich über die Herabsetzung ihres »rückständigen« Vaterlandes durch einen westlerisch denkenden Kosmopoliten der Adelsklasse empört, geht ins Kloster. Es gibt für diese edlen, aber passiven Menschen kein Glück innerhalb der banalen Alltagsordnung ihrer Zeit. – Doch diesen Entsagenden wachsen in Turgenjews nächstem Roman 'Am Vorabend' (1860) schon die von den Zielen einer neuen Zeit für ihr Land erfüllten Überwinder. Seit dem Tode des »Polizeibüttels« Nikolaus I. (1855), seit der Niederlage des Krimkrieges und der Thronbesteigung des liberalen Alexanders II. weht für einige Jahre im politischen und literarischen Leben Rußlands ein freierer Wind, von dessen hoffnungsvollem Schwung auch Turgenjew erfaßt wird. Er will eine Zeitschrift für wirtschaftliche Fragen begründen und bereitet eine Deklaration des Adels des Gouvernements Tula – zu dem Spasskoje gehört – über die beste Form der Bauernbefreiung vor; er tritt damals sogar zu Alexander Herzen in London und dessen in Rußland illegal verbreiteter Zeitung 'Die Glocke' in eine gewisse Verbindung. Als Dichter aber schafft er aus der Zuversicht dieser Jahre die Gestalten Insarows – des Bulgaren, der in Rußland für die Befreiung seines Vaterlandes vom türkischen Joch arbeitet, selbst ein Stück seines Volkes und ein Mahner den Russen –*

*und Jelena Stachowas, die entschlossen ist, Heimat und Elternhaus aufzugeben, um ihm zu seinem Werk zu folgen ('Am Vorabend'). Als Dobroljubow den Roman im 'Zeitgenossen' als eine Schilderung der bevorstehenden, notwendigen Revolution auslegte, erschrak Turgenjew zwar, der zeitlebens als ein vorwärts gerichteter Liberaler eine »Reform von oben« als sein politisches Ziel bezeichnet hat, und brach seine Mitarbeit am 'Zeitgenossen' ab – die beiden Hauptgestalten seines Werkes wurden aber zutreffend als feinfühlig und durch Wirklichkeitskraft überzeugend gezeichnete Vorbereiter des erwachenden, jungen Rußland empfunden. Dies gilt in noch höherem Maße von der Zentralfigur des folgenden Romans 'Väter und Söhne' (1862), dem vierten, meistbeachteten Gliede in der sechsgliedrigen Kette seiner Romane, die, zusammen gesehen, eine Art Entwicklungsgeschichte der russischen Gesellschaft von den dreißiger bis in die sechziger Jahre geben. In ihm steht den mit leisem Spott gestalteten »Vätern«, den tatenlosen »überflüssigen Menschen«, in dem jungen, keine Autorität anerkennenden Basarow eine in der Literatur neue Erscheinung: ein vorwärts gerichteter russischer Tatmensch, gegenüber. »Er ist ehrlich und wahrheitsliebend, außerdem ein Demokrat vom Scheitel bis zur Sohle. Wenn man ihn einen Nihilisten nennt, so müßte man dafür eigentlich 'ein Revolutionär' sagen«, so umreißt ihn Turgenjew selbst. Basarow stammt aus den nichtadligen, unteren Schichten, ist also ein »Rasnotschinez« und – als Vertreter der damals jungen Generation, wie sie etwa in der Gruppe um den Kritiker Pissarjew dachte – ein leidenschaftlicher Naturwissenschaftler und philosophischer Vulgärmaterialist, ein Verächter der Poesie Puschkins und Lermontows. Der große Wirklichkeitskünstler Turgenjew hat ihm, wie früher auch Insarow, überdies, um ihn nicht unkünstlerisch zu idealisieren, einige wenig sympathische Züge verliehen, so seine Schroffheit. Um derentwillen warfen »Söhne« Turgenjew Abtrünnigkeit und reaktionäre Tendenzen vor und bezeichneten Basarow als eine Karikatur, weil er ihren idealeren Vorstellungen von einem aktiven und revolutionären Helden nicht entsprach – ebenso wie »Väter«*

*den Dichter nunmehr zu den 'Nihilisten' rechneten. Dieser schrieb selbst: »Mein ganzer Roman war gegen den Adel als führende Klasse gerichtet ... Ästhetisches Verantwortungsgefühl hat mich veranlaßt, gerade gutartige Vertreter des Adels zu wählen, um mit um so größerer Wahrheitstreue mein Thema zu beweisen: Wenn schon die Sahne schlecht ist, wie steht es dann erst mit der Milch?« Und in der Tat zeigt sein Roman in vollendetem Aufbau und mit meisterhafter Verteilung der Lichter und Akzente den Sieg des aktiven »neuen Menschen«, der durch Verneinung zunächst erst Platz schaffen mußte, über den »gnädigen Herrn«.*

*Der leidenschaftliche Streit, der sich um diesen Roman erhob, hatte seinen Grund auch darin, daß er kurz nach dem Bauernbefreiungsgesetz vom 19. Februar 1861 erschien. Danach wurde der Leibeigene zwar formal ein »freier Mann«, geriet durch Abgabe seines Landdrittels und Loskaufgelder großenteils jedoch bald in Schuldknechtschaft zu seinem Gutsherrn. Zunächst sah Turgenjew als Liberaler der Adelsklasse aber in diesem Gesetz die Erfüllung vieler seiner Träume. Seine Beziehung zu Alexander Herzen, dem Führer der Emigranten, zerfiel, als er dessen Gedanken, Rußland werde über die Feldergemeinschaft (den 'Mir') den Weg zum Sozialismus gehen, als abstrakte Illusion bezeichnete und den sozialen Fortschritt allein auf friedlichem Wege für erreichbar erklärte, gestützt »auf die Minderheit der gebildeten Klasse, die keinen Sozialismus anstrebt«. Noch hielt er das Befreiungsgesetz für ein »großes Manifest«, wenngleich seinem scharfen Auge die »Abscheu erregenden Formen« von dessen Durchführung nicht entgingen, wenngleich er das Verbot des 'Zeitgenossen' (1862) mißbilligte. Immerhin gab er seine Mitarbeit an dem konservativen 'Russischen Boten' einige Jahre danach auf. Unter dem Eindruck des Sturmes, den 'Väter und Söhne' heraufbeschworen, denkt er vorübergehend sogar daran, die Schriftstellerei aufzugeben. Er lebt jetzt vorwiegend im Ausland, vor allem in Baden-Baden, wohin sich die von ihm lebenslang ohne Glück verehrte große Sängerin Pauline Viardot-Garcia, die er seit 1845 kannte, mit ihrem Gatten begeben hatte, und verbrachte nur noch die Sommer auf Spasskoje. In Baden-Baden läßt er auch seinen nächsten Roman 'Rauch' (1867) spielen, ein Zeugnis seiner Niedergeschlagenheit über die erneut in den Adelskreisen einsetzende Reaktion gegen die Bauernbefreiung und zugleich voll Pessimismus gegenüber den russischen Emigranten, die nach seinem Eindruck die Nöte ihres Vaterlandes gar nicht mehr richtig kennen. »Rauch, Rauch«, sagt Litwinow zu sich, als er Baden-Baden und seine Angebetete im Schnellzug hinter sich läßt, »alles verflüchtigt sich spurlos, ohne daß etwas gewonnen ist; ein andrer Wind, und alles wälzt sich auf die entgegengesetzte Seite, und wieder ganz dasselbe Spiel.«*

*Es hat nun etwas Ergreifendes, zu sehen, wie sich Turgenjew auch danach, trotz der räumlichen Entfernung, bemüht hat, die gesellschaftlichen Probleme seines Vaterlandes zu erkennen und darzustellen, bis zuletzt »ein Gemäßigter, ein Liberaler alter Art«, und deshalb scharfer Kritik von der demokratischen Linken ebenso unterzogen wie von der konservativen Rechten und von seiner Heimat ebenso wie von den Emigranten. Dies gilt vor allem für seinen in Paris entstandenen letzten Roman 'Neuland' (1876), in dem er die revolutionäre Bewegung der Narodniki (der 'Volkstümler'), die in den sechziger Jahren auftraten und in den siebziger Jahren unter dem Drucke des reaktionären Staates scheiterten, aus seiner liberalen Sicht zu schildern versucht hat. Die Angriffe, die er deshalb erfuhr, bewogen ihn, von der Romandichtung überhaupt Abschied zu nehmen. In Bougival bei Paris, wohin er 1871 mit dem Ehepaar Viardot übergesiedelt war, sind dann Novellen wie 'Ein König Lear der Steppe', 'Frühlingswogen' oder 'Punin und Baburin' entstanden, die seine seit den Anfängen neben den Romanen herlaufende reiche Novellendichtung nun auf ihren Gipfel führen. Hier entstanden als sein letztes Werk auch die berühmten 'Gedichte in Prosa'. Um sich »mit der russischen Jugend auszusöhnen«, kehrte Turgenjew dann 1879 nach Rußland zurück und hielt im folgenden Jahre anläßlich der Puschkinfeier zu Moskau, neben Dostojewski mit Ehrungen überhäuft, die Festrede. Von Mérimée ehemals als ein »Führer der realistischen Richtung« wegen seiner »Liebe zur Wahrheit«*

*gepriesen, gehörte er in seinen Pariser Jahren mit Flaubert, Daudet, Zola und Edmond de Goncourt der »Gruppe der Fünf« an, zu der später noch Maupassant hinzutrat. Seine Kunstanschauung hat er in dem Satz zusammengefaßt: »Genau und stark die Wahrheit, die Wirklichkeit des Lebens wiederzugeben, ist für einen Schriftsteller das höchste Glück, sogar wenn diese Wahrheit nicht mit seinen eigenen Sympathien übereinstimmt.« In Bougival ist Turgenjew 1883 gestorben. An seinem Sarge sagte Ernest Renan: »Ehre und Ruhm dem slawischen Volkstum, dessen Erscheinen auf der vordersten Bühne unserer Zeit das erstaunlichste Phänomen unseres Jahrhunderts genannt werden kann. Ehre und Ruhm diesem Volkstum, daß es so früh einen Vermittler seines Wesens in der Person dieses unvergleichlichen Künstlers gefunden hat. Niemals wurden die geheimsten Urgründe der Seele eines Volkes mit solcher Überzeugungskraft und solch durchdringendem Scharfblick aufgezeigt und vermittelt. Turgenjew fühlte und schuf aus der Tiefe seiner russischen Seele und war doch zugleich seiner selbst hell bewußt. Er war gleichzeitig sein Volk und der darstellende Verkünder seines Volkes.«*

## MUMU

In einem grauen Hause mit weißen Säulen, Zwischengeschoß und verfallenem, schiefem Balkon, das in einer abgelegenen Straße Moskaus stand, lebte einst, von zahlreichem Gesinde umgeben, eine verwitwete Landedelfrau. Ihre Söhne gingen in Petersburg ihren Dienstpflichten nach, die Töchter waren verheiratet; sie fuhr selten aus und verbrachte einsam die letzten Jahre ihres armseligen und langweiligen Alters. Ihre Jugend, freudlos und trüb, war längst vorbei; doch auch ihr Lebensabend war schwärzer als die Nacht.

Von allen ihren leibeigenen Bedienten war die bemerkenswerteste Persönlichkeit der Hausknecht Garassim, ein Mann von der Gestalt eines Hünen, zwei Arschin zwölf Werschok groß und taubstumm von Geburt. Die Gutsherrin hatte ihn aus ihrem Dorfe hergenommen, wo er, getrennt von seinen Brüdern, allein in einer kleinen Hütte hauste und wohl zu den verläßlichsten Fronbauern zählte. Mit ungewöhnlichen Kräften bedacht, schaffte er für vier — die Arbeit ging ihm gut von der Hand, und es war ein Vergnügen, ihm dabei zuzuschauen, sei es, daß er pflügte, wobei er seine riesigen Handflächen auf den Hakenpflug stemmte und den festen Schoß der Erde allein, ohne Hilfe seines Pferdchens, aufzureißen schien, sei es, daß er um Peter und Paul so gewaltig mit der Sense werkte, als wolle er zumindest ein junges Birkenwäldchen von den Wurzeln hauen, oder daß er hurtig und ohne Unterbrechung mit einem drei Arschin langen Dreschflegel dreinhämmerte und seine langen und harten Schultermuskeln wie Hebel auf und nieder schnellten. Das ständige Schweigen verlieh seinem unermüdlichen Schaffen eine feierliche Gewichtigkeit. Er war ein prächtiger Bauer, und wäre nicht sein unseliges Leiden gewesen, jedes Mädchen hätte ihn gern geheiratet... Aber da brachte man nun Garassim nach Moskau, kaufte ihm Stiefel, ließ ihm einen Kaftan für die Sommerzeit und einen Schafpelz für den Winter nähen, gab ihm Schaufel und Besen in die Hand und setzte ihn als Hausknecht ein.

Anfangs behagte ihm sein neues Leben ganz und gar nicht. Von Kindesbeinen war er an Feldarbeit, an die ländliche Lebensweise gewöhnt. Durch sein Gebrechen der menschlichen Gemeinschaft entfremdet, war er stumm und mächtig wie ein Baum auf fruchtbarer Flur herangewachsen...

In die Stadt verschlagen, konnte er nicht begreifen, wie ihm geschehen — trübsinnig und verständnislos stand er da wie ein glotzender junger Ochse, den man eben von der Weide geholt, wo ihm das saftige Gras bis zum Bauch reichte — den man geholt und in einen Eisenbahnwaggon verfrachtet hatte —, und schon jagte er dahin, während sein feister Leib bald von Rauch und Funken, bald von dicken Dampfwolken umspielt wurde, dahin mit Rattern und Pfeifen, doch wohin die Fahrt ging — der Herrgott weiß es! Garassim erschien seine Beschäftigung auf dem neuen Posten nach all der schweren Landarbeit als Kleinigkeit; in einer halben Stunde hatte er alles erledigt, und dann blieb er wohl inmitten des Hofes stehen und gaffte mit aufgesperrtem Munde alle Vorbeigehenden an, als wolle er von ihnen Aufschluß über seine rätselhafte Lage erlangen, oder er verschwand plötzlich in irgendeinen Winkel und warf sich, Schaufel und Besen weit von sich schleudernd, mit dem Gesicht zu Boden und lag so stundenlang reglos auf der Erde wie ein gefangenes Tier. Allein der Mensch gewöhnt sich an alles, und auch Garassim gewöhnte sich schließlich an das Stadtleben. Viel gab es nicht für ihn zu tun; seine ganze Tätigkeit bestand darin, den Hof sauberzuhalten, zweimal am Tage eine Tonne Wasser zu holen, Brennholz für Haus und Küche herbeizuschaffen und zu spalten, ferner, keinen Fremden einzulassen und des Nachts alles zu bewachen. Und man muß sagen, daß er seine Pflichten eifrig erfüllte: Auf dem Hofe lagen niemals Holzspäne umher oder gar Kehricht; blieb die ihm unterstellte lahme Wasserkarrenmähre mal zur schmutzigen Jahreszeit irgendwo mit der Tonne stecken, so ruckte er bloß mit seiner Schulter an und stieß damit nicht nur den Kastenwagen, sondern auch sogleich das Pferd von der Stelle; war er beim Holzspalten, dann klang sein Beil wie Glas, und nach allen Seiten flogen Splitter und Holzscheite; und was das Einlassen von Fremden anbetrifft, so hatte er sich, als er eines Nachts zwei Diebe erwischt und mit den Köpfen gegeneinander gestoßen hatte — wobei er derart verfahren war, daß man sie hernach beinah nicht mehr zur Polizei abzuführen brauchte —, in der ganzen Nachbarschaft beträchtliche Achtung verschafft; selbst tagsüber Vorbeikommende, die durchaus keine Gauner, sondern einfach hier Fremde waren, fuhren beim Anblick des furchteinflößenden Hausknechts zurück und schrien ihn an, als ob er ihr Schreien hören könne. Mit allen übrigen Bedienten stand Garassim, wenn auch nicht gerade in einem freundschaftlichen Verhältnis — sie fürchteten sich nämlich vor ihm —, so doch auf vertrautem Fuße; sie waren für ihn einfach die Seinen. Sie verständigten sich mit ihm durch Zeichen, und er verstand sie, denn er führte alle Befehle genauestens aus; er kannte aber auch seine Rechte, und niemand wagte es, sich je bei Tisch auf seinen Platz zu setzen. Garassim war überhaupt von strengem und ernstem Wesen und liebte überall Ordnung zu sehen; selbst die Hähne durften sich nicht in seiner Gegenwart raufen — sonst wehe ihnen! Traf er sie beim Kampf, so packte er sie im Nu bei den Beinen, wirbelte sie ein dutzendmal in der Luft rundum und warf sie beiseite. Auf dem Hofe der gnädigen Frau gab es auch Gänse; aber die Gans ist bekanntlich ein gewichtiger und bedächtiger Vogel; Garassim empfand Achtung für sie, pflegte und fütterte sie; er selbst hatte etwas von einem würdigen Gänserich. Man hatte ihm ein Kämmerchen über der Küche zugewiesen, das er sich nach seinem eigenen Geschmack einrichtete; er stellte ein selbstgezimmertes Bett aus Eichenbrettern auf vier Holzklötzen hinein — ein richtiges Hünenbett; hundert Pud mochte man drauflegen — es hätte sich nicht gebogen; unter dem Bett befand sich eine massive Truhe; in der Ecke stand ein Tischchen von gleich haltbarer Beschaffenheit und neben dem Tischchen ein dreifüßiger Stuhl, der so fest und stämmig war, daß Garassim selber ihn manchmal in die Höhe hob, um ihn herabfallen zu lassen, worauf er stets schmunzelte. Das Kämmerchen wurde mit einem Vorhängeschloß zugesperrt, das in seiner Form an Kalatschgebäck erinnerte, nur daß es schwarz war; den Schlüssel dazu trug Garassim ständig bei sich am Gürtel. Er sah es nicht gern, daß man zu ihm hineinging.

So verstrich ein Jahr, nach dessen Ablauf es für Garassim ein kleines Ereignis gab.

Die alte Herrin, bei der er als Hausknecht lebte, folgte noch in allem den altertümlichen Gebräuchen und hielt eine zahlreiche Dienerschaft: in ihrem Hause gab es nicht nur Wäscherinnen, Näherinnen, Tischler, Schneider und Schneiderinnen, es war sogar ein Sattler da, der gleichzeitig als Heilkundiger für das Vieh und die Leute diente, sodann ein Hausarzt für die gnädige Frau und endlich auch ein Schuster namens Kapiton Klimow, ein hoffnungsloser Trinker. Klimow hielt sich für ein gekränktes und nicht seinem Wert gemäß geachtetes Geschöpf, für einen gebildeten Menschen, der in die Hauptstadt gehöre und nicht tatenlos in irgendeinem entlegenen Winkel Moskaus leben dürfe; und wenn er trinke, so tue er dies, wie er sich selbst in eindringlicher Redeweise auszudrücken pflegte, wobei er sich an die Brust schlug, nämlich nur aus Gram. Da kam eines Tages die Rede auf ihn, als die gnädige Frau mit ihrem Haushofmeister Gawrilo sprach, einem Menschen, der, schon seinen gelblichen Äuglein und seiner Entenschnabelnase nach zu urteilen, vom Schicksal selbst bestimmt schien, Vorgesetzter zu sein. Die alte Dame bedauerte die sittliche Verderbtheit Kapitons, den man gerade tags zuvor irgendwo auf der Straße aufgelesen hatte.

»Wie wär's, Gawrilo«, begann sie plötzlich, »sollten wir ihn nicht verheiraten, was meinst du? Vielleicht wird er dann gesetzter.«

»Warum nicht verheiraten? Das läßt sich machen, gnädige Frau«, antwortete Gawrilo, »das wär' sogar sehr gut.«

»Ja; nur, wer wird ihn denn nehmen?«

»Gewiß, gnädige Frau. Übrigens, wie es Ihnen beliebt. Er ist doch immerhin sozusagen zu irgendwas noch zu gebrauchen; das Dutzend macht er ja noch voll.«

»Ihm gefällt, scheint's, Tatjana?«

Gawrilo wollte etwas erwidern, preßte aber die Lippen aufeinander.

»Ja!... Soll er um Tatjana anhalten«, entschied die alte Dame, während sie befriedigt eine Prise Tabak schnupfte, »hörst du?«

»Sehr wohl«, sagte Gawrilo und entfernte sich.

In sein Zimmer zurückgekehrt (es befand sich in einem Seitenflügel und war fast ganz mit eisenbeschlagenen Truhen vollgestellt), schickte Gawrilo zunächst seine Frau hinaus, setzte sich dann ans Fenster und dachte nach. Die unvermittelte Anordnung seiner Herrin hatte ihn sichtlich in Bestürzung versetzt. Endlich erhob er sich und ließ Kapiton rufen. Kapiton erschien... Allein bevor wir dem Leser ihr Gespräch wiedergeben, scheint es uns angebracht, mit wenigen Worten zu berichten, wer diese Tatjana war, die Kapiton heiraten sollte, und weshalb der Befehl der gnädigen Frau den Haushofmeister arg in Verlegenheit brachte.

Tatjana, die als Wäscherin beschäftigt war (übrigens vertraute man ihr allein, als einer vorzüglichen und sehr geschickten Wäscherin, die Feinwäsche an), zählte achtundzwanzig Jahre, war klein, schmächtig, blond und trug ein Muttermal auf der linken Wange. Muttermale auf der linken Wange betrachtet man in Rußland als ein schlimmes Zeichen, als Vorboten von Unglück im Leben... Tatjana konnte sich in der Tat nicht eines leichten Schicksals rühmen. Seit frühester Jugend hatte man sie hart angefaßt: sie arbeitete für zwei, und nie war jemand gut zu ihr gewesen; sie wurde schlecht gekleidet, bekam sehr wenig Lohn und hatte nahezu gar keine Angehörigen: Ein alter Haushälter, der, nunmehr für seinen Dienst unbrauchbar, auf dem Dorfe zurückgelassen lebte, war ihr Onkel, ihre anderen Onkel arbeiteten als Bauern – und das war alles. Einst galt sie als ein schönes Mädchen, doch ihre Schönheit war sehr bald verblüht. Sie hatte ein stilles oder, besser gesagt, verschüchtertes Wesen; sich selber gegenüber empfand sie völlige Gleichgültigkeit, vor anderen aber fürchtete sie sich über alle Maßen; sie war nur darauf bedacht, mit ihrer Arbeit rechtzeitig fertig zu werden, nie schwatzte sie mit jemandem und zitterte schon beim Namen der Herrin, obgleich jene sie fast gar nicht von Angesicht kannte. Als man Garassim vom Dorfe herbrachte, fiel sie beim Anblick seiner riesigen Gestalt vor Schrecken bald in Ohnmacht, gab sich alle erdenkliche Mühe, ihm nicht zu begegnen, und pflegte sogar die Augen zuzukneifen, wenn es sich manchmal traf, daß sie an ihm auf dem Wege vom Hause zur Waschküche vorbeieilen mußte. Anfangs schenkte Garassim ihr weiter keine besondere Aufmerksamkeit, allmählich begann er ihr zuzulächeln, wenn sie ihm begegnete, dann fing er an, ihr nachzuschauen, und schließlich wandte er überhaupt kein Auge mehr von ihr. Sichtlich gefiel sie ihm: ob durch ihren sanften Gesichtsausdruck oder durch ihr schüchternes Auftreten — der Herrgott mag es wissen! Einmal geschah es — sie ging über den Hof, eine gestärkte Bluse der gnädigen Frau behutsam mit gespreizten Fingern haltend —, daß sie plötzlich jemand kräftig am Ellbogen anfaßte; sie wandte sich um und schrie hell auf: hinter ihr stand Garassim. Einfältig lachend und zärtlich unartikuliert stammelnd, überreichte er ihr ein Pfefferkuchenhähnchen, dessen Schwanz und Flügel vergoldet waren. Sie wollte es anfangs nicht nehmen, doch drückte er ihr den Pfefferkuchen gewaltsam in die Hand, schüttelte den Kopf, ging davon und stammelte ihr, sich umwendend, noch einmal etwas sehr Freundliches zu. Von diesem Tage an ließ er ihr keine Ruhe mehr: wohin sie auch gehen mochte, stets war er da, kam auf sie zu, lächelte, stammelte wie gewöhnlich, fuhr mit den Händen umher, zog auf einmal ein Band aus der Tasche hervor und schenkte es ihr, oder er fegte mit seinem Besen den Staub von ihrem Weg. Das arme

Mädchen wußte schon gar nicht mehr ein noch aus. Bald hatte das ganze Haus erfahren, was der stumme Hausknecht anstellte; es regnete Spötteleien, Scherze und Sticheleien auf Tatjana hernieder. Garassim jedoch zu verspotten, getrauten sich die wenigsten: Er liebte Späße nicht; und auch sie ließ man in Ruhe, wenn er zugegen war. Wohl oder übel geriet das Mädchen unter seinen Schutz. Wie alle Taubstummen war er sehr scharfsichtig und verstand ganz genau, wenn man über ihn oder über sie lachte. Einmal nahm sich bei Tisch die Hausmeisterin, Tatjanas Vorgesetzte, das Mädchen vor, zog sie auf, wie man so sagt, und trieb es so arg, daß die Arme nicht mehr wußte, wohin mit ihren Augen, und beinah vor Ärger weinte. Plötzlich erhob sich Garassim, streckte seine riesige Pranke aus, legte sie auf den Kopf der Hausmeisterin und blickte ihr mit solch finstrer Wildheit ins Gesicht, daß sie sich sogleich zum Tisch niederduckte. Alle waren verstummt. Garassim ergriff wieder seinen Löffel und aß seine Kohlsuppe weiter. »Sieh einer an, dieser taube Teufel, dieser Waldunhold!« murmelten alle halblaut, während die Hausmeisterin aufstand und in die Mägdestube ging. Und ein andermal, als er bemerkt hatte, daß sich Kapiton — derselbe Kapiton, von dem eben die Rede war — etwas zu freundlich mit Tatjana abgab, rief ihn Garassim mit dem Finger zu sich, führte ihn in den Wagenschuppen, ergriff eine in der Ecke stehende Deichsel an einem Ende und drohte ihm ein bißchen, aber sehr vielsagend. Seit jener Zeit wollte niemand mehr mit Tatjana ein Gespräch anknüpfen. Und all das sah man ihm einfach nach. In der Tat, die Hausmeisterin fiel wohl, sowie sie in die Mägdestube kam, in Ohnmacht und stellte es im großen und ganzen so geschickt an, daß Garassims grobes Benehmen noch am gleichen Tage der gnädigen Frau zu Ohren gelangte; doch die launenhafte Greisin lachte nur ein paarmal auf und ließ die Hausmeisterin zu ihrer tiefsten Kränkung noch einmal berichten, »wie er dich mit seinem schweren Patschhändchen niedergedrückt hat«, und am nächsten Tage schickte sie Garassim einen Silberrubel. Sie mochte ihn gut leiden, weil er ein zuverlässiger und starker Wächter war. Obwohl Garassim sie ordentlich fürchtete, baute er doch auf ihre Gunst und hatte sich bereits vorgenommen, zu ihr zu gehen, um sie um Erlaubnis zu bitten, Tatjana heiraten zu dürfen. Er wartete lediglich noch auf den neuen Kaftan, den ihm der Haushofmeister versprochen hatte, damit er anständig gekleidet vor der Herrin erscheine, als es dieser nun auf einmal in den Sinn kam, Tatjana an Kapiton zu verheiraten.

Der Leser wird nunmehr leicht selbst den Grund der Betretenheit begreifen, die sich des Haushofmeisters Gawrilo nach der Unterredung mit der Herrin bemächtigt hatte. 'Die gnädige Frau', dachte er, als er am Fenster saß, 'kann freilich Garassim gut leiden (Gawrilo wußte dies ganz genau, weshalb er auch selber ihm gegenüber nachsichtig war), dennoch ist er ein stummes Geschöpf, und ich kann doch der Herrin nicht berichten, daß dieser Garassim schon der Tatjana nachläuft. Ja, und zu guter Letzt, wirklich, was wäre das auch für ein Ehemann? Andererseits braucht aber dieser Waldunhold, der Herr verzeih mir's, bloß zu erfahren, daß sie Tatjana dem Kapiton geben wollen, um im Hause alles kurz und klein zu schlagen, wahrhaftig. Man kann's ihm ja nicht einmal verständlich machen, geschweige denn, ihn, solch einen Teufel — Gott verzeih mir Sündigem —, irgendwie überzeugen ... Freilich ...'

Da unterbrach Kapitons Erscheinen Gawrilos Gedankenkette. Der leichtsinnige Schuster trat ein, legte die Häude auf den Rücken, lehnte sich lässig an die vorspringende Mauerecke neben der Tür, kreuzte das rechte Bein übers linke und nickte mit dem Kopf, als ob er bei sich denke: Da bin ich also. Sie wünschen?

Gawrilo blickte Kapiton an und begann mit den Fingern auf dem Fensterpfosten zu trommeln. Kapiton kniff nur ein wenig seine zinngrauen Äuglein zusammen, ohne sie jedoch niederzuschlagen, ja er lächelte sogar ein wenig und strich mit der Hand durch sein weißblondes Haar, das sich dennoch nach allen Seiten sträubte. Dabei schien er bei sich zu meinen: Na ja, ich bin's. Was starrst du denn?

»Schön«, sprach ihn Gawrilo an und schwieg dann. »Schön schaust du aus, das muß man sagen!«

Kapiton zuckte nur mit den Schultern. 'Und du, siehst du vielleicht besser aus?' dachte er bei sich.

»Nun, schau dich mal an, schau dich nur an«, fuhr Gawrilo vorwurfsvoll fort, »nun, wie siehst du aus?«

Kapiton musterte seelenruhig seinen schäbigen und zerrissenen Rock, die mit Flicken besetzte Hose, betrachtete besonders aufmerksam seine durchlöcherten Stiefel, zumal den, auf dessen Spitze sich sein rechtes Bein so elegant stützte, und richtete den Blick wieder zum Haushofmeister.

»Wie denn?«

»Wie denn?« echote Gawrilo. »Wie denn? Da fragst du noch: wie denn? Wie ein Teufel siehst du aus, Gott verzeih mir Sündigem; ja, so siehst du aus.«

Kapiton begann geschwind mit den Augen zu zwinkern.

'Schimpfen Sie nur, schimpfen Sie nur zu, Gawrilo Andrejitsch', dachte er erneut bei sich.

»Du bist doch schon wieder mal betrunken gewesen«, begann Gawrilo. »Schon wieder mal? Wie? Na, antworte!«

»Schwacher Gesundheit wegen war ich in der Tat der Wirkung geistiger Getränke unterworfen«, erwiderte Kapiton.

»Schwacher Gesundheit wegen?... Du wirst zu wenig bestraft — das ist alles. Und dabei warst du in Petersburg in der Lehre... Allerhand hast du da gelernt. Du ißt dein Brot nur umsonst.«

»Was dies anbelangt, Gawrilo Andrejitsch, so ist nur einer mein Richter, und zwar der Herrgott selbst, und niemand sonst. Der allein weiß, was für'n Mensch ich hier auf Erden bin und ob ich mein Brot umsonst esse. Und was das erwähnte Trinken betrifft, so bin in diesem Falle nicht ich schuld, sondern vielmehr ein Bekannter; der hat mich nämlich dazu verleitet und ist dann verduftet, das heißt weggegangen, und ich...«

»Und du, sauberer Vogel, bist auf der Straße liegengeblieben! Ach, du Liederjan, du! Nun, es dreht sich jetzt aber nicht darum«, fuhr der Haushofmeister fort, »sondern um folgendes: Der gnädigen Frau...«, hier stockte er, »der gnädigen Frau erscheint es wünschenswert, daß du heiratest. Hörst du? Sie meint, du würdest gesetzter, wenn du heiratest. Verstanden?«

»Freilich, versteh' ich.«

»Na ja. Meiner Meinung nach sollte man dich lieber mal ein bißchen fester anpacken. Doch das ist ihre Sache. Nun, wie steht's? Bist du einverstanden?«

Kapiton grinste.

»Heiraten ist 'ne gute Sache für unsereins, Gawrilo Andrejitsch; und ich, meinerseits, tu's gern mit größtem Vergnügen.«

»Na schön«, erwiderte Gawrilo und dachte für sich, 'man muß es ihm lassen, dieser Mensch versteht wirklich, sich akkurat auszudrücken'. — »Da wäre nur eins«, fuhr er laut fort, »man hat dir nämlich eine Braut ausgesucht, mit der es seine Schwierigkeiten hat.«

»Und gestatten Sie die Frage, wer ist's denn?...«

»Tatjana.«

»Tatjana?...«

Kapiton riß die Augen auf und löste sich von der Wand.

»Nun, was regst du dich denn so auf?... Ist sie dir etwa nicht recht?«

»Wie sollte sie mir nicht recht sein, Gawrilo Andrejitsch! An dem Mädel ist nichts auszusetzen, ein fleißiges und stilles Mädel... Aber Sie wissen doch selbst, Gawrilo Andrejitsch, jener Waldunhold, das Steppenungeheuer da, der ist doch hinter ihr her...«

»Ich weiß, mein Lieber, ich weiß alles«, unterbrach ihn ärgerlich der Haushofmeister, »ja, aber...«

»Aber bedenken Sie bloß, Gawrilo Andrejitsch! Er schlägt mich ja tot, bei Gott, er schlägt mich tot, wie eine Fliege schlägt er mich breit; schon die Hand, die er hat, geruhen Sie nur selbst zu betrachten, was für Hände er hat; das sind geradezu Hände wie am Minin-und-Posharski-Denkmal. Er ist ja taub; schlägt er zu, hört er's nicht einmal, wie er schlägt! Grad wie im Traume haut er doch mit seinen riesigen Fäusten um sich. Und man hat keinerlei Möglichkeit, ihn zur Ruhe zu bringen; warum? Weil er, wie Sie selber wissen, Gawrilo Andrejitsch, taub ist und dazu dumm wie Bohnenstroh. Ein Tier ist das, ein Holzgötze, Gawrilo Andrejitsch — schlimmer als ein Götze... ein Baumstamm; wofür muß ich nun auch noch durch ihn zuschanden kommen? Freilich, mir ist jetzt schon alles einerlei: was hat unsereins nicht schon alles ausgehalten und ertragen, wie einen Kolomnaer Topf hat man mich verschmiert — trotzdem bin ich immer noch ein Mensch, und in der Tat nicht irgendein elender Topf.«

»Ich weiß, ich weiß, brauchst es nicht weiter auszumalen...«

»Herr, du mein Gott!« fuhr der Schuster voll Eifer fort. »Wann hat das bloß ein Ende! Herrgott, wann? Ein Unglücksrabe bin ich, ein ewiger Unglücksrabe! Das Schicksal, mein Schicksal, wenn man daran denkt! Als ich jung war, kriegte ich von meinem deutschen Lehrmeister Schläge, in meinen besten Jahren haben mich meine Kameraden geprügelt, und zu guter Letzt ist mir im reifen Alter so was zugedacht...«

»Ach, du alter Schlappschwanz«, sagte Gawrilo, »was schwatzt du so lang und breit daher, genug!«

»Wie denn, Gawrilo Andrejitsch! Nicht die Prügel fürchte ich, Gawrilo Andrejitsch. Mag mich der Herr des Hauses in seinen vier Wänden bestrafen, mir aber vor den Leuten den Gruß geben, dann zähle ich immer noch als Mensch, aber von wem werd' ich denn hier was abkriegen...«

»Nun mach dich endlich fort!« schnitt ihm Gawrilo ungeduldig das Wort ab. Klimow kehrte sich um und schleppte sich träge hinaus.

»Und gesetzt den Fall, er wäre nicht da«, rief ihm der Haushofmeister nach, »wärst du dann damit einverstanden?«

»Ich erklärte mich einverstanden«, erwiderte Kapiton und entfernte sich.

Seine Redegewandtheit ließ ihn selbst in den schlimmsten Lebenslagen nicht im Stich.

Der Haushofmeister durchmaß einige Male das Zimmer.

»Nun, ruft mir jetzt Tatjana«, sagte er schließlich.

Wenige Augenblicke danach trat kaum hörbar Tatjana ein und blieb an der Schwelle stehen.

»Was steht zu Diensten, Gawrilo Andrejitsch?« brachte sie mit leiser Stimme hervor.

Der Haushofmeister blickte sie aufmerksam an.

»Na, Tanjuscha«, sagte er, »möchtest du gern heiraten? Die gnädige Frau hat einen Bräutigam für dich ausgesucht.«

»Jawohl, Gawrilo Andrejitsch. Und wen haben die gnädige Frau mir als Bräutigam bestimmt?« fügte sie unsicher hinzu.

»Kapiton, den Schuster.«

»Wie Sie befehlen.«

»Er ist ein leichtsinniger Mensch — das stimmt. Die Herrin hofft jedoch in dieser Hinsicht auf dich.«

»Wie Sie befehlen.«

»Da ist aber noch eine Schwierigkeit... Dieser taube Auerhahn, unser Garaska, läuft dir doch nach. Womit hast du bloß diesen Bären betört? Der schlägt dich am Ende gar noch tot, dieser Bär.«

»Er schlägt mich tot, Gawrilo Andrejitsch, bestimmt schlägt er mich tot.«
»Schlägt dich tot... Na, das wollen wir doch mal sehn. Wie kannst du so was sagen: Er schlägt mich tot. Hat er etwa ein Recht, dich totzuschlagen, bedenk doch selbst?«
»Das weiß ich nicht, Gawrilo Andrejitsch, ob er ein Recht hat oder nicht.«
»So ein Mädchen! Du hast ihm doch so nichts versprochen...«
»Was belieben Sie?«
Der Haushofmeister schwieg und dachte bei sich: 'Du unschuldige Seele!' — »Nun gut«, fügte er hinzu, »wir werden uns später noch sprechen, aber nun geh, Tanjuscha; ich sehe, du bist wirklich ein bescheidnes Mädchen.«
Tatjana wandte sich um, stützte sich leicht gegen den Türrahmen und ging hinaus.
'Ach, vielleicht vergißt die gnädige Frau auch bis morgen die ganze Heiratsgeschichte', dachte der Haushofmeister, 'was soll ich mich da aufregen? Mit diesem Lümmel werden wir allemal fertig; wenn was passiert, holen wir eben die Polizei...' »Ustinja Fjodorowna!« rief er mit lauter Stimme seine Frau: »Stellen Sie doch mal den Samowar auf, meine Verehrteste...«
Tatjana kam fast den ganzen Tag nicht aus der Waschküche heraus. Erst weinte sie ein bißchen, wischte dann aber die Tränen ab und machte sich wie immer wieder an ihre Arbeit. Kapiton hockte bis tief in die Nacht hinein mit einem düster dreinschauenden Freunde in der Wirtschaft und erzählte ihm aufs genaueste, wie er in Petersburg bei einem Herrn gelebt hatte, der ein prächtiger Mensch war und sehr auf Ordnung achtete, dabei geruhte er nur den einen kleinen Fehler zu haben: er trank gern ein bißchen viel, und was das weibliche Geschlecht anbetraf, da war er über alles erhaben... Der düstere Zechgenosse hatte ihm bisher

bloß murmelnd zugestimmt; als aber Kapiton schließlich erklärte, daß er morgen aus einem bestimmten Anlaß Hand an sich legen müsse, bemerkte sein düstrer Gefährte, es wäre Zeit, schlafen zu gehen. So gingen sie verstimmt und schweigend voneinander.

Die Hoffnungen des Haushofmeisters erfüllten sich indessen nicht. Die alte Dame beschäftigte der Gedanke an Kapitons Heirat dermaßen, daß sie sogar nachts mit einer ihrer Gesellschafterinnen – die man einzig und allein für den Fall, daß die gnädige Frau unter Schlaflosigkeit leide, im Hause hielt und die wie ein Nachtkutscher tagsüber schlief – nur davon sprach. Als Gawrilo nach dem Tee bei ihr zum Vortrag erschien, war ihre erste Frage: »Und was macht unsere Heirat, geht's voran?« Selbstverständlich antwortete er, daß es vorzüglich vorangehe und daß Kapiton heute noch sein Ansuchen vorbringen werde. Die Herrin war nicht recht auf dem Posten und gab sich nicht lange mit Geschäftsdingen ab. Der Haushofmeister kehrte in sein Zimmer zurück und ließ sogleich den Rat zusammentreten. Die Angelegenheit erforderte in der Tat besondere Erörterung. Tatjana widersetzte sich natürlich nicht, aber Kapiton erklärte vor aller Ohren, daß er nur einen Kopf habe und nicht deren zwei oder drei... Garassim folgte allen finsteren und erregten Blickes, wich nicht von der Treppe zur Mägdestube und schien zu ahnen, daß man nichts Gutes gegen ihn im Schilde führe. Die Teilnehmer der Versammlung (zu der auch der alte Büfettier mit Spitznamen Onkel Schwänzel zugegen war, an den sich alle achtungsvoll um Rat wandten, obgleich sie von ihm lediglich »Ja, sieh einer an! Ja, ja ja!« zu hören pflegten) sperrten vorerst sicherheitshalber und für alle Fälle Kapiton in den kleinen Abstellraum mit der Wasserreinigungsmaschine und schickten sich dann an, gewaltig nachzudenken. Es wäre natürlich ein leichtes, einfach Gewalt anzuwenden; aber Gott bewahre! Das würde Lärm geben, die Herrin würde sich beunruhigen — um Gottes willen! Was tun? Sie dachten hin und dachten her und hatten schließlich einen Einfall. Mehrfach hatte man schon bemerkt, daß Garassim Betrunkene nicht ausstehen konnte... Wenn er am Tore saß, pflegte er sich stets entrüstet abzukehren, sobald einer unsicheren Schrittes, den Mützenschirm auf dem Ohr, an ihm vorbeischwankte, der schwer geladen hatte. Es wurde beschlossen, Tatjana beizubringen, sie solle sich betrunken stellen und taumelnd an Garassim vorbeischwanken. Lange wollte das arme Mädchen nicht darauf eingehen, doch man überredete sie schließlich; überdies sah sie selbst, daß sie ihren Verehrer anders nicht loswerden konnte. Sie machte sich auf. Kapiton wurde aus dem Abstellraum herausgelassen: die Angelegenheit ging ihn ja immerhin an. Garassim saß am Tor auf einem Prellstein und stocherte mit der Schaufel auf der Erde herum... Aus allen Winkeln und hinter Fenstervorhängen äugte man auf ihn...

Die List gelang vortrefflich. Als er Tatjana erblickte, nickte er ihr zuerst wie gewöhnlich mit freundlichem Gestammel zu; dann starrte er sie an, ließ die Schaufel niederfallen, sprang auf, trat zu ihr, wobei er sein Gesicht dem ihren ganz nah brachte... Sie begann vor Angst noch mehr zu schwanken und schloß die Augen... Er packte sie bei der Hand, zerrte sie über den ganzen Hof und hinein ins Zimmer, wo die Ratssitzung stattfand, und stieß sie gradwegs auf Kapiton zu. Tatjana war schier starr vor Schreck... Garassim verharrte einen Augenblick, schaute sie an, winkte mit der Hand ab, lachte leise auf und verschwand schwer stampfend in seinem Kämmerchen. Einen ganzen Tag kam er nicht hervor. Der Vorreiter Antipka erzählte später, er habe durch einen Spalt gesehen, wie Garassim, auf dem Bett sitzend, seine Hand an die Wange gestützt, leise, getragen und nur zuweilen unartikuliert stammelnd vor sich hinsang, das heißt sich mit geschlossenen Augen hin und her wiegte und den Kopf bewegte, wie es Fuhrleute und Treidler tun, wenn sie ihre schwermütigen Weisen anstimmen. Antipka wurde unheimlich zumute, und er verschwand von seinem Spalt. Als aber Garassim am anderen Tage sein Kämmerchen verließ, war keine besondere Veränderung an ihm zu bemerken. Er schien bloß etwas finsterer geworden, während er Tatjana und Kapiton nicht die geringste Beachtung schenkte. Am selben Abend begaben sich die beiden, jeder nach altem Brauch eine Gans unterm Arm, zur Gutsherrin, und in einer Woche heirateten sie. Selbst am Tage der Hochzeit änderte sich Garassims Benehmen in keiner Weise; nur kam er vom Fluß ohne Wasser zurück: er hatte unterwegs irgendwie die Tonne zerschlagen; und zur Nachtzeit putzte und striegelte er im Stall sein Pferd so eifrig, daß es wie ein Halm im Winde schwankte und unter seinen eisernen Fäusten von einem Bein auf das andere stampfte.

All dies trug sich im Frühjahr zu. Es verstrich dann noch ein Jahr, in dessen Verlauf sich Kapiton nun endgültig dem Trunke ergab und als ein zu ganz und gar nichts mehr tauglicher Mensch samt seiner Frau mit einem Wagentroß in ein entferntes Dorf geschickt wurde. Am Tag der Abreise spielte er anfangs sehr den starken Mann und versicherte, wohin man ihn auch schikken möge, selbst dorthin, wo sich die Füchse gute Nacht sagen, er werde doch nicht untergehen — aber dann sank ihm der Mut, er hob an zu jammern, daß man ihn zu ungebildeten Menschen bringe, und wurde schließlich so schwach, daß er sich nicht einmal mehr die eigene Mütze aufsetzen konnte; eine mitleidige Seele drückte sie ihm auf die Stirn, schob den Mützenschirm zurecht und klopfte sie von oben fest. Als alles bereit war und die Bauersleute schon die Zügel in den Händen hielten und nur auf das Abfahrtszeichen »Mit Gott!« warteten, kam Garassim aus seinem Kämmerchen, trat zu Tatjana und schenkte ihr zum Andenken ein rotes baumwollenes Tuch, das er für sie im vorigen Jahr gekauft hatte. Tatjana, die bis zu jenem Augenblick alle Wechselfälle ihres Lebens mit großem Gleichmut ertragen hatte, verlor da jedoch ihre Fassung, brach in Tränen aus und tauschte, als sie in den Wagen stieg, mit Garassim den Abschiedskuß, dreimal nach christlichem Brauch. Er wollte sie eigentlich bis zum Stadttor begleiten und schritt so auch erst neben ihrem Wagen her, doch an der Krimfurt blieb er plötzlich stehen, winkte mit der Hand und schritt am Flußufer entlang.

Es ging auf den Abend zu. Er schlenderte gemächlich seines Weges und schaute auf das Wasser. Plötzlich meinte er, im Schlamm unmittelbar am Ufer etwas zappeln zu sehen. Er bückte sich und erblickte ein ganz junges Hündchen, weiß mit schwarzen Flecken, das trotz aller Anstrengungen nicht aus dem Wasser gelangen konnte, sich abquälte, immer wieder zurückrutschte und dabei am ganzen Leibe, der völlig durchnäßt und abgemagert war, zitterte. Garassim besah sich das unglückliche Tierchen, ergriff es mit einer Hand, schob es an die Brust unter seinen Rock und lief mit großen Schritten nach Haus. In seinem Kämmerchen legte er dann das gerettete Hündchen aufs Bett, bedeckte es mit seinem schweren Bauernkittel, eilte erst in den Pferdestall nach Stroh und darauf in die Küche, um ein Schälchen Milch zu holen. Behutsam nahm er den Kittel beiseite, breitete das Stroh aus und setzte das Milchschälchen aufs Bett. Das arme Hündchen war etwa ganze drei Wochen alt, die Augen hatten sich erst vor kurzer Zeit geöffnet; ein Auge schien sogar noch ein wenig größer als das andere; es verstand noch nicht, aus einem Schälchen zu trinken, es zitterte nur und drückte die Augen halb zu. Garassim nahm es mit zwei Fingern sacht am Kopfe und schob es mit seinem Schnäuzchen an die Milch. Das kleine Wesen begann auf einmal gierig zu trinken, wobei es schnaubte, sich schüttelte, verschluckte. Garassim schaute unverwandt zu und mußte plötzlich so lachen... Die ganze Nacht gab er sich mit ihm ab, bettete es und rieb es trocken, bis er endlich selbst neben ihm in einen frohen und ruhigen Schlaf sank.

Keine Mutter umhegte je ihr Kind liebevoller als Garassim seinen Zögling (der sich als eine kleine Hündin erwies). Die erste Zeit war das Tierchen sehr schwächlich, schmächtig und unansehnlich, doch allmählich erholte es sich und machte sich heraus, nach acht Monaten aber hatte es sich, dank der unermüdlichen Pflege seines Retters, in eine sehr nette kleine Hündin spanischer Rasse mit langen Ohren, buschigem geschwungenem Schweife und großen ausdrucksvollen Augen verwandelt. Sie hing liebevoll an Garassim und wich keinen Augenblick von ihm, ständig folgte sie ihm schweifwedelnd. Er hatte ihr auch einen Namen gegeben — die Stummen wissen ja, daß ihr Gestammel die Aufmerksamkeit der anderen auf sich lenkt —, er hatte sie Mumu genannt. Alle Leute im Hause gewannen sie lieb und riefen sie gleichfalls Mumunja. Sie war außergewöhnlich klug und zu allen freundlich, doch liebte sie allein Garassim. Garassim selber war in das Hündchen ganz vernarrt... Und es war ihm schon unangenehm, wenn andere es streichelten: ob er etwas für Mumu fürchtete, oder ob er eifersüchtig war — der Herrgott weiß es! Morgens weckte sie ihn, indem sie ihn an einem Zipfel zog, sie führte ihm am Zügel die alte Wasserkarrenmähre herbei, mit der sie in guter Freundschaft lebte, mit wichtiger Miene ging sie mit ihm zum Fluß, bewachte seine Schaufel und seinen Besen und ließ niemanden an sein Kämmerchen. Er sägte eigens für sie eine Öffnung in die Tür; sie schien auch zu fühlen, daß sie nur in Garassims Kammer richtig zu Hause war, und sprang, kaum hereingekommen, stets sogleich mit einem zufriedenen Ausdruck aufs Bett. Nachts schlief sie keineswegs, doch bellte sie nicht einfach los wie mancher dumme Hofköter, der, auf den Hinterpfoten hockend, mit erhobener Schnauze und zugekniffenen Augen bloß so aus Langweile die Sterne, gewöhnlich dreimal nacheinander, anbellt — o nein! Mumus feine Stimme gab niemals unnütz Laut: entweder hatte sich ein Fremder dem Zaun genähert, oder irgendwo war ein verdächtiger Lärm oder ein Geräusch entstanden... Mit einem Wort, sie war trefflich wachsam. Es gab wohl auf dem Hofe außer ihr noch einen alten Hund, der Woltschok hieß und dessen Fell dunkelbraune Tupfen auf hellem Grund hatte, doch man ließ ihn niemals, sogar nachts nicht, von der Kette, und wegen Altersschwäche begehrte er auch gar keine Freiheit mehr — er lag zusammengerollt in seiner Hundehütte und stieß nur bisweilen ein heiseres, fast lautloses Bellen aus, das aber sogleich wieder abbrach, als ob er selbst seine ganze Nutzlosigkeit empfände. Ins Herrenhaus ging Mumu nie, und wenn Garassim Brennholz in die Zimmer schaffte, blieb sie stets zurück und erwartete ihn ungeduldig an der Freitreppe, spitzte beim kleinsten Geräusch an der Tür die Ohren und wandte den Kopf bald nach rechts, bald nach links...

So verstrich noch ein Jahr. Garassim verrichtete weiterhin seine Obliegenheiten als Hausknecht und war mit seinem Schicksal sehr zufrieden, als sich plötzlich etwas Unerwartetes ereignete... Es war an einem schönen Sommertage, die Gutsbesitzerin spazierte mit ihrem Anhang im Gastzimmer auf und ab. Sie war guter Laune, lachte und scherzte; die Gesellschafterinnen lachten und scherzten ebenfalls, empfanden jedoch dabei keine sonderliche Freude: Man hatte es im Hause gar nicht sehr gern, wenn die Herrin ihr fröhliches Stündchen überkam, da sie dann von jedermann sofort ein vollkommen gleiches Empfinden forderte und aufgebracht war, wenn irgendein Gesicht nicht vor Vergnügen strahlte, außerdem aber auch diese Ausbrüche von Frohsinn bei ihr nie sehr lange währten und gewöhnlich bald einer trüben und verstimmten Gemütsverfassung Platz machten. An jenem Tage war sie beim Aufstehen besonders glücklich gewesen; denn die vier Buben hatten ihr die Erfüllung ihrer Wünsche geweissagt (sie legte stets des Morgens Karten) — auch der Tee schien ihr besonders wohlschmeckend, wofür das Stubenmädchen einige lobende Worte und einen Zehner erhielt. Mit süßlichem Lächeln auf den faltigen Lippen spazierte die alte Dame durchs Gastzimmer und trat zum Fenster. Davor befand sich ein kleiner Vorgarten, und gerade auf dem mittelsten Beet, unter einem Rosenstrauch, lag Mumu und nagte eifrig an einem Knochen. Die gnädige Frau erblickte das Tier.

»Mein Gott!« rief sie plötzlich aus. »Was ist denn das für ein Hund?«

Die Gesellschafterin, die Arme, an die die Herrin ihre Frage gerichtet hatte, wand sich in jener quälenden Unruhe, welche sich Untergebener gewöhnlich bemächtigt, wenn sie den Ausruf eines Vorgesetzten noch nicht recht zu deuten wissen.

»I...i..ch weiß nicht, gnädige Frau«, murmelte sie, »der gehört, glaube ich, dem Stummen...«

»Mein Gott!« unterbrach sie die Herrin. »Ist das ein allerliebstes Hündchen! Lassen Sie es gleich herbringen. Hat er's schon lange? Ja, wie kommt es eigentlich, daß ich das Hündchen bis jetzt noch nie gesehen habe?... Lassen Sie es herbringen.«

Die Gesellschafterin flatterte eilends ins Vorzimmer.

»Schnell, schnell!« rief sie aufgeregt dem Diener zu, »bring geschwind Mumu her! Sie ist im Vorgarten.«

»Ah, Mumu heißt das Hündchen«, sagte die Herrin, »ein sehr schöner Name.«

»Ach, ein sehr schöner, gnädige Frau«, erwiderte die Gesellschafterin. »Beeil dich, Stepan!«

Stepan, ein handfester Bursche, der als Lakai beschäftigt wurde, stürzte Hals über Kopf in den Vorgarten, um Mumu zu ergreifen, diese aber entschlüpfte flink seinen Fingern und sprang was das Zeug hielt erhobenen Schwanzes zu Garassim, der eben bei der Küche ein Faß ausschüttete und ausklopfte, wobei er es in seinen Händen wie eine Kindertrommel umkippte. Stepan lief hinter dem Hund her und suchte ihn unmittelbar vor den Füßen seines Besitzers zu erhaschen; doch das flinke Tier wollte sich von keinem Fremden fassen lassen, sprang immer wieder davon und entwand sich. Garassim schaute lächelnd dem Durcheinander zu; schließlich richtete sich Stepan unwillig auf und setzte ihm hastig durch Zeichen auseinander, daß die gnädige Frau nach seinem Hund geschickt habe. Garassim war etwas erstaunt, doch rief er Mumu heran, hob sie vom Boden und übergab sie Stepan. Der Diener brachte Mumu ins Gastzimmer und setzte sie aufs Parkett. Die gnädige Frau begann sie mit zärtlicher Stimme zu locken. Mumu, die ihr Lebtag noch nicht in solch prächtigen Räumen gewesen, war ganz verschüchtert und flüchtete zur Tür; dort jedoch, vom diensteifrigen Stepan weggestoßen, schmiegte sie sich zitternd an die Wand.

»Mumu, Mumu, nun komm zu mir, komm zum Frauchen«, sagte die alte Dame, »na, komm, du Dummerchen... brauchst doch keine Angst zu haben...«

»Mumu, Mumu, komm zur gnädigen Frau«, wiederholten die Gesellschafterinnen, »nun, komm doch.« Mumu aber blickte gedrückt um sich und rührte sich nicht vom Fleck.

»Bringt ihr etwas zu fressen«, sagte die Herrin. »Was für ein dummes Hundchen! Will nicht zur Herrschaft gehn. Wovor hat es denn Angst?«

»Ihr ist dies noch ungewohnt«, brachte eine der Gesellschafterinnen zaghaft mit süßlicher Stimme vor. Stepan brachte ein Schälchen mit Milch, setzte es vor Mumu hin, die jedoch die Milch nicht einmal beschnüffelte, sondern am ganzen Leibe zitterte und wie zuvor um sich blickte.

»Ach, was bist du bloß für eine!« sagte die alte Dame, während sie auf den Hund zutrat, um ihn zu streicheln. Mumu aber wandte ihr auf einmal ruckartig den Kopf zu und zeigte die Zähne. – Die gnädige Frau zog flugs ihre Hand zurück...

Es entstand ein kurzes bestürztes Schweigen. Mumu winselte schwach wie klagend und entschuldigend auf... Die Herrin trat zurück und zeigte eine finstere Miene. Die jähe Bewegung des Hundes hatte sie erschreckt.

»Ach!« schrien die Gesellschafterinnen im Chor auf. »Sie hat Sie doch nicht etwa gebissen, um Gottes willen! (Mumu hatte noch nie in ihrem Leben jemanden gebissen.) – Ach, ach!«

»Schafft ihn hinaus«, sagte die Greisin mit veränderter Stimme, »diesen abscheulichen Köter! Wie bösartig er ist!«

Und langsam sich umwendend, schritt sie in ihr Kabinett. Die Gesellschafterinnen warfen einander zaghafte Blicke zu und schickten sich an, ihr zu folgen, doch sie blieb stehen, sah sie kalt an und sprach: »Was soll das? Ich hab' euch ja nicht gebeten«, und ging davon.

Verzweifelt winkten die Gesellschafterinnen Stepan zu; jener packte Mumu und warf sie schleunigst zur Tür hinaus, Garassim gerade vor die Füße – und eine halbe Stunde später herrschte bereits tiefe Stille im ganzen Haus, während die alte Dame mit einer Miene, finsterer als eine Gewitterwolke, auf ihrem Diwan saß.

Man glaubt kaum, welche Kleinigkeiten manchmal den Menschen verstimmen können!

Bis zum Abend war die Herrin schlechter Laune, redete mit niemandem, nahm keine Karten zur Hand und hatte eine unruhige Nacht. Sie meinte, man habe ihr nicht das gleiche Eau de Cologne gereicht wie sonst, auch rieche ihr Kissen nach Seife, und sie zwang die Hausmeisterin, die ganze Wäsche zu durchschnüffeln

— mit einem Wort, sie war erregt und sehr aufgebracht. Am nächsten Morgen ließ sie Gawrilo eine Stunde früher rufen als gewöhnlich.

»Sag mal, ich bitte dich«, begann sie, kaum daß dieser, nicht ohne inneres Beben, die Schwelle ihres Kabinetts überschritten hatte, »was für ein Hund hat die ganze Nacht bei uns auf dem Hof gebellt? Ich habe kein Auge zutun können!«

»Ein Hund... was für ein Hund... vielleicht der Hund des Stummen, gnädige Frau«, brachte er mit nicht ganz sicherer Stimme hervor.

»Weiß ich, ob das nun der Hund des Stummen oder jemandes anderen war, jedenfalls hat er mich nicht schlafen lassen. Ja, es wundert mich ohnehin, wozu wir so eine Masse Hunde brauchen! Das möchte ich wissen. Wir haben doch unsern Hofhund?«

»Gewiß, gnädige Frau, wir haben den Woltschok.«

»Na, was brauchen wir mehr, wozu noch einen Hund? Das gibt bloß Unordnung. Es ist eben kein richtiger Vorgesetzter im Haus — das ist's. Und wozu braucht denn der Stumme einen Hund? Wer hat es ihm erlaubt, auf meinem Hof Hunde zu halten? Gestern trat ich ans Fenster, und da lag er doch im Vorgarten, hatte irgend etwas Ekliges dahingeschleppt, woran er nagte — und ich habe dort meine Rosen...«

Die Gutsherrin schwieg.

»Daß er heute noch von hier verschwindet... Hörst du?«

»Jawohl, gnädige Frau.«

»Heute noch. Doch jetzt geh. Zum Vortrag werde ich dich nachher rufen lassen.«

Gawrilo ging hinaus.

Als der Haushofmeister durchs Gastzimmer ging, stellte er ordnungshalber die Zimmerglocke von einem Tisch auf den anderen, schneuzte im Salon heimlich seine Entenschnabelnase und trat ins Vorzimmer, wo auf der Kastenbank Stepan in der Stellung eines erschlagenen Kriegers auf einem Schlachtengemälde schlief und dabei seine nackten Füße unter dem Rock, dessen er sich statt einer Decke bediente, steif hervorstreckte. Der Haushofmeister rüttelte ihn auf und gab ihm mit gedämpfter Stimme einen Befehl, den Stepan halb mit Gähnen, halb mit Lachen beantwortete. Der Haushofmeister entfernte sich, während Stepan aufsprang, seinen Kaftan und die Stiefel anzog, hinausging und sich an der Freitreppe aufstellte. Keine fünf Minuten waren verstrichen, da erschien Garassim mit einem riesigen Bündel Brennholz auf dem Rücken in Begleitung der von ihm unzertrennlichen Mumu. (Die alte Dame hatte angeordnet, ihr Schlafzimmer und ihr Kabinett sogar im Sommer zu heizen.) Garassim drehte sich an der Tür seitwärts, stieß sie mit der Schulter auf und schob sich mit seiner Last ins Haus, während Mumu wie gewöhnlich stehenblieb, um auf ihn zu warten. Im Nu warf sich Stepan, der diesen günstigen Augenblick abgepaßt, wie der Habicht auf das Küchlein, auf Mumu, drückte sie mit der Brust zu Boden, bekam sie mit den Händen zu fassen und lief mit ihr, gleich ohne Mütze, über den Hof, nahm die erste beste Droschke und fuhr im Trab zum Trödelmarkt. Dort hatte er bald einen Käufer gefunden, dem er den Hund für einen halben Rubel überließ, doch nur unter der Bedingung, daß er ihn zumindest acht Tage an der Leine halte, und kehrte sofort zurück. Noch ehe er das Haus erreicht hatte, verließ er jedoch die Kutsche, machte einen Bogen um den Hof und sprang von der hinteren Gasse über den Zaun in den Hof; er getraute sich nicht durchs Eingangstor zu gehen, denn da hätte er auf Garassim stoßen können.

Seine Furcht war übrigens ganz unnötig: Garassim war bereits nicht mehr auf dem Hofe. Als er aus dem Hause kam, vermißte er Mumu sofort; er konnte sich nicht entsinnen, daß sie jemals seine Rückkehr nicht abgewartet, lief überall hin, sie zu suchen, rief sie auf seine Art... stürzte in sein Kämmerchen, auf den Heuboden, rannte auf die Straße hinaus — dahin und dorthin... Spurlos verschwunden! Er wandte sich an die Bedienten, erkundigte sich mit höchst verzweifelten Zeichen nach ihr, indem er einen halben Arschin hoch vom Boden zeigte und ihren Umriß mit den Händen andeutete... Manche wußten wirklich nicht, wo Mumu geblieben war, und schüttelten nur die Köpfe, andere wußten es und lachten zur Antwort, der Haushofmeister jedoch setzte eine ganz besonders wichtige Miene auf und begann auf die Kutscher einzuschreien. Da lief Garassim vom Hofe weg.

Die Dämmerung brach schon herein, als er zurückkehrte. Seinem erschöpften Aussehen, seinem unsicheren Gang und seiner staubbedeckten Kleidung nach konnte man meinen, daß er durch halb Moskau gejagt war. Er verweilte vor den Fenstern des Herrenhauses, schickte einen Blick zur Freitreppe, auf der ein halbes Dutzend Bediente beieinander standen, wandte sich ab und stammelte noch einmal »Mumu!« — doch von Mumu keine Spur. Er ging davon. Alle blickten ihm nach, aber keiner lächelte mehr, keiner sagte ein Wort... Und der neugierige Vorreiter Antipka erzählte am anderen Morgen in der Küche, der Stumme habe die ganze Nacht gestöhnt.

Am nächsten Tag blieb Garassim gänzlich unsichtbar, so daß der Kutscher Potap statt seiner nach Wasser fahren mußte, worüber sich dieser sehr ungehalten zeigte. Die gnädige Frau fragte Gawrilo, ob ihr Auftrag ausgeführt sei. Gawrilo erwiderte, es sei geschehen. Am anderen Morgen verließ Garassim sein Kämmerchen und nahm seine Arbeit wieder auf. Er kam zum Mittagstisch, aß und verschwand wieder ohne Gruß. Sein Gesicht, das wie bei allen Taubstummen ohnedies schon unbelebt war, schien nun gleichsam versteinert. Nach Tisch verließ er abermals den Hof, jedoch nicht sehr lange, und begab sich, wieder heimgekehrt, gradwegs auf den Heuboden. Die Nacht brach herein, eine klare Mondnacht. Schwer seufzend und sich unablässig von einer Seite zur anderen wälzend, lag Garassim da, als er auf einmal zu spüren glaubte, daß es ihn am Rockschoß zupfe; er fing am ganzen Körper an zu zittern, richtete jedoch nicht den Kopf auf, ja drückte sogar die Augen fest zu, aber da zupfte es ihn nochmals, stärker als zuvor; er fuhr hoch – vor ihm tänzelte mit einem abgerissenen Stück Leine am Hals Mumu. Ein gedehnter Freudenschrei entrang sich seiner Brust; er ergriff Mumu und preßte sie in seine Arme; sie hatte ihm im gleichen Augenblick Nase, Augen und Bart beleckt... Er verharrte kurze Zeit in Nachsinnen, stieg dann behutsam vom Heuboden herab, schaute sich um, und als er sich vergewissert hatte, daß ihn niemand sah, schlich er weiter und gelangte glücklich in seine Kammer. Garassim hatte schon vorher geahnt, daß der Hund nicht von allein entlaufen war, sondern auf Geheiß der Herrin weggeschafft worden sein mußte; die anderen hatten ihm mittels Zeichen dargelegt, wie Mumu ihr die Zähne gezeigt, und so beschloß er, seine Vorkehrungen zu treffen. Zunächst mal gab er Mumu Brot zu fressen, liebkoste sie und legte sie an ihren Platz, dann begann er zu grübeln und sann die ganze Nacht hindurch, wie sie sich am besten verborgen halten ließe. Schließlich hatte er sich folgendes ausgedacht: Er wollte sie den ganzen Tag in seiner Kammer einsperren, nur hin und wieder nach ihr schauen und sie des Nachts ausführen. Die Öffnung in der Tür stopfte er fest mit seinem alten Kittel zu und arbeitete beim Morgengrauen schon auf dem Hofe, als wäre nichts geschehen, wobei er sogar (welch einfältige List!) seine bisherige Niedergeschlagenheit weiter zur Schau trug. Dem armen Tauben konnte es ja auch nicht in den Sinn kommen, daß sich Mumu durch ihr Winseln verraten mußte: Und in der Tat, bald wußten alle im

Hause, daß der Hund des Stummen zurückgekehrt war und bei ihm eingeschlossen sitze, doch aus Mitleid ihm und Mumu gegenüber, zum Teil vielleicht auch aus Furcht vor ihm, ließen sie ihn nicht wissen, daß sein Geheimnis entdeckt sei. Allein der Haushofmeister kratzte sich im Nacken, winkte dann aber mit der Hand: »Na, meinetwegen, was geht's mich an! Vielleicht erfährt's die gnädige Frau nicht!« Dafür war auch der Stumme an jenem Tage so eifrig bei der Arbeit wie noch nie: er säuberte den ganzen Hof und kratzte ihn ab, rupfte alles Gras bis aufs letzte Hälmchen aus, zog eigenhändig sämtliche Pflöcke des Vorgartenzauns aus dem Erdreich, um sich zu vergewissern, ob sie fest genug säßen, und rammte sie dann wieder ein — mit einem Wort, er wirtschaftete derart herum und war so geschäftig, daß sein Eifer selbst die Aufmerksamkeit der Gutsherrin erregte. Im Laufe des Tages besuchte Garassim ein paarmal verstohlen seinen eingesperrten Liebling; als es Nacht geworden war, legte er sich gemeinsam mit Mumu in seiner Kammer schlafen, nicht aber auf dem Heuboden, und ging erst in der zweiten Stunde hinaus, um mit ihr etwas an der frischen Luft auf und ab zu spazieren. Nachdem er bereits ziemlich lange mit ihr auf dem Hof herumgeschlendert war und sich schon anschickte, wieder hineinzugehen, gab es plötzlich hinterm Zaun nach dem Seitengäßchen zu ein Geräusch. Mumu spitzte die Ohren, begann zu knurren, lief zum Zaun, schnupperte und stimmte ein lautes, durchdringendes Gebell an. Irgendeinem Betrunkenen war es eingefallen, an dieser Stelle zu nächtigen. Zur gleichen Zeit war die gnädige Frau nach einer anhaltenden »nervösen Erregung« eben erst eingeschlummert: diese Zustände bekam sie stets nach einem überreichlichen Abendessen. Das plötzliche Bellen hatte sie aus dem Schlafe gestört; ihr Herz wurde unruhig und klopfte unregelmäßig. »Mädchen, he, Mädchen!« ächzte sie. »He, Mädchen!« Die erschreckten Dienstmädchen stürzten zu ihr ins Schlafzimmer. »Ach, ach, ich sterbe!« brachte sie hervor, wehleidig die Hände ringend. — »Wieder, schon wieder dieser Hund... Ach, laßt den Doktor holen. Sie wollen mich umbringen... Der Hund, wieder der Hund! Ach!« Und sie warf den Kopf zurück, was eine Ohnmacht bedeuten sollte. Man stürzte davon, um den Doktor, das heißt den Hausarzt Chariton, zu holen. Dieser Arzt, dessen ganze Kunst darin bestand, daß er Stiefel mit weichen, geräuschlosen Sohlen trug, delikat den Puls zu fühlen verstand, vierzehn Stunden am Tag verschlief, in der übrigen Zeit aber in einem fort seufzte und die gnädige Frau immerzu mit Kirschlorbeertropfen traktierte — dieser Arzt also kam sogleich herbeigeeilt, räucherte mit gesengten Federn, und kaum hatte die gnädige Frau die Augen geöffnet, reichte er ihr auch schon auf einem silbernen Tablett ein Gläschen mit den hochgeschätzten Tropfen. Die Herrin nahm sie, hob aber gleich wieder mit weinerlicher Stimme ihr Gejammer über den Hund, über Gawrilo, über ihr Schicksal an, sowie darüber, daß alle sie, eine arme, alte Frau, im Stich gelassen, niemand mit ihr Mitleid habe und alle ihren Tod wollten. Unterdessen setzte die unselige Mumu ihr Bellen fort, während Garassim sich vergebens mühte, sie vom Zaune wegzulocken. »Da... da... schon wieder...«, stotterte die gnädige Frau und verdrehte abermals die Augen nach oben. Der Arzt flüsterte einem Dienstmädchen etwas zu, das darauf zum Vorzimmer flog und Stepan aus dem Schlafe rüttelte, Stepan lief, Gawrilo zu wekken, der seinerseits in der ersten Aufregung das ganze Haus aufscheuchte.

Garassim wandte sich um, und da sah er die huschenden Lichter und Schatten in den Fenstern, nahm, in seinem Herzen nichts Gutes ahnend, Mumu unter den Arm, eilte in seine Kammer und sperrte sich ein. Einige Augenblicke später rüttelten ihrer fünf an seiner Tür, doch als sie merkten, daß sie fest verriegelt war, ließen sie davon ab. Gawrilo kam ganz außer Atem herbeigelaufen, befahl den Bedienten, bis zum Morgen hier zu bleiben und Wache zu halten, er selbst aber stürzte zur Mägdestube und ließ der Herrin durch die älteste Gesellschafterin, Ljubow Ljubimowna, mit der zusammen er Tee, Zucker und andere Waren zu unterschlagen und überzuberechnen pflegte, melden, daß der Hund unglücklicherweise irgendwoher wieder zugelaufen sei, er morgen jedoch nicht mehr am Leben sein werde und daß die gnädige Frau doch die Güte haben möchte, ihm nicht zu zürnen, und völlig beruhigt sein könne. Die Herrin hätte sich wahrscheinlich nicht so bald beruhigt, allein der Arzt hatte ihr in seiner Eile statt zwölf Tropfen volle vierzig ins Glas gegeben: Die Wirkung der Kirschlorbeertropfen stellte sich bald ein — eine Viertelstunde später war die gnädige Frau bereits in festem und ruhigem Schlaf; Garassim aber lag ganz bleich auf seinem Bett und preßte fest Mumus Schnauze zu.

Am nächsten Morgen erwachte die gnädige Frau ziemlich spät. Gawrilo harrte bereits ihres Erwachens, um den Befehl zum entscheidenden Sturm auf Garassims Schlupfwinkel geben zu können, er selbst aber machte sich auf ein heftiges Donnerwetter gefaßt. Es entlud sich jedoch kein Donnerwetter. Im Bett liegend, ließ die Herrin die älteste Gesellschafterin zu sich rufen.

»Ljubow Ljubimowna«, begann sie mit leiser und schwacher Stimme: zuweilen liebte sie es, sich als verfolgte und vereinsamte Märtyrerin hinzustellen; es braucht wohl nicht erwähnt zu werden, daß sich dann aller im Hause ein höchst betretenes Gefühl bemächtigte; »Ljubow Ljubimowna, Sie sehen, in welchem Zustand ich hier liege; gehen Sie, meine gute Seele, zu Gawrilo Andrejitsch, sprechen Sie mit ihm, ob ihm denn wirklich irgend so ein Köter mehr wert ist als die Nachtruhe, ja das Leben seiner Herrin? Ich möchte dies nicht glauben«, fügte sie mit dem Ausdruck tiefer

Bewegtheit hinzu, »gehen Sie, meine gute Seele, seien Sie so lieb, gehen Sie zu Gawrilo Andrejitsch.«

Ljubow Ljubimowna begab sich in Gawrilos Zimmer. Man weiß nicht, was sie miteinander besprochen haben, jedoch kurze Zeit später rückte ein ganzer Trupp Leute in Richtung auf Garassims Kammer über den Hof: voran marschierte Gawrilo, der seine Schirmmütze in der Hand hielt, obgleich es durchaus windstill war; ihm zur Seite schritten die Diener und die Köche; aus dem Fenster schaute Onkel Schwänzel und leitete das Unternehmen, das heißt, er fuchtelte lediglich mit den Armen umher; hinterdrein sprang, allerlei Unfug treibend, eine Schar Bengel, von denen die Hälfte fremd und bloß herbeigelaufen war. Auf der schmalen Stiege, die zu Garassims Kämmerchen führte, saß ein Wachtposten; an der Tür standen, mit Knütteln bewaffnet, zwei weitere. Man erstieg die Treppe und besetzte sie in ihrer ganzen Länge. Gawrilo trat zur Tür, pochte mit der Faust dagegen und rief:

»Mach auf!«

Ein gepreßtes Bellen wurde vernehmlich, doch keine Antwort.

»Aufmachen, habe ich gesagt!« wiederholte er.

»Aber, Gawrilo Andrejitsch«, bemerkte Stepan von unten, »er ist doch taub und hört nichts.«

Alle mußten lachen.

»Hm, was machen wir da?« erwiderte Gawrilo von oben.

»In seiner Türe dort hat er ein Loch«, gab Stepan zur Antwort, »stochern Sie doch mal mit einem Stock drin herum.«

Gawrilo bückte sich.

»Er hat's mit einem Kittel verstopft, das Loch.«

»Stoßen Sie doch den Kittel nach innen.«

Da ertönte wieder ein gedämpftes Bellen.

»Seht ihr, seht, der antwortet gleich selber«, bemerkte einer aus der Menge, und wieder wurde gelacht.

Gawrilo kratzte sich hinterm Ohr.
»Nein, mein Lieber«, fuhr er schließlich fort, »den Kittel kannst du selber reinstoßen, wenn du willst.«
»Was ist denn dabei? Bitte schön!«
Und schon war Stepan hinaufgeklettert, nahm den Stock zur Hand, stieß den Kittel hinein und begann mit dem Stock durch die Öffnung zu stochern, wozu er sagte: »Rauskommen, rauskommen!« Er rührte noch mit dem Stock herum, als plötzlich die Tür der Kammer aufgerissen wurde — das ganze Gesinde stürzte kopfüber die Stiege hinunter. Gawrilo zu allererst. Onkel Schwänzel klappte sein Fenster zu.
»Na, na, na, na«, schrie Gawrilo vom Hofe aus, »sieh dich vor, du, hüte dich!...«
Garassim stand reglos auf seiner Schwelle. Die Menge umringte den Fuß der Treppe. Garassim blickte, die Hände leicht in die Seiten gestützt, von seiner Höhe auf alle diese Leutchen, die Jacken nach deutscher Art trugen, herab; in seinem roten Bauernhemd erschien er im Vergleich zu ihnen wie ein Riese. Gawrilo machte einen Schritt vorwärts.
»Sieh dich vor, mein Lieber«, sagte er, »mach mir bloß keinen Unfug.«
Und dann schickte er sich an, ihm mittels Zeichen auseinanderzusetzen, daß die Herrin auf jeden Fall seinen Hund von ihm verlange: »Gib ihn«, sprach er, »augenblicklich her, sonst wehe dir.«
Garassim blickte ihn an, wies auf den Hund, machte mit der Hand ein Zeichen, als ob er eine Schlinge um seinen Hals zusammenzöge, und sah den Haushofmeister mit fragendem Gesicht an.
»Ja, ja«, erwiderte jener, mit dem Kopfe nickend, »ja, auf jeden Fall.«
Garassim schlug die Augen nieder, dann reckte er sich auf, wies abermals auf den Hund, der die ganze Zeit, unschuldig mit dem Schwanze wedelnd und neugierig die Ohren spitzend, neben ihm stand, wiederholte das

Zeichen des Erdrosselns am Hals und schlug sich bedeutsam auf seine Brust, wie um zu versichern, daß er es selbst übernehmen werde, Mumu zu töten.
»Du willst mich täuschen«, gab Gawrilo ihm darauf durch Handgebärden zu verstehen.
Garassim blickte ihn mit einem verächtlichen Lächeln an, schlug sich abermals an seine Brust und warf die Tür zu.
Alle schauten sich schweigend an.
»Was soll denn das heißen?« begann Gawrilo. »Er hat sich eingeschlossen?«
»Lassen Sie ihn, Gawrilo Andrejitsch«, sagte Stepan, »er tut es, wenn er's versprochen hat. Er ist nun mal so... Er hält, was er einmal versprochen hat. Nicht wie unsereins ist er in solchen Sachen. Was wahr ist, bleibt auch wahr. Ja.«
»Ja«, wiederholten alle und nickten mit den Köpfen. »So ist's. Ja.«
Onkel Schwänzel tat sein Fenster auf und sagte auch: »Ja.«
»Na, meinetwegen, wir werden ja sehen«, erwiderte Gawrilo, »aber die Wache bleibt trotzdem noch hier. He du, Jeroschka!« fuhr er, zu einem blassen Menschen in einem gelben Nankingröckchen gewandt, fort, der als Gärtner eingesetzt war: »Was hast du schon zu tun! Nimm einen Stock und bleib hier sitzen; und wenn das Geringste geschieht, komm sogleich zu mir gelaufen!«
Jeroschka nahm einen Stock und setzte sich auf die letzte Treppenstufe. Die Menge zerstreute sich bis auf ein paar Neugierige und die Bengel, während Gawrilo ins Haus zurückkehrte und der Herrin durch Ljubow Ljubimowna melden ließ, daß alles ausgeführt sei, und für alle Fälle selbst den Vorreiter nach dem Polizeidiener schickte. Die gnädige Frau knüpfte einen kleinen Knoten in ihr Schnupftuch, goß etwas Eau de Cologne darauf, roch daran, rieb sich dann die Schläfen,

trank ihren Tee und schlief, noch unter der Wirkung der Kirschlorbeertropfen, wieder ein.

Eine Stunde nach diesen Vorfällen ging die Tür des Kämmerchens auf, und Garassim zeigte sich. Er hatte seinen Festtagskaftan an und führte Mumu an der Leine. Jeroschka trat zur Seite und ließ ihn vorbeigehen. Garassim lenkte seine Schritte zum Tor. Die Bengels und alle, die auf dem Hofe waren, folgten ihm schweigend mit ihren Blicken. Er kehrte sich nicht einmal um, seine Mütze setzte er erst auf der Straße auf. Gawrilo schickte ihm ebendenselben Jeroschka als Beobachter hinterher. Jeroschka sah von fern, wie er mit seinem Hund in einem Wirtshaus verschwand, und wartete, bis er wieder heraustrat.

Im Wirtshaus kannte man Garassim und verstand seine Zeichen. Er bestellte Kohlsuppe mit Fleisch und setzte sich, wobei er sich mit den Armen auf den Tisch stützte. Mumu stand bei seinem Stuhl und blickte ihn still mit ihren kleinen klugen Augen an. Ihr Fell glänzte schön, woran man erkennen konnte, daß sie eben erst gekämmt worden war. Man brachte Garassim die Kohlsuppe. Er brockte Brot hinein, schnitt das Fleisch klein und stellte den Teller auf den Boden. Mit gewohnter Artigkeit, die Suppe kaum mit ihrer kleinen Schnauze berührend, machte sich Mumu ans Fressen. Garassim schaute ihr lange zu; zwei dicke Tränen rollten plötzlich aus seinen Augen: die eine tropfte auf das steile Stirnchen des Hundes, die andere in die Kohlsuppe. Er bedeckte sein Gesicht mit der Hand. Mumu leerte den Teller zur Hälfte und wandte sich, das Maul leckend, zur Seite. Garassim erhob sich, zahlte die Suppe und ging, begleitet von dem etwas erstaunten Blick des Kellners, hinaus. Als Jeroschka Garassim erblickte, sprang er schleunigst hinter eine Ecke, ließ ihn vorbeigehen und folgte ihm wieder.

Garassim ging ohne Eile seines Wegs, Mumu ließ er dabei nicht von der Leine. An einer Ecke der Straße verharrte er wie unentschlossen, und auf einmal eilte er mit großen Schritten direkt der Krimfurt zu. Unterwegs schwenkte er in den Hof eines Hauses ein, an das gerade ein Seitenflügel angebaut wurde, und holte sich von da zwei Ziegelsteine, die er unterm Arm trug. Von der Krimfurt wandte er sich zum Flußufer, das er bis zu einer Stelle entlangging, wo zwei kleine Ruderboote an Pflöcken angebunden waren (er hatte sie schon früher bemerkt), er sprang in eins von ihnen, Mumu tat das gleiche. Irgendein lahmer Alter kam aus der Hütte hervor, die in der Ecke eines Gemüsegartens stand, und schrie ihn an. Garassim aber nickte nur mit dem Kopf und legte sich so mächtig in die Riemen, daß er, obgleich er gegen die Strömung des Flusses ruderte, im Handumdrehen an die hundert Klafter zurückgelegt hatte. Der Alte stand noch lange da, kratzte sich dann den Rücken zuerst mit der linken, dann mit der rechten Hand und kehrte schließlich hinkend in seine Hütte zurück.

Garassim aber ruderte und ruderte. Schon hatte er Moskau hinter sich gelassen. Schon erstreckten sich längs der Ufer Wiesen, Gemüsegärten, Felder und Wälder, Bauernhütten lagen verstreut. Landluft wehte ihm entgegen. Er ließ die Ruder fahren, drückte seinen Kopf an Mumu, die vor ihm auf einem trockenen Sitzbrett saß — der Boden war mit Wasser bedeckt —, und verharrte reglos, die mächtigen Arme über ihrem Rücken verschränkt, während die Fluten den Kahn sacht zur Stadt zurücktrugen. Schließlich richtete sich Garassim auf, wand hastig, mit schmerzzerquältem, erbittertem Gesichtsausdruck einen Strick um die mitgenommenen Ziegelsteine, legte eine Schlinge, streifte sie Mumu um den Hals, hielt sie über die Fluten und blickte sie ein letztes Mal an... Zutraulich und ohne Furcht sah sie ihn an und wedelte leise mit dem Schwänzchen. Er wandte sich ab, schloß die Augen und löste die Hände... Garassim hatte nichts gehört, weder das kurze Aufwinseln Mumus beim Fall, noch das schwere Klatschen des Wassers; für ihn war selbst der lärmende Tag so still und stumm, wie für uns nicht einmal die stillste Nacht, und als er die Augen wieder auftat, spielten auf dem Flusse wie zuvor die kleinen Wellen, die einander nachzujagen schienen; wie zuvor plätscherten sie und pochten an die Planken des Bootes, und nur fern dahinten, dem Ufer zu, verloren sich die letzten weiten Ringe.

Als Jeroschka Garassim aus dem Gesicht verloren hatte, war er sofort heimgekehrt und hatte alles berichtet, was er gesehen.

»Na ja«, bemerkte Stepan, »er ertränkt ihn. Da kann man ganz beruhigt sein. Wenn er was versprochen hat...«

Im Laufe des Tages hatte niemand Garassim gesehen. Er kam auch nicht zum Mittagessen. Der Abend brach herein; alle versammelten sich zum Abendessen, er aber erschien nicht.

»Was ist der wunderlich, dieser Garassim!« meinte eine dicke Wäscherin mit piepsender Stimme: »Wie kann man nur wegen 'nem Hunde so viel Kram machen... Wirklich!«

»Garassim ist ja hier gewesen«, brachte plötzlich Stepan hervor, während er mit dem Löffel seine Grütze zusammenkratzte.

»Wie? Wann?«

»Ja, so vor zwei Stunden. Bestimmt. Ich bin ihm am Tor begegnet, er ging grade wieder weg, aus dem Hof kam er. Ich wollte ihn wegen seinem Hunde fragen, er hatte aber, glaube ich, keine gute Laune. Na, und da hat er mir 'nen Stoß gegeben; sicher wollte er mich bloß zur Seite schieben; sollte wohl heißen: laß mich in Ruh' — das war aber so'n gehöriger Puff, den er mir aufs Rückgrat setzte, alle Achtung, daß ich au-au-au schrie!« Und mit einem unwillkürlichen Lächeln krümmte sich Stepan und rieb sich den Nacken. »Ja«, setzte er hinzu, »eine Handschrift hat er, eine gesegnete Handschrift, das muß man ihm lassen.«

Alle lachten über Stepan und erhoben sich vom Abendbrot, um schlafen zu gehen.

Unterdessen schritt zur selben Zeit, ein Bündel auf der Schulter und einen langen Stock in der Hand, ein Wandersmann von Riesengestalt rüstig und unermüdlich die T...sche Landstraße entlang. Es war Garassim. Er eilte heim, ohne sich umzusehen, eilte seinem Dorf, seiner Heimat zu. Nachdem er die arme Mumu ertränkt hatte, war er in seine Kammer gelaufen, hatte geschwind seine paar Habseligkeiten in eine alte Pferdedecke gepackt, es zum Bündel geschnürt, auf die Schulter geladen und sich davongemacht. Den Weg hatte er sich damals gut gemerkt, als man ihn nach Moskau gebracht; das Dorf, aus dem die Herrin ihn hatte kommen lassen, lag ganze fünfundzwanzig Werst von der Landstraße entfernt. Er marschierte auf ihr unerschütterlich guten Muts, voll verzweifelter und zugleich froher Entschlossenheit. Er ging seines Weges, weit das Hemd an der Brust geöffnet; sein Auge war dürstend unentwegt vorwärts gerichtet. Er eilte, als erwarte ihn in der Heimat die alte Mutter, als riefe sie ihn nach langer Wanderschaft durch ferne Länder, unter fremden Menschen zu sich... Die Sommernacht, die nun hereinbrach, war still und lau; nach der einen Seite, dort, wo die Sonne versunken war, zog sich am Horizont noch ein heller Saum dahin, der vom letzten Widerschein des scheidenden Tages in ein zartes Rot getaucht war – auf der anderen Seite senkte sich schon ein blaues, graues Dunkel herab. Von da kam die Nacht. Ringsum riefen Hunderte von Wachteln, und die Wiesenschnarrer lärmten um die Wette... Garassim konnte sie nicht hören, wie auch nicht das feine nächtliche Flüstern der Bäume, an denen ihn seine sehnigen Beine vorübertrugen; doch er spürte den vertrauten Duft des reifenden Korns, den die dunklen Felder ausatmeten, er spürte, wie der Wind, der ihm entgegenwehte — der Wind der Heimat —, zärtlich sein Gesicht umschmeichelte, in seinem Haupt- und Barthaar spielte; er sah vor sich helleuchtend den Weg — den Weg nach Haus, der sich pfeilgerade dahinstreckte; er sah am Himmelszelt die unzähligen Sterne, die auf ihn herabfunkelten, und schritt munter und stark wie ein Löwe fürbaß, so daß, als die aufgehende Sonne den immer noch wacker ausschreitenden Wandersmann mit ihren jungen rötlichen Strahlen übergoß, Moskau bereits fünfunddreißig Werst hinter ihm lag...

Zwei Tage später war er schon daheim in seiner kleinen Hütte, zur größten Verwunderung einer Soldatenfrau, die man da einquartiert hatte. Nachdem er vor den Heiligenbildern sein Gebet verrichtet, suchte er sogleich den Dorfschulzen auf. Dieser war anfangs wohl erstaunt; doch eben hatte die Heuernte begonnen, und so drückte man Garassim, der als vortrefflicher Arbeiter bekannt war, auf der Stelle eine Sense in die Hand — und er machte sich nach seiner alten Art ans Mähen, und zwar so, daß es den Bauern durch Mark und Bein fuhr, wenn sie seinen Schwung und Schnitt sahen...

In Moskau aber bemerkte man am Tage nach der Flucht, daß Garassim verschwunden war. Man drang in sein Kämmerchen ein, durchsuchte es und meldete es Gawrilo. Dieser kam herbei, besah sich alles, zuckte mit den Achseln und kam zu dem Schluß, daß der Stumme entweder davongelaufen sei oder sich zusammen mit seinem albernen Hunde ertränkt habe. Man benachrichtigte die Polizei und meldete es der Herrin. Die gnädige Frau wurde sehr zornig, brach in Tränen aus, befahl, ihn um jeden Preis ausfindig zu machen, versicherte, sie habe niemals angeordnet, den Hund zu töten, und gab schließlich Gawrilo einen derartigen Verweis, daß jener den ganzen Tag nur noch den Kopf schüttelte und dazu »Nu!« sagte, bis Onkel Schwänzel ihn dann durch ein »Nu-nu!« wieder zur Vernunft brachte. Endlich kam vom Lande Nachricht, daß Garassim dort eingetroffen sei. Die gnädige Frau beruhigte sich etwas; erst wollte sie den Befehl erteilen, ihn unverzüglich nach Moskau zurückzuschaffen, dann erklärte sie jedoch, daß sie einen so undankbaren Menschen sowieso nicht brauchen könne. Übrigens starb sie bald darauf; und den Erben war Garassim ganz einerlei; sie entließen auch die anderen Leibeigenen ihrer Mutter und setzten sie auf Zins.

Garassim aber lebt bis auf den heutigen Tag als Häusler in seiner einsamen Hütte; noch immer gesund und kräftig, arbeitet er nach wie vor für vier, und wie früher hat er sein gewichtiges und gesetztes Wesen. Allein die Nachbarsleute haben bemerkt, daß er seit seiner Rückkehr aus Moskau auf allen Umgang mit Frauen verzichtet, ja sie nicht einmal anschaut, und sich keinen Hund mehr hält. – »Übrigens kann er heilfroh sein«, meinen die Bauern, »daß er das Weibsvolk nicht braucht; und einen Hund – was soll er sich einen Hund halten? Auf seinen Hof schleppt man nicht mal mit Gewalt einen Dieb!« So spricht der Volksmund von der Riesenstärke des Stummen.

## MICHAIL SALTYKOW

*Der große Satiriker und Dichter des russischen Gewissens Michail Jewgrafowitsch Saltykow, der bis 1861 unter dem Pseudonym N. Stschedrin schrieb, ist 1826 als Sohn eines wohlhabenden Grundbesitzers aus altem Adel auf dem Gute seiner Eltern Spas-Ugol im Gouvernement Twer geboren. Er besuchte von 1838–44 das Adelslyzeum von Zarskoje Selo als der »Puschkin« seines Jahrgangs und trat danach als Beamter in die Kanzlei des Kriegsministers zu Petersburg. Zwei harmlose satirische Novellen, in denen er den Kreis der Fourieristen um Petraschewski verspottete, brachten ihm 1848 eine Strafversetzung in die Provinz, nach Wjatka. Hier war er sieben Jahre lang als Beamter in einer Gouvernementskanzlei tätig, nahm die sozialen Gehalte von Gogol, George Sand und Dostojewskis 'Armen Leuten' in sich auf, überwand den »Nebel« seiner Frankreich- und Menschheitsträume und lernte die russische Bürokratie und das Provinzleben aus der Nähe kennen, die er nach der Rückkehr in seinen 'Gouvernementsskizzen' (1856/57) beschrieben hat, wirklichkeitstreuen Sittenschilderungen, die aber durch ihre Gegenstände wie Satiren wirken. Danach war er noch zwölf Jahre als Beamter in immer höheren Staatsstellungen: 1858 als Vizegouverneur von Rjasan, danach von Twer und nach zweijähriger Unterbrechung 1866 als Vorsitzender von Steuerkammern tätig, bis er 1868 als Wirklicher Staatsrat aus dem Dienste schied, um, wie schon in den Jahren der Unterbrechung, zusammen mit dem Dichter Nekrassow die Zeitschrift 'Vaterländische Annalen'*

*('Otetschestwennyje Sapiski') herauszugeben, die er seit Nekrassows Tode (1878) allein bis zu ihrem Verbot 1884 geleitet hat. Sein Aufstieg zum großen Satiriker und Dichter fällt in die Jahre zwischen 1863, in dem die 'Unschuldigen Geschichten' erschienen, und 1880, in dem er sein Lebenswerk mit dem Roman 'Die Herren Golowljow' krönte. Schon die 'Gouvernementsskizzen' zeichneten eine Gesellschaft, in der nur derjenige etwas gilt, der etwas hat oder durch sein Amt etwas vorstellt, eine heruntergekommene Gesellschaft, die auf der Arbeit anderer ruht, die man unterdrückt und von den Möglichkeiten der Bildung ferngehalten hat. Derselbe Hintergrund der Leibeigenschaft mit ihrer unheilvollen Rückwirkung auf die Schicksale der Menschen beherrscht die aus Novellen, Schilderungen und allegorischen Stücken bestehenden 'Unschuldigen Geschichten'. Darunter finden sich Meisterwerke wie 'Mischa und Wanja', die Geschichte, in der die Strenge der »Gnädigen« den einen der beiden leibeigenen Knaben in den Tod treibt, oder 'Das lustige Leben', in der Maschas Verehrer Landstreicher wird, da er die Leibeigene nicht heiraten kann. – Zum großen satirischen Schlage gegen die zaristische Reaktion seit 1865 holt Saltykow dann aus in seiner 'Geschichte einer Stadt, nach den Originalurkunden dargestellt' (1870). Mit dieser »Chronik der Stadt Glupow, d.h. etwa »Dummshausen«, und ihren 22 Stadthauptleuten, aus der die Stadtarchivare nur besonders kennzeichnende Abschnitte überliefert haben, gehört er der satirischen Weltliteratur an. »Ich will keineswegs die Geschichte, sondern die bekannte Ordnung der Dinge lächerlich machen«, schrieb er an Pynin, als ihm der damals noch liberale Journalist Suworin oberflachliche Bekanntschaft mit der russischen Geschichte vorwarf. Um dem Verbot durch die Zensur zu entgehen, griff er zu dem Verfahren, die aktuelle Gegenwart in die Historie zurückzuverlegen und Vergangenes als Gegenwart darzustellen, also die geschichtlichen Grenzen bewußt ständig zu verwischen. So verhöhnt er nicht nur Einzelpersonen oder ihre Handlungen, sondern gibt die ganze alte Ordnung der Selbstherrschaft – die Vergangenheit in der Gegenwart – dem Gelächter preis, die Herrschenden wie die Beherrschten, zu Skla-*

*vengesinnung und Unselbständigkeit Herabgesunkenen. »Die Stadthauptleute der schimärischen Stadt ziehen an dem Leser vorbei, einer immer dümmer, idiotischer, grausamer und hartherziger als der andere. Da ist der Regierungsautomat Brudąsty, der mit Hilfe einer 'Spieldose' im Kopf regierte, die nur zwei Weisen spielte: 'Ich werde euch zerschmettern!' und 'Das lasse ich mir nicht bieten!' ... Da ist der Vertreter der 'zivilisatorischen Maßnahmen' der Dummshausener Obrigkeit, Borodąwkin (Warzerich), der während der 'Aufklärungskriege' (d.h. dem aufgeklärten Absolutismus) 33 Dörfer niederbrannte. Da ist der 'unheildrohende' Ideologe kasernenmäßiger Gleichmacherei, Ugrjum-Burtschęjew (Murr-Dustermann), der die 'Gleichheit der Einwohner vor den Spießruten' einführte. Da ist der berühmte 'selbstherrliche' Machthaber Perechwąt-Salichwątski, der auf einem Schimmel in Dummshausen einritt, das Gymnasium niederbrannte und die Wissenschaften beseitigte« (S. Makaschin). Unschwer erkannten die Zeitgenossen unter der Maske Grustįlows (Wehmutigs) den romantischen Zaren Alexander I., unter Benewolenskis Larve dessen liberalen Minister Speranski und am Schlusse unter Ugrjum-Burtschejews Fratze mit ihrem schamlosen, despotischen Blick wie Stahl dessen späteren reaktionären Minister Araktschęjew. Jedoch über diesen Einzelporträts, die bis zum Regierungsantritt Nikolaus' I. und der Unterdrückung des Dekabristenaufstandes (1825) geführt sind, seitdem »es selbst einem Stadtarchivarius unmöglich gemacht wurde, sich literarisch zu betätigen« – über diesen Einzelporträts erhebt sich wie ein Alpdruck die Vision des selbstherrlichen Systems schlechthin. »Es schien, als sei diese ganze Reihe nichts anderes als ein einziger Traum, in dem gesichtlose Gestalten vorüberhuschten, in dem irgendwelche undeutliche Schreie erklangen, dem entfernten Tosen des Meeres vergleichbar«, heißt es im Texte selbst. Es gibt für Saltykow in dieser von ihm schneidend verhöhnten und angeklagten Ausweglosigkeit keine Fortentwicklung des bestehenden Systems. Dummshausen wird leben, bis es vom Flusse (der Zeit) und von dem furchtbaren Unwetter, dem Es, über das man nichts weiß, weggewischt wird.*

*Die Generation der konservativen »Alten«, der Adel der Gutsbesitzer, ist nach Saltykows Überzeugung unrettbar dem Untergang verfallen; denn die Bauernbefreiung hat ihm die wirtschaftliche Grundlage seiner Existenz entzogen, und er hat keine neue Form für sein Dasein gefunden. Er ist durch die »Jungen«, die liberal reden, aber weiterhin despotisch handeln, und durch eine andere »Gesellschaft« ersetzt, »etwas wie eine Bourgeoisie, eine neue Kulturschicht, die aus Schankwirten, Wucherern, Eisenbahnunternehmern und ähnlichen Ausbeutern und Menschenschindern besteht. In kürzester Zeit hat dies müßige Ungeziefer unser ganzes Land bedeckt ...« – »Der 'Knote' kommt, frech und gemein von Kopf bis Fuß, mit Händen, die nichts wieder loslassen, einem Magen, der nie satt wird – er kommt und frißt alles auf ... Weiß er, was 'Vaterland' heißt? ... In Wahrheit bedeutet es das unerträglichste Herzweh, das nie aufhört, das nagt und drängt, das den Menschen ganz aussaugt ... Der 'Knote' aber meint, es sei ein Stück Aas, das man ihm und den übrigen Blutsaugern zum Zerfetzen hingeworfen hat.« In den Büchern 'Die Herren Taschkenter' und 'Die Pompadours und ihre Damen' (beide 1873) hat Saltykow diese skrupellosen Konjunkturritter aufs Korn genommen und, wie die Porträts seiner erbärmlichen Stadthauptleute von Dummshausen, sprichwörtlich gemacht. Das Generalgouvernement Turkestan mit seiner Hauptstadt Taschkent war 1866 dem russischen Reiche einverleibt worden. »Taschkenter« heißen danach bei Saltykow diejenigen, welche diese neu erworbenen Gebiete als angebliche »Kulturbringer« aufsuchen, sie in Wahrheit aber mit allen Mitteln gegen Rußland und die einheimische Bevölkerung für sich persönlich ausnutzen, indem sie überall dort Interessen des russischen Staates vorgeben, wo ihre eignen Interessen auf dem Spiele stehn. Und so verstanden, ist ihr Wirkungsfeld keineswegs auf Mittelasien beschränkt, sondern kann überall liegen. »Taschkent ist das klassische Land der Hammel, die immer zum Scheren zur Verfügung stehn und nach der Schur erstaunlich schnell wieder mit Wolle bewachsen.« Steigt nun der »Taschkenter« zum Gouverneur oder sogar Minister auf, treibt er hier sein Spiel zwischen Regierung und Opposition, Konservativen und Liberalen zum eigenen Nutzen im großen, so wird er zum »Pompadour«. Und das Volk, die Menge, bleibt – zu Saltykows Ergrimmen – immer weiter stumm, demütig und politisch passiv. »Wenn man uns jetzt alle auf einen Haufen legte und an allen vier Ecken anzündete – wir würden auch da kein Wort des Widerspruchs sagen«, läßt er einen Dummshausener erklären. Nach langer Unterdrückung weiß das Volk jetzt seine Freiheit nicht zu benutzen. »Trotz ihres tausendjährigen Daseins hat die Menge es nicht weitergebracht als zu sklavischer Unterwerfung unter die Gewalt; und dazu kommt ein unbewußt-gleichgültiges Verhalten ebenso gegenüber den allgemeinen Interessen wie auch gegenüber denjenigen, die ihr eigenes Dasein am allernächsten angehn.« Und dennoch verzweifelt Saltykow an seinem Volke nicht, wie etwa die Skizzensammlung 'Jenseits der Grenze' (1880) zeigt. Ist das russische Volk seiner Zeit, soweit er es dargestellt hat, auch noch ohne Willensstraffung, so erscheint es im Durcheinander der Probleme, von denen es sich heimgesucht sieht, zukunftsträchtiger und ist Saltykow näher als die Völker Westeuropas, an denen er, wie alle Russen, vorwiegend Züge der Selbstzufriedenheit und Seelenlosigkeit tadelt. Im gleichen Jahre veröffentlicht er den düsteren Roman 'Die Herren Golowljọw', in dem der Untergang einer Adelsfamilie durch Trägheit, Unfähigkeit, Trunksucht und Zwist, die innere Leere, Vereinsamung und Heuchelei ihres sinnlosen Lebens schauerlich dargestellt sind. Nachdem die Mutter ihr ganzes Leben lang für die »Familie« zusammengerafft hat, »erwies es sich, daß sie überhaupt keine Familie hatte«. Schließlich bleibt als der Herr nur das scheinheilige Scheusal, der Erzheuchler Porfiri, übrig, den seine Brüder schon in der Kindheit Jụduschka (Judas) genannt haben. Er hat im Kampfe um den Besitz alle Gemeinheiten angewandt. Nun er über den Vater und die Brüder gesiegt hat – was soll er mit seiner durch alle Schändlichkeiten erworbenen Macht anfangen? Es ist, als rege sich in seinen Grübeleien das russische Gewissen. Als er am Grabe seiner Mutter gebetet hat, wandert er in den Schneesturm hinaus und erfriert. Mit*

*Recht hat Arthur Luther darauf hingewiesen, daß in diesem Roman – er spielt unmittelbar nach der Aufhebung der Leibeigenschaft -- die wirtschaftlichen Verhältnisse zwar in den Hintergrund treten, daß seine Handlung: dieser Grad von Entartung einer Familie, aber nur unter »Sklavenhaltern« möglich war und konserviert werden konnte. – In dem Erinnerungsbuch 'Aus dem alten Poschechonien' (d.h. etwa Schilda), das erst kurz vor Saltykows Tode, 1887/89, erschien, hat er noch einmal ohne Schonung und mit Meisterschaft in der Zeichnung der Menschen das Leben des Landadels vor der Bauernbefreiung, die »gute alte Zeit«, in ihrer schauerlichen sittlichen Verrohung geschildert, auch um zu zeigen, »daß trotz der neuen Formen der sozialen Verhältnisse ihr Wesen unverändert geblieben ist«. Saltykows letztes von ihm selbst veröffentlichtes Werk schließlich sind die 31 'Märchen' (1887). In ihren eindrucksvollen satirischen Sinnbildern faßte er die Erfahrungen zusammen, die er mit den Menschen seiner Zeit, ja mit den Menschen überhaupt, gemacht hatte. Da ist der Wolf oder in dem Märchen 'Die idealistische Karausche' der Hecht, die nicht anders können als morden; da sind die beiden schiffbrüchigen Generäle, die selbst auf der einsamen Insel einen Bauern finden, dem sie einreden, er und die Arbeit des »Volkes« sei nur für sie da, für die »Herrschaften«; da ist der »treue Hund«, die richtige Knechtsseele; da ist das 'Weihnachtsmärchen', in dem ein Knabe tief verwundet zum ersten Male die Erfahrung macht, daß gut reden und gut handeln bei den Menschen etwas ganz Verschiedenes ist. Und da ist – neben manch anderem Kostbaren – das Märchen vom 'Verlorenen Gewissen' (zuerst 1869 in den 'Vaterländischen Annalen' erschienen), das wir im folgenden veröffentlichen und mit dem Saltykow zu dem Grundmotiv zurückkehrt, das über seinem ganzen Werke steht. Sein Gewissen zwang ihn, lebenslang gegen das Bestehende zu rebellieren, einer besseren, kommenden Ordnung der russischen Verhältnisse zuliebe. – Das Verbot seiner 'Vaterländischen Annalen' hat ihn tief erschüttert. Der große Satiriker starb 1889, fünf Jahre danach, im Alter von dreiundsechzig Jahren.*

## DAS VERLORENE GEWISSEN

Das Gewissen war verlorengegangen. Nach wie vor drängten sich die Menschen auf den Straßen und in den Theatern; wie zuvor eilten sie dahin, bald dem nachsetzend, bald jenen überholend; nach wie vor hasteten und haschten sie eifrig ihrem Bröckchen nach, und niemand schien zu bemerken, daß plötzlich etwas abhanden gekommen und im großen Orchester des Lebens eine Flöte ausgefallen war. Viele fühlten sich nun sogar stärker und freier. Die Menschen gingen leichter ihres Wegs; es war einfacher geworden, dem anderen ein Bein zu stellen, es schmeichelte, liebedienerte, betrog, verleumdete und schmähte sich angenehmer. Alles Herzensweh war plötzlich wie verflogen; die Menschen gingen nicht mehr, sondern schossen förmlich vorwärts; nichts schmerzte sie mehr, nichts nötigte sie zum Nachdenken; Gegenwart wie Zukunft — alles schien ihnen in die Hand gegeben — ihnen, den Glücklichen, die vom Verlust des Gewissens gar nichts gemerkt hatten.

Ja, plötzlich war das Gewissen verschwunden... in einem Augenblick fast! Gestern noch hatte dieser lästige Kostgänger immer wieder vor Augen gestanden und war der erregten Phantasie erschienen, und auf einmal... nicht mehr da! Verschwunden die peinlichen Trugbilder, und zugleich war jene innere Unrast gewichen, die das nagende Gewissen verursacht. Nun konnte man sich erst Gottes weite Welt recht betrachten und sich ihrer freuen; die Weisen der Welt hatten sogleich begriffen, daß sie endlich des letzten Jochs ledig waren, welches ihre Bewegungen beengte, und natürlich machten sie eilends von den Früchten dieser Freiheit Gebrauch. Die Menschen verfielen in Raserei; Raub und Totschlag breiteten sich aus und Unheil jeder Art.

Das arme Gewissen aber lag indessen auf der Straße, zerfetzt, besudelt und zertreten von den Füßen der Passanten. Jeder stieß es möglichst weit von sich weg, dieses unnütze Zeug; jeder wunderte sich, wie bloß in einer wohlgeordneten Stadt, und überdies an einer äußerst belebten Stelle, so etwas empörend Widerliches herumliegen könne. Der Herrgott mochte wissen, wie lange das arme verstoßene Gewissen noch so liegengeblieben wäre, wenn es nicht irgendein unglücklicher Trinker aufgehoben hätte, der mit seinen benebelten Augen sogar nach so einem zu nichts tauglichen Lappen schielte, weil er hoffte, dafür vielleicht noch ein Gläschen zu bekommen.

Plötzlich hatte er ein Gefühl, als ob ein elektrischer Strom seinen Körper durchfahre. Mit trüben Augen schaute er rings um sich und spürte ganz deutlich, wie sich die Schnapsdünste aus seinem Kopfe verflüchtigten und wie allmählich jenes bittere Wirklichkeitsbewußtsein wiederkehrte, dem zu entfliehen ihn seine besten Lebenskräfte gekostet. Zunächst empfand er lediglich Angst, jene dumpfe Angst, die den Menschen allein durch die Vorahnung irgendeiner drohenden Gefahr in Unruhe versetzt; dann kam das Gedächtnis in Gang, und die Einbildungskraft begann sich zu regen. Das Gedächtnis zog erbarmungslos aus dem Dunkel einer schändlichen Vergangenheit alle Einzelheiten seiner Gewalttaten, Verrätereien, Herzenssünden und Unwahrheiten hervor; die Einbildungskraft verwandelte die Einzelheiten zu lebendigen Gestalten. Schließlich erwachte in ihm ganz von selbst eine Stimme, die mit ihm ins Gericht ging...

Dem kläglichen Trinker erschien seine ganze Vergangenheit als ein ununterbrochenes abscheuliches Verbrechen. Er fragte nicht, analysierte und erwog seinen Fall nicht; er war von dem vor ihm aufsteigenden Bild seiner sittlichen Verkommenheit derart erschlagen, daß ihn jener Prozeß der Selbstverurteilung, dem er sich aus freien Stücken unterwarf, ungleich schmerzlicher und schärfer traf als das strengste menschliche Gericht. Er wollte nicht einmal berücksichtigen, daß den größten Teil jener Vergangenheit, derentwegen er sich so verurteilte, durchaus nicht er, der arme und erbärmliche Trinker, selbst verschuldet, sondern eine geheimnisvolle, ungeheure Macht, die ihn wie ein trockenes Hälmchen Steppengras im Sturmwind emporgewirbelt und mitgeführt hatte. Was war das, seine Vergangenheit? Warum hatte er sie so und nicht anders gelebt? Was war er denn selber? Dies waren alles Fragen, die er nur mit Staunen und verwirrtem Schweigen zu beantworten wußte. Das Joch hatte sein Leben gestaltet; unter dem Joch war er geboren, unter dem Joch wird er auch ins Grab sinken. Jetzt war nun endlich Bewußtheit in ihm erwacht — allein was brauchte er sie? Weshalb war sie ihm gekommen? Um erbarmungslos Fragen zu stellen, auf die er nur mit Schweigen zu antworten wußte? Warum? Damit das zerrüttete Leben erneut in den verfallenen Bau ströme, der seinem Drange nicht mehr standhalten konnte?

Ach, das erwachte Bewußtsein brachte ihm weder inneren Frieden noch Hoffnung; denn das aufgestörte Gewissen zeigte ihm nur einen einzigen Ausweg — die fruchtlose Selbstanklage. Auch zuvor war es rings um ihn dunkel gewesen, und jetzt umgab ihn noch dieselbe Finsternis, nur daß sie von quälenden Gespenstern bevölkert war; auch zuvor hatten an seinen Händen schwere Ketten geklirrt, und jetzt trug er noch die nämlichen Ketten, nur daß sie nun doppelt schwer schienen, weil er wußte, daß es Ketten waren. In Strömen rannen die unnützen Tränen des Saufbruders; die lieben Mitmenschen blieben bei ihm stehen und meinten, der Branntwein habe seine Tränen gelöst.

»Du lieber Gott! Ich kann's nicht mehr... ertragen!« stieß der klägliche Trinker aufschreiend hervor, während die Menge über ihn lachte und spottete. Sie begriffen nicht, daß der Trunkenbold nie freier von Branntweindünsten gewesen war als in diesem Augenblick, daß er bloß einen unseligen Fund gemacht hatte, der sein armes Herz zerriß. Wenn sie selber darauf gestoßen wären, so hätten sie gewiß verstanden, daß es auf Erden ein schmerzvolles Weh gibt, das denkbar grausamste Weh — das Weh des jäh gefundenen Gewissens. Sie hätten begriffen, daß auch sie ebenso jochgebeugt und geistig verkrüppelt waren wie der jammernde Säufer vor ihren Augen.

'Nein, ich muß es irgendwie loswerden! Sonst krepiere ich dran wie ein Hund!' dachte der bedauernswerte Saufbruder und wollte seinen Fund schon auf die Straße werfen, doch ein just dabeistehender Schutzmann hielt ihn an.

»Du, Bürschlein, du scheinst mir heimlich den Leuten Schmähschriften zustecken zu wollen!« sagte er, ihm mit dem Finger drohend. »Bei mir, mein Lieber, gibt's so was nicht, und dafür kommt man leicht auf die Wache!«

Der Trinker verbarg geschwind seinen Fund wieder in der Tasche und suchte das Weite. Sich umschauend, näherte er sich schleichenden Schritts einer Schankwirtschaft, dic cin alter Bekannter von ihm, namens Prochorytsch, betrieb. Zuvor warf er verstohlen einen Blick durchs Fenster, und als er sah, daß niemand im Gastraum war und Prochorytsch mutterseelenallein hinterm Schanktisch vor sich hinduselte, riß er im Handumdrehen die Tür auf, lief hinein, und ehe sich Prochorytsch versah, lag der entsetzliche Fund schon in seiner Hand.

Eine Weile stand Prochorytsch mit starr aufgerissenen Augen da; dann brach ihm auf einmal der Schweiß aus allen Poren. Irgendwie hatte er ein Gefühl, als betreibe er seine Wirtschaft ohne Schankkonzession; er blickte sich forschend um und vergewisserte sich, daß sämtliche Patente — blaue, grüne und gelbe — da waren. Er besah sich den alten Lappen, der ihm in die Hände geraten war, und er kam ihm so bekannt vor.

'Aha!' dämmerte es ihm: 'Ja, das ist doch derselbe Lappen, den ich mit großer Not los wurde, ehe es mir gelang, die Schankkonzession zu erwerben! Ja! Er ist's!'

Als er sich dessen vergewissert hatte, wurde ihm irgendwie sogleich klar, daß er nun tatsächlich ruiniert sei.

'Wenn man ein Geschäft betreibt und so ein Unflat hängt sich einem an — so ist unsereins so gut wie verloren! Kein Geschäft macht man mehr und wird auch keine weiter machen können!' überlegte er fast mechanisch; plötzlich begann er am ganzen Leibe zu zittern und erbleichte, als hätte ihm ein bis dahin ungekanntes Entsetzen ins Auge geschaut.

»Welche Schlechtigkeit, das arme Volk zum Trunk zu verleiten!« flüsterte das erwachte Gewissen.

»Frau! Arina Iwanowna!« schrie er auf, außer sich vor Entsetzen.

Arina Iwanowna kam sogleich herbeigelaufen, und kaum hatte sie erblickt, was ihr Prochorytsch neu erworben, da fing sie mit aufgeregter Stimme an zu schreien: »Hilfe! Du lieber Gott! Räuber!«

'Und warum soll ich wegen diesem Schuft in einem Augenblick alles verlieren?' sinnierte Prochorytsch, was sich offensichtlich auf den Säufer bezog, der ihm seinen Fund zugesteckt hatte. Dabei traten ihm dicke Schweißtropfen auf die Stirn.

Unterdessen füllte sich die Schenke allmählich mit Leuten; doch statt seine Gäste mit der üblichen Liebenswürdigkeit zu bewirten, lehnte es Prochorytsch zu ihrer äußersten Verwunderung nicht nur ab, ihnen Schnaps auszuschenken, sondern legte ihnen sogar in sehr rührender Weise dar, daß der Branntwein die Quelle allen Unglücks der armen Leute sei.

»Wenn du bloß ein Gläschen trinken würdest – das ginge noch! Das wäre dir sogar nützlich!« sprach er unter Tränen: »Aber du machst dich doch dran, als wolltest du einen ganzen Eimer aussaufen! Was hast du davon? Sie schleppen dich nachher auf die Wache; dort hauen sie dir den Buckel voll, und du gehst dann weg, grad als hättest du eine Belohnung gekriegt! Deine ganze Belohnung waren aber hundert Rutenhiebe! Na, siehst du, überleg's dir selber, mein Lieber, lohnt sich das, deswegen zu schuften und dazu dann noch bei einem Schelm wie mir deine paar sauer verdienten Kopeken zu lassen?«

»Ja, was ist mit dir? Prochorytsch, du bist wohl oben übergeschnappt!« sagten die erstaunten Gäste zu ihm.

»Man muß ja den Verstand verlieren, wenn einem so was passiert wie mir!« erwiderte Prochorytsch: »Seht mal her, was für ein Patent ich heute erwischt habe!«

Prochorytsch zeigte das Gewissen vor, das man ihm zugesteckt, und erkundigte sich, ob nicht einer der Gäste dafür Verwendung habe. Sowie die Gäste jedoch erkannten, was es geschlagen hatte, zeigten sie sich nicht nur gar nicht dazu geneigt, sondern wichen sogar scheu beiseite und traten möglichst weit zurück.

»Das ist mir ein Patent!« setzte Prochorytsch nicht ohne Erbitterung hinzu.

»Was willst du nun anfangen?« fragten ihn die Gäste.

»Es bleibt mir, glaube ich, jetzt nur noch eins: sterben! Denn betrügen kann ich nun nicht mehr; und die armen Leute mit Wodka zum Trunke verleiten, dazu bin ich auch nicht mehr fähig; was bleibt mir da schon weiter als zu sterben?«

»Freilich!« machten sich die Gäste über ihn lustig.

»Ich denke jetzt sogar daran«, fuhr Prochorytsch fort, »dieses ganze Geschirr, das hier steht, kurz und klein zu schlagen und den Branntwein in die Gosse zu schütten! Denn wenn jemand Tugend besitzt, so läßt ihn schon der Geruch von Fusel sein Inneres umdrehen!«

»Untersteh dich nur!« legte sich schließlich Arina Iwanowna ins Zeug, deren Herz augenscheinlich vom Segen, der Prochorytsch so unerwartet zuteil geworden, nicht berührt war. »Sieh mal einer an, was für eine hübsche Tugend sich bei dir eingenistet hat!«

Mit Prochorytsch aber war schon nicht mehr viel zu machen. Er zerfloß in bitteren Tränen und redete und redete in einem fort.

»Denn«, sprach er, »wenn einen mal dieses Unglück betroffen hat, so muß er dann auch unglücklich bleiben. Und er darf es nicht wagen, etwa noch zu denken, daß er ein Händler oder ein Kaufmann ist. Denn das stürzt ihn bloß in neue Qualen. Er aber soll von sich so reden: ich bin ein unglücklicher Mensch in der Welt — und nichts weiter.«

Bei solchen philosophischen Übungen verging der ganze Tag, und obgleich sich Arina Iwanowna entschieden dem Vorhaben ihres Mannes, das Geschirr zu zerschlagen und den Branntwein in die Gosse zu schütten, widersetzte, so verkauften sie doch an diesem Tage keinen einzigen Tropfen. Gegen Abend wurde Prochorytsch geradezu vergnügt und sagte, als sie sich schlafen legten, zu seiner weinenden Arina Iwanowna:

»Nun, siehst du, mein Herzchen, mein allerliebstes Weib! Wir haben zwar heute auch nicht das geringste verdient, aber wie leicht ist's einem so zumute, wenn man ein Gewissen sein eigen nennt!«

Und wahrhaftig, kaum hatte er sich niedergelegt, so war er schon eingeschlummert. Er warf sich auch nicht hin und her, ja er schnarchte nicht einmal, wie er es sonst getan, als er noch gut verdiente, jedoch kein Gewissen hatte.

Arina Iwanowna aber dachte darüber ein bißchen anders. Sie wußte sehr wohl, daß im Schankgewerbe ein Gewissen durchaus keine angenehme Anschaffung darstellt, von der sich Gewinn erwarten läßt, weshalb sie auch den Entschluß faßte, den ungebetenen Gast um jeden Preis wieder loszuwerden. Ungeduldigen Herzens wartete sie das Ende der Nacht ab; kaum dämmerte das erste Tageslicht in den staubüberzogenen Fenstern der Schenke, als sie ihrem schlafenden Manne heimlich das Gewissen stahl und in größter Hast auf die Straße lief.

Es war gerade ein Markttag: Aus den umliegenden Dörfern zogen schon die Bauern mit ihren Karren herbei, und der Polizeirevieraufseher Greifzu begab sich in höchsteigener Person zum Markt, um für Ordnung zu sorgen. In dem Augenblick, als Arina Iwanowna den dahineilenden Greifzu sah, blitzte ihr auch schon ein fabelhafter Gedanke durch den Kopf. Geschwind lief sie ihm hinterdrein, und als sie ihn eingeholt hatte, steckte sie das Gewissen flugs mit erstaunlicher Geschicklichkeit in eine Tasche seines Mantels.

Greifzu gehörte keineswegs zu den ganz Unverschämten, allein er liebte es nicht, sich Zwang anzutun, und griff mit seinen Fängen ziemlich ungeniert zu. Nicht daß sein Gesichtsausdruck frech erschien, doch war er recht forsch. Seine Hände waren keine ausgesprochenen Langfinger, sie blieben aber gern an allerlei Dingen, die ihnen in den Weg kamen, hängen. Mit einem Wort, er war ein anständiger Freund vom Nehmen.

Und nun war dieser Mensch plötzlich feinfühlig geworden.

Er kam auf den Marktplatz, und es schien ihm, daß alles, was da auf Wagen, Verkaufsbänken und in den Buden ausgestellt war, nicht ihm gehöre, sondern anderen Leuten. Niemals war ihm dies früher so vorgekommen. Er rieb sich seine unverschämten Augen und überlegte: 'Bin ich denn ganz von Sinnen, erscheint mir das alles bloß im Traume?' Er trat an einen Wagen und wollte seine Finger ausstrecken, doch sein

Arm hob sich einfach nicht; er trat zu einem anderen Wagen und wollte den Bauern am Barte schütteln – o Schreck! Die Hand ging nicht auf! Er kriegte es mit der Angst zu tun.

'Was ist nur mit mir heute los?' dachte Greifzu: 'Auf diese Weise werd' ich mir am Ende für immer das ganze Geschäft verderben! Sollte man nicht gescheiter wieder nach Hause gehen?'

Er hoffte jedoch, es möchte vielleicht vorübergehen, und setzte seinen Weg über den Markt fort; er sah allerlei Geflügel zum Verkauf daliegen, Stoffe jeder Art waren ausgebreitet, und all das schien ihn verhöhnen zu wollen: wie nah ist dein Ellbogen, und doch kannst du nicht hineinbeißen!

Die Bauern aber wurden unterdessen immer dreister, als sie merkten, daß er so einfältig geworden war und lediglich mit den Augen nach ihrer Ware blinzelte; sie begannen Witze zu reißen und Greifzu vertraulich Fofan Fofanytsch zu nennen.

'Nein, das muß irgendeine Krankheit mit mir sein!' entschied Greifzu endlich und machte sich nun doch ohne Säcke, mit leeren Händen auf den Heimweg.

Als er nach Hause kam, erwartete ihn seine Frau schon und dachte bei sich: 'Wieviel Säcke wird mir mein lieber Mann heute wohl mitbringen?' – Und plötzlich hatte er keinen einzigen. Schon begann es in ihr zu kochen, und sie stürzte auf Greifzu los.

»Wo hast du die Säcke gelassen?« fragte sie ihn.

»Vor meinem Gewissen erachte ich es...«, begann Greifzu.

»Wo hast du die Säcke, frage ich?«

»Vor meinem Gewissen erachte ich es...«, setzte Greifzu nochmals an.

»Na, dann iß auch bis zum nächsten Markttag dein Gewissen zu Mittag, ich kann dir jedenfalls nichts vorsetzen!« sprach Frau Greifzu entschieden.

Greifzu ließ den Kopf hängen; denn er wußte, daß an

einem Wort seiner Frau nicht zu rütteln war. Er legte seinen Mantel ab – und plötzlich war er vollends wie umgewandelt! Da nun das Gewissen in dem Mantel an der Wand hing, wurde es ihm wieder leicht und frei zumute, und von neuem stellte sich das Gefühl ein, daß es auf der Welt keinerlei Güter gebe, die anderen gehören, sondern alles ihm. Wie zuvor verspürte er in sich die Fähigkeit, zu schlucken und zu greifen.

»Na, diesmal werdet ihr mir nicht entgehen, ihr Freundchen!« sagte Greifzu händereibend und schickte sich eilends an, seinen Mantel überzuziehen, um mit vollen Segeln zum Markte zu fliegen.

Doch, o Wunder! Kaum steckte er in seinem Mantel, begann es ihm abermals zu widerstreben. Gerade, als ob zwei Menschen in ihm wohnten: der eine, ohne Mantel, war unverschämt, habgierig und greiflustig, der andere, mit Mantel, schüchtern und zaghaft. Obgleich er jedoch sah, daß er schon wieder ganz friedfertig geworden, ehe er noch zum Tor hinaus war, gab er trotzdem sein Vorhaben, zum Markt zu gehen, nicht auf. 'Na, vielleicht kann ich mich überwinden', dachte er.

Aber je näher er dem Markte kam, desto stärker klopfte sein Herz, desto drängender meldete sich in ihm das Bedürfnis, sich mit allen diesen bescheidenen und kleinen Leuten, die sich eines Groschens wegen den ganzen Tag in Dreck und Regen abplagen müssen, auszusöhnen. Nun dachte er gar nicht mehr daran, nach fremden Säcken auszuschauen; sein eigenes Geldbeutelchen, das er in der Tasche trug, schien ihm auf einmal eine schwere Last, als hätte er plötzlich aus zuverlässiger Quelle erfahren, daß doch in diesem Beutel nicht sein eigenes, sondern das Geld anderer sei.

»Hier hast du fünfzehn Kopeken, mein Lieber!« sagte er und trat zu dem ersten besten Bauern, ihm eine Münze gebend.

»Ja, für was denn, Fofan Fofanytsch?«

»Dafür, mein Bester, daß ich dich neulich beschimpft habe! Verzeih mir um Christi willen!«

»Nun, vergelt's dir Gott!«

So wanderte er über den ganzen Markt und verteilte alles Geld, das er bei sich trug. Darauf, als er dies getan, versank er, obzwar er fühlte, wie sein Herz nunmehr leichter geworden war, in tiefe Nachdenklichkeit.

'Nein, das muß irgendeine Krankheit sein, was heute mit mir ist', sagte er abermals zu sich selber; 'ich will nur lieber nach Hause gehen; und bei dieser Gelegenheit nehme ich unterwegs gleich möglichst viele Bettler mit und speise sie, womit uns der Herrgott gesegnet!'

Gesagt — getan; er sammelte eine ungezählte Herde von Bettlern und führte sie auf seinen Hof. Frau Greifzu schlug die Hände überm Kopf zusammen und wartete schon darauf, was er weiter noch für Streiche anstellen werde. Er aber schritt sanft an ihr vorbei und sagte liebevoll zu ihr:

»Schau, meine Feodosia, da habe ich dir einige arme Obdachlose mitgebracht, um die du mich gebeten hast: gib ihnen Speise und Trank um Jesu Christi willen!«

Kaum aber hatte er seinen Mantel an den Haken gehängt, als es ihm wieder leicht und frei zumute wurde. Er blickte zum Fenster hinaus und sah auf seinem Hofe die Bettlerschaft der ganzen Stadt versammelt. Seine Augen blickten verständnislos: 'Was soll das? Ist's denn die Möglichkeit, daß solch eine Unmenge Bettler heute ausgepeitscht werden soll?'

»Was sind das für Leute?« raste er und lief auf den Hof.

»Wieso fragst du: was sind das für Leute? — Das sind alles Obdachlose, die du abspeisen wolltest!« erwiderte Frau Greifzu bissig.

»Fortjagen! Raus mit ihnen! So was!« schrie er mit überschnappender Stimme und stürzte wie ein Verrückter wieder ins Haus.

Lange wanderte er in der Stube auf und ab und überlegte immerzu, was nur mit ihm los sei? Er war doch allzeit ein untadeliger Mensch gewesen, ja in bezug auf die Erfüllung seiner Dienstpflichten einfach ein »Löwe«, und plötzlich war aus ihm ein Waschlappen geworden!

»Feodosia Petrowna! Beste! Binde mich fest, um Christi willen! Ich spüre, ich werde heute solche Dinge anstellen, daß sie nachher in einem ganzen Jahr nicht wieder gutzumachen sind!« flehte er.

Frau Greifzu sah, daß es um ihren Mann schlimm stand. Sie entkleidete ihn, brachte ihn ins Bett und flößte ihm Heißes ein. Erst nach einer Viertelstunde ging sie ins Vorzimmer und dachte bei sich: 'Ich muß doch mal in seinen Mantel sehen; vielleicht finden sich in den Taschen noch ein paar Groschen?' Sie durchsuchte die eine Tasche und fand einen leeren Geldbeutel; sie griff in die andere und entdeckte etwas in schmutziges, schmieriges Papier Gewickeltes. Als sie das Papier auseinanderschlug — stöhnte sie nur auf.

»Ja, sieh einer an, mit so was gibt er sich also jetzt ab!« sprach sie für sich: »Hat sich ein Gewissen in der Tasche zugelegt!«

Und sie begann nachzusinnen, an wen sie dieses Gewissen loswerden könnte, ohne daß es denjenigen ganz erdrücke, ihn hingegen nur ein wenig in Unruhe versetze. Und sie kam zu dem Schluß, es sei wohl am allerbesten bei dem vormaligen Pächter und jetzigen Finanzier und Eisenbahnunternehmer, dem Juden Samuel Davidowitsch Brshozki, aufgehoben.

'Der verträgt schon was!' meinte sie: 'Vielleicht wird er sich auch ein bißchen herumquälen, aber er übersteht's!'

Nachdem sie also ihren Entschluß gefaßt hatte, schob sie das Gewissen behutsam in ein Kuvert, versah den Brief mit der Adresse Brshozkis und warf ihn in einen Briefkasten.

»Na, nun kannst du unbesorgt wieder auf den Markt gehen«, sagte sie, nach Hause zurückgekehrt, zu ihrem Manne.

Samuel Davidytsch Brshozki saß, umgeben von seiner ganzen Familie, beim Mittagstisch. Neben ihm hatte sein zehnjähriger Sohn, Ruben Samuelowitsch, der im Geiste Bankgeschäfte abschloß, seinen Platz.

»Du, Papa, wenn ich dieses Goldstück, das du mir geschenkt hast, zu zwanzig Prozent im Monat anlege, wieviel Geld habe ich dann am Ende des Jahres?« fragte er.

»Sollen bloß einfache oder Zinseszinsen gerechnet werden?« fragte Samuel Davidytsch seinerseits.

»Selbstverständlich Zinseszinsen, Papachen!«

»Wenn man Zinseszinsen nimmt und die Brüche wegstreicht, so ergibt das fünfundvierzig Rubel und neunundsiebzig Kopeken!«

»So werd' ich's ausleihen, Papachen!«

»Tu das, mein Junge, nur mußt du ein sichres Pfand dafür nehmen!«

An der anderen Seite saß Jossel Samuelowitsch, ein Knabe von ungefähr sieben Jahren, und löste im Geist ebenfalls eine Rechenaufgabe: eine Herde Gänse flog...; ferner befanden sich noch Salomon Samuelowitsch und daneben David Samuelowitsch auf ihren Plätzen und berechneten, wieviel Prozente der letztere dem ersten für leihweise überlassenen Kandiszucker schulde. Am anderen Ende des Tisches saß die reizende Gattin Samuel Davidytschs, Lea Salomonowna, und hielt das niedliche Rebekkachen auf dem Arm, das instinktiv nach den glänzenden goldenen Armbändern patschte, die seine Mutter schmückten. Mit einem Wort, Samuel Davidytsch war glücklich. Er machte sich gerade daran, irgendeine außergewöhnliche Soße zu kosten, die förmlich mit Straußfedern und Brüsseler Spitzen garniert war, als ihm der Diener auf einem silbernen Tablett einen Brief überreichte.

Kaum hatte Samuel Davidytsch den Brief in die Hand genommen, da wand er sich auch schon wie ein Aal auf Kohlen.

»Was ist das denn! Was brauch' ich dies Dings!« jammerte er, am ganzen Leibe zitternd.

Obgleich keiner der Anwesenden dieses Geschrei zu deuten wußte, war es jedoch allen klar, daß die Mahlzeit nicht fortgesetzt werden konnte.

Ich will hier nicht die Marter beschreiben, die Samuel Davidytsch an jenem denkwürdigen Tage zu erdulden hatte; ich erwähne nur das eine: dieser dem Anschein nach schwächliche und zartgebaute Mensch ertrug heroisch die grausamsten Folterqualen, ohne zuzustimmen, daß auch nur ein Fünfzehnkopekenstück weggegeben werde.

»Was macht's mir schon! Gar nichts weiter! Halt mich nur schön fest, Lea!« redete er seiner Frau während der ärgsten Anfälle zu: »Und wenn ich nach der Kassette verlange — nein, nein, gib sie nicht! Mag ich lieber sterben!«

Da es aber in der Welt keine dermaßen schwierige Lage gibt, aus der nicht ein Ausweg führe, so fand sich dieser auch im vorliegenden Falle. Samuel Davidytsch entsann sich, daß er schon lange versprochen hatte, einer wohltätigen Stiftung, die unter dem Vorsitz eines ihm bekannten Generals stand, eine Spende zukommen zu lassen, doch hatte sich diese Angelegenheit aus irgendeinem Grunde von Tag zu Tag hinausgeschoben. Und da wies ihm nun das letzte Ereignis das rechte Mittel, dies alte Vorhaben zu verwirklichen.

Gedacht — getan. Samuel Davidytsch öffnete vorsichtig das Kuvert des zugesandten Briefes, nahm den Inhalt mit einer kleinen Zange heraus, schob diesen in einen anderen Umschlag, steckte noch eine Hundertrubelnote dazu, versiegelte ihn und begab sich zu dem bekannten General.

»Ich möchte Ihnen eine Spende übergeben, Euer Exzellenz!« sagte er und legte das Päckchen vor dem erfreuten General auf den Tisch.

»So, so! Das ist lobenswert!« gab der General zur Ant-

wort. »Ich habe immer gewußt, daß Sie... als Jude... und nach dem Gesetze Davids... Spielet und singet... so hieß es doch, nicht wahr?«
Der General verlor den Faden; denn er wußte nicht genau, ob es wirklich David war, der die Gesetze geschaffen hatte, oder ein anderer.
»Jawohl, Euer Exzellenz, aber was für Juden sind wir schon!« sprach Samuel Davidytsch hastig, bereits völlig erleichtert: »Nur dem Äußeren nach sind wir Juden, im Inneren aber sind wir echte Russen!«
»Ich danke Ihnen!« sagte der General: »Doch eins bedaure ich... als Christ... weshalb sollten Sie nicht, als Beispiel?... äh?...«
»Euer Exzellenz... wir sind nur dem Äußeren nach... glauben Sie mir, auf Ehre, nur dem Äußeren nach!«
»Trotzdem?«
»Euer Exzellenz!«
»Na, schon gut, schon gut! Christus mit Ihnen!«
Samuel Davidytsch flog nach Haus, als trügen ihn Flügel. Und am selben Abend hatte er bereits die ausgestandenen Qualen vollkommen vergessen und sich zur allseitigen Verwunderung eine so großartige Marktoperation ausgedacht, daß am anderen Tage allen ein Laut des Staunens entfuhr, als sie davon hörten.

So irrte das arme, verstoßene Gewissen noch lange durch die weite Welt und weilte bei vielen Tausenden von Menschen. Aber niemand wollte es für immer bei sich aufnehmen, jeder dachte im Gegenteil nur daran, wie er es wieder loswerden und, sei's auch durch Betrug, jemand anders unterschieben könne.
Schließlich wurde das arme Gewissen dessen selbst überdrüssig, nirgends eine Bleibe zu haben und ewig obdachlos bei fremden Leuten zu leben. Und da flehte es seinen letzten Wirt an, einen schäbigen Kleinbürger, der bei einer Budenreihe in einem Durchgang im

Staube handelte und mit diesem Handel einfach auf keinen grünen Zweig kommen konnte.
»Wozu quält ihr mich so!« klagte das arme Gewissen. »Weshalb behandelt ihr mich wie einen alten Wisch?«
»Was soll ich denn mit dir anfangen, liebes Gewissen, wenn dich niemand haben will?« fragte der schäbige Kleinbürger seinerseits.
»Nun, hör zu«, erwiderte das Gewissen, »such mir ein kleines russisches Kind, öffne sein reines Herz vor mir und senke mich tief darein! Vielleicht wird das unschuldige Kindlein mir für immer bei sich Wohnung geben und mich hegen und pflegen; vielleicht läßt es mich, während es selbst immer größer wird, in sich mit heranwachsen und wird später mit mir vor die Menschen hintreten, ohne sich meiner zu schämen.«
Alles geschah, wie es das Gewissen gesagt. Der Kleinbürger fand ein russisches Kindlein, tat dessen reines Herz auf und senkte das Gewissen tief hinein.
Nun wächst das kleine Kind heran und mit ihm das Gewissen in seinem Herzen. Und das Kindlein wird ein großer Mann werden, und ein großes Gewissen wird in ihm wohnen. Und dann werden alles Unrecht, alle Arglist und Gewalt verschwinden, weil das Gewissen nicht mehr verzagt beiseite stehen, sondern überall selbst Hand anlegen wird.

***********************************

## LEO TOLSTOI

*Leo Nikolajewitsch Graf Tolstoi wurde 1828 auf dem Stammgut Jasnaja Poljana ('Helle Lichtung') bei Tula »im tiefsten Herzen Rußlands« geboren, studierte an der Universität Kasan orientalische Sprachen und Jura. Von Rousseau begeistert, analysiert er sich selbst und bemüht sich 1847–51 um die Erziehung seiner Bauern. Gleichzeitig verschuldet er in Petersburg und Moskau. Seit 1851 dient er bei der Armee im Kaukasus. Es entstehen 'Die Geschichte meiner Kindheit' (1852) und 'Geschichten aus dem Kaukasus', worin 'Die Kosaken' (erst 1860 beendet), dieser »Bergstrom im Frühling!« (R. Rolland), den Sinn des Daseins erstmalig im einfachen Naturleben erblicken. Er nimmt am Krimkrieg mit seinem Heldentum und seiner Ruchlosigkeit teil; die drei Skizzen 'Sewastopol im Dezember 1854, Mai und August 1855', welche die Eigenliebe der Stabsoffiziere und die Pflichttreue der grauen Masse der Soldaten zum Gegenstande haben, machen ihn berühmt. Ende 1855 lernt er in Petersburg Turgenjew, Gontscharow u. a. kennen, ohne für sie oder den Liberalismus Sympathien zu empfinden. 'Der Schneesturm'. Von einer Auslandsreise nach Jasnaja Poljana zurückgekehrt – 'Luzern', 'Albert', 'Drei Tode', 'Eheglück' –, begibt er sich 1860/61 auf seine zweite Europareise, auf der er die pädagogischen Systeme studiert, um ein geeignetes für seine Bauern zu finden 'Polikuschka'. Im Jahre darauf heiratet er die Arzttochter Sofja Andrejewna Behrs. Die Polizei hält bei ihm Haussuchung und schließt seine Bauernschule In 'Krieg und Frieden' (1864 bis 1869) schuf er hinter der Handlung eine weit verzweigten Familiengeschichte, die zwischen 1805 und 1812 spielt, das riesige »Epos, dessen Held das russische Volk ist«. Hier erhebt sich Tolstoi vom Roman der tausend Einzelheiten und Einzelschicksale Unberühmter, Namenloser zum Roman der großen menschlichen Gemeinschaften Heer und Volk, hinter denen »jene unwägbaren Größen, die die Massen führen«, spürbar werden, jene Mächte, denen auch die Helden der Geschichtsbücher nur wie einem Fatum folgen können. »Mit niemals übertroffenem Realismus wurde das Leben der Nation, vom Treiben am Hof und beim Generalstab bis zu dem in Haus und Dorf geschildert; Schlachtenbilder, Wolfsjagden, Szenen auf Straßen, im Ball- und Theatersaal, im Wohnhaus und Lazarett, in Kinderstube wie in Kaisergemächern wirbeln durcheinander, mit schier unheimlicher Genauigkeit aufgenommen« (A. Brückner). Die Hauptfiguren: der lebhafte, aber trockene Fürst Andręj Bolkǫnski und der massige, weiche, schwerfällige Pierre Besụchow, beides nach dem Sinn des Lebens suchende, immer neu schwankende, sich nicht entwickelnde Wesens-Gestaltungen Tolstois selbst, erkennen schließlich, daß ein egoistisch gelebtes Leben sinnlos bleiben muß, da ihm der Tod im Nacken sitzt.*

*Tolstoi arbeitet jetzt jahrelang an einer Fibel und wirft sich dann auf das Studium des Griechischen. Als zweite Krönung seiner Reifezeit folgt 'Anna Karęnina' (1873–77), der Roman des Liebesverhängnisses bis zum tragischen Ende und ein Bild der russischen Gesellschaft um 1860, in dem Kritik geübt wird an ihrer Verfälschung der echten Gefühle. Anna, deren durch einen Ehebruch zustande gekommenes Liebesglück mit dem haltlosen Wronski darauf beruht, daß sie ein anderes Lebensglück zerstört, sucht den Tod auf den Eisenbahnschienen, während ihres Bruders täglichen Ehebruch als Verirrung eines »dummen Stücks Rindfleisch« niemand tragisch nimmt. In der Liebe ihres Schwagers Lęwin zu Kitty hat Tolstoi seine ersten Ehejahre dargestellt. Im Nachwort erscheint die Nächstenliebe und Weisheit des arbeitenden Volkes als Rettung.*

*Tolstoi bricht mit der orthodoxen Kirche wegen deren Unduldsamkeit und ihrem Eintreten für Krieg und Todesstrafe ('Kri-*

*tik der dogmatischen Theologie' 1879–81), hält Selbstgericht in der 'Beichte' (1879) und entwirft in 'Mein Glaube' (1883) die Grundzüge einer erneuerten urchristlichen Lehre; sie soll jedoch auf der Vernunft beruhen, die sich in der Liebe betätigt ('Das Leben', 1887). »Der Mensch kann nicht ausschließlich für Gott leben, noch für den Nächsten nur, das wäre widernatürlich, noch für sich selbst, das wäre unvernünftig; er kann nur für alle diese zusammen leben, und Richtschnur gewährt ihm das Christentum, nicht das historische, sondern das uralte der Evangelien, vor allem der Bergpredigt, entkleidet von Wundern und Dogmen« (A. Brückner), Bräuchen und Kirche. Der Heilige Synod belegt Tolstoi mit dem Kirchenbann. 1882 sieht er bei der Volkszählung in Moskau das Elend der großen Städte. Das soziale Problem tritt in den Vordergrund. 'Was sollen wir denn tun?' (1884–86) fordert die Abschaffung des Luxus, verwirft jedes Leben ohne körperliche Arbeit, klagt die Wissenschaftler und Künstler seiner Zeit als Kasten des Geistes an, die nicht genug tun zur Beseitigung der Ungleichheit und Gewalt. 'Was ist Kunst?' (seit 1882 bedacht, 1897/98 erschienen) will der »gezierten Gehirnkunst« der Reichen gegenüber die »lebendige, menschliche Kunst aufrichten, die die Menschen aller Klassen und aller Nationen eint« und »nicht mehr Eigentum einer einzelnen Klasse sein« wird. Als Musterbeispiele der neuen Kunst, die an der Einigung der Menschen durch Liebe arbeitet oder die der Liebe feindliche Welt bekämpft, schuf er: den 'Tod des Iwan Iljitsch' (1884–86), in dem die lächerliche Leere eines Lebens der Eigenliebe angesichts des Todes dargestellt wird, die von Einfachheit, Klarheit und Herzensgüte zeugenden 'Volkserzählungen' (1881–86, hierin 'Wieviel Erde braucht der Mensch?'), das Drama 'Die Macht der Finsternis' (1886), die Erzählungen 'Kreutzersonate' (1889) – die Abrechnung mit der allgemeinen Heuchelei der Gesellschaft –, 'Herr und Knecht' (1895), 'Kusmitsch', 'Vater Sergius', 'Hadschi Murat' und den Roman 'Auferstehung' (1899), eine Dichtung menschlichen Erbarmens. 1904/05 bekämpfte er die Kirche, die Selbstherrschaft und die Liberalen, die das Wort »Volk« mißbraucht hätten ('Krieg und Revo-*

*lution'), erklärt für »die große Revolution« das wahre Christentum, »die Grundlage für die Gleichheit unter den Menschen und die echte Freiheit« ('Das Ende einer Welt'), die »die Sklaverei von Millionen Menschen«: »die Monopolisierung des Bodens zum Nutzen von ein paar tausend reichen Leuten«, gutmachen wird ('Das große Verbrechen'). Damals stellt er gemäß den Evangelien das Gebot auf: »Widerstrebet nicht dem Bösen« ('Das Ende einer Welt'). Es besagt: du sollst dem Bösen keinen aktiven Widerstand leisten; denn dadurch häufst du Böses auf Böses. Nur wer dem Bösen nicht widerstrebe, arbeite für das Gute.*

*In den letzten Tagen seines Lebens flieht er seinen Besitz und stirbt zweiundachtzigjährig auf der Flucht am 20. November 1910 – auch als Novellist einer der größten Dichter der Welt.*

# WIEVIEL ERDE BRAUCHT DER MENSCH?

## I

Die ältere Schwester aus der Stadt war zur jüngeren aufs Land zu Besuch gekommen. Die ältere war mit einem Kaufmann in der Stadt verheiratet, die jüngere aber hatte einen Bauern aus dem Dorfe zum Mann. Die Schwestern tranken Tee und unterhielten sich. Da begann die ältere sich vor ihrer Schwester großzutun – ihr Leben in der Stadt zu rühmen, wie geräumig und sauber sie wohne, wie fein sie gekleidet gehe und ihre Kinder putze, wie gut sie esse und trinke und daß sie Ausflugs- und Vergnügungspartien im Wagen unternehme und ins Theater fahre.

Die jüngere Schwester wurde neidisch und suchte das Leben der Kaufleute herabzusetzen und ihr Bauerndasein zu loben.

»Ich möchte mein Leben nicht mit dem deinen vertauschen«, sagte sie. »Wenn wir auch einfach leben, so brauchen wir doch keine Bange zu haben. Der Bauer hat kein feines Leben, aber ein langes. Bei euch ist's, wie das Sprichwort sagt: Des Gewinns großer Bruder ist der Verlust. Entweder ihr verdient bei eurem Handel sehr viel, oder ihr verliert alles. Manchmal kommt's auch so: heute reich und morgen bettelarm.«

Die ältere Schwester meinte darauf: »Was für ein Wohlstand ist das schon! Mit Schweinen und Kälbern zusammen, ohne Eleganz, ohne Umgang, wie sich dein Mann auch abplacken mag. Und wie ihr auf dem Miste lebt, so sterbt ihr auch, und euren Kindern wird's ebenso gehen.«

»Was macht's«, erwiderte die Jüngere, »so ist unser Brot nun mal. Dafür leben wir sicher, weil das Land unser ist, beugen uns vor niemandem und fürchten keinen Menschen. Aber ihr in der Stadt seid immer von Versuchungen umgeben; heut ist's gut, doch morgen, sieh da, umgarnt einen der Böse – verleitet deinen Mann zu Kartenspiel und Branntwein oder bringt ihn an irgendein leichtes Frauenzimmer, und alles geht zugrunde. Ist's nicht so?«

Der Hausherr hörte vom Ofen aus dem Geschwätz der Frauen zu. »Das ist wahr«, mischte er sich ein, »wirklich wahr. Weil unsereins von Kindheit an das Mütterchen Erde um und um kehrt, kommt einem solch dummes Zeug gar nicht in den Kopf. Nur eins ist ein Elend: zu wenig Land hat man! Hätte man so viel Land, wie man möchte, niemanden würde ich fürchten, auch den Teufel selber nicht.«

Die Frauen tranken den Tee aus, schwatzten noch ein wenig über Kleider, räumten dann das Geschirr ab und legten sich schlafen.

Der Teufel hatte aber hinterm Ofen gesessen und alles gehört. Er freute sich, daß die Bauersfrau ihren Mann

zum Aufschneiden gebracht: hatte er doch behauptet, daß ihm, wenn er nur genug Land besäße, auch der Teufel nichts anhaben könne.
»Nun gut«, sprach der, »wohlan, die Wette gilt; ich geb' dir viel Land. Mit dem Land aber krieg' ich auch dich.«

## II

Die Bauern hatten die Besitzerin eines kleinen Landgutes zum Nachbarn. Sie besaß hundertzwanzig Deßjatinen Land und lebte früher mit den Bauern in gutem Frieden – hatte keinem je etwas zugefügt. Dann aber war ein verabschiedeter Soldat als Verwalter eingestellt worden. Und dieser neue Verwalter begann den Bauern mit Strafgeldern zuzusetzen. Wie sehr sich Pachom auch in acht nehmen mochte – aber nein, entweder lief das Pferd in den Hafer der Herrin – man jagte es heraus, und es gab eine Strafe; oder die Kuh fiel in den Garten ein, oder die Kälber entwischten auf die Wiese – und wieder gab's Strafe.
Pachom bezahlte und schalt und schlug dann die Seinen. Viel Sünde lud er des herrschaftlichen Landes wegen diesen Sommer auf sich. Der Sommer verging. Er war richtig froh, als das Vieh wieder auf dem Hof blieb – wenn ihm auch das Futter leid tat, doch brauchte er wenigstens keine Angst mehr auszustehen.
Im Winter lief das Gerücht um, daß die Gutsherrin Land verkaufen wolle und daß der Ausspannwirt von der großen Landstraße es zu erwerben gedenke. Die Bauern stöhnten, als sie dies hörten. 'Na, bekommt der Wirt das Land', dachten sie, 'dann plagt er uns schlimmer mit Strafen als die gnädige Frau. Wir können ohne dies Land nicht leben, wir sind ja rings von ihm umgeben.' Die Bauern gingen gemeinsam zur Gutsbesitzerin und baten, daß sie das Land nicht an den Ausspannwirt verkaufe, sondern ihnen ablasse. Sie

versprachen, mehr zu zahlen. Die Gutsherrin war einverstanden. Darauf kamen die Bauern überein, das Land durch die Dorfgemeinde zu erwerben. Sie hielten eine Versammlung ab und abermals eine – aber die Sache ging nicht vorwärts. Der Böse entzweite sie, so daß sie sich nicht einig werden konnten. Da beschlossen denn die Bauern, einzeln zu kaufen, soviel sich ein jeder leisten könne. Auch damit war die Herrin einverstanden. Nun hörte Pachom, daß sein Nachbar zwanzig Deßjatinen von der Gutsherrin gekauft und sie ihm die Hälfte des Geldes auf lange Zeit gestundet habe. Pachom wurde neidisch: 'Ich werd's noch verpassen', dachte er; 'sie kaufen das ganze Land, und für mich bleibt nichts übrig.' Er beriet sich mit seiner Frau.

»Alle kaufen sie, wir müssen auch an die zehn Deßjatinen kaufen«, sagte er. »So langt's ja kaum zum Leben.«

Sie überlegten, wie man das Kaufgeld zusammenkratzen könnte. Hundert Rubel waren beiseite gelegt; dann verkauften sie das Fohlen und die Hälfte der Bienen, ihren Sohn verdingten sie als Knecht, liehen sich endlich noch etwas vom Schwager und brachten so die Hälfte des Betrages auf.

Pachom nahm sein Geld, wählte sich einen Flecken Land aus, fünfzehn Deßjatinen mit etwas Wald, und ging zur Gutsbesitzerin, um mit ihr zu verhandeln. Er erwarb die fünfzehn Deßjatinen, sie bekräftigten es durch Handschlag, und er gab ihr das Angeld. Dann fuhren sie in die Stadt, um den Kaufvertrag aufzusetzen; die Hälfte des Preises zahlte er sogleich, das übrige verpflichtete er sich, im Laufe von zwei Jahren zu tilgen.

Nun hatte Pachom also Land. Er borgte sich Saatgut und besäte das gekaufte Land. Alles gedieh aufs beste. In einem Jahr konnte er seine Schuld an die Gutsherrin und an den Schwager abtragen. So war Pachom nun auch Gutsbesitzer geworden: sein eigenes Land pflügte und besäte er, auf seinem Land mähte er das Heu, auf seinem Land schlug er das Holz, und auf seinem Land weidete das Vieh. Fuhr Pachom zum Pflügen auf sein Land hinaus, das ihm für ewig eigen, oder ging er nach der jungen Saat und den Wiesen schauen, so ergriff ihn eine unbändige Freude. Das Gras und die Blumen gediehen und blühten da, schien es ihm, ganz anders als sonst. Wenn er früher an diesem Land vorbeifuhr, war es Grund und Boden wie aller anderer auch, während es jetzt ein ganz besonderes Land geworden war.

## III

So lebte Pachom und war zufrieden. Alles wäre so schön, wenn nur das Vieh der Bauern nicht beständig Pachoms Korn und Wiesen abweiden wollte. Er bat im guten, man hörte trotzdem nicht: Bald ließen die Hirten die Kühe auf die Wiesen, bald fielen die Pferde von der Nachbarweide ins Korn ein. Pachom jagte sie hinaus, verzieh alles und klagte nicht; später aber begann er sich beim Gemeindeamt zu beschweren. Er wußte selber, daß es die Bauern nicht vorsätzlich taten, sondern weil's ihnen an Platz fehlte, und dachte: 'Man darf's nicht durchgehen lassen, sonst weiden sie noch alles ab. Sie müssen mal eine Lehre kriegen.'
Und so verschaffte er ihnen einmal durchs Gericht eine Lehre und dann ein andermal; ein, zwei hatten Strafe zu zahlen. Die benachbarten Bauern bekamen einen Groll auf Pachom; das nächste Mal ließen sie absichtlich dort weiden. Eines Nachts schlich sich jemand ins Wäldchen und schnitt fast ein Dutzend junge Linden ab, um sich Bast zu holen. Als Pachom durch den Wald fuhr, sah er etwas weiß leuchten. Er fuhr hin – da lagen die abgeschälten jungen Stämme, und die

Baumstümpfe ragten aus der Erde. 'Wenn er wenigstens bloß die äußersten von dem Gebüsch abgesägt und einen stehengelassen hätte, aber der Schuft hat gleich alle umgelegt.' Pachom wurde böse. 'Ach, könnte ich rauskriegen, wer das getan hat', dachte er, 'ich würde es ihm schon heimzahlen.' Er überlegte lange, wer es sein könnte: 'Bestimmt niemand andres als Semka.' Er ging auf Semkas Hof suchen, ohne jedoch etwas zu finden; und sie beschimpften sich nur. Nun war er noch fester überzeugt, daß Semka es getan. Er machte eine Eingabe. Sie wurden vor Gericht geladen. Man verhandelte und verhandelte, endlich wurde der Bauer freigesprochen: es gab keine Beweise. Pachom fühlte sich noch ärger beleidigt; er überwarf sich mit dem Vorsteher und den Richtern. »Ihr haltet's mit den Dieben«, sagte er. »Wenn ihr selber rechtlich wärt, dann würdet ihr Diebe nicht freisprechen.« Pachom verzankte sich sowohl mit den Richtern wie mit seinen Nachbarn. Sie begannen ihm schon mit dem roten Hahn zu drohen. Auf dem Lande hatte Pachom nun mehr Raum, aber in der Gemeinde wurde ihm das Leben desto enger.

Und es lief zu jener Zeit ein Gerücht um, daß viel Volk in neue Landstriche ziehe. 'Ach', dachte Pachom, 'ich selber wüßte nicht, warum ich mein Land verlassen sollte, wenn aber von den Unseren welche gingen, würde bei uns mehr Platz. Ich nähme dann ihr Land. Und meines könnte ich schön abrunden; das Leben würde besser werden. So ist's doch zu eng.'

Eines Tages saß Pachom zu Hause, da trat ein wandernder Bauersmann ein. Sie ließen ihn übernachten, gaben ihm zu essen und kamen ins Gespräch. Woher ihn Gott des Weges führe, fragten sie. Der Bauer sagte, daß er von unten, hinter der Wolga, herkäme; dort sei er zur Arbeit gewesen. Ein Wort gab das andere, und der Bauer erzählte, wieviel Volk dorthin ziehe, um sich anzusiedeln. Er berichtete, Leute aus seinem Dorf wären dahin ausgewandert, hätten sich in die Gemeinde aufnehmen lassen und zehn Deßjatinen Land je Seele zugeteilt bekommen. Und einen Boden gäbe es dort, sagte er, daß sie, wenn sie Roggen säten, solches Stroh kriegten, daß man die Pferde nicht mehr sehen könne, und so viel trage es, daß an fünf Handvoll in einer Garbe wären. Ein Bauer sei ganz arm angekommen, nur mit seiner Hände Kraft, heute habe er sechs Pferde und zwei Kühe.

Da entflammte Pachoms Herz. Er dachte: 'Was soll ich hier in der Enge Not leiden, wenn man da so gut leben kann. Ich will hier Hof und Land verkaufen; dort richte ich mich dann mit diesem Gelde ein und schaffe mir eine vollkommene Wirtschaft. Hier aber in dieser Enge – ist's ein rechtes Elend. Doch muß man sich alles erst selber mal genau anschaun.'

Als der Sommer kam, ordnete er alles und machte sich auf den Weg. Mit dem Dampfschiff fuhr er die Wolga hinunter bis Samara und wanderte dann vierhundert Werst zu Fuß. Er kam in die Gegend. Alles war genauso, wie es ihm berichtet worden war: Die Bauern saßen auf zehn Deßjatinen je Seele zugeteilten Lands und nahmen gern neue in die Gemeinde auf. Und wenn einer gar Geld mitbrachte, so mochte er neben dem anteiligen Lande so viel zu ewigem Eigen kaufen, wie er wollte; für drei Rubel die Deßjatine konnte man allerbesten Boden kaufen, soviel man wollte.

Da nun Pachom alles erkundet hatte, kehrte er gegen den Herbst heim und begann sein Habe zu Geld zu machen. Sein Land verkaufte er mit Gewinn an einen Bauern, auch seine Hütte und das Vieh verkaufte er, schied aus der Gemeinde, wartete den Frühling ab und brach dann mit seiner Familie auf.

## IV

Mit seiner Familie in der neuen Gegend eingetroffen, ließ sich Pachom in einem großen Dorfe in die Gemeinde aufnehmen. Er trank zusammen mit den Ältesten, und sie fertigten ihm die nötigen Papiere aus. Ein Mann mit Geld ist überall willkommen. Sie nahmen Pachom auf und wiesen ihm, außer der Viehweide, für fünf Seelen fünfzig Deßjatinen anteiliges Land auf verschiedenen Fluren zu. Pachom richtete sich ein, schaffte Vieh an. Er hatte allein an dem ihm je Seele zugeteilten Land das Dreifache gegen früher. Und fruchtbarer Boden war es. Sein Leben war nun zehnmal besser als vordem. Ackerland und Weide hatte er zur Genüge. Vieh konnte er halten, soviel er mochte.
Die erste Zeit, solange er baute und sich einrichtete, schien Pachom alles wunderschön, kaum hatte er sich aber eingelebt, dünkte es ihm auch auf diesem Land zu eng. Im ersten Jahr säte Pachom auf seinem anteiligen Lande Weizen, der gut gedieh. Er bekam Lust, mehr Weizen zu säen, doch das Anteilsland reichte ihm nicht. Und der Boden, der noch zu haben war, eignete sich nicht dafür. Weizen säte man dort auf brachliegendes oder mit Steppengras bestandenes Land. Man bebaute es ein, zwei Jahre und ließ es dann brachliegen, bis es wieder mit Pfriemengras bewachsen war. Für solches Land gab es viele Liebhaber, aber für alle reichte es nicht. Auch Streit entstand darum; die Reicheren wollten selbst säen, die armen Schlucker jedoch ließen es den Kaufleuten ab, um ihre Abgaben zu zahlen. Pachom hätte gern etwas mehr bestellt. So begab er sich im anderen Jahr zum Kaufmann und erwarb Land auf ein Jahr. Er konnte nun mehr säen, und es gedieh gut; aber das Feld lag weit vom Dorfe ab: über fünfzehn Werst mußte man fahren. Da sah er, wie in der Umgegend Händlerbauern auf ihren Einzelhöfen saßen und reich wurden. 'Das wäre eine Sache',

dachte Pachom, 'wenn man sich auch ein Stück Land zu ewigem Eigen kaufen und einen Einzelhof bauen könnte. Alles läge schön rundherum.'
Und Pachom begann zu überlegen, wie er Land zu ewigem Eigen kaufen könnte.
So lebte Pachom drei Jahre. Er pachtete Land und säte Weizen. Es waren gute Jahre, der Weizen gedieh prächtig, und er konnte ein schönes Stück Geld beiseite legen. Er hätte nun sorglos leben können; aber es behagte Pachom nicht, jedes Jahr bei den Leuten Land erwerben und wegen des Landes so viel Zeit vergeuden zu müssen. Wo ein ordentlicher Boden zu haben war, da stürzten sogleich die Bauern drüber her und rissen alles an sich. Kam er zum Verpachter zu spät, so hatte er kein Land, das er bestellen konnte. So erwarb er im dritten Jahr halbpart mit einem Kaufmann Weideland von Bauern; sie hatten es schon gepflügt, da fingen die Bauern einen Prozeß an, und so war die Arbeit umsonst gewesen. 'Wenn ich mein eigenes Land hätte', dachte er, 'brauchte ich mich vor niemandem zu beugen, und es gäbe kein solches Mißgeschick.'
Und Pachom begann sich umzusehen, wo Land zu ewigem Eigen zu kaufen wäre. Er fand einen Bauern, der fünfhundert Deßjatinen besaß, aber in Not geraten war und spottbillig verkaufen wollte. Pachom trat mit ihm in Verhandlung. Man redete hin und her und einigte sich auf tausend Rubel; die Hälfte des Geldes sollte gestundet werden. Sie waren schon ganz handelseinig, als eines Tags ein durchreisender Kaufmann in Pachoms Hof fuhr, um seine Pferde zu füttern. Sie tranken Tee und unterhielten sich. Der Kaufmann erzählte, daß er aus dem fernen Baschkirenland käme. Dort, berichtete er, habe er von den Baschkiren fünftausend Deßjatinen Land gekauft. Und es kostete ganze tausend Rubel. Pachom fing an ihn auszufragen. Der Kaufmann erzählte: »Ich habe mir einfach die Ältesten

gewogen gemacht. Mäntel, Teppiche habe ich für ungefähr hundert Rubel verschenkt und eine Kiste Tee, und wer trinken wollte, dem hab' ich Branntwein gegeben, und so habe ich die Deßjatine für zwanzig Kopeken gekriegt.« Er zeigte den Kaufbrief vor. »Das Land«, sagte er, »liegt an einem Flüßchen und ist Steppe, mit lauter Pfriemengras bestanden.« Da erkundigte sich Pachom eingehend. »Das Land dort«, fuhr der Kaufmann fort, »kannst du nicht in einem Jahr umfahren: alles gehört den Baschkiren. Und dumm ist das Volk wie Hammel. Fast umsonst kann man es haben.« – 'Nun', dachte Pachom, 'was soll ich mir hier für meine tausend Rubel fünfhundert Deßjatinen kaufen und noch eine Schuld auf den Hals laden. Und dort kriege ich für tausend Rubel, soviel ich mag.'

## V

Pachom fragte genau, wie man dahingelange, und kaum hatte er den Kaufmann hinausbegleitet, ordnete er selbst alles für die Reise. Das Haus überließ er seiner Frau, während er sich mit einem Knecht auf den Weg machte. Als sie in eine Stadt kamen, kauften sie eine Kiste Tee, Geschenke, Branntwein – wie der Kaufmann gesagt. Sie fuhren und fuhren, fünfhundert Werst. Am siebenten Tage erreichten sie ein Baschkirenlager. Alles war so, wie der Kaufmann gesagt. Sie lebten in der Steppe, an einem Flüßchen, in Filzzelten. Sie selber pflügten nicht und aßen kein Brot. In der Steppe aber weideten ihr Vieh und die Pferdeherden. Hinter den Zelten waren die Fohlen angehalftert, und zweimal am Tag trieb man die Muttertiere zu ihnen; sie melkten die Stutenmilch und bereiteten Kumyß daraus. Die Weiber rührten den Kumyß und machten Käse, während die Männer nichts weiter kannten wie Kumyß und Tee trinken, Hammelfleisch essen und auf ihren Flöten spielen. Gut genährt und vergnügt waren sie alle, und den ganzen Sommer brachten sie müßig zu. Es war ein vollkommen ungebildetes Volk, das nicht Russisch verstand, aber gar freundliche Menschen.

Sowie die Baschkiren Pachom erblickten, kamen sie aus den Zelten hervor und umringten den Gast. Es fand sich auch ein Dolmetsch. Pachom sagte ihm, daß er wegen Land gekommen sei. Die Baschkiren freuten sich, nahmen Pachom mit, führten ihn in ein schönes Zelt, ließen ihn auf den Teppichen Platz nehmen, legten ihm weiche Kissen unter, setzten sich ringsum und bewirteten ihn dann mit Tee und Kumyß. Sie schlachteten einen Hammel und gaben ihm zu essen. Darauf holte Pachom die Geschenke aus seinem Wagen und verteilte sie an die Baschkiren. Er beschenkte sie mit all den Sachen und überreichte ihnen den Tee. Die Baschkiren freuten sich. Sie schwatzten in einem fort schnell durcheinander, dann hießen sie den Dolmetsch reden:

»Sie lassen dir sagen«, begann der Dolmetsch, »daß sie dich liebgewonnen haben und daß es bei uns Brauch ist, dem Gaste jedwede Freude zu machen und Geschenke mit Gegengaben zu erwidern. Du hast uns beschenkt, sage uns nun, was dir von unserem Gut gefällt, damit wir dir auch etwas schenken können.«

»Am meisten«, sprach Pachom, »hat mir bei euch das Land gefallen. Bei uns ist das Land knapp, und der Boden ist auch erschöpft, ihr aber habt so viel Land, und euer Boden ist gut. Noch nie hab' ich solchen gesehn.«

Der Dolmetsch übersetzte es. Die Baschkiren redeten lange untereinander. Pachom verstand nicht, was sie sagten, doch sah er, daß sie lustig waren, irgend etwas riefen und lachten. Dann wurden sie ruhig, schauten Pachom an, und der Dolmetsch sprach: »Sie lassen dir sagen, daß sie dich liebgewonnen haben und dir für deine Gaben gern so viel Land schenken, wie du magst.

Zeige uns nur mit der Hand, was du haben möchtest – es soll dein sein.«
Darauf redeten sie nochmals untereinander und kamen über etwas in Streit. Pachom fragte, weshalb sie stritten. Und der Dolmetsch antwortete: »Die einen meinen nämlich, daß man des Landes wegen den Ältesten fragen müsse und nichts ohne ihn tun dürfe. Die anderen aber sagen, es ginge auch ohne ihn.«

## VI

Indes sich die Baschkiren stritten, trat plötzlich ein Mann in einer Fuchspelzmütze herein. Alle verstummten und erhoben sich. Der Dolmetsch sagte: »Das ist der Älteste selbst.« Sogleich holte Pachom den besten Mantel hervor und überreichte ihn dem Ältesten nebst fünf Pfund Tee. Dieser nahm die Geschenke an und setzte sich auf den ersten Platz. Und sofort fingen die Baschkiren an, ihm zu berichten. Der Älteste hörte geduldig zu, neigte dann den Kopf, damit sie schwiegen, und sprach Pachom auf russisch an:
»Warum nicht«, sagte er, »das läßt sich machen. Nimm, was dir gefällt. Land ist ja genug da.«
'Wie kann ich einfach nehmen, soviel ich mag', dachte Pachom. 'Man muß es doch auf alle Fälle festlegen. Sonst sagen sie, das Land ist dein, und später nehmen sie mir's wieder weg.'
»Ich danke euch für eure lieben Worte«, antwortete er. »Land habt ihr in der Tat sehr viel. Aber ich brauche nur wenig. Doch möchte ich gern wissen, welches mir gehören soll. Und dann muß es auch irgendwie vermessen und mir übereignet werden. Leben und Tod liegt ja in Gottes Hand. Ihr guten Leute gebt es mir, aber eure Kinder vielleicht nehmen es mir wieder weg.«
»Du hast recht«, sagte der Älteste, »wir können es festlegen.«

Darauf begann Pachom: »Ich habe gehört, bei euch sei neulich ein Kaufmann gewesen. Ihr habt ihm ebenfalls Land abgegeben und ihm einen Kaufbrief ausgestellt; macht's doch mit mir genauso.«
Der Älteste verstand alles:
»Das läßt sich wohl machen. Wir haben auch einen Schreiber; dann fahren wir in die Stadt und lassen sämtliche Siegel aufdrücken.«
»Und welchen Preis wollt ihr nehmen?« fragte Pachom.
»Wir haben nur einen Preis: tausend Rubel für den Tag.«
Pachom verstand nicht: »Was ist denn das für ein Maß – ein Tag? Wieviel Deßjatinen gehen darauf?«
»Das wissen wir nicht«, meinte er. »Denn wir verkaufen nach Tagen; wieviel du an einem Tage umgehen kannst, so viel ist dein, und der Preis für einen Tag ist tausend Rubel.«
Pachom war erstaunt: »Ja, aber was man an einem Tage umgehen kann, das ist doch sehr viel Land.«
Der Älteste lachte auf. »Es ist alles dein«, sagte er. »Nur eine Bedingung gilt: Wenn du nicht bei Tag zu jener Stelle zurückkehrst, von der du ausgegangen bist, so ist dein Geld verloren.«
»Wie soll ich aber bezeichnen, wo ich entlanggehe?« fragte Pachom.
»Wir begeben uns an eine Stelle, die dir recht ist; wir bleiben stehen, während du losgehst und einen Kreis läufst; du nimmst eine Hacke mit und bringst, wo es nötig ist, Zeichen an; bei den Ecken machst du kleine Gruben, setzt Rasenstücke aufeinander, und später pflügen wir dann von einer Grube zur anderen eine Furche. Schlage deinen Kreis, wie du willst, nur mußt du bis Sonnenuntergang zu jener Stelle zurückkommen, von der du ausgegangen bist. Was du umgehst, ist alles dein.«
Pachom freute sich. Man beschloß, frühzeitig aufzu-

brechen. Dann unterhielten sie sich weiter, tranken Kumyß, aßen Hammelfleisch und tranken noch Tee; unterdessen war es Nacht geworden. Die Baschkiren wiesen Pachom ein weiches Nachtlager an und zerstreuten sich. Sie hatten versprochen, in der Früh beim Morgengrauen bereit zu sein, um vor Sonnenaufgang hinauszuziehen.

## VII

Pachom legte sich auf sein weiches Nachtlager, aber er konnte nicht einschlafen, beständig mußte er an das Land denken. 'Ich werde ihnen ein ganzes Palästina abzwacken', dachte er. 'Gegen fünfzig Werst kann ich an einem Tag um gehen. Die Tage sind ja jetzt unendlich lang; wieviel Land wird in fünfzig Werst drinstecken! Den schlechteren Boden verkaufe ich oder lasse ihn den Bauern ab, und den besten nehme ich für mich und setze mich selber drauf. Zwei Ochsengespanne schaffe ich mir an, zwei Knechte stelle ich ein: so ein halbhundert Deßjatinen Land werde ich umpflügen, und auf dem übrigen wird das Vieh weiden.'

Die ganze Nacht konnte Pachom keinen Schlaf finden. Erst kurz vor Morgengrauen schlummerte er ein. Und kaum war er eingeschlafen, hatte er auch schon einen Traum. Es träumte ihm, daß er in diesem selben Zelte läge und draußen jemand laut lachen höre. Und ihm war, als ob er nachschauen wolle, wer denn da lache, und aufstand, aus dem Zelte ging und sah – wie jener selbe Baschkirenälteste vor dem Zelte saß, sich mit beiden Händen den Bauch hielt und sich vor Lachen schier ausschütten wollte. Er trat zu ihm und fragte: »Warum lachst du?« Und er sah, daß es gar nicht der Baschkirenälteste war, sondern der Kaufmann, der ihn neulich aufgesucht und von dem Land erzählt hatte. Und kaum hatte er den Kaufmann gefragt: »Bist du schon lange hier?«, da war es auch schon nicht mehr der Kaufmann, sondern jener Bauer, der einst von unten, von der Wolga her, zu ihm gekommen. Dann sah Pachom, daß es auch nicht mehr der Bauer war, sondern der Teufel selber mit Hörnern und Hufen dasaß und laut lachte, während vor ihm ein Mann lag, barfuß, nur in Hemd und Hosen. Pachom blickte, so schien es ihm im Traum, genauer hin, was für ein Mann das sei. Und er sah, daß der Mann tot war und daß – er es selbst war. Pachom erschrak und fuhr auf. Erwacht, dachte er: 'Was man nur so zusammenträumt!' Er blickte um sich, sah durch die offne Tür – es wurde bereits hell und begann zu tagen. 'Ich muß die Leute wecken', überlegte er, 'es ist Zeit aufzubrechen.' Pachom erhob sich, weckte den Knecht im Wagen, hieß ihn anspannen und ging die Baschkiren wecken. »Es ist Zeit, in die Steppe zu fahren«, sagte er, »und mit dem Vermessen anzufangen.« Da standen die Baschkiren auf, versammelten sich alle, auch der Älteste kam. Wieder begannen die Baschkiren Kumyß zu trinken und wollten Pachom mit Tee bewirten, aber er konnte es nicht mehr erwarten und erklärte: »Wenn wir fahren wollen, so ist es jetzt höchste Zeit.«

## VIII

Die Baschkiren machten sich auf, die einen stiegen zu Pferd, die anderen setzten sich in ihre Wagen, und fort ging's. Pachom fuhr mit dem Knecht in seinem Wagen und hatte eine Hacke mitgenommen. Sie erreichten die Steppe, als eben der Morgen aufdämmerte. Dann fuhren sie eine kleine Anhöhe hinan, einen 'Schichan' auf baschkirisch. Sie stiegen aus den Wagen, sprangen von den Pferden und standen in einem Haufen beisammen. Der Älteste trat zu Pachom und deutete mit der Hand ins weite Land.

»Sieh«, sprach er, »das ist alles unser, soweit das Auge reicht. Wähle, was dir gefällt.«
Pachoms Augen leuchteten auf: Das ganze Land war mit Pfriemengras bestanden, eben wie eine Handfläche, schwarz wie Mohn, und in den Talsenken wuchs allerlei Gras, das brusthoch stand.
Der Älteste nahm die Fuchspelzmütze ab und legte sie auf die Erde.
»Das mag unser Merkzeichen sein«, sagte er. »Von hier gehst du los, und hierher mußt du wieder zurückkommen. Was du umgehst, soll alles dein sein.«
Pachom nahm das Geld hervor, tat es auf die Mütze, zog seinen Kaftan aus und behielt nur die Jacke an, gürtete sich den Riemen fester um den Leib und schnallte ihn straff, steckte sich einen Beutel mit Brot unters Gewand, hing ein Fläschchen mit Wasser an den Gürtel, zog die Stiefelschäfte hoch, nahm vom Knecht die Hacke und schickte sich an zu gehen. Lange überlegte er, welche Richtung er wohl einschlagen solle; denn es war überall schön. 'Ist ja ganz einerlei', dachte er, 'ich will gegen Sonnenaufgang gehen.' Er stellte sich mit dem Gesicht der Sonne zu, lockerte ein wenig seine Glieder und wartete, daß sie sich am Himmelsrande zeige. Er dachte: 'Ich darf keine Zeit verlieren. Solang es kühl ist, geht sich's leichter.' Kaum blitzte die Sonne am Himmelsrande auf, warf Pachom die Hacke über die Schulter und schritt in die Steppe hinaus.
Pachom ging nicht langsam, aber auch nicht schnell seines Wegs. Nachdem er eine Werst zurückgelegt, blieb er stehen, grub ein Loch und setzte einige Rasenstücke aufeinander, daß es besser zu finden sei. Dann wanderte er weiter. Er kam nun in Marsch und legte einen Schritt zu. Nachdem er wiederum eine Strecke gegangen war, grub er ein weiteres Loch.
Pachom schaute sich um. Im Sonnenschein war der Schichan noch gut zu sehen, auch die auf ihm stehen-

den Menschen und die blitzenden Radreifen der Wagen. Pachom schätzte, daß er gegen fünf Werst zurückgelegt hatte. Es begann ihm warm zu werden, so zog er die Jacke aus, warf sie auf die Schulter und schritt weiter. Es wurde heiß. Er blickte nach der lieben Sonne – schon war's Frühstückszeit.

'Eine Tagesschicht ist vorbei', überlegte Pachom. 'Es sind aber ihrer vier am Tag, noch ist's zu früh zum Abbiegen. Ich will nur meine Stiefel ausziehn.' Er setzte sich nieder, zog die Stiefel aus, befestigte sie am Gürtel und schritt weiter. So ging es sich leichter. 'Ich will noch meine fünf Werst gehen und dann nach links einbiegen. Der Fleck hier ist besonders schön, es wär' jammerschade, ihn liegenzulassen. Je weiter man kommt, desto besser wird's.' Und immer noch ging er geradeaus. Er schaute sich um – der Schichan war bereits kaum noch zu sehen, die Menschen darauf nahmen sich wie kleine schwarze Ameisen aus, und selten noch blitzte da etwas auf.

'Na, in dieser Richtung hab' ich genug mitgenommen', dachte Pachom; 'jetzt muß ich abbiegen. Bin ja ganz durchgeschwitzt und will auch mal was trinken.' Er machte halt, grub ein größeres Loch, setzte ein paar Rasenstücke aufeinander, machte das Fläschchen vom Riemen los, trank sich satt und bog dann scharf nach links ein. Er ging und ging, es kam nun ganz hohes Gras, die Hitze stieg, und Pachom begann müde zu werden; er blickte nach der lieben Sonne und sah, daß es eben Mittag war. 'Nun', meinte er bei sich, 'man muß ein bißchen ausruhen.' Pachom machte halt und setzte sich nieder. Er aß etwas Brot und trank von dem Wasser, legte sich jedoch nicht hin: 'Legst du dich, so schläfst du ein.' Er blieb ein Weilchen sitzen und wanderte dann weiter. Zuerst ging sich's leicht. Vom Essen waren seine Kräfte neu gestärkt. Doch war es schon sehr heiß, auch die Schläfrigkeit begann sich zu melden. Dennoch schritt er immer weiter und

dachte bei sich: 'Ein Stündchen Leid – ein Leb' lang Freud.'
Auch in dieser Richtung legte er noch eine beträchtliche Strecke zurück und wollte schon nach links einbiegen, da sah er auf einmal vor sich – eine feuchte Talsenke. 'Schade wär's, das liegenzulassen', ging es ihm durch den Kopf, 'hier würde der Flachs gut gedeihen.' Wieder schritt er gradeaus. Er nahm von der Talsenke Besitz, hob ein Loch hinter ihr aus und machte die zweite Ecke. Pachom blickte nach dem Schichan hin: Von der Wärme war es dunstig geworden, die Luft befand sich in zitternder Bewegung, und durch das Flimmern konnte man die Menschen auf dem Schichan kaum noch sehen. 'Na, ich hab' tüchtig lange Seiten genommen', dachte Pachom, 'diese muß ein bißchen kürzer werden.' Er schritt die dritte Seite entlang und begann einen Schritt zuzulegen. Er blickte nach der Sonne, die sich bereits zur Vesper neigte, dabei hatte er von der dritten Seite erst gegen zwei Werst zurückgelegt. Und bis zum Ziele waren es immer noch gut fünfzehn Werst. 'Nein', überlegte er, 'wenn's auch ein schiefer Besitz wird, aber ich muß nun grade draufzueilen. Ich darf nichts Unnötiges mehr mitnehmen. Ist ja auch so schon viel Land.' Pachom hob rasch ein Loch aus und wandte sich gradwegs dem Schichan zu.

## IX

Pachom ging jetzt schnurstracks auf den Schichan zu, und schon fiel es ihm arg schwer. Er war ganz verschwitzt, hatte sich seine nackten Füße aufgerissen und wundgelaufen, und seine Beine fingen auch schon an einzuknicken. Gern hätte er etwas ausgeruht; doch das durfte er keinesfalls – er käme sonst nicht mehr rechtzeitig vor Sonnenuntergang hin. Die Sonne wartete nicht, sie sank und sank immer tiefer. 'Ach, ob ich nicht einen Fehler gemacht, ob ich nicht zuviel mitgenommen habe?' dachte er. 'Was wird, wenn ich nicht mehr zurechtkomme?' Er blickte voraus nach dem Schichan, er blickte nach der Sonne: zum Ziel war's noch weit, die Sonne aber stand schon nah am Himmelsrand.

So ging Pachom weiter, schwer fiel's ihm zwar, doch beschleunigte er seine Schritte mehr und mehr. Er ging und ging – immer war's noch weit; er lief im Trab. Dann warf er Jacke, Stiefel, Fläschchen und Mütze weg, nur die Hacke behielt er und stützte sich darauf. 'Ach, ich bin zu gierig gewesen und habe die ganze Sache verdorben', fuhr es ihm durch den Sinn, 'ich werde nicht vor Sonnenuntergang hinkommen.' Und die Angst schnürte ihm den Atem noch mehr ab. Pachom lief, Hemd und Hosen klebten vor Schweiß an seinem Körper, der Mund war ihm ganz trocken. In seiner Brust arbeitete es wie Schmiedebälge, sein Herz pochte gleich einem Hammer, und die Beine knickten ihm ein – als wären es nicht die eigenen. Himmelangst wurde es da Pachom: er meinte vor Anstrengung zu sterben.

Er fürchtete zu sterben und konnte doch nicht haltmachen. 'So viel hab' ich umlaufen', dachte er, 'wenn ich jetzt stehenbleibe – heißen sie mich einen Dummkopf.' Er lief und lief, schon war er ganz nah heran und hörte, wie die Baschkiren kreischten und ihm zuschrien, und von ihrem Geschrei entbrannte sein Herz noch mehr. Pachom lief mit letzten Kräften, indes die Sonne sich bereits dem Himmelsrande näherte und ihn in Dunst hüllte; sie leuchtete groß, rot und blutig. Gleich, gleich mußte sie untertauchen. Die Sonne stand dicht vorm Untergang, aber auch zum Ziele war es nicht mehr weit. Schon sah Pachom die Menschen auf dem Schichan, die ihm mit den Händen zuwinkten, ihn anfeuerten. Er sah die Fuchspelzmütze auf der Erde und das Geld auf ihr, er sah auch den Ältesten, wie er am Boden hockte und sich mit den Händen den Bauch hielt. Und da erinnerte Pachom sich seines Traumes. 'Land', mußte er denken, 'hab' ich nun viel, ob aber der Herrgott mir beschieden hat, auf ihm zu leben? Ach, ich hab' mich zugrunde gerichtet, ich schaffe es nicht mehr.'

Pachom blickte nach der Sonne: sie hatte die Erde erreicht, schon war sie mit einem Stück hinabgetaucht und stand als Bogen am Horizont. Pachom setzte seine letzten Kräfte ein, stürzte mit dem ganzen Körper vorwärts, kaum vermochten seine Beine noch nachzukommen, daß er nicht fiel. So lief Pachom dem Schichan zu, als es plötzlich dunkel wurde. Er schaute sich um – die Sonne war untergegangen. Pachom ächzte. 'Umsonst', schoß es ihm durch den Kopf, 'waren all meine Mühen.' Schon wollte er stehenbleiben, aber er hörte, wie die Baschkiren immer noch weiterschrien, und ihm fiel ein, daß es von hier unten ja nur so schien, als wäre sie untergegangen, während sie auf dem Schichan noch nicht verschwunden war. Pachom schöpfte tief Luft und lief den Schichan hinan. Auf dem Hügel war es noch hell. Oben angelangt, sah Pachom die Mütze. Vor der Mütze saß der Älteste, lachte, hielt sich den Bauch mit den Händen. Pachom fiel der Traum ein, er stöhnte auf, seine Beine knickten ein, er stürzte vornüber und erreichte eben mit den Händen die Mütze.

»Ach, du wackrer Mann!« rief der Älteste aus. »Viel Land hast du dir erworben!«

Pachoms Knecht lief herbei und wollte ihm aufhelfen, aber aus seinem Munde floß Blut, und er lag tot hingestreckt.

Die Baschkiren schnalzten mit der Zunge: er tat ihnen leid.

Der Knecht aber nahm die Hacke, hob Pachom ein Grab aus, grad so lang, wie er vom Kopf bis zu den Füßen maß – drei Arschin, und begrub ihn.

* * * * * * * * * * * * * * * * * * * * * * * * * * * * * * * * *

# FJODOR DOSTOJEWSKI

*Fjodor Michailowitsch Dostojewski, der Anwalt der Bedrückten und Beleidigten, der Visionär und Ekstatiker, dessen die äußere Wirklichkeit überfliegende religiöse, politische oder philosophische Gesichte zu Unrecht von den konservativen Trägern des Cäsaropapismus seiner Zeit für sich in Anspruch genommen wurden, ist 1821 als Sohn eines adligen Anstaltsarztes in einem Moskauer Armenhaus geboren. Er besuchte ohne rechte Neigung von seinem sechzehnten Jahre an die Militäringenieurschule in Petersburg, wo er eifrig neben Puschkin vor allem Gogol, Schiller und Balzac, E. Th. A. Hoffmann, George Sand, Hugo und Sue las, und wurde 1841 zum Feldingenieurfähnrich befördert; er schied jedoch schon 1844 aus dem Militärdienst aus, um fortan als freier Schriftsteller zu leben. In dieser Zeit übersetzte er Balzacs 'Eugénie Grandet', während sein Bruder Michail für eine gemeinsam geplante Schiller-Ausgabe den 'Don Carlos' übertrug. »Mit leidenschaftlicher Glut, ja fast unter Tränen«, schrieb dann der fünfundzwanzigjährige »Gogol der Mansarde« (A. Suarès) seinen ersten Roman 'Arme Leute' (1846), der die Alltagsleiden des »kleinen Mannes« und sein demütiges, doch entschlossenes Eintreten für den Mitmenschen zeigt und Dostojewski durch Nekrassows und Belinskis leidenschaftliche Empfehlung über Nacht berühmt machte. Die darauf folgenden zehn psychologischen Novellen (darunter der 'Roman in neun Briefen', 'Herr Prochartschin', die komische 'Fremde Frau' und 'Der Ehemann unterm Bett' sowie 'Njetotschka Njeswanowa', in der das Geschlechtliche nur durch geistige*

*Gleichachtung des Mitmenschen sühnbar scheint) wurden dann allerdings von Belinski als »neurasthenischer Blödsinn« abgelehnt. In diese Zeit fallen auch die Romane 'Der Doppelgänger' (1846), die Vision des erniedrigten Menschen, und 'Helle Nächte' (1848).*

*Da riß die herrschende Politik den noch nicht Dreißigjährigen aus dem Beginn einer großen Laufbahn. Weil der im Kreise des von Fourier beeinflußten Revolutionärs Petraschewski den scharf kritischen Brief Belinskis an Gogol über dessen bigotten 'Briefwechsel mit Freunden' vorgelesen hatte, wurde er 1849 der »Teilnahme an verbrecherischen Plänen und Verbreitung eines Privatbriefes voll frecher Ausdrücke gegen die orthodoxe Kirche und die höchste Gewalt« angeklagt und auf dem Semjonowplatz in Petersburg auf dem Schafott zum Tode durch Erschießung verurteilt, eine halbe Stunde danach jedoch zu vier Jahren Zwangsarbeit in Sibirien begnadigt. Bis 1854 lebt er nun unter furchtbaren Bedingungen im Zuchthause zu Omsk, im »toten Hause«, zwischen Verbrechern; das Neue Testament ist seine einzige Lektüre. Danach als Soldat dem Semipalatinsker Regiment eingereiht, rückt er 1856 zum Unteroffizier und im Oktober dieses Jahres »wegen Auszeichnung im Dienste« zum Fähnrich auf, heiratet 1857 die hysterische Hauptmannswitwe Marja Dmitrijewna Issajewa – die ihm nach siebenjähriger unglücklicher und stets vom Geldmangel bedrängter Ehe an Schwindsucht stirbt –, erleidet auf der Rückfahrt von der Hochzeit zum Regiment seinen ersten schweren epileptischen Anfall und erwirkt 1859 seine Entlassung aus dem Heeresdienst und die Erlaubnis zur Rückkehr nach dem europäischen Rußland sowie zu schriftstellerischer Tätigkeit unter seinem Namen.*

*Er kehrt als ein Veränderter nach Petersburg zurück. Sein Ruhm und seine materielle Existenz sind durch die zehnjährige Verbannung zerstoben. Der Zuchthausaufenthalt hat dem ehemals selbstgewissen Schriftsteller den »höchsten Unterrichtskurs in der Wahrheit des Volkes« erteilt, einen Unterricht, in dem er sich als für diese geistige Rettung vor dem Hochmut dankbarer Schüler fühlte. Die Untreue seiner Frau lehrte ihn das Allverzeihen. Aus religiösem Tiefenerlebnis hält er schließlich auch seine ungerechte Verbannung für gerecht und erklärte später: »Uns hätte auch das russische Volk verurteilt ... Vielleicht wollte mich der Höchste selbst ins Zuchthaus bringen, damit ich dort etwas erfahre: das Wichtigste erfahre, ohne das man nicht leben kann, ohne das sich die Menschen gegenseitig auffressen müßten«: das Mitleid und die Demut gegenüber dem Nächsten, gegenüber jedem Menschen, auch dem niedrigsten. Der große Dostojewski mit der verwandelnden Kraft seines Mitleidens und Allverstehens hatte seine Grunderlebnisse erfahren, wenngleich diese von der Tiefe seines Wesens aus ihm erst allmählich zum Bewußtsein kamen.*

*Er schwingt sich zum zweitenmal als Schriftsteller empor. Mit seinem Bruder Michail gemeinsam begründet er 1860 die Zeitschrift 'Wremja' ('Die Zeit'). In ihr begrüßt er das Manifest der Bauernbefreiung von 1861 als Aufhebung der unter Christenmenschen unwürdigen Sklaverei, ohne jedoch zu erkennen, daß die Sklaverei auch nach der Verkündung des Manifests durch den wirtschaftlichen Druck der Grundherren auf die zur Abzahlung verpflichteten Bauern tatsächlich andauerte. Er sieht hier, wie im größten Teil seines späteren Werkes, den Menschen ohne seine geschichtlichen, wirtschaftlichen oder sozialen Voraussetzungen und Zusammenhänge, er sieht gleichsam einen zeitlosen Menschen schlechthin den sittlichen Entscheidungen und damit den Fragen der Lebensführung gegenübergestellt. Politisch führte ihn das schon in der 'Wremja' zum Irrtum. »Das Manifest hatte ihn für immer von dem guten Willen der russischen Regierung überzeugt ... Von nun an war die russische Revolution in Dostojewskis Augen nur mehr das Werk eines kleinen Häufchens russischer Intelligenten, ihr Nihilismus bloß eine vorübergehende, künstlich gezüchtete Erscheinung, bedeutungsvoll lediglich der geistigen Grundlage wegen« (K. Nötzel). Diese anfangs den Slawophilen seiner Zeit eigene Grundhaltung, die später besonders in seinen 'Dämonen' und im 'Tagebuch eines Schriftstellers' Ausdruck finden sollte, führte tragischerweise Dostojewski, den geistigen Neuwerter aus sittlicher und später religiöser*

*Inbrunst, der auf die Stimme der Ärmsten des Volkes zu hören glaubte, praktisch an die Seite Pobjedonoszews und Katkows, d. h. der nackten Gewalt und der geistlosen Erhaltung des Bestehenden um jeden Preis.*

*In den Jahren der 'Wremja' entstehen die Novellen 'Onkelchens Traum', 'Das Gut Stepantschikowo' (beide 1859), der Roman 'Erniedrigte und Beleidigte' (1861) und die düsteren 'Aufzeichnungen aus einem toten Hause' (1861/62), die Omsker Erinnerungen, die Dostojewski erneut berühmt machen. In ihnen werden die Verbrecher mit großer Kunst der Menschendarstellung als Kranke geschildert, die, um ihr bloßes Dasein zu erhalten und ihre Lust zu befriedigen, durch mangelnde Erziehung und ungünstige Umgebung den Sinn des Lebens, d. h. das Mitleid mit dem Mitmenschen, verloren haben, die immer nur sich selbst sehen: das ist ihre Krankheit; statt sie zu peinigen, solle man ihnen den verborgenen Sinn des Lebens erschließen. Solange man einen Menschen nicht als Mitmenschen berücksichtigt, sondern ihn nur als Mittel sieht, begeht man ein Verbrechen. So handelt Natascha in den 'Erniedrigten und Beleidigten' verbrecherisch gegen ihren früheren Bräutigam Wanja, von dessen Liebe sie alle Opfer für sich und ihren Geliebten Aljoscha annimmt, ohne Wanjas Neigung erwidern zu können.*

*Da erfolgt 1863 Dostojewskis zweiter Sturz: die 'Wremja' wird verboten. Dostojewski flieht vor seiner Misere ins Ausland und verfällt, an die Studentin Pauline Suslowa gefesselt, in Wiesbaden 1863 dem Roulett. Er hat diese Zeit danach in dem kleinen Roman 'Der Spieler' (1865) dichterisch behandelt, bei dessen Niederschrift er seine zweite Frau, die junge Stenografin Anna Grigorjewna Snitkina, kennenlernte. Seine neue Zeitschrift 'Epocha' (1864/65), in der die 'Aufzeichnungen aus dem Kellerloch' erscheinen, bricht zusammen. Frau und Bruder sterben. In diesen schwierigen Jahren entsteht der mit bewundernswerter Konzentration, einzigartiger Seelenzergliederung und atemraubender Spannung geschriebene Roman 'Schuld und Sühne' ('Raskolnikow', 1866), den wir als die Vollendung von Dostojewskis bisherigem Schaffen und als seinen* ersten großen Roman ansehen müssen. Dessen Held, der arme Student Raskolnikow, will, indem er die alte Pfandleiherin Aljona Iwanowna und deren Schwester Lisawjeta ermordet, um seine Mutter und Schwester vor Not zu retten, sich zugleich vor sich selbst seine Persönlichkeit beweisen, daß er dem allgemeinen moralischen Gesetz nicht unterstehe, ein »Napoleon, keine Laus« sei. Aber er muß begreifen, daß er sich geirrt hat, daß er kein Prinzip ist, sondern nur eine alte Frau getötet, daß er die äußerste Grenze nicht überschritten hat, sondern nur überschreiten wollte. Wenn er es aber begriffen hat, so muß er erschlaffen, erschrecken, auf den Marktplatz treten, niederknien und vor der Menge beichten. Der Einzelne unterwirft sich dem allgemeinen Sittengesetz. Raskolnikow läßt sich mit der büßenden Dirne Sonja Marmeladowa in die sibirische Verbannung schicken, seiner inneren Auferstehung zu einem neuen Leben entgegenbebend. Leider ist der zweite Roman, der Raskolnikows Läuterung darstellen sollte, nicht geschrieben.

Der Erfolg von 'Schuld und Sühne' war groß, jedoch die Honorare reichten nicht aus, um die Schulden zu tilgen. So reist Dostojewski 1867 mit seiner jungen Frau erneut ins Ausland und lebt, immer in fliegender Hast schaffend und von wirtschaftlicher Not gehetzt, in Genf, Vevey, Florenz, seit 1869 in Dresden. Dazwischen liegen seine Reisen an die Roulett-Tische in Homburg, Wiesbaden, Baden-Baden, Saxon-les-Bains. Er schreibt den Roman 'Der Idiot' (1868), der ihm selbst der liebste war, weil er dessen Helden, dem epileptischen Fürsten Myschkin, dem Verkünder grenzenloser Nächstenliebe, seine religiösen Erkenntnisse in den Mund gelegt hat, Worte wie »Mitleid ist das wichtigste, vielleicht das einzige Gesetz des menschlichen Seins«.

Über den ziemlich geringen Erfolg des 'Idioten' gegenüber 'Schuld und Sühne' gab sich Dostojewski keinen Täuschungen hin. Der letztere Roman hat ihn dann auch wirtschaftlich gerettet, so daß er 1871 nach Petersburg zurückkehren konnte. Hier beendete er den bereits erwähnten, seit seinem Erscheinen (1871/72) meistumstrittenen Roman 'Die Dämonen', in dem er unter der phantastisch ins Apokalyptische gesteigerten Maske *der Nihilisten fast alle fortschrittlichen Kräfte des damaligen Rußland zu verdammen suchte. Von der ekstatischen Jenseitsbetontheit seines religiösen Erlebnisses her erschienen ihm alle, die ein Reich des Glückes auf Erden ohne Gott zu errichten strebten, als Empörer, ethische Materialisten und Internationalisten. Er übersah in der Maßlosigkeit, der er sich selbst geziehen hat, dabei völlig die hohen sittlichen Eigenschaften seiner vermeintlichen Gegner und die Tatsache, daß das geschichtliche Recht auf ihrer Seite war. Gerade im Hinblick auf die 'Dämonen' hat Gorki gesagt: »Die Genialität Dostojewskis ist unbestreitbar, in der Darstellungskraft kommt seinem Talent vielleicht nur das Shakespeares gleich. Als Persönlichkeit aber, als 'Richter über die Welt und die Menschen', kann man sich ihn sehr leicht in der Rolle eines mittelalterlichen Inquisitors vorstellen.«*

*Von nun an stand er in seiner Zeit für die heftig protestierende Kritik der Linken und der liberalen Mitte als Reaktionär da. Dieser Eindruck verstärkte sich noch, als er seit 1873 in seinem 'Tagebuch eines Schriftstellers' (bis 1881) fortlaufend publizistisch recht unduldsam und häufig ganz im Sinne der herrschenden Gewalten Stellung nahm zu den Fragen der Zeit. Hier veröffentlichte er 1877 auch den unten folgenden 'Traum eines lächerlichen Menschen', der uns wie ein Rückblick auf den 'Idioten' anmutet und Dostojewskis große Forderung der Liebe zum Mitmenschen in charakteristischer und eindrucksvoller Handlung noch einmal zusammenfaßt. Auch die Erzählungen 'Bobok' und 'Die Sanfte' erschienen hier. Der Roman 'Der Jüngling' ('Podrọstok', 1875) blieb Bruchstück; denn alle Kräfte drängten Dostojewski jetzt zu dem Werke, mit dem er sein erzählendes Œuvre krönen und abschließen sollte: den 'Brüdern Karamạsow. Geschichte einer Sippe' (1879/80), mit dem er einen Gipfel der Weltliteratur erstieg. Es ist die große dialektische Auseinandersetzung zwischen den Lebenstypen der drei Söhne des alten, tierisch-sinnlichen Karamasow: Aljọschas, des Heiligen, der durch Eingebung weiß, daß alle Menschen Gott verschuldet sind, und daher keine Rache kennt; Iwạns, des Empörers gegen Gott, weil sein Geist das Leiden des*

*Gerechten und Unschuldigen nicht erträgt; Dmitris (Mitjas), der zwar wie sein Vater ein Sklave sinnlicher Leidenschaft ist, doch den Dämon in seiner Brust trägt, der sein schwaches Ich zur Entsühnung weist. Er hat mit dem Gedanken des Vatermordes gespielt, als dieser von dem durch Iwan zur Gottesleugnung verführten epileptischen Stiefbruder, dem Koch Smerdjakow, wirklich ermordet wird. Dmitri wird des Mordes angeklagt und nimmt die Verbannung nach Sibirien auf sich um der Schuld willen, die jeder von uns den Armen und Leidenden gegenüber hat. »Denn alle sind verantwortlich für alle.«*
*Mit diesem Grundakkord schließt der Erzähler Dostojeswki, der zugleich Rußlands größter Dramatiker war, wenn er auch kein einziges Bühnenstück gedichtet hat. Als er 1880, nach Turgenjew, in Moskau anläßlich der Enthüllung des Puschkin-Denkmals spricht, sinken seine Hörer vor der »hypnotischen Gewalt dieses unscheinbaren alten Mannes«, vom Taumel russischen Einheitsgefühls ergriffen, einander in die Arme. Man hält ihm einen Lorbeerkranz über sein Haupt. Er legt ihn am frühen Morgen des nächsten Tages am Puschkin-Denkmal nieder und verneigt sich tief. Der Anwalt der Bedrückten und Beleidigten, der Gottsucher, dessen Glaube ein immer neues Ringen »zwischen Sodom und Maria«, nie Stillstand war, der große Seelengestalter stirbt, noch nicht sechzigjährig, ein halbes Jahr später am Blutsturz in seiner Wohnung in einem Arbeiterviertel Petersburgs. Sein Begräbnis am 31. Januar 1881 auf dem Friedhof des Alexander-Newski-Klosters wird zu einer gewaltigen, für einen Augenblick ganz Petersburg einigenden Kundgebung.*

# DER TRAUM
# EINES LÄCHERLICHEN MENSCHEN

*Phantastische Erzählung*

## I

Ich bin ein lächerlicher Mensch. Sie nennen mich jetzt einen Verrückten. Dies wäre eine Rangerhöhung, wenn ich für sie nicht immer noch genauso lächerlich bliebe wie zuvor. Doch heute ärgere ich mich nicht mehr darüber, heut sind sie mir alle lieb, selbst wenn sie über mich lachen – ja, dann sind sie mir sogar irgendwie besonders lieb. Ich würde selber mit ihnen lachen – aber nicht etwa über mich, sondern weil ich sie liebe, wenn mir nur nicht so traurig zumute wäre, sobald ich sie anschaue. Traurig deshalb, weil sie nicht die Wahrheit kennen, ich aber kenne die Wahrheit. Ach, wie schwer ist's, als einziger die Wahrheit zu kennen! Doch verstehen sie das nicht. Nein, sie verstehen es nicht.

Früher bedrückte es mich sehr, daß ich lächerlich schien. Und nicht nur schien, sondern war. Ich bin immer schon lächerlich gewesen – ich weiß das auch –, vielleicht sogar von Geburt an. Vielleicht habe ich schon mit sieben Jahren gewußt, daß ich lächerlich war. Dann ging ich zur Schule, später besuchte ich die Universität, und wahrhaftig – je mehr ich lernte, desto mehr begriff ich, daß ich lächerlich sei. So daß mein ganzes Universitätsstudium für mich zuletzt gleichsam nur noch den Sinn hatte, mir in dem Maße, wie ich mich hineinvertiefte, zu beweisen und klarzulegen, daß ich lächerlich sei. Ähnlich wie in der Wissenschaft erging es mir auch im Leben. Mit jedem Jahre mehrte und befestigte sich in mir eben dies selbe Bewußtsein meiner in jeglicher Beziehung lächerlichen Art. Man belachte mich immer und überall. Allein keiner von ihnen verstand und erriet, daß, wenn es auf Erden einen Menschen gab, der mehr als alle anderen davon wußte, daß ich lächerlich sei, ich selbst es war; und eben das war für mich das Allerkränkendste, daß sie dies nicht wußten, doch hieran war ich selber schuld: ich war stets so stolz, daß ich's niemals und um keinen Preis vor jemandem eingestehen wollte. Dieser Stolz wuchs in mir mit den Jahren, und wenn es je geschehen wäre, daß ich mir vor jemandem erlaubt hätte – gleich wer es auch immer sei – zu bekennen, daß ich lächerlich bin, so würde ich mir, scheint's, auf der Stelle am gleichen Abend eine Revolverkugel durch den Kopf geschossen haben. Oh, wie hab' ich im Knabenalter darunter gelitten, ich möchte es nicht mehr ertragen und plötzlich irgendwie selber meinen Kameraden bekennen! Seitdem ich jedoch ein junger Mann geworden war, beruhigte ich mich aus irgendeinem Grunde ein wenig, obwohl ich mit jedem Jahr meine entsetzliche Eigenschaft immer mehr und mehr erkannte. Aus irgendeinem Grunde, weil ich nämlich bis heute nicht anzugeben vermag, weshalb. Vielleicht, weil in meiner Seele ein furchtbarer Gram eines Umstands wegen anwuchs, der bereits mein ganzes Ich unendlich überragte: Dies war nämlich die eine Überzeugung, zu der ich gelangt war, daß auf der Welt überall alles gleichgültig sei. Ich hatte das schon lange geahnt, doch die vollkommene Überzeugung stellte sich ganz plötzlich im vorigen Jahr ein. Ich fühlte auf einmal, daß es mir ganz gleich wäre, ob die Welt existierte oder ob einfach nichts da wäre. Ich begann mit meinem ganzen Wesen zu spüren und zu fühlen, daß um mich nichts war. Anfangs wollte es mir immer scheinen, daß es früher hingegen vieles gegeben, dann aber begriff ich, daß auch früher nichts da war und es bloß aus irgendeinem Grunde so schien. Allmählich gewann ich die Überzeugung, daß auch nie etwas sein werde. Da hörte ich plötzlich auf, mich über die Menschen zu ärgern, und fing an, sie fast nicht mehr zu bemerken. Wahrhaftig, es zeigte sich so-

gar in den unbedeutendsten Kleinigkeiten; es kam beispielsweise vor, daß ich die Leute anstieß, wenn ich auf der Straße ging. Und nicht etwa, weil ich in Gedanken war — worüber hätte ich auch nachdenken sollen, ich hatte damals gänzlich aufgehört, Gedanken nachzuhängen; mir war alles gleich. Ich hätte mich auch gut mit der Lösung von Fragen beschäftigen können; oh, nicht eine einzige habe ich gelöst, wieviel gab es doch ihrer? Aber mir war alles gleichgültig geworden, und die Fragen entschwanden mir alle.
Danach erkannte ich nun die Wahrheit. Ich erkannte die Wahrheit im vergangenen November, just am dritten November, und von da an entsinne ich mich jedes einzigen Augenblicks. Es war an einem trüben, dermaßen trüben Abend, wie es nur möglich sein kann. Ich kehrte damals in der elften Stunde abends heim und mußte eben denken, erinnere ich mich, daß es überhaupt keine trübere Zeit geben könne. Selbst in physischer Hinsicht. Den ganzen Tag hatte es geregnet, und es war ein sehr kalter und trüber Regen gewesen, ja ein gewissermaßen abscheulicher Regen mit einer sichtlichen Menschenfeindlichkeit, wie ich mich entsinne; aber da hatte er plötzlich in der elften Stunde aufgehört, und eine schreckliche Feuchtigkeit setzte ein, feuchter und kühler als während des Regens, und von allem stieg es wie Dampf auf, von jedem Stein auf der Straße und aus jeder Nebengasse, wenn man weit in ihrer ganzen Tiefe von der Straße aus hineinschaute. Mich dünkte es auf einmal, daß es freundlicher würde, wenn überall das Gas verlösche; denn beim Gaslicht war dem Herzen noch trauriger zumute, weil es all dies erst beleuchtete. Ich hatte an diesem Tage so gut wie nichts zu Mittag gegessen und vom frühen Abend an bei einem Ingenieur gehockt, bei dem auch noch zwei Freunde saßen. Ich hatte beständig geschwiegen und war ihnen, scheint's, langweilig geworden. Sie sprachen über etwas, das sie in Erregung brachte, und

auf einmal wurden sie sogar hitzig. Doch war es ihnen ganz gleichgültig, das sah ich, und sie erhitzten sich nur so. Ich äußerte dies auch plötzlich ihnen gegenüber: »Meine Herren, es ist Ihnen doch«, sagte ich, »ganz gleich.« Sie waren nicht beleidigt, sondern brachen alle über mich in ein Lachen aus. Das kam daher, daß ich es ohne jeglichen Vorwurf und einfach deshalb gesagt hatte, weil mir's ganz gleich war. Sie sahen auch, daß es mir ganz gleich war, und wurden recht lustig.

Als ich auf der Straße an die Gasbeleuchtung dachte, schaute ich zum Himmel auf. Der Himmel war entsetzlich finster, doch konnte man deutlich die zerrissenen Wolken erkennen und dazwischen abgrundtiefe schwarze Flecken. Plötzlich bemerkte ich in einem von diesen Flecken ein Sternchen und begann es unverwandt anzusehen. Und zwar deshalb, weil mir dieses Sternchen einen Gedanken eingab: ich beschloß, mir in dieser Nacht das Leben zu nehmen. Das hatte ich mir schon vor zwei Monaten fest vorgenommen und mir trotz meiner Armut einen vortrefflichen Revolver gekauft, den ich am selben Tage lud. Allein es waren schon zwei Monate verstrichen, und immer noch lag er im Schubkasten; aber mir war alles derart gleichgültig, daß ich schließlich einen Augenblick abpassen wollte, da mir nicht alles so einerlei wäre; warum ich so handelte – weiß ich nicht. So hatte ich nun in diesen zwei Monaten jede Nacht auf dem Heimweg gedacht, daß ich mich erschießen werde. Ich wartete immer auf den rechten Augenblick. Und da gab mir dies Sternchen den Gedanken ein, und ich beschloß, daß es unbedingt schon in dieser Nacht sein wird. Warum mir aber das Sternchen den Gedanken eingab – weiß ich nicht.

Und wie ich so zum Himmel aufschaute, da faßte mich plötzlich ein kleines Mädchen am Ellbogen. Die Straße war schon leer und fast niemand mehr zu sehen. In der

Ferne schlief ein Kutscher auf seiner Droschke. Das Mädchen war etwa acht Jahre alt, hatte nur ein Kleidchen an, ein Tüchlein umgeschlagen und war ganz naß; besonders prägten sich mir aber seine durchweichten, zerrissenen Schuhe ein, deren ich mich auch jetzt noch erinnere. Sie fielen mir besonders ins Auge. Es begann plötzlich mich am Ellbogen zu zupfen und anzurufen. Es weinte nicht, sondern stieß abgerissen irgendwelche Worte hervor, die es nicht recht aussprechen konnte; denn seinen ganzen Leib überliefen Schauer von Schüttelfrost. Das Kind war aus irgendeinem Grund in Schrecken und schrie verzweifelt: »Mamachen! Mamachen!« Ich wandte ihm schon das Gesicht zu, sagte aber dann kein Wort und schritt weiter; doch das Mädchen lief nebenher und zupfte mich, und seine Stimme hatte jenen Klang, der bei sehr erschreckten Kindern Verzweiflung bedeutet. Ich kenne diesen Klang. Obwohl es die Worte nicht richtig aussprach, verstand ich doch, daß seine Mutter irgendwo im Sterben lag oder ihnen etwas anderes zugestoßen und das Mädchen hinausgelaufen war, um jemanden zu rufen, Hilfe für seine Mama zu finden. Aber ich folgte ihm nicht, im Gegenteil, mir kam plötzlich der Gedanke, es fortzujagen. Ich sagte ihm zuerst, es möge sich einen Schutzmann suchen. Doch es faltete auf einmal die Händchen und lief schluchzend, außer Atem immerzu nebenher und ließ nicht ab von mir. Da stampfte ich schließlich mit dem Fuß auf und schrie es an. Das Kind stieß nur »Herr, Herr!...« hervor, ließ mich dann plötzlich und rannte jählings über die Straße: dort war ebenfalls ein Fußgänger aufgetaucht, und es stürzte offenbar zu ihm hinüber.

Ich stieg zum vierten Stock hinauf. Ich wohne bei Wirtsleuten, die möblierte Zimmer vermieten. Ein ärmliches und kleines Zimmer habe ich, mit einem halbrunden Mansardenfenster. Ein wachstuchbezogener Diwan, ein Tisch, auf dem die Bücher liegen, zwei Stühle stehen darin und ein bequemer alter, uralter, aber richtiger Voltairesessel. Ich setzte mich, zündete ein Licht an und begann zu sinnen. Nebenan, im anderen Zimmer, hinter einer Zwischenwand dauerte der Heidenlärm immer noch fort. So ging es nun schon seit vorgestern bei ihnen zu. Es wohnte da ein verabschiedeter Kapitän, der Besuch hatte – etwa sechs Mann niedriges Volk; sie tranken Wodka und spielten mit alten Karten 'Stoß'. In der vergangenen Nacht hatte es eine Rauferei gegeben, und ich weiß, daß sich zwei von ihnen lange in die Haare geraten waren. Die Wirtin wollte sich beschweren, doch hatte sie vor dem Kapitän entsetzliche Angst. Ansonsten haben wir in unseren Zimmern lediglich noch eine einzige Mieterin, eine hagere Dame von kleiner Gestalt, aus Militärkreisen, von auswärts, mit drei kleinen Kindern, die hier bei uns schon krank geworden sind. Sowohl sie wie auch ihre Kinder fürchten den Kapitän bis zur Besinnungslosigkeit und zittern und bekreuzen sich die ganze Nacht, während das kleinste Kind vor Angst irgendeinen Anfall bekommen hat. Dieser Kapitän hält – ich weiß es ganz sicher – manchmal Passanten auf dem Newskiprospekt an und bittet seiner Armut wegen um eine Gabe. In Dienst nimmt man ihn nicht mehr; aber sonderbarerweise (deswegen erzähle ich das bloß) hat der Kapitän in dem ganzen Monat, den er nun bei uns wohnt, bei mir keinerlei Verdruß erweckt. Einer Bekanntschaft bin ich natürlich von vornherein ausgewichen, und ihm selber wurde ich auch langweilig, schon als wir uns das erstemal sahen; aber wie sehr sie hinter ihrer Zwischenwand schreien mochten und wieviel ihrer da auch saßen – mir war's stets ganz einerlei. Ich sitze die ganze Nacht hindurch wach und höre sie wahrhaftig nicht – dermaßen pflege ich sie zu vergessen. Ich schlafe nämlich jede Nacht nicht bis zum Morgengrauen, und das geht nun schon ein ganzes Jahr so. Ich sitze die ganze Nacht hindurch am Tisch im Sessel und tue nichts. Bücher lese ich nur tagsüber. Ich sitze und denke dabei nicht einmal nach, sondern sitze bloß so; irgendwelche Gedanken ziehen mir durch den Sinn, und ich lasse ihnen freien Lauf. Das Licht brennt in der Nacht ganz herunter. Ich setzte mich also leise an den Tisch, nahm den Revolver heraus und legte ihn vor mich hin. Als ich ihn hinlegte, da fragte ich mich, wie ich mich entsinne: »Soll ich?«, und in voller Zustimmung antwortete es mir: »Es sei.« Das hieß, ich werde mich erschießen. Ich wußte, daß ich mich schon in dieser Nacht bestimmt erschießen werde, doch wie lange ich noch bis dahin am Tisch sitzen würde – dies wußte ich nicht. Ich hätte mich in der Tat auch erschossen, wenn nicht jenes kleine Mädchen gewesen wäre.

## II

Sehen Sie: wenn mir auch alles gleich war, so spürte ich aber beispielsweise doch den Schmerz. Hätte mir jemand einen Schlag versetzt, würde ich Schmerz empfunden haben. Genauso war es auch in geistiger Beziehung: hätte sich irgend etwas sehr Bedauerliches zugetragen, so würde ich Mitleid empfunden haben, genauso wie damals, als mir im Leben noch nicht alles gleich war. Auch eben hatte ich Mitleid empfunden: Einem Kinde hätte ich wirklich auf jeden Fall geholfen. Weshalb aber hatte ich dem kleinen Mädchen nicht geholfen? Nämlich einer Idee wegen, die mir da gerade gekommen war: als es mich zupfte und anrief, da trat mir plötzlich eine Frage entgegen, und ich konnte sie nicht lösen. Es war eine müßige Frage, doch ärgerte ich mich darüber. Ich ärgerte mich wegen jenes Schlusses, daß mir, wenn ich mich schon entschieden hatte, mir heute nacht das Leben zu nehmen, demnach alles auf der Welt jetzt mehr denn je ganz einerlei sein müsse. Weshalb aber fühlte ich auf einmal, daß mir nicht alles gleichgültig war und ich das Mädchen bemitleidete? Ich erinnere mich, daß ich es sehr bemitleidete; bis zu einem gewissen eigentümlichen Schmerz sogar, der doch in meiner Lage ganz unwahrscheinlich war. In der Tat, ich verstehe nicht, meine damalige vorübergehende Empfindung besser wiederzugeben; doch die Empfindung hielt auch zu Hause an, als ich mich bereits an den Tisch gesetzt hatte, und ich war sehr gereizt, wie schon lange nicht mehr. Erwägung reihte sich an Erwägung. Ich wurde mir darüber klar, daß ich, wenn ich ein Mensch und noch keine Null war, und solange ich mich nicht in eine Null verwandelt hatte, also lebe und folglich leiden, mich ärgern und Scham über meine Handlungen empfinden könne. Mag sein. Aber wenn ich mich nun beispielsweise in zwei Stunden umbringe, was kümmerte mich da das kleine Mädchen, was ginge mich dann sowohl Scham wie alles andere auf der Welt an? Ich verwandle mich in eine Null, in eine absolute Null. Und konnte denn das Bewußtsein dessen, daß ich sogleich vollkommen aufhören werde zu existieren, also auch nichts anderes mehr existieren werde, ohne die geringste Einwirkung auf das Gefühl des Mitleids gegenüber dem Mädchen und auf das Gefühl der Scham nach der begangenen Gemeinheit sein? Deshalb hatte ich ja mit dem Fuß aufgestampft und das unglückliche Kind mit wilder Stimme angeschrien; denn das hieß: 'Ich empfinde hier nicht nur gar kein Mitleid, sondern auch, wenn ich eine unmenschliche Gemeinheit begehe, so kann ich das jetzt, weil in zwei Stunden alles vorbei ist.' Glauben Sie, daß ich deshalb so schrie? Ich bin jetzt fast davon überzeugt. Mir wurde klar, daß nun Leben und Welt gleichsam von mir abhingen. Man kann sogar sagen, daß die Welt jetzt gleichsam für mich allein geschaffen war: erschieße ich mich, so wird auch die Welt nicht mehr sein, zumindest für mich. Ganz abgesehen davon, daß vielleicht tatsächlich nach mir für alle nichts mehr sein wird und die ganze Welt, sobald mein Bewußtsein erlischt, gleichfalls wie ein Trugbild, wie ein Attribut bloß meines Bewußtseins allein erlischt und sich verflüchtigt; denn vielleicht sind diese ganze Welt und alle diese Menschen – nur ich selbst. Ich entsinne mich, daß ich, als ich so dasaß und überlegte, alle diese neuen Fragen, die sich mir nacheinander aufdrängten, sogar ganz umkehrte und etwas völlig Neues erdachte. Mir kam zum Beispiel eine merkwürdige Erwägung: ob mir, wenn ich früher auf dem Mond oder auf dem Mars gelebt und da irgendeine höchst schändliche und ehrlose Tat, wie man sich's nur vorstellen kann, begangen hätte und dort dafür derart beschimpft und entehrt worden wäre, wie man es allenfalls nur manchmal in einem Alptraum empfindet und sich vorstellen kann, und wenn ich, dann auf die Erde versetzt, das Bewußtsein dessen, was ich auf dem anderen Planeten getan, weiterhin bewahrte und außerdem wüßte, daß ich dahin um keinen Preis und nie wieder zurückkehren werde, ob mir dann, von der Erde zum Mond aufblickend, alles ganz gleich wäre oder nicht? Würde ich über jene Tat Scham empfinden oder nicht? Es waren müßige und unnütze Fragen, da der Revolver schon vor mir lag und ich mit meinem ganzen Wesen wußte, daß es bestimmt sein werde, aber sie erhitzten mich und brachten mich in Wut. Es war, als könnte ich wirklich jetzt nicht sterben, bevor ich nicht irgendeine Lösung gefunden. Mit einem Wort, dies kleine Mädchen rettete mich, weil ich dieser Fragen wegen den Schuß verschob. Beim Kapitän war inzwischen auch alles still geworden. Sie hatten ihr Kartenspiel beendet, machten sich daran, sich schlafen zu legen, brummten aber einstweilen noch und schimpften träge aufeinander. Und da geschah, was mir vordem noch nie passiert war: Ich schlief auf einmal im Sessel am Tische ein. Ich schlief ganz unvermerkt ein. Träume sind bekanntlich eine höchst seltsame Sache: das eine bietet sich in erschreckender Klarheit, mit juwelierhaft feiner Ausarbeitung der Einzelheiten dar, während man sich über anderes hinwegsetzt, als würde es gar nicht bemerkt, wie zum Beispiel über Raum und Zeit. Die Träume lenkt, scheint's, nicht der Verstand, sondern der Wunsch, nicht der Kopf, sondern das Herz; indessen welch allerverschmitzteste Dinge hat mir mitunter mein Verstand im Traum vorgeführt! Und dabei gehen im Traum mit ihm ganz unfaßliche Dinge vor. Mein Bruder zum Beispiel ist vor fünf Jahren gestorben. Ich sehe ihn manchmal im Traum: Er nimmt Anteil an meinen Angelegenheiten und zeigt sich sehr interessiert, unterdessen aber weiß ich und erinnere ich mich während des ganzen Traumes doch ganz genau, daß mein Bruder gestorben und begraben ist. Wieso wundere ich mich nicht darüber, daß er, obgleich er tot, dennoch hier bei mir ist und sich mit meinen Sorgen befaßt? Warum läßt mein Verstand all dies überhaupt zu? Doch genug. Ich komme nun zu meinem Traum. Ja, ich hatte damals diesen Traum, meinen Traum am dritten November! Sie necken mich jetzt damit, daß es doch bloß ein Traum gewesen sei. Aber ist's denn wirklich nicht ganz gleich, ob Traum oder nicht, wenn dieser Traum mir die Wahrheit verkündet hat? Doch wenn man einmal die Wahrheit erkannt und sie gesehen hat, dann weiß man ja, daß sie die Wahrheit ist, daß es keine andere gibt und geben kann, gleich ob man schläft oder wach ist. Nun, mag es auch ein Traum sein, mag es immerhin so sein; dieses Leben aber, das ihr so preist, wollte ich durch Selbstmord auslöschen, und mein Traum, mein Traum – oh, er hat mir ein neues, großes, ein erneuertes, starkes Leben verkündet!

Hören Sie.

III

Ich habe gesagt, daß ich unvermerkt einschlief, mir schien es sogar, als ob ich meine Erwägungen über dieselben Materien fortsetzte. Plötzlich träumte mir, daß ich den Revolver nehme und ihn im Sitzen genau auf mein Herz richte – aufs Herz, und nicht gegen den Kopf; ich hatte aber früher beschlossen, mich unbedingt in den Kopf zu schießen, und zwar in die rechte Schläfe. Die Waffe gegen die Brust gerichtet, verharrte ich eine Sekunde oder zwei, und plötzlich begannen das Licht, der Tisch und die Wand sich vor mir zu bewegen und schwankten. Da drückte ich schnellstens ab.

Im Traume fällt man mitunter von der Höhe hinunter, oder man wird erstochen oder geschlagen, doch spürt man nie einen Schmerz, es sei denn, daß man sich wirklich irgendwie selbst am Bett stößt; dann empfindet man Schmerz und erwacht fast immer davon. So war es auch in meinem Traume. Schmerz empfand ich nicht, aber es kam mir vor, als ob durch meinen Schuß alles in mir erschüttert, alles urplötzlich erloschen und um mich herum entsetzlich schwarz geworden wäre. Ich war anscheinend blind und stumm geworden, und da lag ich nun auf etwas Hartem ausgestreckt, auf dem Rücken, sah nichts und vermochte nicht die kleinste Bewegung auszuführen. Ringsum Laufen und Schreien, der Kapitän sprach im Baß, die Wirtin kreischte – auf einmal abermals eine Pause, und dann trug man mich schon im geschlossenen Sarge dahin. Und ich spürte, wie der Sarg auf und nieder schwankte, sann darüber nach, und plötzlich überfiel mich zum erstenmal die Idee, daß ich doch gestorben, gänzlich gestorben war, dies wußte und nicht bezweifelte, daß ich nicht sehen und mich nicht rühren konnte, dabei aber fühlte und dachte. Allein bald hatte ich mich damit abgefunden und nahm, wie gewöhnlich im Traum, die Wirklichkeit widerspruchslos hin.

Und da gruben sie mich in die Erde. Dann gingen alle weg, ich war allein, ganz allein. Ich rührte mich nicht. Immer, wenn ich mir früher im Wachen vorstellte, wie man mich beerdigt, hatte ich mit dem Grabe eigentlich nur die Empfindung von Feuchtigkeit und Kälte verbunden. So fühlte ich auch jetzt, daß es mir sehr kalt war, insbesondere an den Zehenspitzen, doch weiter empfand ich nichts.

Ich lag und – wie sonderbar – erwartete nichts, indem ich widerspruchslos hinnahm, daß ein Toter nichts zu erwarten habe. Aber feucht war es. Ich weiß nicht, wieviel Zeit verstrich – ob eine Stunde, einige Tage oder viele Tage. Doch da fiel plötzlich auf mein linkes geschlossenes Auge ein durch den Sargdeckel gesickerter Wassertropfen, darauf nach einer Weile ein zweiter, dann nach einer Weile ein dritter und so weiter und so weiter, immer im Abstand einer Minute. Ein heftiger Unwille entbrannte auf einmal in meinem Herzen, und plötzlich spürte ich einen physischen Schmerz: 'Das ist meine Wunde', dachte ich, 'das ist der Schuß, da steckt die Kugel...' Der Tropfen jedoch fiel immerzu, jede Minute und genau auf mein geschlossenes Auge. Plötzlich rief ich – nicht mit meiner Stimme, denn ich lag reglos da, sondern mit meinem ganzen Wesen – zu dem Gebieter all dessen, was mit mir geschah, empor:

»Wer du auch sein magst, wenn du aber bist und wenn irgend etwas Vernünftigeres besteht als das, was jetzt geschieht, so laß es auch hier sein. Wenn du aber an mir für den unvernünftigen Selbstmord durch die Abscheulichkeit und den Unsinn eines weiteren Daseins Rache übst, so wisse, daß keine Qual, welche mich je träfe, jener Verachtung gleichkäme, die ich schweigend empfinden werde, selbst wenn die Marter Millionen Jahre dauerte!«

Ich rief es und verstummte. Fast eine ganze Minute herrschte tiefes Schweigen, es fiel sogar noch ein Tropfen, aber ich wußte, ich wußte und glaubte grenzenlos und unverrückbar, daß sich unbedingt gleich alles ändern werde. Da tat sich plötzlich mein Grab auf. Das heißt, ich weiß nicht, ob es geöffnet und aufgegraben wurde, jedenfalls nahm mich irgendein dunkles und mir unbekanntes Wesen davon, und schon befanden wir uns im Raum. Ich konnte auf einmal wieder sehen: Es war tiefe Nacht, und noch nie, niemals war solche Finsternis gewesen! Wir zogen schon weit von der Erde durch den Weltenraum. Ich fragte jenen, der mich trug, nach nichts, ich wartete und war stolz. Ich versicherte mir selbst, daß ich mich nicht fürchte, und war außer mir vor Entzücken bei dem Gedanken, daß ich mich nicht fürchte. Ich entsinne mich nicht, wie lange wir dahinflogen, ich kann mir's auch nicht vorstellen: Alles vollzog sich so, wie stets im Traum, wenn man sich über Raum und Zeit und über die Gesetze des Seins und der Vernunft hinwegsetzt und bloß bei den Punkten verweilt, von denen das Herz träumt. Ich entsinne mich, daß ich in der Finsternis plötzlich ein Sternchen sah. »Ist das der Sirius?« fragte ich, denn ich konnte mich auf einmal dessen nicht enthalten, wiewohl ich mir vorgenommen, nach nichts zu fragen. – »Nein, das ist derselbe Stern, den du zwischen den Wolken gesehen hast, als du heimkehrtest«, antwortete mir das Wesen, das mich davontrug. Ich wußte, daß es gleichsam ein menschliches Antlitz hatte. Sonderbarerweise liebte ich dieses Wesen nicht, empfand sogar eine tiefe Abneigung. Ich hatte völliges Nichtsein erwartet und mich darum ins Herz geschossen. Und da befand ich mich nun in den Händen eines Wesens, freilich keines menschlichen, welches jedoch da war, existierte: 'Also gibt es auch ein Leben nach dem Tode!' dachte ich mit der eigentümlichen Leichtfertigkeit des Traumes, aber der Kern meines Herzens blieb in seiner ganzen Tiefe unberührt: 'Und wenn ich aufs neue sein', dachte ich, 'und wiederum nach einem unabwendbaren Willen leben muß, so will ich mich doch nicht besiegen und erniedrigen lassen!' – »Du weißt, daß ich dich fürchte, und verachtest mich wohl deshalb«, sagte ich plötzlich zu meinem Reisegefährten; denn ich konnte mich der erniedrigenden Frage, in der ein Eingeständnis lag, nicht enthalten und spürte die Erniedrigung in meinem Herzen wie den Stich einer Stecknadel. Er antwortete nicht auf meine Frage, aber ich fühlte plötzlich, daß ich von ihm nicht verachtet, auch nicht belacht, nicht einmal bedauert wurde und daß unsere Reise ein unbekanntes, geheimnisvolles und mich allein angehendes Ziel hatte. Die Furcht mehrte sich in meinem Herzen. Stumm, doch qualvoll teilte sich mir etwas mit von meinem schweigsamen Weggefährten und durchdrang mich gleichsam. Wir flogen in finsteren und unbekannten Räumen dahin. Schon lange konnte ich die dem Auge vertrauten Sternbilder nicht mehr sehen. Ich wußte, daß es in den Himmelsräumen Sterne gibt, deren Strahlen erst nach Tausenden und Millionen Jahren die Erde erreichen. Vielleicht durchflogen wir bereits diese Räume. Ich erwartete etwas in schrecklicher, mein Herz quälender Bangigkeit. Und auf einmal erschütterte mich ein vertrautes und im höchsten Grade anheimelndes Gefühl: ich erblickte plötzlich die Sonne! Ich wußte, daß dies nicht unsere Sonne sein konnte, die unsere Erde hervorgebracht, und daß wir uns in unendlicher Entfernung von unserer Sonne bewegten, doch erkannte ich aus irgendeinem Grunde mit meinem ganzen Wesen, daß dies eine vollkommen ebensolche Sonne wie die unsere, ihre Wiederholung und ihre Doppelgängerin war. Ein süßes, anheimelndes Gefühl bewegte voll Entzücken meine Seele: die verwandte Kraft des Lichts, desselben, das mich geboren, hallte in meinem Herzen wider und belebte es von neuem, und ich spürte zum ersten Male nach meinem Begräbnis Leben, das frühere Leben in mir.

»Aber wenn das die Sonne, wenn das eine vollkommen ebensolche Sonne ist wie die unsere«, rief ich aus, »wo ist dann die Erde?« Mein Reisegefährte deutete auf einen winzigen Stern, der mit smaragdenem Glanze im Dunkel glitzerte. Wir bewegten uns genau auf ihn zu.

»Sind denn wirklich solche Wiederholungen im Weltall möglich, gibt es tatsächlich ein derartiges Naturgesetz?... Und wenn das da die Erde ist, ist sie wirklich eine ebensolche Erde wie die unsere... eine ganz genauso unglückliche, elende und doch teuere, ewig geliebte Erde, die auch ebensolche qualvolle Liebe zu sich, selbst bei ihren undankbarsten Kindern, erweckt wie die unsere?« rief ich aus, in unbändiger, begeisterter Liebe zu jener heimatlichen alten Erde erbebend, die ich verlassen. Die Gestalt des armen kleinen Mädchens, dem ich weh getan hatte, erstand im Geiste vor mir.

»Du wirst alles sehen«, erwiderte mein Weggefährte, und eine gewisse Traurigkeit schwang in seinen Worten. Wir näherten uns rasch dem Planeten. Er wuchs zusehends vor meinen Augen, schon konnte ich den Ozean, die Konturen Europas unterscheiden, und da entflammte plötzlich in meinem Herzen das eigene Gefühl einer großen, heiligen Eifersucht: »Wie kann es eine derartige Wiederholung geben, und wozu? Ich liebe und kann nur jene Erde, die ich verlassen, lieben, auf der die Spritzer meines Blutes verblieben sind, als ich Undankbarer mein Leben durch einen Schuß ins Herz auslöschte. Aber nie, niemals hab' ich aufgehört, jene Erde zu lieben, und selbst in jener Nacht, da ich von ihr schied, hab' ich sie vielleicht qualvoller geliebt denn je. Ob es auf dieser neuen Erde wohl Qualen gibt? Auf unserer Erde können wir wahrlich nur mit Qualen und durch Qualen lieben! Wir verstehen nicht, anders zu lieben, und kennen keine andere Liebe. Ich will Qualen, um zu lieben. Ich begehre, ich dürste in diesem Augenblick, nur allein jene Erde, die ich verlassen, unter strömenden Tränen zu küssen, und ich mag kein Leben auf einer anderen und weise es zurück!«

Allein mein Reisegefährte hatte mich bereits verlassen. Ich befand mich plötzlich, gleichsam ganz unvermerkt, auf dieser anderen Erde im hellen Sonnenschein eines paradiesisch schönen Tages. Ich stand anscheinend auf einer jener Inseln, die auf unserer Erde den Griechischen Archipel bilden, oder irgendwo nah der Küste des Festlands, das an diesen Archipel grenzt. Oh, alles war genauso wie bei uns, aber weit und breit schien es wie an einem Festtage, nach einem großen, heiligen und endlich errungenen Siege zu glänzen. Liebkosend schlug das smaragdene Meer leise gegen die Ufer und küßte sie merkbar, sichtlich mit fast bewußter Liebe. Hohe, prächtige Bäume standen in der ganzen Pracht ihrer Blüte, und ihre unzähligen kleinen Blätter sandten mir, ich war davon überzeugt, einen Willkommensgruß mit ihrem sanften, zärtlichen Rauschen, als ob sie Liebesworte sprächen. Das frische Wiesengras leuchtete mit seinen hellen, aromatischen Blumen. Vöglein flogen in Scharen durch die Luft, setzten sich, ohne sich vor mir zu fürchten, auf meine Schultern und Hände und schlugen mich fröhlich mit ihren lieben, flatternden Flügelchen. Endlich erblickte und erkannte ich die Menschen dieser glückseligen Erde. Sie kamen von selber zu mir, sie umringten mich, küßten mich. Diese Kinder der Sonne, Kinder ihrer Sonne – oh, wie waren sie schön! Nie habe ich auf unserer Erde bei Menschen solche Schönheit geschaut. Allenfalls bei unseren Kindern in den allerersten Jahren ihres Lebens mag man einen entfernten, wenngleich schwachen Abglanz dieser Schönheit finden. Die Augen dieser glücklichen Menschen leuchteten in hellem Glanz. Aus ihren Gesichtern strahlten Verstand und ein schon zur Ruhe vervollkommnetes Bewußtsein, doch waren ihre Züge fröhlich; in den Worten und

Stimmen dieser Menschen schwang kindliche Freude. Oh, ich hatte sogleich, beim ersten Blick auf ihre Gesichter, alles, alles begriffen! Das war eine nicht durch Sündenfall entweihte Erde; auf ihr lebten Menschen, die nicht gesündigt hatten; sie lebten in einem ebensolchen Paradiese, in dem, nach den Überlieferungen der gesamten Menschheit, auch unsere sündigenden Urahnen gelebt hatten, nur mit jenem Unterschied, daß hier die ganze Erde weit und breit ein einziges Paradies war. Diese Menschen drängten sich fröhlich lachend um mich und liebkosten mich; sie führten mich heim zu sich, und ein jeder von ihnen suchte mich zu beruhigen. Oh, sie fragten mich nach nichts, sondern wußten, so schien es mir, alles schon, und wollten gern schnellstens den Zug des Leidens aus meinem Gesicht verscheuchen.

## IV

Sehen Sie, ich betone es nochmals: Na, mag es bloß ein Traum gewesen sein! Aber das Gefühl der Liebe dieser unschuldigen und schönen Menschen ist für ewig in mir haften geblieben, und ich fühle, daß sich ihre Liebe auch jetzt noch von dort über mich ergießt. Ich habe sie selber gesehen, sie erkannt und mich überzeugt, ich habe sie geliebt und dann um sie gelitten. Oh, ich begriff sogleich, selbst damals, daß ich sie in vielem überhaupt nicht verstehen werde; mir als modernem russischem Fortschrittler und garstigem Petersburger schien es beispielsweise unergründbar, daß sie, die so viel wußten, unsere Wissenschaft nicht besaßen. Doch leuchtete mir bald ein, daß sich ihr Wissen durch ein anderes Eindringen als bei uns auf Erden vervollkommnete und nährte und daß auch ihre Bestrebungen ganz andere waren. Sie begehrten nichts und waren ruhig, sie strebten nicht so nach Erkenntnis des Lebens, wie wir es zu erkennen trachten, weil ihr

Leben ganz erfüllt war. Aber ihr Wissen war tiefer und höher als das unserer Wissenschaft; denn unsere Wissenschaft sucht zu erklären, was Leben denn sei, trachtet selbst danach, es zu erkennen, um andere leben zu lehren, sie aber wußten auch ohne Wissenschaft, wie sie zu leben haben; und dies begriff ich, ihr Wissen jedoch konnte ich nicht fassen. Sie deuteten vor mir auf ihre Bäume, und ich vermochte nicht jenes Maß von Liebe, womit sie auf sie schauten, zu verstehen: es war, als sprächen sie schier mit ihnen ähnlichen Geschöpfen. Wissen Sie, vielleicht täusche ich mich nicht, wenn ich sage, daß sie mit ihnen sprachen! Ja, sie hatten wohl ihre Sprache gefunden, und ich bin überzeugt, daß jene sie verstanden. So schauten sie auch auf die ganze Natur – auf die Tiere, die friedlich mit ihnen zusammenlebten, sie nicht angriffen und sie, von ihrer Liebe bezwungen, liebten. Sie deuteten vor mir nach den Sternen hin und sagten zu mir etwas von ihnen, was ich nicht fassen konnte, doch war ich überzeugt, daß sie mit den Sternen des Himmels gleichsam irgendwie in Verbindung traten, nicht allein gedanklich, vielmehr auf einem lebendigen Wege. Oh, diese Menschen trachteten nicht danach, daß ich sie verstünde, sie liebten mich auch ohne dies; indessen wußte ich aber, daß auch sie mich nie verstehen würden, und deshalb sprach ich zu ihnen fast nicht von unserer Erde. Ich küßte nur in ihrer Gegenwart jene Erde, auf der sie lebten, und betete sie selbst wortlos an; sie sahen dies und ließen mich gewähren, ohne sich zu schämen, daß ich sie anbetete, weil sie selbst so viel liebten. Sie grämten sich nicht um mich, wenn ich bisweilen unter Tränen, froh in meinem Herzen wissend, wie sehr sie meine Liebe erwiderten, ihre Füße küßte. Manchmal fragte ich mich verwundert: Wie konnten sie nur die ganze Zeit solch einen Menschen wie mich nicht beleidigen und kein einziges Mal bei solch einem Menschen wie mir das Gefühl der Eifersucht und des

Neids erwecken? Des öfteren fragte ich mich, wie konnte ich, ein Prahler und Lügner, ihnen nur nicht von meinen Kenntnissen erzählen, von denen sie gewiß keine Vorstellung hatten, und nicht das Verlangen hegen, sie damit in Verwunderung zu setzen, wenn auch bloß aus Liebe zu ihnen? – Sie waren mutwillig und fröhlich wie Kinder. Sie streiften durch ihre schönen Haine und Wälder, sie sangen ihre schönen Lieder, sie nährten sich von leichter Kost, von den Früchten ihrer Bäume, dem Honig ihrer Wälder und der Milch der sie liebenden Tiere. Für ihre Nahrung und Kleidung mühten sie sich nur wenig und leicht. Es gab bei ihnen Liebe, auch Kinder wurden geboren, doch bemerkte ich nie bei ihnen Ausbrüche jener grausamen Wollust, die schier alle auf unserer Erde erfaßt, alle und jeden, und die einzige Quelle nahezu aller Sünden unserer Menschheit bildet. Sie freuten sich über die Kinder als über neue, an ihrer Seligkeit Teilhabende. Unter ihnen gab es keinen Streit und keine Eifersucht, ja sie verstanden nicht einmal, was dies bedeute. Ihre Kinder waren die Kinder aller; denn alle bildeten eine große Familie. Es gab bei ihnen fast gar keine Krankheiten, obschon es den Tod gab; aber ihre Alten starben ruhig, gleichsam einschlafend, umringt von abschiednehmenden Menschen, die sie segneten, ihnen zulächelten und selbst von ihrem lichten Lächeln auf die Reise geleitet wurden. Trauer, Tränen habe ich dabei nicht gesehen, sondern nur eine gleichsam zum Entzücken gesteigerte Liebe, doch ein ruhiges, erfülltes, beschauliches Entzücken. – Man konnte meinen, daß sie mit ihren Verstorbenen sogar noch nach deren Hingang in Verbindung traten und die irdische Einigkeit unter ihnen nicht durch den Tod zerstört wurde. Sie verstanden mich fast nicht, da ich sie über das ewige Leben fragte, doch waren sie offenbar unbewußt so sehr davon überzeugt, daß dies für sie außer jeder Frage stand. Sie hatten keine Tempel, es bestand jedoch eine dauernde lebendige und ununterbrochene Einheit mit dem ganzen Weltall; sie hatten keinen Glauben, dafür aber die feste Gewißheit, daß für sie, wenn sich ihre irdische Freude bis zu den Grenzen der irdischen Natur erfüllt habe, dann für die Lebenden wie für die Verstorbenen eine noch größere Erweiterung der Verbindungen mit dem ganzen Weltall eintreten werde. Sie erwarteten diesen Augenblick in Freude, doch weder ungeduldig noch sich danach verzehrend, sondern als ob sie davon schon Vorahnungen in ihren Herzen trügen, von denen sie einander mitteilten. Des Abends, ehe sie schlafen gingen, fanden sie sich gern zu wohltönenden und harmonischen Chören zusammen. In diesen Liedern gaben sie alle Empfindungen wieder, die der scheidende Tag ihnen bereitet, priesen ihn und schieden von ihm. Sie priesen die Natur, die Erde, das Meer und die Wälder. Sie verfaßten gern Lieder aufeinander und rühmten sich gegenseitig wie Kinder; es waren äußerst schlichte Lieder, aber sie entströmten dem Herzen und drangen auch zum Herzen. Ja, sie beschränkten sich nicht allein auf Lieder, sondern brachten auch ihr ganzes Leben, wie es schien, nur damit zu, sich aneinander zu erfreuen. Es war wie eine allgemeine, gegenseitige, vollkommene Verliebtheit. Manche ihrer feierlichen und begeisterten Lieder aber konnte ich fast gar nicht begreifen. Ich verstand die Worte, vermochte jedoch nie zu ihrem ganzen Sinn vorzudringen. Jener blieb meinem Verstande gleichsam unzugänglich, dafür wurde mein Herz unbewußt und immer mehr und mehr wie durchtränkt davon. Ich sagte häufig zu ihnen, daß ich alles das früher schon längst geahnt, daß sich mir all diese Wonne und Herrlichkeit schon auf unserer Erde durch eine zehrende Sehnsucht offenbart habe, die zuweilen zu unerträglichem Weh angewachsen sei; daß ich sie alle und ihre Herrlichkeit in den Träumen meines Herzens und den Phantasiegebilden meines Verstandes geahnt, daß ich auf unserer Erde oft nicht ohne Tränen die sinkende Sonne hatte schauen können... Daß in meinem Haß gegen die Menschen unserer Erde stets Gram enthalten gewesen sei: Warum konnte ich sie nicht hassen, ohne sie zu lieben, warum konnte ich nicht umhin, ihnen zu verzeihen, während doch in meiner Liebe zu ihnen auch Gram lag; warum konnte ich sie nicht lieben, ohne sie zu hassen? Sie hörten mir zu, und ich sah, daß sie sich das nicht vorzustellen vermochten, was ich ihnen sagte; allein ich bereute es nicht, ihnen davon erzählt zu haben: ich wußte, daß sie die ganze Stärke meines Grams um jene, die ich verlassen, wohl verstanden. Ja, wenn sie mich mit ihrem guten, von Liebe erfüllten Blick anschauten, wenn ich spürte, daß bei ihnen mein Herz ebenso unschuldig und wahrhaft wurde, wie die ihren waren, so bedauerte ich es auch nicht, daß ich sie nicht verstand. Das Gefühl der Lebensfülle verschlug mir den Atem, und schweigend betete ich sie an.

Oh, alle lachen mir nun ins Gesicht und versichern mir, man könne solche Einzelheiten, wie ich sie eben wiedergäbe, gar nicht träumen; in meinem Traum hätte ich bloß eine einzige Empfindung geschaut oder gefühlt, die aber mein Herz im Fieberwahn erzeugt, während ich die Einzelheiten erst selber hinzugedichtet habe, nachdem ich erwacht. Und als ich ihnen entdeckte, daß es vielleicht in der Tat so gewesen war – mein Gott, was für ein Gelächter erhoben sie vor meinen Augen, und welch ein Vergnügen bereitete ich ihnen! O ja, freilich war ich nur von einer einzigen Empfindung jenes Traumes überwältigt worden, und nur sie allein war in meinem blutenden, wunden Herzen haftengeblieben. Dahingegen waren aber die wirklichen Bilder und Gestalten meines Traumes, das heißt diejenigen, die ich in der Tat eben während meines Traumgesichts gesehen hatte, von solch einer Harmonie erfüllt, so berückend und schön wie auch so wahrhaft gewesen, daß ich nach dem Erwachen natürlich nicht imstande war, sie in unsere schwachen Worte zu kleiden; so daß sie sich gleichsam in meinem Verstande verdunkeln mußten und ich folglich vielleicht wirklich selber unbewußt genötigt war, die Einzelheiten später zu erdichten und sie dabei selbstverständlich zu entstellen, besonders bei meinem leidenschaftlichen Wunsche, sie schnellstens und wenigstens einigermaßen wiederzugeben. Wie kann man mir indessen aber einfach nicht glauben, daß all das so gewesen war? Vielleicht war es gar tausendmal schöner, lichter und freudiger, als ich's erzähle? Mag es ein Traum sein, aber all dies konnte unmöglich nicht gewesen sein. Wissen Sie, ich will's Ihnen insgeheim verraten: vielleicht war das alles überhaupt kein Traum! Denn es geschah da etwas Derartiges, etwas so entsetzlich Wahrhaftes, daß man es nicht hätte träumen können. Mag jener Traum auch aus meinem Herzen geboren sein, aber war etwa mein Herz allein imstande, jenes entsetzlich wahre Geschehen zu erzeugen, das sich später zutrug? Wie hätte ich es lediglich erdenken oder im Herzen träumen können? Vermochten denn wirklich mein kleines Herz und mein launischer, nichtiger Verstand sich zu solcher Offenbarung der Wahrheit zu erheben! Oh, urteilen Sie selbst; ich hab' es bis jetzt verheimlicht, doch will ich nunmehr auch diese Wahrheit aussprechen. Die Sache ist nämlich die, daß ich sie alle verdarb!

## V

Ja, ja, es endete damit, daß ich sie alle verdarb! Wie das geschehen konnte – weiß ich nicht, doch entsinne ich mich noch gut. Der Traum durchflog Jahrtausende und hinterließ in mir lediglich die Empfindung eines Ganzen. Ich weiß nur, daß ich die Ursache des Sündenfalls war. Wie eine garstige Trichine, wie ein Pestatom, das ganze Staaten infiziert, so verseuchte auch ich diese glückliche, vor meinem Erscheinen sündlose Welt. Sie lernten lügen, fanden Gefallen an der Lüge und erkannten die Schönheit der Lüge. Oh, das fing vielleicht ganz unschuldig an, mit Scherz, mit Koketterie, mit Liebesspiel, in der Tat, vielleicht mit einem Atom, aber dieses Atom Lüge drang in ihre Herzen und gefiel ihnen. Sodann gedieh rasch die Wollust, die Wollust erzeugte Eifersucht, die Eifersucht – Grausamkeit... Oh, ich weiß nicht, ich entsinne mich nicht mehr, aber bald, sehr bald floß das erste Blut: Sie staunten und entsetzten sich und begannen auseinanderzugehen, sich abzusondern. Es entstanden Verbände, aber nun schon widereinander. Vorwürfe und Anschuldigungen wurden laut. Sie wurden mit der Scham bekannt und erhoben sie zur Tugend. Es bildete sich der Begriff der Ehre, und in jedem Verband hißte er sein Banner. Sie begannen die Tiere zu quälen, und die Tiere zogen sich von ihnen in die Wälder zurück und wurden ihre Feinde. Der Kampf um Trennung, um Absonderung, um Persönlichkeit, um Mein und Dein hob an. Sie fingen an in verschiedenen Sprachen zu reden. Sie erkannten das Leid und gewannen das Leid lieb, sie lechzten nach Qualen und sagten, daß die Wahrheit nur unter Qualen zu erlangen sei. Dann erschien bei ihnen die Wissenschaft. Als sie böse geworden waren, da begannen sie von Brüderlichkeit und Humanität zu reden und verstanden diese Ideen. Als sie verbrecherisch geworden waren, da erfanden sie die Gerechtigkeit und schrieben sich ganze Gesetzbücher vor, um jene zu wahren, und zur Sicherung der Gesetzbücher errichteten sie die Guillotine. Sie erinnerten sich kaum noch dessen, was sie verloren hatten, ja sie wollten es nicht einmal glauben, daß sie einst unschuldig und glücklich gewesen waren. Sie lachten sogar über die Möglichkeit dieses ihres früheren Glückes und nannten es Phantasterei. Sie konnten sich's nicht einmal bildlich und förmlich vorstellen; doch da geschah etwas gar Seltsames und

Wunderbares: obwohl sie jeglichen Glauben an ihr einstiges Glück verloren hatten und dieses als ein Märchen bezeichneten, begehrten sie doch so sehr von neuem, wiederum unschuldig und glücklich zu sein, daß sie vor dem Verlangen ihres Herzens wie Kinder niederfielen, dies Verlangen vergötterten, ihm Tempel bauten und anhoben, zu ihrer eigenen Idee, ihrem eigenen »Wunsche« zu beten, wobei sie zugleich an die Unmöglichkeit seiner Erfüllung und Verwirklichung glaubten, ihn jedoch unter Tränen anbeteten und verehrten. Und dennoch, wenn es einfach so möglich gewesen wäre, daß sie zu jenem unschuldigen und glücklichen Zustand zurückkehrten, den sie verloren hatten, und wenn ihnen plötzlich jemand diesen von neuem gezeigt und sie gefragt hätte, ob sie zu ihm zurückkehren wollten – so hätten sie es gewiß ausgeschlagen. Sie erwiderten mir: »Mögen wir lügnerisch, böse und ungerecht sein, wir wissen das und beklagen es, wir quälen uns selbst darum, peinigen und bestrafen uns mehr als vielleicht sogar jener barmherzige Richter, der uns einst richten wird und dessen Namen wir nicht kennen. Aber wir haben die Wissenschaft, und durch sie werden wir die Wahrheit aufs neue finden, doch werden wir sie nun bewußt entgegennehmen. Das Wissen steht über dem Gefühl, die Erkenntnis des Lebens – über dem Leben. Die Wissenschaft wird uns Allweisheit geben, die Allweisheit wird uns die Gesetze enthüllen, die Kenntnis der Gesetze des Glücks aber steht über dem Glück.« So sprachen sie nun, und diesen Worten gemäß liebte jeder sich selbst am meisten, sie konnten auch gar nicht anders. Ein jeder war so eifersüchtig um seine Persönlichkeit besorgt, daß er sich mit allen Kräften bemühte, nur die der anderen zu erniedrigen und herabzusetzen; und darin, meinte er, läge sein ganzer Lebenszweck. Sklaverei stellte sich ein, sogar freiwillige Sklaverei kam auf: die Schwachen ordneten sich gern den Stärksten unter, nur damit jene ihnen hülfen, die noch Schwächeren zu bedrücken. Es traten Gerechte auf, die zu diesen Menschen mit Tränen in den Augen kamen und zu ihnen von ihrer Würde, vom Verlust des Gleichmaßes und der Harmonie, vom Verschwinden der Scham bei ihnen sprachen. Man lachte über sie oder steinigte sie. Heiliges Blut floß auf den Schwellen der Tempel. Dafür begannen nun Leute zu erscheinen, die sich auszudenken suchten, wie alle aufs neue so zu vereinen wären, daß ein jeder, ohne davon abzulassen, sich selbst am meisten zu lieben, gleichzeitig keinen anderen mehr störe und auf diese Weise alle wie in einer einträchtigen Gesellschaft lebten. Sogar Kriege entstanden dieser Idee wegen. Sämtliche Kriegführenden glaubten zur gleichen Zeit fest daran, daß die Wissenschaft, die Allweisheit und das Gefühl der Selbsterhaltung die Menschen schließlich zwingen werden, sich zu einer einträchtigen und vernünftigen Gesellschaft zusammenzufinden, und deshalb bemühten sich die »Allweisen« einstweilen zur Beschleunigung der Angelegenheit, schnellstens alle »Unweisen« und diejenigen, die ihre Idee nicht verstanden, zu vertilgen, damit sie nicht ihrem Triumph im Wege stünden. Doch das Gefühl der Selbsterhaltung begann rasch nachzulassen, es erschienen Stolze und Wollüstlinge, die rundweg alles oder nichts forderten. Zur Erlangung des ersteren griffen sie zur Missetat, und wenn es nicht gelang – zum Selbstmord. Es entstanden Religionen mit dem Kult des Nichtseins und der Selbstvernichtung um der ewigen Ruhe im Nichts willen. Schließlich ermatteten diese Menschen im sinnlosen Mühen, und auf ihren Gesichtern zeigte sich Leiden – und da verkündeten diese Menschen, Leiden sei Schönheit, denn allein im Leiden liege Sinn. Sie besangen das Leiden in ihren Liedern. Ich ging händeringend unter ihnen einher und weinte über sie, doch liebte ich sie vielleicht noch mehr als vordem, da auf ihren Gesichtern noch nicht das Leiden stand und sie noch unschuldig und so schön waren. Ich gewann die von ihnen entweihte Erde noch mehr lieb als damals, als sie ein Paradies war, lediglich deshalb, weil auf ihr das Leid erschienen war. O weh, ich habe stets Kummer und Leid geliebt, aber nur für mich, für mich, über sie jedoch weinte ich voll Mitleid. Ich streckte die Arme nach ihnen, mich verzweifelt beschuldigend, verwünschend und verachtend. Ich sagte ihnen, daß all dies ich getan, ich allein; daß ich es war, der ihnen Laster, Verderbnis und Lüge gebracht hatte! Ich beschwor sie, mich zu kreuzigen, ja ich lehrte sie, wie man ein Kreuz zu machen hat. Ich brachte es nicht fertig, ich hatte nicht die Kraft, mich selber umzubringen, aber ich wollte von ihnen Qualen empfangen, ich lechzte nach Qualen, lechzte danach, in diesen Qualen mein Blut bis zum letzten Tropfen zu vergießen. Doch sie lachten bloß über mich und fingen an, mich zuletzt für einen Blödsinnigen zu halten. Sie rechtfertigten mich, sie sagten, daß sie nur das empfangen, was sie selber begehrt hätten, und daß alles, was jetzt sei, unmöglich nicht sein könne. Schließlich erklärten sie mir, daß ich ihnen gefährlich werde und sie mich ins Irrenhaus stecken würden, wenn ich nicht schwiege. Da drang der Gram mit solcher Macht in meine Seele, daß sich mein Herz zusammenkrampfte und ich fühlte, daß ich sterbe, und da — nun, da erwachte ich.

Es war bereits Morgen, das heißt, Tag geworden war es noch nicht; es schien aber gegen die sechste Stunde zu sein. Ich schlug die Augen in dem nämlichen Sessel auf, meine Kerze war ganz heruntergebrannt, beim Kapitän schlief alles, und ringsum herrschte eine Stille wie selten in unserer Wohnung. Ich sprang in äußerster Verwunderung hoch; nie war mir bisher dergleichen passiert, selbst in Geringfügigkeiten und Kleinigkeiten: so war ich beispielsweise noch nie in meinem Sessel eingeschlafen. Da blitzte plötzlich, indes ich so dastand und zu mir kam – plötzlich vor mir mein bereitgelegter, geladener Revolver auf – doch im gleichen Augenblick stieß ich ihn weg von mir! Oh, jetzt brauchte ich Leben und nochmals Leben! Ich hob die Arme empor und rief zur ewigen Wahrheit; ich rief nicht, nein, ich schluchzte auf; Entzücken, unermeßliches Entzücken erhob mein ganzes Wesen. Ja, Leben und – Verkünden! Zu verkünden beschloß ich in jenem Augenblick, und zwar mein ganzes Leben lang! Ich werde gehen und verkünden, ich will predigen – was? Die Wahrheit, denn ich hab' sie gesehen, sie mit eigenen Augen gesehen, ihre ganze Herrlichkeit geschaut!

Und seitdem verkünde ich nun! Dabei liebe ich alle, die über mich lachen, mehr denn die anderen. Warum das so ist – weiß ich nicht und kann es nicht erklären, aber mag es nur so sein. Sie sagen, daß ich jetzt schon irregehe, das heißt, wenn ich jetzt schon so auf Abwege geraten sei, wie solle es da erst später werden? Um die reine Wahrheit zu sagen: Ich gehe irre, und vielleicht wird's weiterhin gar noch schlimmer werden. Gewiß werde ich wohl noch manches Mal in die Irre gehen, bis ich herausgefunden habe, wie man zu verkünden hat, das heißt mit welchen Worten und mit welchen Taten, da dies sehr schwer zu vollbringen ist. Ich sehe ja jetzt alles wie den lichten Tag vor mir, aber hören Sie: Wer geht denn nicht irre! Und dabei bewegen sich doch alle auf ein und dasselbe zu, zumindest streben alle nach ein und demselben, vom Weisen bis zum letzten Räuber, nur auf verschiedenen Wegen. Das ist eine alte Weisheit, das Neue aber daran ist: ich kann gar nicht sehr irregehen. Denn ich hab' die Wahrheit geschaut, ich hab' sie gesehen und weiß, daß die Menschen schön und glücklich sein können, ohne die Fähigkeit, auf Erden zu leben, verloren zu haben. Ich will und kann nicht glauben, daß das Böse der normale Zustand der Menschen sei. Aber sie lachen ja alle bloß über diesen meinen Glauben.

Doch wie kann man mir nicht glauben: Ich hab' sie geschaut, die Wahrheit – nicht daß ich sie in meinem Geiste ersonnen hätte, nein, ich habe sie gesehen, gesehen, und ihr lebendiges Bild hat meine Seele auf ewig erfüllt. Ich habe sie in solch vollkommener Ganzheit geschaut, daß ich nicht glauben mag, die Menschen könnten sie nicht besitzen. Wie soll ich also irregehen? Ich werde freilich manches Mal abweichen und vielleicht sogar falsche Worte gebrauchen, aber nicht lange: das lebendige Bild dessen, was ich geschaut, wird stets mit mir sein und mich immer auf den rechten Weg weisen und geleiten. Oh, ich bin guten Muts, ich bin frisch, ich gehe, gehe meinen Weg, und währte es auch tausend Jahre. Wissen Sie, ich wollte es sogar erst verheimlichen, daß ich sie alle verdorben habe, aber das war ein Fehler – ja, schon der erste Fehler! Doch die Wahrheit flüsterte mir zu, daß ich lüge, und bewahrte mich davor und leitete mich. Aber wie das Paradies zu errichten sei – das weiß ich nicht, weil ich es nicht in Worten wiederzugeben vermag. Nach meinem Traum hatte ich die Worte hierfür verloren. Zum mindesten die wesentlichsten Worte, die notwendigsten. Aber mag es so sein: Ich werde hinausgehen und immerzu reden, unermüdlich, da ich es doch mit eigenen Augen gesehen habe, wenn ich's auch nicht recht wiederzugeben verstehe, was ich geschaut. Doch gerade das wollen die Spötter nicht begreifen: »Einen Traum«, meinen sie, »hat er gehabt, eine Fieberphantasie, eine Halluzination.« Ach! Ist das etwa sehr weise? Und sie sind so stolz darauf! Ein Traum? Was ist denn ein Traum? Ist unser Leben nicht ein Traum? Mehr noch sag' ich: Mag's so sein, mag es auch nie verwirklicht werden und nie ein Paradies geben (das leuchtet mir ja schon ein!) – nun, aber trotzdem werde ich alles verkünden. Und dabei ist es so einfach: an einem einzigen Tag, *in einer einzigen Stunde* ließe sich alles mit einem Male regeln! Das Wichtigste ist – lieb die anderen wie dich selbst, das eben ist das Wichtigste, und das ist alles, mehr ist durchaus nicht nötig, und gleich weiß man, wie es in Ordnung zu bringen ist. Dabei ist das doch nur jene alte Wahrheit, die man billionenmal wiederholt und gelesen und die doch nicht Wurzel gefaßt hat! »Die Erkenntnis des Lebens steht über dem Leben, die Kenntnis der Gesetze des Glücks – über dem Glück«, das ist's, wogegen es zu kämpfen gilt! Und ich werde es tun. Wenn alle nur wollten, dann käme alles sogleich in Ordnung.

Jenes kleine Mädchen aber habe ich wiedergefunden... Und ich will hingehen! Und ich werde hingehen!

* * * * * * * * * * * * * * * * * * * * * * * * * * * * * * * * * *

## NIKOLAI LESKOW

*Der »Zauberer des Wortes«, der zeitlebens nach einer sittlich-religiösen Neugeburt des Erstarrten suchte und dabei auch mannigfach irrte, der große Erzähler, der unter den einander widersprechenden Elementen von schöpferischem Idealismus und schonungslosem Kritizismus wirkte, Nikolai Semjonowitsch Leskow (sprich: Ljesskof) ist 1831 im Herrenhaus des Dorfes Gorochowo im Gouvernement Orjol in einer bäuerlichen Priesterfamilie geboren und verlebte hier seine Kindheit. Sein Vater hatte es nach Absolvierung des Seminars abgelehnt, »unter die Popen zu gehen«, und war vom Hauslehrer des Adels und vom Unterkanzlisten zum Steuer- und Gerichtsbeamten, schließlich zum Kollegienassessor und Hofrat mit erblichem Adelsprädikat und zum Beisitzer des Kriminalgerichts, erst im Kaukasus, dann in Orjol, aufgestiegen. Nikolai wurde von seiner »flinken und ungeduldigen« Mutter Marja Petrowna Alferjewa und der erzählungsfreudigen Amme Anna Stepanowna erzogen. »Ich glaube, kühn, vielleicht sogar vermessen sagen zu können, daß ich den russischen Menschen bis tief in sein Innerstes hinein kenne, und ich rechne mir das nicht als Verdienst an. Aber ich habe das Volk nicht in Unterhaltungen mit Petersburger Kutschern studiert, sondern ich bin mitten im Volk, auf der Weide an der Gostomlja, mit dem kleinen Kessel in der Hand aufgewachsen; ich habe mit ihm unter dem warmen Schafpelz auf dem tauigen Gras geschlafen, wenn die Pferde des Nachts auf der Koppel bleiben sollten, und ich habe auch hinter den Bündeln der staubigen Hanfstengel in der Ölmühle von Panino geschlafen; deshalb steht es mir weder zu, das Volk auf einen Podest zu erheben, noch es mit Füßen zu treten. Ich gehörte zum Volk, und ich habe im Volk viele Gevattern und Freunde, besonders an der Gostomlja. Ich stand diesen Menschen näher als alle Popensöhne unserer Pfarrei, die sich während ihrer Gemeindegänge bei den Bauern Hühner und Ferkel einfingen.« Weniger als dies ungebundene Leben auf dem Lande behagte dem Knaben der Besuch des Gymnasiums von Orjol (1841–46), das er vorzeitig und ohne Abschlußdiplom verließ; doch legte er bereits damals den Grund zu seiner »ungeheuren Belesenheit«. Als Angehöriger des Erbadels rückte er am Kriminalgericht von Orjol rasch vom Schreiber zum »Gehilfen des Tischvorstehers« auf, ließ sich jedoch neunzehnjährig in die gleiche Stellung bei der Rekrutierungsabteilung des Kameralhofes nach Kiew versetzen, um nicht im »Provinztratsch« zu versinken. In Kiew stand ihm der jüngste Bruder seiner Mutter bei, der dort als Arzt und Professor der Medizin wirkte. Kiew, die Haupt- und Universitätsstadt der »freien und ungebundenen Ukraine«, holte für Leskow an menschlicher Erweiterung und Bildung nach, was Orjol versäumt hatte. Hier lebte er neben seinem Dienst das ungestüme Leben der Studenten, wie er es später in den 'Altertümern von Petschersk' beschrieben hat; hier erlernte er zum Lateinischen, Deutschen und Französischen, zu denen er in Orjol den Grund gelegt hatte, das Polnische und Ukrainische und vertiefte sich in ihre Literaturen. Zu der Lebenserfahrung, die ihm elfjähriger Staatsdienst eintrug, traten von 1857–60 die Erfahrungen, die er auf Reisen für das englische Handelshaus Scott und Wilkens, dessen einer Direktor, »Onkel Schkott«, mit Leskows Tante verheiratet war, »vom Schwarzen bis zum Weißen Meer und von Brody bis Krasny Jar« erwarb. »Wir befaßten uns mit großen und verwickelten Unternehmungen: wir beackerten Land und bauten Zuckerrüben an, wir siedeten Zucker, brannten Sprit und sägten Bretter, wir richteten Faßdauben zu, gewannen Salpeter und schnitten Parketthölzer – mit einem Wort, wir wollten alles ausbeuten, wozu das Land nur irgend Möglichkeiten bot . . . Ich war der einzige Russe in gehobener Stellung, und die hatte ich auch nur deshalb, weil es zu meinen Obliegenheiten gehörte, die nötigen Gänge zu den Amtsstuben zu machen ...« Diese Jahre, nach denen die Firma »sang- und klanglos aufflog«, gaben Leskow seine vielbewunderte Vertrautheit mit Rußland und dessen Menschen. Sein Sohn Andręj berichtet: »Auf Fragen, woher er eine solche Landeskenntnis und einen solchen Reichtum an Beobachtungen besäße, neigte Leskow den Kopf etwas zur Seite und antwortete, gleichsam mit einem Blick in die Tiefe des Vergangenen und indem er sich mit den Fingerspitzen leicht gegen die Stirn klopfte: 'Das stammt alles aus diesem Kasten ... In den drei Jahren meiner Reisen durch Rußland hat sich in ihm ein Gepäck angesammelt, das für ein ganzes Leben ausreichen würde und das man weder auf dem Newski-Prospekt noch in den Petersburger Schreibstuben sammeln kann.'«*

*In Kiew hatte er sich, im Umgang mit den Professoren, der politischen Ökonomie, Soziologie und Philosophie gewidmet. Während der Reisejahre begann er zu schreiben. Wir besitzen aus dieser Zeit von ihm nicht allein einen bedeutsamen Nachruf auf den großen ukrainischen Dichter Schewtschęnko (1814–61), den Freiheitssänger und Kämpfer gegen die Leibeigenschaft, sondern auch die 'Darstellung der Branntweinindustrie' (1861), in der Leskow diesen volkswirtschaftlich damals so unheilvollen Geschäftszweig untersucht und festgestellt hat, wie rücksichtsvoll die Regierung bei den »Branntweinaufständen« von 1859 gegen die Brenner und verantwortlichen Personen, wie hart sie aber gegen die Bauern vorgegangen ist. Andere Aufsätze befassen sich mit Fragen der Arbeit, der Arbeiterklasse, der Bekämpfung der Trunksucht oder den Methoden der »Kolonisation«. Mit dem Ende der Reisejahre reift in dem nun fast Dreißigjährigen, der sich den »zur Versunkenheit und Menschenscheu neigenden Naturen« zugerechnet hat, in dem stolzen, reizbaren, leidenschaftlichen, nur schwer mit sich zufriedenen, dabei wirtschaftlich mit der Not ringenden »schwierigen Charakter« der Entschluß zur Literatur. Es bildet sich allmählich und von Werk zu Werk fortschreitend die nachdenkliche Physiognomie des großen Erzählers, dessen menschliche Eigenart Ljubow J. Gurjewitsch, die Herausgeberin des 'Nördlichen Boten' ('Sjewerny Wjestnik'), so beschrieben hat: »Er eiferte gegen das Alte und Überlebte und machte sich über das Neue lustig, er konnte nicht abwarten, daß es seine Früchte bringe, und verzieh auch die Fehler nicht, die einer Periode des Gärens immer eigen sind.«*

*Sein Leben als freier Schriftsteller begann er 1861 in Petersburg voll liberaler Ideale, bereit, an den Reformen mitzuarbeiten. »Er gehörte nach Gesinnung und Veranlagung seit jeher dorthin, wo Kritik am Veralteten und Verrotteten geübt wurde« (Erich Müller). In Petersburg machten der selbstlose revolutionäre Idealist Artur Benni und »der stürmische Humanist« Apollon Alexandrowitsch Grigorjew (1822–64), der neben Slawophilen und Westlern eine dritte, synthetische Position suchte und in den Zeitschriften der Brüder Dostojewski die schöpferische Tat anstatt der zerlegenden Kritik forderte, tiefen Eindruck auf ihn. Im gleichen Jahre brachen in Moskau und Petersburg Studentenaufstände aus, weil der neue Unterrichtsminister Graf Putjatin in seiner Unkenntnis die akademischen Freiheiten aufheben wollte. Im Mai 1862 wurde Petersburg von Brandstiftungen heimgesucht. Die von dem freiheitlichen Sturm des Reformjahres beunruhigte Öffentlichkeit suchte die revolutionären Studenten damit zu belasten. Als Leskow in einem Zeitungsaufsatz von der Regierung forderte, sie solle das entweder beweisen oder gegen die Verbreiter solcher Gerüchte vorgehen, und die Allgemeinheit zur Mithilfe aufrief, wurde sein Artikel von der erregten revolutionären Jugend als Verrat an der Sache der Freiheit mißverstanden, und er selbst leidenschaftlich in Acht und Bann getan. Auch als er später dazu erklärte, er habe die Demokratie vom Odium verbrecherischer Tätigkeit befreien wollen, glaubte man ihm nicht.*

*Er flieht vor der Wut der Studenten nach Paris, wo er bis zum Frühjahr 1863 bleibt. Damit beginnen die zehn gedanklich und künstlerisch suchenden Jahre des Streites gegen die politische Linke der russischen Jugend, die sich um Tschernyschewski scharte und die von Leskow ziemlich summarisch unter der*

*Bezeichnung »Nihilisten« verunglimpft wird. Die fünf Romane dieses Jahrzehnts – in Wahrheit mehr oder weniger lässig komponierte Bilderfolgen – haben für uns fast nur noch historischen Wert. Für den späteren großen Erzähler sind sie Wege zu seiner reiferen Weltansicht und epischen Kunst. 'Schafochs' ('Ovzebyk', 1863) soll den Untergang des vom Angestammten, vom wirklichen Leben abgefallenen, vagabundierenden Popensohnes in Verbitterung und Ausweglosigkeit zeigen als ein warnendes Sinnbild des Geistesproletariats. 'Ohne Ausweg' (1865) zeichnet den Lebensweg Bennis, die Tragödie des mißbrauchten Vertrauens, unter der Maske des idealistischen, immer wieder von der Wirklichkeit enttäuschten Sozialisten Rainer und seiner geliebten Lisa Bacharewa frei nach: Schmarotzer, die den Sozialismus nur als Vorhängeschild für ihre moralische Nichtswürdigkeit benutzen, bringen ihn in der »Kommune« um den Rest seines Vermögens; er erkennt, daß mit solchen Mitarbeitern keine Neuordnung der Gesellschaft möglich ist, und stirbt im Ausland im Kampf für die Freiheit; denn sein und Lisas Leben in Rußland ist »ohne Ausweg«. Der Roman wurde von der radikalen Jugend mit heller Empörung aufgenommen, da sie darin die Porträts einiger ihrer Führer karikiert wiedererkannte und Sleptzows Bemühungen um die »Kommune«, eine Heimstätte für arbeitende und arbeitsuchende Frauen, in den Schmutz gezogen sah. Hinzu kam, daß der Druck der Reaktion schon wieder zunahm, als der Roman erschien. Sein ernsthafter Kern: die Erkenntnis, daß es den Nihilisten an einem klaen Plan und einheitlichen Willen fehlte, wurde über der Feindseligkeit des Werkes natürlich übersehen. Der Kritiker Pisarjew machte sich damals zum Wortführer der angegriffenen jungen Generation und der radikal demokratischen Gesellschaft, als er schrieb: »Mich interessieren zwei Fragen: 1. Findet sich augenblicklich außer dem 'Russkij Wjestnik' (dem 'Russischen Boten' des von den Fortschrittlichen gefaßten Reaktionärs Katkow) auch nur eine Zeitschrift, die es wagen kann, irgend etwas abzudrucken, was von Stebnitzki (Leskows Pseudonym) stammt oder mit seinem Namen unterzeichnet ist? 2. Findet sich in Rußland auch nur* ***ein*** *anständiger Schriftsteller, der so wenig Achtung vor seinem Stande hat, daß er bereit ist, an einer Zeitschrift mitzuarbeiten, welche die Romane und Erzählungen Stebnitzkis abdruckt?«*

*Leskow schritt dennoch unverzagt auf dem Wege zu sich selbst weiter. In dieser Zeit entsteht erstaunlicherweise die 'Lady Macbeth des Mzensker Landkreises' (1864), eine seiner vollendetsten Erzählungen. Es ist, als eröffne Leskow mit dieser Schilderung der Kaufmannsfrau aus der Provinz, die für ihre Unruhe in dem ihr aufgezwungenen leeren Leben keine Befriedigung findet und ihre ungeliebte Familie umbringt, um ihrem Liebhaber zu gehören, sein künftiges erzählerisches Werk durch eine kostbare, echt russische Ouvertüre. Aus dieser frühen Zeit Leskows kann an Kunst der Menschendarstellung nur 'Die Kampfnatur' ('Wojteljniza', 1866) neben ihr bestehen, mit der Kupplerin Domna Platọnowna im Mittelpunkt, welche die abgrundtiefe, dabei selbstgerechte Verkommenheit kleinbürgerlich-städtischen Profitdenkens gegenüber dem natürlich-weiblichen Empfinden zum Gegenstand hat – ein Thema, das dann erst in der Mitte der achtziger Jahre 'Platzhalter' oder 'Der Schamlose' und die letzten Erzählungen ('Gespräche um Mitternacht', 1891, 'Die Dame und das Frauenzimmer', 1894) wieder aufnehmen sollten.*

*Gleichzeitig studiert er auf einer Reise nach Riga – einer der vielen Reisen, die er gegen die Unduldsamkeit unternahm – das Leben der Raskọlniki, jener aus der Staatskirche seit 1667 ausgestoßenen, unterdrückten Altgläubigen, von deren gotterfülltem Wandel er eine geistig-soziale Erneuerung der erstarrten orthodoxen Kirche erhofft und die er später im 'Versiegelten Engel' dargestellt hat. Doch künstlerisch kann er sich auf der Höhe der 'Lady Macbeth' nicht halten, hat noch nicht erkannt, daß er in der landläufigen Form des Romans seine eigentlichen Gaben nicht zu entfalten vermag. Das zeigen erneut die Romane 'Die Übergangenen' (1865, das sind die von der Literatur der sechziger Jahre zugunsten der revolutionären Jugend übergangenen, zukunftsträchtigen, phrasenlosen »ganz kleinen Leute«), 'Die Inselbewohner' (1866, worin, künstle-*

*risch unfertig, eine deutsche Handwerkerfamilie in Petersburg als bürgerliches Vorbild dem dumpfen, kriecherischen russischen Kleinbürgertum gegenübergestellt wird) und 'Bis aufs Messer' (1870/71). Letzterer will in einer verworrenen Schauerromanhandlung, bei der Eugène Sue und W. W. Krestowskis 'Petersburger Spelunken' Pate gestanden haben mögen, alle Gemeinheiten mit einem Male zeigen, deren Leskow die nihilistische Jugend für fähig hält. In seinem Mittelpunkt steht der brutale Egoist Gordanow, der Darwins Lehre vom Kampf ums Dasein mit sozialistischen Fernzielen verbrämt, alle positiven Ideale und ideellen Kampfmethoden der bisherigen Nihilisten verwirft und die »Negation der Negation« verkündet: Lug und Trug solle als Methode an ihre Stelle treten und die bürgerliche Gesellschaft unter altruistischer Maske »bis aufs Messer« bekämpft und ausgeplündert werden, bevor man sie vernichtet. Man könnte über diesen »Roman«, den Tiefpunkt in Leskows Schaffen, als über eine in maßloser Erbitterung geschriebene Schmähschrift zur Tagesordnung übergehen, wenn darin nicht eine Person geglückt wäre: die einfältige, beinahe dumme, aber unermüdlich und selbstvergessen der revolutionären Sache dienende Nihilistin Anna Skokowa. »Sie ist nur Werkzeug und doch eine Heilige, lächerlich, aber schön, wie die Fee im Märchen, glühend von nie erlöschender, zitternder Liebe zu den Menschen, einer heiligen Liebe, mag sie auch an die blinde Anhänglichkeit eines Hundes erinnern. Es ist Leskows größtes Verdienst, daß er ein tiefes Empfinden für das Wesen solcher Menschen hatte und sie wunderbar darzustellen wußte« (Gorki).*

*Nach dem Jahrzehnt der Kritik, das nunmehr zu Ende ist, findet Leskow überraschend schnell sein eigentliches positives Thema, und die Mittel seiner großen Erzählungskunst sind plötzlich in seiner Hand. Bereits im Jahre darauf erscheint das Meisterwerk 'Die Klerisei' ('Soborjanije', 1872), das mit vollendeter Wirklichkeitskraft in dem Oberpfarrer Saweli Tuberosow den wahren Seelsorger zeigt, der ein ganzer Mensch ist. In seinen Amtsbrüdern, dem riesigen und zugleich kindlichen Diakon Achilla und dem sanften Pfarrer Benefaktow, in der alten Gutsherrin Plodomassowa, ihrem leibeigenen Zwerg Nikolai Afanasjewitsch und einer Fülle von Nebenfiguren wird die ganze Welt der Kleinstadt und der Güter und Dörfer um sie her heraufbeschworen. Der niedere Provinzgeistliche, den die Literatur dieser Jahrzehnte nur als feigen Knecht der Reaktion kannte, wird hier von einem Kenner ergreifend in seinem schweren Amt dargestellt als gütiger Milderer der Not und mutiger Hüter tätigen Christentums gegenüber der Verhärtung und Buchstabengläubigkeit der Oberen.*

*In der Erzählung 'Kotin der Nährer und Platonida' (1873) zeigt er den grenzenlos liebenden, erdhaften Bauern Pisonski, einen wahren Christus in seiner Zeit. Im 'Verzauberten Wanderer' (1783), einer russischen Odyssee des Bauern Iwan Sewerjanowitsch, schildert er dessen Weg zu Gott, bis er den »Zauber« der bösen Triebe in sich besiegt hat und in lebendig-kindlicher Gläubigkeit nur noch seinem Gewissen folgt, das ihn Gutes tun und das Erstarrte, die Passivität und Askese des Klosters, bekämpfen heißt. Was hat dieser Wanderer nicht alles erlebt?! »Das Leben der Roßhändler, der Steppentataren, des leibeigenen Gesindes eines großadligen Gutsherrn, das Treiben eines Zigeunerchors, Heer und Kloster, Dorf und Stadt, die sonnenverbrannten kaspischen Steppen und der düstere, kalte Ladogasee steigen uns aus dieser bunt-abenteuerlichen, beinah märchenhaften Erzählung entgegen« (N. v. Arsenjew). Auch der Bauer Pawlin muß erst ein Übermaß an Leid erfahren, ehe er im Allesverzeihen Erlösung findet ('Pawlin', 1875).*

*Güte, Schlichtheit und Gerechtigkeit der Herrschenden gegenüber den Untergebenen, bis zum Letzten ihres Gesindes, Achtung vor allem, was lebt, und tätige Nächstenliebe, welche die sozialen Unterschiede überwindet, ist die Lehre der Chroniken 'Alte Zeiten von Plodomassowo' (1873) und 'Ein absterbendes Geschlecht' (1874). In diesen Jahren, in denen Leskow als Mitglied des wissenschaftlichen Komitees im Ministerium für Volksaufklärung tätig war (1874–83), um die für die Volkslektüre ausgewählten Bücher durchzusehen und zu bearbeiten, als er außerdem dem Ministerium für Staatsdomänen ange-*

*hörte (1877–80), strömen aus seinem Geiste, der allmählich auch die konservative Partei Katkows hinter sich ließ, immer klarer die Gestalten der »Gerechten«, die er »in jedem Stande, in jeder Gesellschaftsgruppe suchte und fand« (Gorki). Wie der Lehrer Tscherwew im 'Absterbenden Geschlecht', wie der altgläubige Erzähler im 'Versiegelten Engel' (1873) oder der im hohen Norden bekehrende Bischof Nil in 'Am Ende der Welt' (1875), wie Sawwa und der Bischof im 'Ungetauften Popen' (1877) erfüllen sie in tätigem Wirken für den Nächsten das Erstorbene, das byzantinische Dogma, den Buchstaben, mit neuem Leben, 'Christus unterm Brusttuch'. Diese »Gerechten«, deren Figuren Leskow mit unvergeßlicher Eindringlichkeit von innen her zu durchleuchten und greifbar mit ihrer ganzen Umwelt zu gestalten weiß, sind sein bedeutendster Beitrag zur Literatur, und das heißt für ihn zugleich: zur Umschmelzung der erstarrten, theokratischen Kirche und der zu ihr gehörenden Gesellschaftsordnung durch den die äußeren Formen von innen her sittlich verwandelnden lebendigen, tätigen Glauben des Volkes. In den für damalige Zeit reichlich unabhängigen 'Kleinigkeiten aus dem Bischofsleben' (1877) und in dem auf sittlichen Grundsätzen aufgebauten 'Leitfaden durch das Neue Testament' (1879) hat er diese Kerngedanken der geistigen Erneuerung und Verlebendigung der orthodoxen Kirche und ihres Verhältnisses zum Volke durch sittlich-tätiges Wirken dargelegt, und man weiß, daß solche Veröffentlichungen seine Stellung im Ministerium für Volksaufklärung immer schwieriger gestalteten. Dazu kamen Arbeiten, die zur religiösen Toleranz aufriefen und politisch gleiche Rechte für die Juden forderten ('Die Juden in Rußland' und die Erzählungen 'Der keifende Elementarlehrer', 1879, 'Die purzelbaumschlagenden Juden', 1882). Auch unsere Erzählung 'Der Toupetkünstler' (1883 zuerst im 'Kunstjournal' erschienen), eins der vollendetsten Werke Leskows, fällt in diese Zeit. Sie zeigt die entwürdigende, alle natürlichen Bande zerreißende Grausamkeit und Willkür einer auf der Leibeigenschaft ruhenden, erstarrten Gesellschaftsordnung, in der die Herrschenden zu Unmenschen herabsinken, die*

*Beherrschten um ihr Menschentum betrogen werden. Im Mittelpunkt von Leskows künstlerischem Schaffen aber bleiben damals die bejahenden, tätigen, lebensnahen »Gerechten«: der 'Unsterbliche Golowan' (1880), ein schlichter Bauer, der helfend als der einzige von seinen Trieben Freie unter lauter Unfreien, von Not und Aberglauben Gequälten lebt und sich ihnen zum Opfer bringt; der hilfreiche Bärenwärter Chrapon ('Das Tier', 1883); der Bauer Seliwan, den man ganz zu Unrecht aus der Gesellschaft ausgestoßen hat ('Das Schreckgespenst', 1885); und schließlich die drei Männer, die belebend und veredelnd auf eine ganze Schar von Schülern, und damit auf ein Stück fortzeugender Ordnung, einwirken, indem sie sich der Arbeit für eine künftige, beseeltere Gemeinschaft durch Pflichterfüllung als freiwilligem Dienst an diesem Ziel unterstellen ('Das Kadettenkloster'). In den gleichen Zusammenhang gehören die christlichen Polizeimeister in den Erzählungen 'Der Gleichgesinnte' und 'Der Pygmäe' (1880) und der Staatsrat Samburski (in 'Ein russischer Demokrat in Polen'). Auch 'Die Geschichte vom Tulaer schielenden Linkshänder und vom stählernen Floh' (1881), jenes zur Volkssage gesteigerte, durch übermütige, teils volksetymologische Sprachverrenkungen ausgezeichnete Prosagedicht vom schlichten Handwerker und seiner durch die Herrschenden mißbrauchten Menschlichkeit und Kunst, und die 'Geschichten vom Pan Wischnewski und seiner Sippe' (1885), diesem selbstherrlichen, zu Späßen aufgelegten Original, stehen dem Figurenkreis der »Gerechten« nahe. Selbst die äußerlich, unfertig, leidenschaftlich gebliebene Triebreligiosität des Moskauer Großkaufmanns Ilja Fedossjewitsch der 'Teufelsaustreibung' (1881), der sich nach einer gewaltigen Orgie in die Arme der Umkehr, der Verwandlung (obrastschenje) wie in ein hygienisches Bad wirft, führt diesen bis vor die Pforte, an der die sanfte, demütige, stetige, doch oft bis zur Verwegenheit maßlose Gottesliebe (dersnowjenje) der »Gerechten« beginnt.*

*Leskows Rufe in die Zeit nach Verinnerlichung und nach Neubelebung der erstarrten Formen blieben ungehört, ja nach dem nihilistischen Bombenattentat, bei dem Alexander II., der »Zar Befreier«, ums Leben kam (1881) mit der Ernennung Pobjedonoszews zum Oberprokureur des Heiligen Synods und damit zum geistigen Herrn Rußlands, schien der Fünfzigjährige, dessen Mitarbeit im Ministerium nun nicht länger möglich war, von Orthodoxie, Byzantinismus und all dem Veralteten, das er in immer klarerer Form bekämpft hatte, endgültig besiegt zu sein. Er fiel in tiefe Depression, von der ihn erst eine Reise nach Marienbad und durch Deutschland und Frankreich (1884) befreite. Als »liebender Skeptiker« (Gorki) setzt er den Kampf fort, und zwar nimmt er in den Erzählungen 'Platzhalter' (1885) und 'Der Schamlose' jetzt sarkastisch die Sitten des Bürgertums aufs Korn. Gleichzeitig tritt er gegen die herrschende Scheinmoral auf, indem er den Prostituierten-Import über Riga aufdeckt und die sittlich hochwertigen, jedoch als »Buhlerei« verdammten Eheschließungen der Raskolniken gegenüber den von der Staatskirche sanktionierten, zum Teil verlogenen bürgerlichen Ehen verteidigt ('Die kirchlich eingesegnete Ehe'). Letzteres führt ihn gedanklich in die Nähe Leo Tolstois, in dem er jetzt – seit dessen 'Beichte' (1879) mit dem bestehenden Rußland brach und dessen 'Kritik der dogmatischen Theologie' und 'Kurze Zusammenfassung des Neuen Testaments' (1881) vom Standpunkt des Volksmannes zur Aktion gegen die orthodoxe Kirche übergingen – einen Verbündeten für seine Bestrebungen erblickte, die ihn, wie wir sahen, schon fast ein Jahrzehnt vor Tolstoi in ähnliche Richtung geführt hatten und nicht losließen. So arbeitet Leskow, von Tolstoi hoch geschätzt, seit 1885 an der von diesem ins Leben gerufenen Reihe volkstümlich-erzieherischer Erzählungen mit, die im Verlag 'Posrednik' ('Vermittler') erschienen. Sein 'Ungetaufter Pope' und 'Christus als Gast beim Bauern' (1881) galten Tolstoi als vorbildliche Volkserzählungen, in denen sich die Novelle mit der Legende durchdringt, und inspirierten Tolstoi zu einer Reihe eigener Volkserzählungen. Konnte Leskow als erdgebunden in der Gemeinschaft seiner Zeit Ringender, die nach Taten der Erneuerung verlangte, auch Tolstois Spekulationen, daß man dem Bösen nicht widerstreben solle ('Worin besteht mein*

*Glaube?'), und dessen Versuch der Gründung eines eigenen Gottesreiches ('Was sollen wir denn tun?') nicht billigen, so versöhnte ihn doch die persönliche Bekanntschaft 1887 völlig, bei der er von Tolstois geläuterter, starker Persönlichkeit als von einem vorbyzantinischen Ur-Russen überwältigt wurde und neue Kraft für sein Werk empfing, dem er kurz zuvor die Legende vom 'Gaukler Pamphalon', dem im verfänglichsten Diesseits siegreich tätigen Christen, hinzugefügt hatte. Die Bekanntschaft wurde zur Verehrung und Freundschaft. »Tolstoi ist mein Heiligtum auf Erden! – der mit Wahrheit ausgestattete Priester des lebendigen Gottes«, schreibt Leskow an seine Vertraute, die Schriftstellerin Lydia Iwąnowna Wesseliţskaja, und später an dieselbe: »Ich brauche Verkündiger und Deuter, keine Geheimniskrämer und Wundertäter«.*

*Dieser Satz bezeichnet zugleich das Schaffen seiner letzten Jahre. Es gilt teils den Legenden (von denen er die von Frauen handelnden Stücke 1892 in dem Bande 'Legendäre Charaktere' zusammenfaßte), teils weltlichen Volkserzählungen.*

*Im Schaffen von Legenden war Leskow durch Tolstoi bestärkt worden. Sie sind unkirchlich und zeugen von einem Christentum, das nicht im Dogmen- oder Wunderglauben besteht, sondern in uns lebendig ist und Taten der Nächstenliebe fordert. Stofflich sind sie meist vom 'Prolog' (Martyrologium) abhängig, einem im 12. Jahrhundert aus dem Griechischen übersetzten Jahreslauf kurzer Heiligenleben, in ihren besten Stücken jedoch ganz gedankliches und künstlerisches Eigentum Leskows geworden. So zeigt 'Die Legende vom gewissenhaften Daniel' die alles überwindende Kraft der Liebe. Wie diese auch aus den Verachtetsten wirken kann, stellt die Erzählung von der ägyptischen Buhlerin, der 'Schönen Asa', dar. Erwirb nichts Entbehrliches zum Schaden deiner Mitmenschen und sammle nicht Reichtum, um ihn später zu verteilen, rufen uns 'Der Löwe des Einsiedlers Gerąssim' und 'Der Bösewicht von Askalon' zu. Andre Legenden haben ähnliche Themen, und man sieht allenthalben, daß ihre Gestalten an Leskows »Gerechte« anschließen, die ihn lebenslang beschäftigten.*

*Das gleiche gilt für die Gestalten seiner weltlichen Volks-*

*erzählungen. Ihre Handlungen hat Leskow seiner unerschöpflichen Phantasie entnommen. Da sind 'Die uneigennützigen Ingenieure' (1887), Märtyrer der Wirklichkeit; da ist 'Der hilfreiche Wachtposten' (1887), der leibeigene Soldat Postnikow, der einen Ertrinkenden rettet, dabei aber sein Schilderhaus verläßt und mit Auspeitschung davonkommt, einer von denen, »die das Gute einfach um des Guten willen lieben und keine Belohnung dafür erwarten« – während ein Offizier sich die Rettungsmedaille verschafft; da ist der alte Sonderling aus Kiew, der heiter das Unrecht auf sich nimmt ('Figura', 1888).*

*Im folgenden Jahre erschien die erste, zehnbändige Ausgabe von Leskows Werken. Sie wurde rasch verkauft. Ihr Erfolg bewahrte ihn für die sechs Lebensjahre, die ihm noch beschieden waren, vor Dürftigkeit. Im Sommer kehrte der Vereinsamte Petersburg den Rücken, lebte im estnischen Ostseebad Mereküll oder blickte von der Glasveranda seines an der finnischen Grenze gemieteten Landhauses auf einen See. Anfälle eines chronischen Herzleidens, das ihn fünf Jahre zuvor schon bewogen hatte, Marienbad aufzusuchen, verdüsterten seine letzten Jahre, in die seit 1892 nur die Freundschaft der fünfunddreißigjährigen Schriftstellerin Lydia Iwanowna Wesselitskaja etwas Wärme brachte. »Die Wahrheit enthüllte sich mir in der Person Tolstois, die Güte in Gestalt einer Frau, die viel größer, reiner und Gott geöffneter ist als ich«, schrieb er damals. Seine frühere Ehe scheint nicht glücklich gewesen zu sein, doch wissen wir hierüber wenig.*

*Unter den Werken dieser Jahre ragen die Erzählungen 'Das Tal der Tränen', welche die südrussische Hungerkatastrophe von 1891 zum Anlaß hat, 'Die Tugendliebe', die auf dem gleichen Hintergrund zur Hilfe und gegenseitigen Liebe aufrufen, und 'Das Sehnen des Geistes' durch Geschlossenheit, Tiefe und Milde hervor. In letzterer läßt der deutsche Hauslehrer Iwan Jakowlewitsch, eine Erinnerung an Leskows Kindheit, standhaft und voll christlicher Demut die Kinder eine bessere, sittlichere Welt ahnen als die, welche sie umgibt.*

*Von leidenschaftlichem Sehnen nach einem in sich glücklicheren Rußland, von der Bitte an Gott, »Rußland statt des*

*Aberglaubens einen aufklärenden Glauben zu senden«, legen seine letzten Erzählungen Zeugnis ab, die schonungslos die bestehenden Zustände beleuchten und in denen keine versöhnenden »Gerechten« mehr auftreten. »Meine letzten Werke über die russische Gesellschaft sind sehr unbarmherzig«, sagt er selbst. »'Der Pferch', 'Wintertag', 'Dame und Frauenzimmer' ... diese Sachen gefallen dem Publikum wegen ihres Zynismus und ihrer Geradlinigkeit nicht. Ich will dem Publikum auch nicht gefallen. Wenn es nur beim Lesen meiner Erzählungen bedrückt wird. Ich weiß, womit man das Gefallen des Publikums erwerben kann, aber ich will nicht mehr gefallen. Ich will es geißeln und quälen. Der Roman soll eine Anklage gegen das Leben sein.« Dem großen Maler Ilja Rjepin erklärte er leidenschaftlich: »Die verfluchte Rechtlosigkeit der Literatur hindert es, die verbrecherischen Machenschaften der fürchterlichen Reaktion aufzudecken. Sich darüber hinwegzutrösten ist einfach unmöglich.« Und W.W. Protopopow hat uns Leskows Bekenntnis von 1894 überliefert: »Ich liebe die Literatur als ein Mittel, das mir die Möglichkeit gibt, alles das auszudrücken, was ich für wahr und gut halte; wenn ich das nicht kann, kann ich die Literatur nicht mehr achten: sie als eine Kunst anzusehen, entspricht nicht meiner Anschauung ... Das Prinzip 'l'art pour l'art' verstehe ich überhaupt nicht: Nein, die Kunst soll Nutzen bringen – erst dann erfüllt sie auch einen bestimmten Sinn ... Ebenso ist es auch mit der Literatur: Wenn es nicht möglich ist, mit ihrer Hilfe der Wahrheit und dem Guten zu dienen, braucht man auch nichts zu schreiben, dann muß man diese Beschäftigung aufgeben ...«*

*»An ein 'Schaffen' in der Stille der stockfinsteren Nacht mit endlosem Kettenrauchen, wobei die starken wohlriechenden Papirossi halb aufgeraucht weggeworfen wurden, und mit gelegentlichem Schlürfen des längst kalt gewordenen, wie Münchener Bier dunklen Tees war schon seit Ende der achtziger Jahre nicht mehr zu denken. So waren einst die 'Klerisei', 'Der versiegelte Engel', 'Der verzauberte Wanderer' und 'Ein absterbendes Geschlecht' in dem Arbeitszimmer mit*

*den Fenstern auf den verwilderten, stillen Taurischen Garten hinaus geschrieben worden«, berichtet der Sohn Andrej. Leskow lebt jetzt das Leben eines kränklichen Halbasketen, unermüdlich tätig bis zuletzt. Dann erliegt er 1895 vierundsechzigjährig der Angina pectoris. Der große Schriftsteller und tätige Christ »sagte der Welt ade im vollen Licht des Bewußtseins, ohne Tränen, ohne Lamento und ohne Popengerede«.*

# DER TOUPETKÜNSTLER

*Erzählung am Grabe*

Ihren Seelen ward das Himmelreich.
*Begräbnislied*

## I

Bei uns meinen viele, daß nur Maler und Bildhauer »Künstler« seien, und dann auch nur solche, denen dieser Titel von einer Akademie verliehen worden ist, andere aber will man keineswegs als Künstler ansehen. Sasikow und Owtschinnikow sind für viele nichts weiter als »Silberschmiede«. Bei anderen Völkern ist das nicht so: Heine erinnerte sich eines Schneiders, der »ein Künstler war« und »Ideen hatte«, und die von Worth gearbeiteten Damenkleider werden heutigentags als »künstlerische Erzeugnisse« bezeichnet. Über eines von ihnen schrieb man kürzlich, daß es »in seiner Schneppe ein Höchstmaß an Phantasie vereine«.

In Amerika wird der Bereich des Künstlerischen noch weiter gefaßt: Der bekannte amerikanische Schriftsteller Bret Harte erzählt, daß bei ihnen ein »Künstler«, der »an Toten arbeitete«, außerordentlich berühmt war. Er verlieh den Gesichtern der Entschlafenen verschiedene Arten »tröstlichen Ausdrucks«, der vom mehr oder weniger glücklichen Zustand ihrer entwichenen Seelen Zeugnis ablegte.

Es gab mehrere Stufen dieser Kunst—ich entsinne mich deren drei: »1. Seelenfrieden, 2. erhabene Betrachtung und 3. Seligkeit unmittelbarer Zwiesprache mit Gott«. Der Ruhm des Künstlers entsprach der hohen Vollendung seines Schaffens, das heißt, er war gewaltig, aber leider wurde der Künstler ein Opfer der rohen Masse, die die Freiheit seines künstlerischen Wirkens nicht achtete. Er wurde gesteinigt und erschlagen, weil er den »Ausdruck seliger Zwiesprache mit Gott« dem Gesicht eines betrügerischen Bankiers, der die ganze Stadt ausgeplündert, beigelegt hatte. Die beglückten Erben des Betrügers wollten mit diesem Auftrage dem verstorbenen Verwandten ihre Dankbarkeit zum Ausdruck bringen, dem Kunstschaffenden aber kostete es das Leben...

In der nämlichen ungewöhnlichen Kunstgattung hat es einst auch bei uns in Rußland einen Meister gegeben.

## II

Mein jüngerer Bruder wurde von einer älteren, hageren, aber noch sehr stattlichen Kinderfrau von hoher Gestalt gewartet, die Ljubow Onissimowna hieß. Sie war früher Schauspielerin am damaligen Theater des Grafen Kamenski in Orjol gewesen; und alles, was ich weiterhin erzählen werde, trug sich ebenfalls in Orjol während meiner Knabenzeit zu.

Mein Bruder war sieben Jahre jünger als ich; mithin stand ich bereits im neunten Jahr, als er deren zwei zählte und sich in Ljubow Onissimownas Händen befand, und ich konnte die mir erzählten Geschichten ohne weiteres verstehen.

Ljubow Onissimowna war damals noch nicht sehr alt, hatte aber schon schneeweißes Haar; ihre Gesichtszüge waren fein und zart, ihre hohe Gestalt war vollkommen aufrecht und erstaunlich wohlgebaut wie bei einem jungen Mädchen.

Mutter und Tante sagten, sie anschauend, mehr als einmal, daß sie seinerzeit zweifellos eine Schönheit gewesen sei.
Sie war grenzenlos rechtschaffen, sanft und sentimental; sie liebte das Tragische im Leben und... trank manchmal.
Sie führte uns bei den Spaziergängen auch auf den Dreifaltigkeitsfriedhof, setzte sich da stets an ein schlichtes Grab mit einem alten Kreuz und erzählte mir nicht selten etwas.
Hier hörte ich von ihr auch die Geschichte vom »Toupetkünstler«.

## III

Er war ein Kollege unserer Kinderfrau am Theater; der Unterschied ihrer Tätigkeit bestand darin, daß sie »auf der Bühne als Darstellerin auftrat und Tänze vorführte«, während er der »Toupetkünstler«, das heißt der Frisier- und Schminkmeister, war, der alle die leibeigenen Schauspieler des Grafen »anzumalen und zu frisieren« hatte. Das war aber kein einfacher, banaler Handwerksmeister mit dem Frisierkamm hinterm Ohr und mit einem Tiegel roter Fettschminke, sondern ein Mann voller Ideen — mit einem Wort, ein Künstler.
Nach Ljubow Onissimownas Worten verstand niemand besser als er, »einem Gesicht einen bestimmten Ausdruck zu verleihen«.
Unter welchem von den Grafen Kamenski sich nun aber diese beiden Künstlernaturen entfalteten, kann ich nicht mit Bestimmtheit sagen. Es gab bekanntlich drei Grafen Kamenski, und allesamt wußten alteingesessene Orjoler als »unerhörte Tyrannen« zu bezeichnen. Der Feldmarschall Michail Fedotowitsch wurde von Leibeigenen seiner Grausamkeit wegen im Jahre 1809 umgebracht; er hatte zwei Söhne: Nikolai, der im Jahre 1811, und Sergei, der 1835 starb.

Ich erinnere mich noch, ein gewaltiges, graues Holzgebäude mit falschen Fenstern, die mit Rußfarbe und Okker aufgemalt waren, von einem außerordentlich langen, halbverfallenen Zaun umzogen, gesehen zu haben. Das war das verruchte Herrenhaus des Grafen Kamenski; dort stand auch das Theater. Es war gerade so gelegen, daß man es vom Friedhof der Dreifaltigkeitskirche sehr gut sehen konnte, und deshalb begann Ljubow Onissimowna, wenn sie manchmal eine Geschichte zum besten geben wollte, fast stets mit den Worten:
»Schau mal dorthin, mein Liebling... Siehst du, welch schreckliches Gebäude da steht?«
»Schrecklich, Tante.«
»Nun, und was ich dir jetzt erzählen werde, das ist noch schrecklicher.«
Hier ist eine von ihren Erzählungen, und zwar die vom Toupetmeister Arkadi, einem empfindsamen und mutigen jungen Mann, der ihrem Herzen sehr nah gestanden.

## IV

Arkadi »frisierte und schminkte« lediglich die Schauspielerinnen. Für die Männer gab es einen anderen Friseur, und wenn Arkadi auch mitunter »in die Männerabteilung« ging, so doch nur in dem Falle, wenn der Graf selbst angeordnet hatte, »irgendwem ein besonders edles Aussehen anzuschminken«. Die Haupteigentümlichkeit der Schminkmanier dieses Künstlers bestand in ihrem Ideenreichtum, dank dessen er Gesichtern feinste und mannigfaltigste Ausdrucksformen zu verleihen verstand.
»Manchmal ließ man ihn rufen«, erzählte Ljubow Onissimowna, »und sagte zu ihm: 'Das Gesicht muß den und den Ausdruck erhalten.' Arkadi trat dann etwas zurück, gebot dem Schauspieler oder der Schauspielerin, sich vor ihn zu stellen oder zu setzen, wäh-

rend er selber seine Arme auf der Brust verschränkte und überlegte. In diesem Augenblick erschien er unvergleichlich schön; denn er war von mittlerer Gestalt, doch so ebenmäßig, wie man es nicht beschreiben kann; seine Nase war überaus fein und stolz, seine Augen aber blickten engelsgut, und sein dichter Haarschopf fiel wunderschön vom Haupt auf die Augen nieder — so daß er mitunter wie aus einem Flor von Wolken hervorblickte.«

Mit einem Wort, der Toupetkünstler war ein schöner Mann und »gefiel allen«. »Selbst der Graf« mochte ihn gern und »bevorzugte ihn vor den anderen, kleidete ihn trefflich, hielt ihn jedoch mit äußerster Strenge«. Um keinen Preis wollte er, daß Arkadi noch jemand anders als ihn frisiere und kämme oder rasiere, deswegen hatte er sich auch stets bei seinem Ankleidezimmer aufzuhalten, und nie durfte Arkadi das Haus verlassen, es sei denn, um ins Theater zu gehen.

Sogar zur Beichte oder zum Abendmahl ließ man ihn nicht in die Kirche gehen, weil der Graf selbst nicht an Gott glaubte und die Geistlichen nicht leiden mochte; einmal hatte jener ja zu Ostern auf die Borisoglebschen Geistlichen, die ein Kreuz trugen, seine Windhunde gehetzt*.

Der Graf aber war nach Ljubow Onissimownas Worten durch seine ständige Bosheit so abscheulich häßlich, daß er wie sämtliche Bestien zusammengenommen aussah. Doch Arkadi verstand es, auch dieser tierischen Fratze, obzwar nur für einige Zeit, einen solchen Ausdruck zu geben, daß der Graf, wenn er abends in

* Der erwähnte Vorfall war in Orjol sehr vielen bekannt. Ich hörte davon bereits von meiner Großmutter Alferjewa und dann von dem durch seine lautere Wahrheitsliebe bekannten alten Kaufmann Iw. Iw. Androssow, der selbst gesehen, wie »die Hunde die Geistlichkeit rissen«, und der sich vor dem Grafen nur dadurch rettete, daß er »seine Seele mit Sünde belud«. Als der Graf ihn heranholen ließ und fragte: »Na, tun sie dir leid?« erwiderte Androssow: »Keineswegs, Ew. Erlaucht, geschieht ihnen ganz recht; mögen sie sich nicht hier herumtreiben.« Dieser Worte wegen hat Kamenski ihn laufen lassen. (Anmerkung Leskows)

der Loge saß, sogar würdevoller als manch anderer erschien.

Denn von Natur aus fehlte es nämlich dem Grafen zu seinem größten Verdruß am meisten an Würdigkeit und »kriegerischem Aussehen«.

Und damit nun niemand anderes die Dienste solch eines unvergleichlichen Künstlers wie Arkadi in Anspruch nehmen konnte, mußte er »sein ganzes Leben lang ohne Ausgang daheim sitzen, und Geld hatte er in seinen Händen auch noch nie zu sehen gekriegt«. Er war damals schon etwa fünfundzwanzig Jahre alt, während Ljubow Onissimowna im neunzehnten Lebensjahr stand. Sie waren selbstverständlich miteinander bekannt, und es spann sich zwischen ihnen das an, was in diesen Jahren zu geschehen pflegt, das heißt, sie gewannen einander lieb. Doch sprechen konnten sie von ihrer Liebe nicht anders als in leisen Anspielungen im Beisein aller während des Schminkens.

Ein Stelldichein unter vier Augen war völlig unmöglich und sogar undenkbar...

»Uns Schauspielerinnen«, sagte Ljubow Onissimowna, »hütete man ganz genau so, wie man bei den vornehmen Herrschaften die Ammen hütet: uns waren zur Aufsicht bejahrte Frauen, die Kinder hatten, beigegeben; und wenn, Gott bewahre, mit einer von uns etwas passiert wäre, so hätte man alle Kinder jener Frauen schrecklichen Quälereien unterzogen.«

Das Gebot der Keuschheit durfte nur »er« verletzen — der es aufgestellt.

## V

Ljubow Onissimowna befand sich damals nicht nur in der Blüte ihrer jungfräulichen Schönheit, sondern auch im interessantesten Entwicklungsstadium ihres vielseitigen Talents: Sie »sang die Potpourris in den

Chören«, tanzte »ersten Pas in der 'Chinesischen Gärtnerin'«, »kannte alle Rollen vom bloßen Zuschauen« und fühlte sich zum Tragischen berufen.

In welchem Jahr es nun war, weiß ich nicht mehr genau, jedenfalls begab es sich einmal, daß der Zar durch Orjol reiste (ob es Alexander Pawlowitsch oder Nikolai Pawlowitsch war, weiß ich nicht mehr) und dort übernachtete; für den Abend erwartete man, daß er das Theater des Grafen Kamenski besuchen werde.

Der Graf lud dazu die gesamte vornehme Gesellschaft in sein Theater (es wurden keine Plätze gegen Geld verkauft), und man setzte die auserlesenste Vorstellung an. Ljubow Onissimowna hatte im »Potpourri« zu singen wie auch die »Chinesische Gärtnerin« zu tanzen; und da fiel plötzlich noch in der allerletzten Probe eine Kulisse um und verletzte die Schauspielerin, die in dem Stück die »Herzogin de Bourblanc« spielen sollte, am Bein.

Niemals und nirgends ist mir eine Rolle dieses Namens begegnet, doch Ljubow Onissimowna sprach ihn genau so aus.

Die Zimmerleute, die die Kulisse hatten umfallen lassen, wurden in den Pferdestall geschickt, wo sie ihre Bestrafung erhielten, während man die Verletzte in ihr Kämmerchen trug; doch niemand war da, die Rolle der Herzogin de Bourblanc zu spielen.

»Da«, erzählte Ljubow Onissimowna, »erbot ich mich dazu; denn es gefiel mir sehr, wie die Herzogin de Bourblanc zu Füßen ihres Vaters um Verzeihung bittet und mit aufgelöstem Haar stirbt. Auch war mein eigenes Haar wundervoll lang und blond, und Arkadi legte es so, daß es eine Augenweide war.«

Der Graf war sehr erfreut über das unerwartete Anerbieten des Mädchens, die Rolle zu übernehmen, und gab ihr zur Antwort, nachdem ihm vom Regisseur versichert worden war, daß »Ljuba die Rolle nicht verderbe«:

»Verpfuschst du's, dann stehst du mir dafür mit deinem Rücken ein! — Bringt ihr meine Aquamarinohrringe!«

Die Aquamarinohrringe aber, so erklärte Ljubow, waren ein ebenso schmeichelhaftes wie widerliches Geschenk bei ihm. Es war das erste Zeichen der besonderen Ehre, auf kurze Zeit zur Odaliske dieses Paschas erhoben zu sein. Bald darauf, manchmal aber auch sogleich, bekam Arkadi den Befehl, das auserwählte Mädchen nach dem Theater »als unschuldige heilige Cäcilie« zu schmücken, und ganz in Weiß, mit einem Kranz und mit einer Lilie in den Händen brachte man die symbolisierte Innocence nach den gräflichen Gemächern.

»Das verstehst du noch nicht, dazu bist du zu klein«, sagte die Kinderfrau, »jedenfalls war es das denkbar Entsetzlichste, besonders für mich, weil doch all mein Sinnen und Trachten Arkadi galt. So begann ich bitterlich zu weinen. Die Ohrringe schleuderte ich auf den Tisch, während ich in einem fort schluchzte; und wie ich am Abend auftreten sollte, daran durfte ich nicht einmal denken.«

## VI

Zur nämlichen verhängnisvollen Stunde traten andere, ebenfalls schicksalhafte Vorgänge und Versuchungen auch an Arkadi heran.

Von seinem Gute war, um sich dem Herrscher vorzustellen, der Bruder des Grafen herbeigereist, der noch weit häßlicher aussah, der seit langem auf dem Lande gelebt, keine Uniform angezogen und sich nicht rasiert hatte, weil »sein ganzes Gesicht von Knötchen bedeckt war«. Hier aber, bei solch einem besonderen Anlaß, mußte er Uniform anlegen, sich vor allem in einen ordentlichen Zustand bringen und mit dem nötigen »kriegerischen Ausdruck« versehen lassen, wie er zur Uniform gefordert wurde.

Und es wurde viel verlangt.
»Heutzutage versteht man das nicht mehr, wie streng es damals zuging«, sagte die Kinderfrau. »Damals wurde in allem auf Förmlichkeit geachtet, und es gab Vorschriften sowohl für Gesicht wie für Haarfrisur der hohen Herrschaften, manch einem aber stand dies ungemein schlecht, und wenn man ihn vorschriftsmäßig frisierte, mit aufrecht stehendem Schopf und mit Schläfenlocken, so sah sein Gesicht dann genau wie eine Bauernbalalaika ohne Saiten aus. Die vornehmen Herren fürchteten dies auch über alle Maßen. Hierauf hatte nun die Meisterschaft in der Rasier- und Frisierkunst großen Einfluß — wie die Streifen zwischen Backen- und Schnurrbart ausrasiert, wie die Locken gelegt und gekämmt wurden — durch all dies, durch die geringste Kleinigkeit gewann das Gesicht einen völlig anderen Ausdruck.« Die Herren in Zivil hatten es, nach den Worten der Kinderfrau, etwas leichter, weil man sie nicht so aufmerksamer Betrachtung unterzog — von ihnen wurde nur ein möglichst friedfertiges Aussehen verlangt, doch von den Militärs forderte man mehr — nämlich, daß sie Vorgesetzten gegenüber ein friedliches Wesen vorstellten, vor allen übrigen aber mit unerhörter Kühnheit glänzten.
Und genau dies verstand Arkadi mit seiner bewundernswerten Kunst dem häßlichen und nichtssagenden Gesicht des Grafen beizulegen.

## VII

Der Bruder vom Lande war also noch häßlicher als der städtische Graf und obendrein auf dem Dorfe ganz »verbauert«, und »sein Gesicht hatte solch eine Grobheit angenommen«, daß er es sogar selbst empfand, aber es war niemand da, ihn zu verschönern; denn er war überdies sehr geizig und hatte seinen Friseur gegen eine jährliche Abgabe nach Moskau freigelassen; dann war auch das Gesicht jenes zweiten Grafen von lauter Knötchen bedeckt, so daß man ihn nicht rasieren konnte, ohne alles zu zerschneiden.

In Orjol angekommen, ließ er die Barbiere der Stadt zu sich rufen und sagte:

»Wer von euch mir ein ebensolches Aussehen verschaffen kann, wie es mein Bruder, Graf Kamenski, hat, dem gebe ich zwei Goldstücke, für den aber, der mich schneidet, lege ich hier die zwei Pistolen auf den Tisch. Macht er's gut, so mag er das Geld nehmen und gehen, wenn er mir aber ein einziges Pickelchen verletzt oder ein Härchen vom Backenbart nicht richtig streicht — so schieße ich ihn sofort nieder.«

Doch all dies sollte ihnen bloß einen Schrecken einjagen; denn die Pistolen waren mit blinden Schüssen geladen.

In Orjol gab es damals sehr wenig Barbiere, und diese gingen mit ihren kleinen Becken meist nur durch die Badestuben, um Schröpfköpfe und Blutegel anzusetzen, hatten jedoch weder Geschmack noch Phantasie. Sie wußten das selber und lehnten es alle ab, Kamenski zu »verwandeln«. 'Der Herrgott sei mit dir und deinem Golde', dachten sie.

»Wir vermögen es nicht«, sagten sie, »was Sie wünschen; denn wir sind unwürdig, solch hohe Persönlichkeit auch nur zu berühren, außerdem haben wir nicht die rechten Rasiermesser, wir haben ja bloß einfache, russische Klingen, während für Ihr Gesicht englische nötig wären. Das kann allein Arkadi, der dem Grafen gehört.«

Der Graf hieß die Stadtbader beim Genick hinauswerfen, und die waren heilfroh, daß sie glücklich entwischt waren; er selbst aber fuhr zu seinem älteren Bruder und sagte zu ihm:

»So und so ist's mir widerfahren, lieber Bruder, ich habe an dich eine große Bitte: überlasse mir vor dem Abend deinen Arkaschka, damit er mich anständig

herrichtet, wie sich's gehört. Ich hab' mich lange nicht rasieren lassen, und die hiesigen Barbiere verstehen nichts.«
Der Graf gab seinem Bruder zur Antwort:
»Die hiesigen Barbiere taugen freilich keinen Deut. Ich habe nicht einmal gewußt, daß es hier welche gibt, weil ich auch die Hunde von meinen Leuten scheren lasse. Was aber deine Bitte anbetrifft, so verlangst du von mir Unmögliches, da ich einen Schwur getan habe, daß Arkaschka, solang ich lebe, niemanden als mich frisieren soll. Glaubst du etwa, ich könnte dieses mein Wort gegenüber meinem Knecht brechen?«
Jener sprach:
»Warum nicht: du hast's bestimmt, du kannst's auch widerrufen.«
Der Hausherr entgegnete jedoch, daß ihm eine solche Ansicht gar sonderbar erscheine.
»Denn«, sagte er, »wenn ich selber so handeln würde, was kann ich da von meinen Leuten verlangen? Arkaschka ist davon in Kenntnis gesetzt, daß ich es so beschlossen habe, und alle wissen es, deshalb wird ihm auch eine bessere Behandlung zuteil als den anderen; und wenn er sich je unterstehen sollte, seine Kunst an jemand anderem als an mir auszuüben — so lasse ich ihn zu Tode prügeln und unter die Soldaten stecken.«
Der Bruder erwiderte ihm:
»Eines von beiden: entweder du läßt ihn totprügeln oder du steckst ihn unter die Soldaten, aber beides zugleich kannst du nicht machen.«
»Gut«, sagte der Graf, »bitte schön, wie du willst: Ich werde ihn nicht tot, sondern nur halbtot schlagen lassen und gebe ihn dann weg.«
»Und das ist«, fragte er, »dein letztes Wort, Bruder?«
»Ja, mein letztes.«
»Und es handelt sich bloß darum?«
»Ja, darum.«
»Na, dann ist ja alles in schönster Ordnung, und ich

hatte schon gedacht, daß dir dein Bruder weniger gilt als ein leibeigner Knecht. Du brauchst dein Wort doch gar nicht zu brechen, sondern schicke Arkaschka zu mir, meinen Pudel zu scheren. Und es ist dann schon meine Sache, was er tut.«

Dem Grafen war es unmöglich, dies abzuschlagen.

»Gut«, sagte er, »ich werd' ihn dir schicken, daß er deinen Pudel schert.«

»Nun, weiter will ich ja gar nichts.«

Er drückte dem Grafen die Hand und fuhr davon.

## VIII

Dies begab sich zur Winterszeit, gegen Abend, als die Dämmerung hereinbrach und die Lichter angezündet wurden.

Der Graf ließ Arkadi rufen und sagte:

»Geh zum Haus meines Bruders und schere dort seinen Pudel.«

Arkadi fragte:

»Soll ich nur diesen einen Befehl ausführen?«

»Weiter nichts«, versetzte der Graf, »doch spute dich mit der Rückkehr, denn du hast dann den Schauspielerinnen Toilette zu machen. Ljuba muß heute für drei Rollen geschminkt werden, und nach dem Theater schmückst du sie mir als heilige Cäcilie.«

Arkadi Iljitsch taumelte zurück.

Der Graf fragte:

»Was ist denn mit dir los?«

Und Arkadi antwortete:

»Verzeihung, ich bin über den Teppich gestolpert.«

Der Graf machte eine Anspielung:

»Paß auf, daß das nichts Schlimmes bedeutet!«

Aber in Arkadis Seele ging derartiges vor, daß es ihm ganz einerlei war, ob es Gutes oder Schlechtes bedeuten sollte.

Nachdem er den Befehl vernommen, mich als Cäcilie zu schmücken, nahm er, grad als könnte er nicht mehr sehen und hören, sein Handwerkszeug in der ledernen Schatulle und verschwand.

## IX

Als er zum Bruder des Grafen kam, waren dort schon Kerzen vor dem Spiegel angezündet, und wiederum lagen zwei Pistolen daneben, aber nicht bloß zwei Goldstücke, sondern deren zehn, und die Pistolen waren nicht mit blinden Schüssen, sondern mit tscherkessischen Kugeln geladen.
Der Bruder des Grafen sagte:
»Einen Pudel habe ich überhaupt nicht; hör aber, was ich von dir will: Mach mir Toilette, daß mein Gesicht ein recht kühnes Aussehen bekommt, und nimm dafür die zehn Goldstücke, doch schneidest du mich — bist du des Todes.«
Arkadi schaute und schaute, plötzlich — der Herrgott mag wissen, was in ihm vorgegangen — schickte er sich an, des Grafen Bruder zu frisieren und zu rasieren. Im Nu hatte er alles auf das beste besorgt, steckte das Geld in die Tasche und sagte:
»Leben Sie wohl.«
Jener erwiderte:
»Du darfst gehen, doch eines nur hätte ich gern noch gewußt: warum du so ein waghalsiger Bursche bist, daß du dich dazu entschließen konntest.«
Und Arkadi sagte:
»Warum ich es getan — das weiß nur meine Brust und mein Herz.«
»So bist du vielleicht gegen Kugeln besprochen, daß du meine Pistolen nicht fürchtest.«
»Pistolen — das ist nichts weiter«, entgegnete Arkadi, »an die hab' ich nicht mal gedacht.«

»Wieso denn? Hast du wirklich zu glauben gewagt, daß ein Wort deines Grafen gewichtiger wär' als meins und ich dich für einen Schnitt nicht erschossen hätte? Wenn dann kein Zauber auf dir gewesen wäre, so hättest du dein Leben verwirkt gehabt.«

Als Arkadi an seinen Grafen erinnert wurde, fuhr er abermals auf und sprach halb wie im Traum:

»Ein Zauber liegt nicht auf mir, doch hat mir Gott Vernunft verliehen: eh' du deine Hand mit der Pistole hättest erheben können, um auf mich zu schießen, hätte ich dir längst mit dem Rasiermesser die Kehle durchgeschnitten.«

Und damit stürzte er hinaus und kam gerade noch zur Zeit ins Theater, wo er mich zurechtzumachen begann, während er selbst am ganzen Leibe zitterte. Als er mir eine Locke eindrehte und sich herabbeugte, um mit seinen Lippen daraufzublasen, da flüsterte er in einem fort:

»Sei ohne Furcht, ich entführ' dich.«

## X

Die Aufführung gelang aufs beste, da wir alle, an Furcht und Qualen gewöhnt, schon wie versteinert waren — was unser Herz auch immer bewegte, unser Spiel blieb stets so, daß nichts zu merken war.

Von der Bühne aus sahen wir den Grafen und auch seinen Bruder — beide waren einander ganz ähnlich. Als sie hinter die Kulissen kamen, konnte man sie kaum unterscheiden. Nur gab sich unser Graf ungemein still und friedlich, er war wie verwandelt. Dies pflegte bei ihm jedesmal so vor seinen ärgsten Grausamkeitsausbrüchen zu sein.

Wir alle wollten schier vergehen und bekreuzigten uns: »Herrgott, erbarme dich unser und errette uns! Über wen wird heute seine Grausamkeit hereinbrechen?«

Uns aber war von Arkaschkas wahnsinniger Verzweiflungstat, die er begangen, noch nichts bekannt, doch Arkadi selbst verstand natürlich sehr wohl, daß seiner keine Schonung warte, und war bleich, als ihn der Bruder des Grafen anblickte und unserem Grafen leise etwas ins Ohr brummte. Ich hatte jedoch ein sehr scharfes Gehör und vernahm deutlich, was er sagte:
»Ich möchte dir als Bruder einen Rat geben: Nimm dich vor dem in acht, wenn er dich mit der Klinge rasiert.«
Unser Graf lächelte nur still.
Auch Arkascha selbst schien etwas gehört zu haben; denn als er mich für das letzte Auftreten als Herzogin herrichtete, legte er — was bei ihm noch nie vorgekommen — so viel Puder auf, daß der Kostümmeister, ein Franzose, mich abklopfen mußte und sagte:
»Trop beaucoup, trop beaucoup!« und den überflüssigen Puder mit einer kleinen Bürste von mir abstäubte.

## XI

Und als die Vorstellung beendet war, da streifte man mir das Kostüm der Herzogin de Bourblanc ab und kleidete mich als Cäcilie — in ein weißes, schlichtes Gewand ohne Ärmel, das an den Schultern nur von Schleifen gehalten wurde — wir konnten dies Kostüm allesamt nicht ausstehen. Nun, und dann kam Arkadi, um meinem Haar die Unschuldsfasson zu frisieren, so wie die heilige Cäcilie auf Bildern dargestellt ist, und einen feinen Reif als Heiligenschein anzubringen; plötzlich sah Arkadi, daß an der Tür meines Kämmerchens sechs Männer standen.
Dies bedeutete, daß man ihn, sobald er mich fertig frisiert hatte und wieder an die Tür trat, sogleich ergreifen und irgendwohin zum Foltern schleppen würde. Es gab aber bei uns solche Grausamkeiten, daß

derjenige, dem der Tod beschieden, hundertmal besser dran war. Folterbank und Streckbock, alles gab es: Der Kopf wurde mit dem Knebelholz gepreßt und die Glieder verrenkt. Die Strafen der Staatsgerichte erschienen demgegenüber als bloße Kleinigkeiten. Unter dem ganzen Haus befanden sich geheime Verliese, wo lebendige Menschen wie Bären an Ketten saßen. Mitunter konnte man, wenn man eben da vorbeiging, hören, wie die Ketten klirrten und die gefesselten Menschen stöhnten. Gewiß wollten sie erreichen, daß Kunde von ihnen heraufdringe oder daß es die Obrigkeit vernehme, doch diese wagte nicht einmal daran zu denken, hier einzugreifen. Und lange mußten da die Menschen schmachten, manche auch fürs ganze Leben. Einer, der lange dort gesessen, hat den Vers gedichtet:

Da kriechen die Schlangen und blenden dein Auge,
Und dein Antlitz beträufeln mit Gift Skorpione.

Dieses Verschen pflegte man dann wohl im Geiste vor sich hinzuflüstern, und es wurde einem unheimlich zumute. Andere waren sogar mit Bären zusammen angekettet, und zwar so, daß der Bär sie mit seiner Tatze nur um Zollbreite nicht packen konnte.

Allein mit Arkadi Iljitsch geschah nichts dergleichen; denn er hatte, als er in mein Kämmerchen sprang, noch im selben Augenblick mit einemmal den Tisch ergriffen und im Nu das ganze Fenster eingeschlagen, und weiter kann ich mich an nichts mehr erinnern...

Ich kam allmählich wieder zu mir, da meine Beine empfindlich kalt wurden. Als ich die Beine anzog, fühlte ich, daß ich ganz in einen Wolfs- oder Bärenpelzmantel gehüllt war, ringsum undurchdringliche Finsternis, und ein flinkes Pferdedreigespann jagte mit uns dahin, ich wußte nicht, welchem Ziele zu. Neben mir hockten zwei Männer beieinander in dem großen Schlitten — der eine hielt mich, das war Arkadi Iljitsch, während der andere aus Leibeskräften die

Pferde antrieb... Der Schnee flog nur so unter den Hufen der Pferde hervor, und der Schlitten legte sich alle Augenblicke bald auf die eine, bald auf die andere Seite. Wenn wir nicht ganz in der Mitte auf dem Boden gesessen und uns nicht mit den Händen festgeklammert hätten, so wäre keiner von uns heil angelangt.

Ich hörte auch ihr erregtes Gespräch, wie es stets bei erwartungsvoller Spannung ist — ich verstand nur: »Sie verfolgen uns, sie verfolgen uns, schneller, schneller!« und weiter nichts.

Als Arkadi Iljitsch bemerkte, daß ich wieder zu mir gekommen war, beugte er sich über mich und sagte:

»Ljubuschka, mein Täubchen, wir werden verfolgt!... Bist du einverstanden, mit mir zu sterben, wenn wir nicht entfliehen können?«

Ich antwortete, daß ich sogar mit Freuden einwillige.

Er hoffte, nach dem türkischen Chrustschuk zu entkommen, wohin damals viele von uns, von Kamenskis Leuten, flüchteten.

Plötzlich flogen wir auf dem Eis eines kleinen Flusses dahin, und da wurden schon vor uns die grauen Umrisse anscheinend einer Behausung sichtbar, Hunde schlugen an; der Kutscher aber peitschte noch mehr auf das Dreigespann ein, und auf einmal neigte sich der Schlitten zur Seite, kippte um, und Arkadi und ich fielen in den Schnee, indessen Fuhrmann, Schlitten und Pferde den Augen entschwanden.

Arkadi sagte:

»Brauchst keine Angst zu haben, das ist so richtig; denn der Fuhrmann, der uns hierher gebracht hat, will ebensowenig erkannt werden, wie er uns nicht kennen soll. Er hat sich für drei Goldstücke bereit gefunden, dich zu entführen, nun muß er aber sehen, daß er seine eigne Haut rettet. Jetzt sind wir ganz in Gottes Hand gegeben: Da ist das Dorf Suchaja Orliza, wo ein wackrer Geistlicher wohnt, der manch verzweifeltes Paar getraut und vielen von den unseren nach drüben verholfen hat. Wir werden ihm ein Geschenk machen, damit er uns bis zum anderen Abend versteckt hält und uns traut; am Abend kommt dann der Fuhrmann wieder hierher, und wir machen uns davon.«

## XII

Wir klopften am Hause und stiegen zum Flur hinauf. Ein untersetzter, alter Geistlicher mit einer Lücke in der vorderen Zahnreihe öffnete uns selbst, während seine Frau, ein älteres Mütterchen, das Feuer anblies. Wir warfen uns beide ihnen zu Füßen.

»Rettet uns, laßt uns auswärmen und versteckt uns bis zum nächsten Abend.«

Der Priester fragte:

»Habt ihr, meine Lieben, etwas gestohlen, oder seid ihr bloß Entlaufene?«

Arkadi sagte darauf:

»Wir haben niemandem etwas gestohlen, wir sind wegen der Grausamkeit des Grafen Kamenski davongelaufen und wollen nach dem türkischen Chrustschuk fliehen, wo schon etliche von unseren Leuten leben. Man wird uns auch nicht finden, außerdem haben wir Geld bei uns und geben euch einen goldnen Dukaten, wenn ihr uns diese Nacht über aufnehmt, und drei Dukaten für die Trauung. Segne uns ein, wenn du kannst, und wenn nicht, dann heiraten wir eben in Chrustschuk.«

Jener sagte:

»Nein, warum soll ich's denn nicht können?... Ich kann's... Was braucht ihr dazu erst nach Chrustschuk zu fahren. Gib für alles zusammen fünf Goldstücke — und ich will euch hier trauen.«

Arkadi gab ihm fünf Goldstücke, ich aber nahm die Aquamarinohrringe ab und überreichte sie seiner Frau. Der Geistliche griff zu und sprach:

»Ach, meine Lieben, das wäre alles weiter nichts — ich hab' schon ganz andere Paare zusammengetan, doch 's ist nicht gut, daß ihr vom Grafen seid. Wenn ich auch Pope bin, so ist mir doch vor seiner Grausamkeit bange. Nun, mag es schon sein, geschehe, was der Herrgott befiehlt — legt noch einen Golddukaten zu, wenn's auch ein geschnittener ist, und ihr mögt euch verstecken.«
Arkadi gab ihm einen sechsten Dukaten, einen vollständigen, worauf der Pope zu seiner Frau sagte:
»Was stehst du herum, Alte? Gib der Entlaufenen wenigstens einen Rock von dir und irgendeine Jacke, man muß sich ja geradezu schämen, sie anzuschaun — beinah ganz nackt ist sie.«
Dann wollte er uns in die Kirche führen und uns dort in der Truhe mit den Meßgewändern verstecken. Doch kaum hatte die Popenfrau begonnen, mich hinter der Zwischenwand zu bekleiden, als wir plötzlich hörten, wie jemand heftig mit dem Türring pochte.

## XIII

Uns beiden stockte schier das Herz. Der Priester flüsterte Arkadi zu:
»Na, mein Sohn, in die Truhe mit den Meßgewändern kommt ihr nun, scheint's, nicht mehr, da kriechst du rasch unters Federbett.«
Zu mir sagte er:
»Und du, mein Kind, gehst hier hinein.«
Er führte mich zur Standuhr, ließ mich in ihr Gehäuse treten, schloß es ab, steckte den Schlüssel in seine Tasche und ging, den Einlaßbegehrenden die Tür zu öffnen. Man hörte, daß es allerhand Leute waren, von denen etliche an der Tür standen, während zwei Mann schon von draußen zum Fenster hereinschauten.
Sieben Verfolger, alles Jäger des Grafen, mit Schlagkugeln und Hetzpeitschen, in ihren Gürteln Stricke

und Leinen, traten ein mitsamt einem achten, dem gräflichen Haushofmeister, der einen langen Wolfspelz mit hohem Kragen trug.

Das Uhrgehäuse, in dem ich steckte, war an seiner ganzen Vorderfront gitterartig durchbrochen und mit altem, feinem Musselin bespannt, so daß ich durchblicken konnte.

Der alte Geistliche aber hatte allen Mut verloren, vielleicht meinte er, daß es schlecht um die Sache stehe — zitterte am ganzen Leibe vor dem Haushofmeister, bekreuzigte sich und schrie aufgeregt:

»Ach, meine Lieben, ach, meine lieben Herzenskinder! Ich weiß, ich weiß, was ihr sucht, aber ich habe mir dem durchlauchtigsten Grafen gegenüber gewiß nichts zuschulden kommen lassen, wahrhaftig nicht, ich bin unschuldig, wahrhaftig, unschuldig!«

Und als er sich bekreuzte, wies er selber mit dem Finger über die linke Schulter nach dem Uhrgehäuse, wo ich eingeschlossen stand.

'Verloren', dachte ich, da ich sah, was er für ein Zeichen machte.

Der Haushofmeister hatte es ebenfalls bemerkt und sagte:

»Uns ist alles bekannt. Gib doch mal den Schlüssel von dieser Uhr her.«

Der Pope aber schwenkte die Hand:

»Ei, meine Lieben, ei, meine Herzenskinder! Verzeiht, habt Nachsicht, mir ist's entfallen, wo ich den Schlüssel hingelegt, wahrhaftig, ich hab's vergessen, wahrhaftig, ganz vergessen.«

Und dabei strich er mit der anderen Hand immerzu über seine Tasche.

Der Haushofmeister bemerkte wiederum seine Geste, langte den Schlüssel aus der Tasche und öffnete das Türchen vor mir.

»Steig schon 'raus«, sagte er, »mein Täubchen, dein Täuberich wird sich dann wohl von selber zeigen.«

Da erschien Arkascha auch schon: Er warf das Bett des Popen von sich, das zu Boden fiel, und stellte sich.
»Ja«, sprach er, »es ist sowieso nichts mehr zu machen, ihr habt das Spiel gewonnen – führt mich zur Folter; doch sie ist an allem vollkommen unschuldig: Ich hab' sie gewaltsam entführt.«
Dann wandte er sich dem Popen zu, und alles, was er tat, war, ihm ins Gesicht zu spucken:
Jener jammerte:
»Meine Lieben, seht ihr, wie er noch meine Priesterwürde und meine Ergebenheit beschimpft? Berichtet davon dem allererlauchtesten Grafen.«
Der Haushofmeister gab ihm zur Antwort:
»Schon gut, du kannst unbesorgt sein, es wird ihm alles auf die Rechnung gesetzt«, und befahl, Arkadi und mich abzuführen.
Wir wurden alle auf drei Schlitten untergebracht, auf dem vordersten der gebundene Arkadi mit einigen Jägern, während man mich unter der gleichen Bewachung auf den letzten brachte, auf dem mittelsten aber fuhren die restlichen Leute.
Alles Volk machte uns Platz, wenn es uns begegnete – vielleicht dachte man, es wäre eine Hochzeitsgesellschaft.

## XIV

Geschwind ging es im Galopp zurück, und als wir in den gräflichen Hof einfuhren, da sah ich jenen Schlitten nicht mehr, auf dem sich Arkadi befunden hatte; mich schaffte man in mein früheres Zimmer und unterzog mich endlosen Verhören: so auch, wie lange ich mit Arkadi allein gewesen sei.
Ich sagte vor allen:
»Ach, überhaupt kein bißchen!«
Gewiß war es mir hienieden nun einmal so bestimmt,

nicht mit meinem Geliebten, sondern mit dem Verhaßten zusammenzusein – denn diesem Schicksal entging ich nicht; und als ich wieder in mein Kämmerchen kam und gerade mein Gesicht ins Kissen wühlen wollte, um mein Unglück zu beweinen, da hörte ich plötzlich vom Fußboden her entsetzliches Gestöhn.

Es war bei uns so, daß wir Mädchen im ersten Stock des Holzgebäudes wohnten, worunter sich ein großer, hoher Raum befand, in dem wir singen und tanzen lernten und von dem zu uns herauf jedes Geräusch drang. Satan, der Höllenfürst, mußte sie, diese Ungeheuer, gelehrt haben, Arkadi unter meinem Gemach zu quälen...

Als mir klar wurde, daß er es war, den man da folterte... sprang ich auf... und stürzte an die Tür, um zu ihm zu laufen... doch die Tür war abgesperrt... Ich weiß selbst nicht, was ich eigentlich tun wollte... und sank zu Boden, aber da hörte man es noch mehr... Und weder Messer noch einen Nagel gab es, nichts, womit man sich irgendwie hätte umbringen können... So nahm ich denn meinen Zopf und knüpfte ihn auf... Dann wand ich ihn um den Hals, drehte und drehte immerzu, bis ich nur noch ein Sausen in den Ohren vernahm und Kreise vor den Augen sah und mir die Sinne schwanden... Zu Bewußtsein kam ich erst wieder an einem mir unbekannten Ort, in einer großen, hellen Bauernhütte... Und lauter kleine Kälber waren da... viele Kälbchen, über zehn Stück – und was für niedliche Tierchen! Sie kamen und schleckten mit ihren kalten Lippen an meiner Hand, sie meinten wohl, sie saugten bei ihrer Mutter... Davon war ich auch erwacht, weil es so kitzelte... Ich ließ die Augen ringsum schweifen und dachte: 'Wo bin ich?' Da sah ich eine bejahrte, hochgewachsene Frau, die ein blaugestreiftes Leinenkleid trug und ein ebensolches reines Kopftuch umgebunden hatte, mit freundlichem Gesicht eintreten.

Die Frau hatte schon bemerkt, daß ich wieder zu mir gekommen war, und streichelte mich, während sie mir erzählte, daß ich mich hier in der Kälberhütte, die zu demselben gräflichen Hofe gehöre, befände... »Das ist dort gewesen«, erläuterte Ljubow Onissimowna ihre Worte, wobei sie mit der Hand in Richtung der entlegensten Ecke der halbverfallenen grauen Umzäunung wies.

## XV

Sie war auf den Viehhof gebracht worden, da man den Verdacht hegte, daß sie in eine Art Wahnsinn verfallen sei. Solche, den Tieren ähnlich gewordene Leute wurden auch dem Viehhof zur Beobachtung zugeleitet, weil die Viehknechte ältere und bedächtige Menschen waren und man annahm, sie wären zur »Beobachtung« von Psychosen geeignet.

Die Alte im gestreiften Kleide, bei der Ljubow Onissimowna aus ihrer Ohnmacht wieder erwacht war, erwies sich als sehr gutherzig und hieß Drossida.

»Sie machte mir vor dem Schlafengehen«, fuhr die Kinderfrau fort, »selber ein Lager aus frischem Haferstroh. Sie bereitete es mir so weich wie ein Daunenbett und sprach dann: 'Ich will dir, liebes Mädchen, alles offen erzählen. Sei es wie's sei, wenn du's auch weiterträgst, aber ich war ebensoeine wie du und habe nicht mein ganzes Leben lang dieses gestreifte Kleid getragen, sondern auch andere Zeiten gesehen, doch gebe Gott, daß ich nicht daran zurückdenke; ich sage dir: gräm dich nicht, daß man dich auf den Viehhof verbannt hat — hier ist's sogar besser, nur hüt dich vor diesem furchtbaren Plakon...'«

Und sie zog unter ihrem Halstuch ein weißes Glasfläschchen hervor und zeigte es mir.

Ich fragte:

»Was ist das?«

Sie antwortete darauf:

»Das ist es, das furchtbare Plakon, in ihm ist das Gift des Vergessens.«

Ich sagte:

»Gib mir vom Gift des Vergessens: ich will alles vergessen.«

Sie sprach:

»Trink nicht davon – es ist Wodka. Ich hab' mich einmal nicht in der Gewalt gehabt und davon getrunken... gute Leute gaben es mir... Jetzt komme ich nicht mehr los – ich brauch' es, trinke du aber nicht, solange du kannst, und verurteile mich nicht, weil ich am Fläschchen sauge – mir selber ist's sehr leid. Doch du hast noch einen Trost auf der Welt: *Ihn* hat der Herrgott wenigstens von der Tyrannei erlöst!...«

Da schrie ich auf: »Tot!« und griff mir ins Haar, allein es schien nicht meins zu sein – weißes... Was war das!

Aber sie sprach zu mir:

»Erschrick nicht, erschrick nicht, deine Haare waren schon weiß geworden, als man dich aus deinem Zopf herauswickelte; er aber ist am Leben und von aller Tyrannei erlöst: Der Graf ist mit ihm so gnädig verfahren wie mit noch niemandem – ich werde dir, sobald es Nacht geworden ist, alles erzählen, doch jetzt will ich noch etwas am Fläschlein saugen... muß es aussaugen... das Herz brennt mir.«

Und sie trank und trank immerzu, bis sie eingeschlummert war.

Nachts, als alle schliefen, stand Tantchen Drossida in aller Stille nochmals auf, ging ohne Licht zum Fenster hin, und ich sah, wie sie stehend abermals aus dem kleinen Flakon trank und es wieder versteckte; dann fragte sie mich leise:

»Schläft der Kummer oder nicht?«

Ich antwortete:

»Der Kummer schläft nicht.«

Sie hockte sich an mein Lager und erzählte mir, daß der Graf Arkadi nach der Bestrafung zu sich habe rufen lassen und folgendes zu ihm sagte:

»Du hast nun alles überstanden, was ich dir auferlegt; weil du aber mein erklärter Liebling warst, so will ich jetzt gnädig mit dir verfahren: Ich werde dich morgen fortschicken, um dich unverzüglich unter die Soldaten stecken zu lassen; doch da du meinem Bruder gegenüber, einem Grafen und Edelmann, samt seinen Pistolen keine Furcht gezeigt hast, will ich dir einen ehrenvollen Weg eröffnen – ich möchte nicht, daß du tiefer stehest, als du dich mit deinem edlen Geist selbst gestellt. Ich werde dir einen Brief mitgeben, daß man dich sofort gradwegs in den Krieg schickt; du wirst auch nicht als gemeiner Soldat, sondern als Regimentssergeant dienen und kannst deine Tapferkeit beweisen. Du bist dann nicht mehr meinem Willen, sondern dem des Zaren untertan.«

»Er hat's nun besser«, sagte die Alte im gestreiften Kleide, »er braucht nichts mehr zu fürchten: Nur noch die eine Macht hat er über sich – und zwar, im Kampf zu fallen, aber nicht mehr die Tyrannei eines Herren.«

Ich glaubte dies auch, und drei Jahre lang träumte mir jede Nacht immerzu davon, wie Arkadi Iljitsch in der Schlacht kämpft.

So verstrichen drei Jahre, und während dieser ganzen Zeit war mir der Herrgott gnädig; denn man rief mich nicht ans Theater zurück, sondern ließ mich ständig in der Kälberhütte bei Tantchen Drossida als Gehilfin leben. Es ging mir dort sehr gut, zudem tat mir diese Frau leid, und wenn sie manchmal nicht sehr angeheitert war, so hörte ich ihr nachts gern zu. Sie erinnerte sich auch noch, wie unsere Leute dem alten Grafen die Kehle durchgeschnitten hatten, wobei der Hauptanführer der Kammerdiener selber war – denn man konnte seine teuflische Grausamkeit nicht mehr länger ertragen. Ich aber trank immer noch nicht, und für Tantchen Drossida tat ich vieles mit größtem Vergnügen: Die lieben Tierchen waren mir wie Kinder. Man pflegte sich an die Kälbchen so zu gewöhnen, daß man es bekreuzigte, wenn man eines von ihnen tränken mußte, wonach es fortgeführt wurde, um für die Tafel abgestochen zu werden; und man weinte dann selber noch drei Tage darüber... Fürs Theater taugte ich nicht mehr, weil meine Beine nicht mehr recht gehen wollten und wacklig waren. Früher hatte ich einen äußerst leichten Gang gehabt, aber als mich Arkadi Iljitsch damals besinnungslos in der Kälte entführt hatte, war mir gewiß der Frost in die Beine gekrochen, so daß mir später keinerlei Festigkeit in den Fußspitzen fürs Tanzen verblieben war. Ich wurde also eine ebensolche Buntgestreifte wie Drossida, und Gott weiß, wie lange ich noch so trostlos dahingelebt hätte, als plötzlich eines Tages, da ich gegen Abend bei uns in der Hütte saß, etwas geschah: Die Sonne ging eben unter, und ich haspelte, am Fenster sitzend, Garngebinde auf, als plötzlich zu mir ins Fenster ein kleiner Stein hereinfiel, der ganz in Papier gewickelt war.

## XVI

Ich schaute hierhin und dorthin und sah zum Fenster hinaus — keine Menschenseele.

'Gewiß', dachte ich, 'hat ihn jemand absichtlich über den Zaun geworfen, doch ist er nicht an sein rechtes Ziel gelangt, sondern zu uns beiden.' Und ich überlegte: 'Soll ich dies Stück Papier entfalten oder nicht? Es scheint doch besser, ich wickele es auf; denn bestimmt ist etwas darauf geschrieben. Vielleicht ist's gar etwas Wichtiges für irgendwen, und ich kann's erraten und das Geheimnis für mich bewahren; dann

könnte ich den Zettel mit dem Steinchen wiederum auf genau dieselbe Weise demjenigen zustellen, für den er bestimmt war.‘
Ich entfaltete das Papier, begann zu lesen, und ich wollte meinen Augen nicht trauen...

## XVII

Da stand geschrieben:
»Meine treue Ljuba! Lange habe ich mich im Krieg geschlagen, dem Zaren gedient und mein Blut mehr als einmal vergossen, man hat mir dafür Offiziersrang verliehen und mich in den Adelsstand erhoben. Jetzt bin ich als freier Mann auf Urlaub zur Ausheilung meiner Wunden hierhergekommen und in der Puschkarskaja-Vorstadt beim Wirt des Ausspannhofes abgestiegen. Morgen aber will ich meine Orden und Kreuze anlegen und mich zum Grafen begeben, um ihm all mein Geld, fünfhundert Rubel, die man mir zur Heilung ausgezahlt, zu überreichen, und ihn bitten, Dich dafür freizugeben; so hoffe ich, daß wir nun bald vor dem Altar des Allmächtigen als ein Paar getraut werden.«
»Und weiter schrieb er«, fuhr Ljubow Onissimowna, immer mit unterdrückter Bewegtheit, fort: »‘Was aber jenes Unheil anbetrifft, das Sie an sich erfuhren und welchem Sie ausgesetzt waren, so erachte ich es als eine Ihrer Qualen, nicht als Sünde oder Schwachheit, und stelle dies Gott anheim; Ihnen gegenüber empfinde ich wie immer allein tiefe Achtung.’« Unterzeichnet war das ganze: »Arkadi Iljin«.
Ljubow Onissimowna verbrannte jedoch den Brief sogleich an der Feuerstelle und erzählte niemandem davon, nicht einmal der Alten im gestreiften Kleide; sie betete nur die ganze Nacht über zu Gott, sprach aber dabei kein einziges Wörtchen von sich, sondern bat immerzu nur für ihn; denn — sagte sie — obwohl er ge-

schrieben hatte, daß er nun ein Offizier, mit Ordenskreuzen und mit Wunden, sei, so habe sie sich doch durchaus nicht vorstellen können, daß der Graf mit ihm anders als früher verfahren werde.
Einfacher gesagt, sie befürchtete, man möchte ihn nochmals schlagen.

## XVIII

Als Ljubow Onissimowna frühmorgens die Kälbchen in die Sonne hinaustrieb und begann, sie mit Brotrinden aus einem Kübel Milch zu füttern, drang plötzlich an ihr Ohr, wie draußen »in der Freiheit«, vor dem Zaune, Menschen irgendwohin eilten und liefen, wobei sie hastig miteinander redeten.
»Was sie aber sprachen«, erzählte sie, »davon konnte ich keine einzige Silbe verstehen, und doch schnitten mir ihre Worte gleich wie ein Messer ins Herz. Da zur selben Zeit grade der Jauchenfahrer Philipp zum Tor einfuhr, fragte ich ihn:
»Philjuscha, Väterchen, hast du nicht gehört, warum diese Leute laufen und sich so aufgeregt unterhalten?«
Er antwortete darauf:
»Die laufen, um sich anzusehen, wie der Ausspannwirt in der Puschkarskaja-Vorstadt heut nacht einen schlafenden Offizier erstochen hat. Er hat ihm«, sagte er, »ganz die Kehle zugedrückt und fünfhundert Rubel abgenommen. Sie haben ihn gefangen, ganz mit Blut besudelt — heißt es —, und das Geld bei ihm gefunden.«
Und wie er mir das gesagt, da schlug ich auch schon der Länge lang zu Boden...
Und so hatte sich's auch zugetragen: Arkadi Iljitsch war von jenem Wirt erstochen worden... man hat ihn hier in diesem Grabe, an dem wir sitzen, beerdigt... Ja, unter uns, unter diesem Erdhügel liegt er nun... Sonst machst du dir bloß Gedanken, warum ich mit

euch wohl immer hierher spazierengehe... Am liebsten schaue ich gar nicht dorthin — sie deutete auf die düsteren und grauen Ruinen — ich möchte hier nur ein Weilchen neben ihm sitzen und ... und mit einem Schlückchen seiner Seele gedenken... —

## XIX

Damit schloß Ljubow Onissimowna, weil sie ihre Geschichte wohl für beendigt hielt, zog das Fläschchen aus der Tasche und »gedachte seiner« oder »sog« ein bißchen, ich aber fragte sie:

»Wer hat denn den berühmten Toupetkünstler hier begraben?«

»Der Gouverneur, mein Liebling, der Gouverneur war zur Beerdigung selbst anwesend. Natürlich! Ein Offizier — und bei der Messe haben ihn auch der Diakon und der Priester den 'Bojaren' Arkadi genannt, und als man den Sarg hinabsenkte, schossen Soldaten mit ihren Gewehren Salut. Der Wirt des Ausspannhofes aber wurde übers Jahr auf dem Iljinkaplatze mit der Knute vom Henker abgestraft. Dreiundvierzig Hiebe gab man ihm für Arkadi Iljitschs Ermordung; er überstand sie, blieb am Leben und wanderte gebrandmarkt zur Zwangsarbeit. Wer von unseren Mannsleuten konnte, lief hin, um sich's anzusehen; und die Alten, die sich noch erinnerten, wie man den Mörder des grausamen Grafen bestraft hatte, sagten, daß dreiundvierzig Knutenschläge nicht viel wären, weil ja Arkascha einfachen Herkommens gewesen; doch jenem habe man für den Grafen sogar hundertundeinen Hieb gegeben. Eine gerade Zahl von Streichen darf nämlich dem Gesetz nach nicht verfügt werden, sie muß stets ungerade sein. Damals hatte man eigens, sagten sie, den Tulaer Henker geholt und ihm vor der Vollstreckung drei Glas Rum zu trinken gegeben. Er schlug dann so, daß er alle hundert Knutenhiebe bloß zur Qual versetzte, jener aber durchaus am Leben blieb, doch als er ihm schließlich den hundertundersten aufzählte, zertrümmerte er ihm das ganze Rückgrat... Und wie man ihn vom Brett aufhob, da lag er schon im Sterben... Man bedeckte ihn mit einer Matte und brachte ihn nach dem Gefängnis — unterwegs starb er. Doch der Tulaer, erzählte man, habe darauf immerzu geschrien: 'Gebt noch einen her zum Prügeln — alle Orjoler schlag' ich tot.'«

»Und Sie«, fragte ich, »sind Sie auch bei der Beerdigung dabeigewesen oder nicht?«

»Freilich. Wir sind allesamt hingegangen: Der Graf hatte befohlen, alle seine Theaterleute hinzuführen, damit sie sehen möchten, wie weit es einer von unseren Leuten bringen konnte.«

»Haben Sie von ihm auch Abschied genommen?«

»Ja, gewiß! Alle traten heran und verabschiedeten sich, ich auch... Er hatte sich dermaßen verändert, daß ich ihn nicht wiedererkannt hätte. Mager und sehr bleich sah er aus — man sagte, sein ganzes Blut wäre ausgeflossen, weil er grad um Mitternacht erstochen worden ist... Wieviel Blut er wohl verloren haben muß...«

Sie schwieg und versank in Gedanken.

»Und wie sind Sie selbst«, fragte ich, »dann drüber hinweggekommen?«

Sie schien wieder zu sich zu kommen und fuhr sich mit der Hand über die Stirn.

»An die ersten Augenblicke kann ich mich nicht erinnern«, sagte sie, »und auch wie ich nach Hause gelangt bin... doch wohl mit allen zusammen — sicherlich hat mich jemand geführt... Am Abend sagte dann Drossida Petrowna zu mir:

»Nun, so geht das nicht — du schläfst nicht und liegst die ganze Zeit wie versteinert da. Das ist nicht gut — du solltest weinen, damit du dein Herz erleichterst.«

Ich sagte:
»Ich kann nicht, Tantchen, mein Herz brennt wie Kohlenglut, und es will nicht leichter werden.«
Da sprach sie:
»Na, dann wirst du also nun dem Plakon nicht mehr entgehen.«
Sie goß mir aus ihrem Fläschchen ein und sagte:
»Früher hab' ich's selber nicht zugeben wollen und dir davon abgeraten, doch jetzt ist nichts mehr zu machen: lösch die Kohle — saug!«
Ich sagte:
»Ich mag nicht.«
»Närrchen«, versetzte sie, »ja, wer mag schon am Anfang. Hast doch bittren Kummer, aber das brennende Gift ist noch bittrer; begießt du die Kohle mit diesem Gift — erlöscht sie für ein Weilchen. Saug, geschwind, saug!«
Ich trank mit einmal das ganze Plakon leer. Widerlich war's, doch konnte ich anders nicht schlafen, und die nächste Nacht... trank ich's ebenfalls aus... und jetzt kann ich ohne das überhaupt nicht mehr einschlafen; ich hab' mir selbst ein Fläschchen besorgt und kaufe mir Branntwein... Und du, mein guter Junge, sag niemals Mamachen etwas davon, verrate nie die einfachen Leute; denn man soll sie beschützen, die einfachen Leute sind ja alle Dulder. Und wenn wir dann nach Hause gehen, da werde ich wieder bei der Schenke an der Ecke ans Fensterchen klopfen... Wir werden nicht selber hineingehen, sondern ich gebe nur mein leeres Plakon zurück, und sie reichen mir ein neues heraus.«
Ich war gerührt und versprach, daß ich nie und nimmer etwas von ihrem »Plakon« sagen wolle.
»Dank dir, mein Liebling — sag nichts: ich brauch' es.«
Im Geiste sehe und höre ich sie noch, als wäre es eben jetzt: Sie pflegte sich jede Nacht, wenn alles im Hause schlief, leise in ihrem Bett aufzurichten, daß auch

kein Knöchelchen knackte, zu horchen, aufzustehen und mit ihren langen erfrorenen Beinen nach dem Fensterchen zu schleichen. Sie verharrte einen Augenblick, schaute sich um, lauschte, ob nicht Mama aus dem Schlafzimmer käme, dann stieß der Hals ihres »Plakons« kaum hörbar gegen ihre Zähne, sie schickte sich an und »sog«... Ein Schluck, zwei, drei... Sie hatte die Kohle gelöscht, Arkaschas war gedacht; dann schlich sie wieder zurück ins Bett — husch unter die Decke, und bald darauf begann sie ruhig und friedlich zu schnaufen — fu-ffu, fu-ffu, fu-ffu. Sie schlief! Entsetzlichere und herzzerreißendere Gedächtnisfeiern habe ich in meinem ganzen Leben nicht geschaut.

# GLEB USPENSKI

*Gleb Iwanowitsch Uspenski, der in seinem Werk den Traum der »Volkstümler« (Narodniki) überwand, aus der alten patriarchalischen Dorfordnung könne die neue russische Gesellschaft hervorgehen, ist 1843 in Tula als Sohn eines in der staatlichen Domänenverwaltung angestellten Kollegienregistrators geboren. Er sah schon in früher Jugend, im Hause seines Großvaters, der eine Domänenverwaltung leitete, das wirkliche Leben auf dem Lande vor der Bauernbefreiung. »Ich habe in meiner Kindheit die große Not der Bauern miterlebt. Die Anwerbung von Rekruten, die überall herrschende Bestechlichkeit, die Verschleppung von Gerichtssachen, die Kreisältesten und die Schreiber, das alles ist mir noch ganz deutlich in Erinnerung.« Uspenskis spätere schriftstellerische Arbeiten sollten der Schilderung der Bauern nach der Veröffentlichung des Manifests über ihre Befreiung (1861), besonders auch dem dann folgenden, immer stärkeren Eindringen des kapitalistischen Denkens auf dem Lande gewidmet sein. – Im Jahre 1852 bezog er das Gymnasium seiner Vaterstadt, vier Jahre später, nach der Übersiedlung seiner Eltern, das Gymnasium von Tschernigow und 1861 die Universität zu Petersburg, an deren philosophischer Fakultät er von dem politischen Stimmungsaufschwung dieser Jahre nach der Bauernbefreiung nachhaltig ergriffen wurde. Bald zieht er nach Moskau und widmet sich, als Nichtadliger, Rasnotschinez, literarischer Tätigkeit. Schon 1863 erscheint seine Erzählung 'Der Trödler' in der Petersburger Zeitschrift 'Die Lesebibliothek'. Da stirbt im folgenden Jahre der Vater, und Uspenski* muß von Stund an für seine Mutter, vier Schwestern und drei Brüder sorgen. »Meine Kräfte waren groß, doch verzettelte ich sie bei den ständigen Sorgen um eine so große Zahl von Menschen.« Dazu kam der nach den Jahren des Stimmungsaufschwungs nun erneut einsetzende Druck der politischen Zensur. Uspenski fühlte sich vereinsamt. »Es gab keine geeigneten führenden Persönlichkeiten in dieser Zeit. Im Jahre 1861 sah ich zum erstenmal Dobroljubow, aber bereits als Toten, im Sarge. Tschernyschewski wurde 1864 nach Sibirien verbannt, und Pissarjew blieb bis 1867 in Festungshaft ... Ich selbst war nahe daran, Hand an mich zu legen.« Entschlossen schickt er jedoch weiter seine »Szenen« und »Skizzen« an die kleinen Blätter: scharfgesehene Bildchen von Moskaus und Petersburgs stillen Nebenstraßen, Erinnerungen aus der Jugend, Schilderungen von Großstadt- oder Provinzbeamten, Volksfesten, Straßenszenen usw. Da bemerkt der Dichter Nekrassow, damals Herausgeber des 'Zeitgenossen', Uspenskis Talent und veröffentlicht in seiner Zeitschrift dessen erstes größeres Werk 'Die Sitten der Rasterjajewstraße' (1866), eine Skizzenreihe kleinbürgerlichen Lebens, welche die Darstellung dieses Themenkreises durch Uspenski zugleich krönt und abschließt.

In einen neuen Lebensabschnitt tritt er 1872 mit seiner Auslandsreise, die ihm Nekrassow ermöglicht. Er sieht in Belgien erschüttert den Industriekapitalismus: »Es gibt hier kaum einen Winkel ohne Schlote, ohne Rauch und ohne das Pfeifen von Lokomotiven, und das alles ist so furchtbar, daß es einem vorkommt, als ringen unter der Erde Millionen von Menschen nach Luft.« In Paris sieht er auf einem Platz noch Blutspuren der Kommunarden-Erschießungen. Auf dieser Reise lernt er aber vor allem, und zwar von Emigranten wie P.L. Lawrow, die für die siebziger Jahre revolutionäre Lehre der Narodniki, der »Volkstümler«, kennen und beschließt, dem Leben und geschichtlichen Schicksal der Bauern von nun an eingehende Studien zu widmen. Durch die »bestechende Wahrheitsliebe« gerade seiner Schilderungen aus der Welt der Bauern wurde er in den siebziger Jahren ein vielgelesener Schriftsteller. Anfangs von den Lehren des theoretischen Hauptes der »Volkstümler«,

*Michailowski, durchdrungen, führte er – ihr begabtester Schriftsteller – ihre Behauptungen angesichts der von ihm aufs schärfste gesehenen Tatsachen mehr und mehr an den Rand des Absurden. Er handelte auch hier dem Grundsatz gemäß, den er in seiner Autobiographie aufstellte: »Man darf sich nicht von etwas leiten lassen, was einer vergangenen Zeit angehört, wenn sich etwas Neues anbahnt, auch wenn es noch ganz unbestimmt ist.« Nach seiner Rückkehr trat er zunächst mit Erzählungen hervor, die das erste Aufkeimen von Bedenken gegenüber der geltenden Gesellschaftsordnung, eine »Erleuchtung des Geistes« in Menschen zeigen, die bis dahin gedankenlos im Bestehenden lebten ('Das kranke Gewissen', 1873; 'Unheilbar', 1875, und 'An der alten Brandstätte', 1876). Die Erzählung 'Das Scheckbuch' (1876) stellt dann tragisch den Einbruch des Kapitalismus in die ländliche Wirklichkeit dar, die Entwurzelung der Bauern eines Dorfes durch die Schuld eines unternehmenden Geldmannes. Wie eine Provinzstadt durch den Bau einer Eisenbahn aus ihrer verschlafenen Ordnung aufgeschreckt und ihre Verteilung von Arm und Reich umgestülpt wird, zeigt 'Der Ruin' (endgültig 1883), in dem zum ersten Male ein Arbeiter, der »Wahrheitssucher« Michail Iwanowitsch, gegen die gefährliche und sinnlose Entwicklung des Kapitalismus protestiert. – Seine Skizzen aus der Bauernwelt sammelte Uspenski 1881 in dem vielgelesenen Buch 'Die Macht der Scholle'. In ihm gelangt auch seine eigentümliche Form der Skizze zur Vollendung. Sie durchbricht den Duktus der Erzählung, indem der Autor dem Gang der eigentlichen Handlung: dem Bericht seines »Helden«, weitere »Szenen«, »Bilder« oder Erörterungen einfügt oder anhängt. Durch diese leidenschaftlich publizistischen Einlagen gab er seinen Skizzen ihren ungemein aktuellen Charakter und machte sie zu einer Form des Kampfes um die Wahrheit. Allenthalben ging er dabei von der vorurteilslos gesehenen Einzeltatsache aus und suchte von ihr her die allgemeine Theorie, wo sie nicht mit der Einzeltatsache zusammenstimmte, einzuschränken oder zu berichtigen. So gelangte er durch Beobachtung bis an die Grenzen des Denkens der Narodniki. Diese glaubten: kapita-*

*listische, privatwirtschaftliche Gesinnung sei noch nicht bis in den Kern des russischen Dorfes, noch nicht bis in die Herzen der Bauern eingedrungen; die alte Feldergemeinschaft, der »Mir«, sei ein vorgefundenes Stück Gemeinbesitz, an das die bäuerliche Dorfgemeinschaft mit ihren idealisierten, angeblich noch sozialistisch denkenden Bauern nur anzuknüpfen brauche, um die Vergemeinschaftung des gesamten Bodens und seine gemeinsame Bearbeitung durchzuführen. Dies sei dann die sozialistische Revolution und die Beseitigung der Selbstherrschaft. Uspenskis scharfes Auge erkannte demgegenüber mehr und mehr, daß die patriarchalische Dorfordnung, von der die Narodniki als von einer noch unangetasteten, einheitlichen Gegebenheit schwärmten, sich durch die wirtschaftliche Ungleichheit unter den Bauern und durch das Eindringen selbstsüchtig gegen die Dorfordnung gerichteten Denkens schon in Auflösung befand. Sie war also kaum noch fähig zum Kampfe gegen das bestehende Regime. Wer aber sollte ihn dann aufnehmen? An dieser Frage ist Uspenski zerbrochen. Die sich damals erst bildende Klasse der Arbeiter ist als politische Kraft nicht mehr in seinen Gesichtskreis getreten.*
*Seit dem Verbot des 'Zeitgenossen' war er ständiger Mitarbeiter an den 'Vaterländischen Annalen' geworden. Als auch diese 1884 verboten wurden, begann für ihn, den unermüdlichen Beobachter und Sucher, ein aufreibendes Wanderleben, das ihn hin und her durch das gesamte Rußland, ja bis nach Sibirien führte und seinen körperlichen Zusammenbruch beschleunigte, der dann 1892 eintrat. Aus diesen Jahren stammt auch die unten folgende Skizze, die 1886 in der Zeitschrift 'Der nordische Bote' (Nr. 12) erschien und wie in ein paar Momentaufnahmen die Anfänge des Industrieproletariats festgehalten hat. Die Feier seines fünfundzwanzigjährigen Schriftstellerjubiläums (1887) und das Erscheinen seiner Gesammelten Werke (1889) konnten Uspenski nicht mehr der Krankheit und Depression entreißen. »Alles, was ich seit dem Jahre 1888 geschrieben habe, ist unter fürchterlichsten Bedingungen entstanden, im Stadium der seelischen Zerrüttung«, schrieb er 1891. Die letzten zehn Jahre seines Lebens ver-*

*brachte er im Krankenhaus, wo er 1902 auch gestorben ist. Die Trauergemeinde bei seiner Beerdigung hat sein Freund W. Trimofejew geschildert: »Die Menschen schienen ausgesucht zu sein. Sie hatten nervöse, vergeistigte, krankhaft erschöpfte oder düstere, gesammelte Gesichter; es waren entkräftete, bleiche, aber königlich stolze Menschen – alle gleich sozusagen. Alle trugen dunkle Kleidung, ohne auf die Mode Rücksicht zu nehmen. Viele waren Rasnotschinzen, Intellektuelle aus verschiedenen Ständen, 'edelmütige Hungrige' wie der, den man begrub. Sie hatten keinen Rang, keine Titel, wohl aber einen polizeilichen Vermerk: 'unzuverlässig', 'auf Anordnung der Behörde verbannt', 'begnadigt'. Ihre Gespräche galten Erinnerungen an Sibirien, an die Taiga, an Gefängnisse. Das waren Menschen, die das bestehende Gesetz mißachtet hatten und es vielleicht auch in Zukunft mißachten werden ... Unter ihnen gab es Geflüchtete, die trotz der Gefahr, festgenommen zu werden, furchtlos erschienen waren, um dem, den das Unglück des Volkes so sehr geschmerzt hatte, die letzte Ehre zu erweisen. Aus solchen Menschen bestand die vieltausendköpfige Menge. Sie schien eine eigene Nation zu sein, mit einer eigenen Kultur, mit eigenen Gesetzen und Traditionen, mit einer eigenen geheimnisvollen Sprache.«*

## PETKAS KARRIERE

Als ich diesmal aufs Land kam, gab es für mich manche Überraschung und nicht nur in bezug auf die »Ernte«. So hat mich zum Beispiel auch Petka – ein bettelarmer kleiner Bengel – durch die überraschende Wendung, die in seinem Leben eingetreten war, überaus in Verwunderung gesetzt.

Ich schaute mir Petka an und staunte – er trug eine neue Schirmmütze für vierzig Kopeken, ein gestärktes Kattunhemd und Stiefel, die freilich vom Vater waren; aber sieh einer nur an, mit welch ungewöhnlicher

Sicherheit er in diesen plumpen Stiefeln des Vaters seinen Fuß aufstellte, mit welchem Geschick eines richtigen Fabrikarbeiters er die Sonnenblumenkerne knackte, wie geckenhaft nachlässig er die Schalen nach rechts und links ausspuckte!

Wahrhaftig, Petka war einfach nicht wiederzuerkennen, seit ich ihn das letzte Mal gesehen, das heißt vor anderthalb Jahren.

Was mich am meisten an Petka interessierte, war weder die Mütze noch das gestärkte Hemd, sondern namentlich der geistige Aufschwung, die moralische Wiedergeburt, die ich mir durchaus nicht erklären konnte. 'Welche Macht hat den verschüchterten, gehetzten, bedrückten Petka verwandelt und ihm eine lebendige Seele eingehaucht?' fragte ich mich und wandte mich, da ich keine Antwort fand, um Lösung der Frage an einen der Bauernjungen, die auf einer kleinen Wiese das Schlagspiel »Rjucha« spielten, während Petka und ich als Zuschauer am Rande standen.

»Fedja«, sagte ich, »wie hat sich unser Petka herausgemacht!«

»Was meinst du wohl! Er verdient jetzt Geld, der Petka!«

»Wie denn?«

»Streichhölzer macht er! Der Petka ist jetzt Fabrikarbeiter geworden! Sieh nur den Wichtigtuer! Hat sein eigenes Geld! Sieh mal, wieviel Sonnenblumenkerne! Dauernd greift er in die Taschen, gradzu wie ein Millionär.«

Petka schielte zu uns herüber, blickte uns an — und zwar so, als wolle er sagen: 'Ist mir ganz schnuppe' — und steckte, zur Seite geneigt, seine Hand tief in die Tasche, worauf er fortfuhr, sich schalenspuckend am Verlauf des Spiels seiner Altersgenossen zu vergnügen.

'Endlich', ging es mir durch den Sinn, 'endlich hat auch der arme Petka seinen Weg gefunden! Hat den Anfang zu seiner Karriere gemacht!'

Er ist nun offensichtlich für immer Fabrikarbeiter, ein Mensch der Maschine geworden! Ja, was wär' er sonst wohl, der arme Schlucker, wenn da nicht so ein schwedischer Unternehmer gekommen wäre und diese Petkas, diese überzähligen Menschen der Landwirtschaft aufgelesen hätte?
Traurig, schrecklich, kalt ist es in einem heruntergekommenen Adelshaus, in einer verarmten Adelsfamilie, doch in einer heruntergekommenen Bauernfamilie ist's bis zum Grauen schrecklich und eisig! Welche die Seele und das Denken bedrückende Schwermut und Öde und vor allem, welche Sinnlosigkeit geht von dem auf dem Hof hier und da herumliegenden Gerümpel aus! Was sollen diese alten Deichselstangen, diese zwei zerbrochenen Räder, dieses Faß, das ausgetrocknet und zerfallen dasteht? Wozu der leere Stall, das in einer Angel hängende Tor, die leeren Tröge, die Kübel mit Spuren von Futter und Kraut daran? In solch einem Hause ist keine Kraft und Wärme in der Arbeit, sie hat kein Ziel, und das ganze Gerümpel erschreckt durch seine Sinnlosigkeit, lastende Schwere, Ungeschlachtheit und vor allem dadurch, daß unser Bewußtsein keinerlei Zusammenhang zwischen diesem leblosen Plunder und der bedrückenden Angst vor dem Leben, vor dem hellichten Tag und jedem lebensvollen Menschen finden kann.
Petkas Familie und deren Hof waren mir nämlich so heruntergekommen in Erinnerung. Im Hause war keine Kraft zum Bauerntum. Petka hatte wohl Vater und Mutter, ihrem gemeinsamen Leben hatte jedoch der Inhalt gefehlt. Petkas Vater besaß nicht die Kraft und die Leidenschaft, seine »Landwirtschaft« hochzuarbeiten. Sein hagerer, baumlanger, kraftloser Körper war nicht von der fürs Bauerndasein notwendigen Menge an Feuer, der brennenden Leidenschaft durchglüht, das Unwahrscheinlichste zu bezwingen, mit ihm fertig zu werden; er war irgendwie erstarrt,

vor allem aber — er wußte selber nur zu gut, daß in ihm keine Kraft und Wärme stecke, und war deshalb stets böse und unzufrieden; er wußte, daß sich seine Frau, die kerngesund, feurig, für rastlose Arbeit geschaffen, bei ihm bloß plagen, quälen, sinnlos »abrackern«, in Stücke reißen mußte, ohne etwas Vernünftiges zu tun. Er hatte es auch fast vom Tage ihrer Heirat an mit seinem ganzen Wesen »gefühlt«, daß aus ihrem gemeinsamen Leben nichts »herauskommt«. Ja, er ahnte es nicht nur, sondern wußte es ganz sicher, und er sah mit Ingrimm, wie sich die feurige Kraft seines Weibes an leere Speicher verschwendete, in leeren Töpfen und Fässern verhallte... »Nichts kommt heraus!« Das vergaß er keinen Augenblick und war, immer hungrig, Wodkadunst verbreitend, allzeit erbost: sei es, daß seine Frau niederkam, sei es, daß sie ein kleines Kind begrub, sei es, daß sie sich an einem Kälbchen freute oder in Zeiten des schlimmsten Elends wie eine Halbverrückte loswirtschaftete. Er schlug sein Weib nie, nicht einmal in der Trunkenheit, aber immer trug er eine kalte Verzweiflung mit sich herum, eine kalte Verachtung gegenüber allen möglichen Anstrengungen seiner Frau, das kalte, leere Haus zu beleben. Entsetzlich war's, diese stattliche, schwarzhaarige, einst schöne Frau anzusehen; offenbar hatte sie wirklich die Gabe verloren, ihr Dasein noch zu begreifen: die Augen weit aufgerissen, das Haar zerzaust, das Kleid an der Brust halb offen; in einem solchen Aufzug lief sie im Haus und auch im Dorf einher, wo sie, auf jedem Arme ein Kind, etwa ein Bündel Zwiebeln zu erbitten suchte. Stets ging sie barfuß und trug nicht einmal einen Kattunrock, wie es heute »Mode« ist, sondern einen altertümlichen, hausgewebten bäuerischen Wollrock, als käme sie geradewegs aus dem Jenseits. Und dieses feurige Bauernweib nun machte ihr baumlanger, kalter Mann, in dem innerlich alle Hoffnung auf ein Bauernleben erstorben war, unaufhörlich sozusagen »halb verrückt«. Wenn aber in einer Bauernwirtschaft keine Kraft und kein Feuer mehr vorhanden sind, den ganzen Mechanismus des bäuerlichen Lebens in Gang zu halten, was bleibt da schon? Alles ist dann entseelt und sinnlos bis auf die letzte Katz... Alles entbehrt eines Zwecks, und das Leben ist schrecklich vom trostlosen Grauen des Unsinns...

Petkas Vater gab sich mit Zimmerei ab, doch stets traf es sich gerade so, daß ihm die Arbeit zu höchst unpassender Zeit zufiel. Alle »wirkliche« Arbeit konnten für gewöhnlich hergereiste Zimmerleute — Männer, die ihre Sache verstanden — den Sommer über ausführen. Petkas Vater bekam immer das zu tun, was die richtigen Zimmerleute nicht hatten erledigen können, das heißt Kleinkram und unbedeutendes Zeug: einen Fensterpfosten einsetzen, das Dach ausbessern, den Keller instand setzen. Und stets war diese unbeendet daliegende Arbeit in der unwirtlichsten Zeit zum Abschluß zu bringen: im Herbst, bei Frost und Kälte, in Wind und Regen. Der grimmige Herbstwind und Petkas grimmiger Vater — beide trafen, wie zum Schure, jedesmal beim erbärmlichen Herbstverdienste zusammen; der Frost lähmte wie mit Vorsatz die ohnedies kraftlosen Hände von Petkas Vater, der mit der Axt erbittert auf das Holz einhackte, wobei er dieses mit den erlesensten Namen bedachte, während der Wind ihm zur Antwort auf seine Schimpfreden selbst den Balken unter der Axt wegriß. »Teufel!« war bei einer solchen Arbeit zu hören. »Daß dich der Satan hol!« — »Zum Teufel!« sagte der Bauer, der Petkas Vater gedungen hatte, als er sich seine ungefüge Arbeit ansah. — »Sieh einer, so'n kahlköpfiger Teufel!« knurrte Petkas Vater, nach seinem Auftraggeber schielend: »Für 'nen halben Rubel dir Tischlerarbeit machen, was!« Und nachdem er die Arbeit schlecht erledigt, vom Hausherrn beschimpft worden war und er diesen seinerseits beschimpft hatte, trank Petkas Vater fluchend in der Schenke ein Fläschchen, ging dann fluchend nach Hause und atmete, selber ganz erfroren und hungrig, in der kalten Hütte böse seinen kalten Fuseldunst aus, während er, auf dem kalten Ofen liegend, auf alle und alles fluchte.

Bei ebenso einer ungefügen und schlechten Arbeit seines Vaters erblickte unsere Lehrerin Petka zum ersten Male. Sie ging an einem kalten, frostigen Tage mit den Kindern spazieren und sah, wie Petkas Vater auf einen Holzbalken schimpfte, der sich nicht der stumpfen Axt fügen wollte, wie ergrimmt er auch auf die Axt, die nicht griff, spucken mochte. Auch Petka stand dabei und schaute seinem Vater bei der Arbeit zu. Er war in Lumpen gekleidet, sein Gesicht war grünlich, ausgemergelt und böse.

Zwei Tage arbeitete Petkas Vater bei uns, während sich Petka beständig bei ihm herumtrieb und die Späne auflas. Doch auch als Petkas Vater die Arbeit wie gewöhnlich schlecht erledigt, sich »ausgeschimpft« hatte und gegangen war, erschien Petka weiterhin am ehemaligen Arbeitsplatz seines Vaters, wo noch Späne umherlagen. Es tat einem weh, ihn, diesen kleinen, abgerissenen, frierenden und vor allem bösen, »unsympathischen« Bengel, anzusehen.

»Hör mal, mein Junge!« sprach ihn einmal die Lehrerin durch das offenstehende Klappfensterchen an. »Ist dir nicht kalt?«

»Nee!« antwortete Petka böse nach einigem Zögern und schwieg.

»Was heißt nee? Sieh doch, wie schlecht du angezogen bist... Sag mal, hat dich denn deine Mutter nicht lieb?«

Petka machte eine garstige wegwerfende Bewegung nach der rechten Seite und sagte böse:

»Nee!«

»Und der Vater?«

Petka führte auch nach der linken Seite dieselbe Bewegung aus und sagte noch bösartiger:

»N-nee!«

»Und wen hast du lieb?«

Petka wischte sich bloß mit dem zerrissenen Ärmel die Nase.

»Also, dich hat niemand gern?«

Petka gab keine Antwort.

»Magst du, so will ich dich liebhaben?«

Petka schwieg.

»Du wirst mich besuchen kommen... ja? Nicht wahr? Und ich erzähl' dir dann etwas... ja? Was zu naschen geb' ich dir auch...«

Vielerlei Verlockendes versprach die Lehrerin Petka und kam zu guter Letzt doch zum Ziel.

»N-nu«, begann Petka mit unfreundlicher und rauher Stimme, den Kopf langsam, unwillig dem Klappfensterchen zuwendend, »n-nu... hab lieb... wenn du Lust hast!«

'Wenn du Lust hast' war auf Petkas Lippen dasselbe wie bei seinem Vater: 'Teufel', 'Satan' – Worte, mit denen er stets entweder laut oder für sich den Beginn einer mißglückenden Arbeit wie auch ihren gewöhnlich mißglückten Abschluß begleitete.

Und von diesem Tage an begann Petka uns, zusammen mit anderen Jungen aus dem Dorfe, zu besuchen, allein zwischen ihm, dem heruntergekommenen Sprößling eines heruntergewirtschafteten Bauerngeschlechts, und den anderen richtigen Bauernkindern, die von der Arbeit, aus der Mühle, aus dem Walde, von der Heuernte »auf Besuch« zu uns kamen, war ein himmelweiter Unterschied.

Das rechte Bauernkind ist weder scheu noch schüchtern; es kommt zu den »Herrschaften« ohne jegliche Untertänigkeit oder irgendwelchen Neid, sondern ebenso frei, natürlich und lediglich mit derselben Neugier eines wißbegierigen Menschenkindes, mit der es in einen Wald tritt: staunend, beobachtend und alles, was seine Aufmerksamkeit anzieht, erforschend; in herrschaftlichen Räumen mit Bildern, Blumen, Büchern fühlt es sich genauso nur als Beobachter einer neugiererregenden Umwelt, wie dann, wenn es, die Hosenbeine hochgekrempelt, ins Flüßchen watet, ohne zu wissen, ob's da seicht oder tief ist, doch immer weitergeht, während es nebenher einen kleinen Fisch hascht, unter dem Fuß einen Krebs hervorholt und ihn mit erdenklichster Aufmerksamkeit betrachtet. Ebenso selbständig, frei und natürlich, allein der Neugier gehorchend, benehmen sich rechte Bauernkinder, wenn sie bei Herrschaften zu Besuch sind. Sie sehen sich die Bücher an, machen offenherzige Bemerkungen über die Bilder – mit einem Wort, sie sind neugierig. Petka führte sich nicht so auf und empfand auch anders in seiner Seele, als er bei uns zu Besuch erschien. Wie sein Vater fühlte er sich, als käme er aus einer wüsten Öde – nicht aber von zu Hause, von der Arbeit, sondern eben aus einer wüsten, kalten Öde; auch er betrachtete die Bilder, doch empfand er in seiner Seele wie sein Vater nichts als Verzweiflung. 'Unnützes Zeug!' stand auf seinem grünlichen, abgezehrten, unfreundlichen Gesicht geschrieben. 'Guck hin oder guck nicht hin', schien er in einem fort zu denken, ''s kommt doch nischt dabei 'raus!' Auch Naschwerk aß er wie alle, doch die anderen Kinder wurden dabei um eine neue Geschmacksempfindung bereichert: »Das schmeckt fein, besser als Erdbeeren!« Petka jedoch aß ohne jegliche Verallgemeinerungen und Schlußfolgerungen, bloß so, gedankenlos, ohne Sinn und Vergnügen. Er kam oft zu uns, stets war er aber unzufrieden, stets zeigte er ein finsteres Gesicht, stets blickte er irgendwie schräg zu Boden, war anscheinend böse und betrübt zugleich und empfand in seiner Seele Wut und Verzweiflung.

Die Vorbereitungen zum Anputzen eines Christbaumes setzten ein. Eine Schar Kinder klebte Schächtelchen und schnitt Sterne aus. Ein gar lebendiges Treiben herrschte bei den Kleinen. Unter den Kindern war auch Petka da; er setzte sich bald zu diesen, bald zu jenen, ging, schwer mit seinen ungefügen Stiefeln auf dem Fußboden stampfend, langsam von einem Platz zum anderen, doch hörte man nicht, daß ihn eins heranwinkte und ihm zurief: »Komm, Petka! Hilf mir!« Nein, keins brauchte ihn. Petka blieb allein. Wie er gekommen, was er getan und wie er gegangen – niemand hatte es gesehen noch bemerkt und niemand überhaupt auf ihn geachtet.

Als aber alle heimgegangen waren, stellte es sich heraus, daß zehn Rubel, die auf dem Tische gelegen hatten, verschwunden waren. Aus irgendeinem Grunde dachte man sogleich an Petka. Besonders eifrig untersuchte das Dienstmädchen diese Angelegenheit, das nicht wollte, daß auf sie der Schatten eines Verdachtes falle. Die allgemeine Meinung und die eingehenden Untersuchungen des Dienstmädchens überzeugten schließlich alle, daß Petka das Geld gestohlen habe.

Weder Petka selbst noch jemand von Petkas Familie protestierte laut gegen diese Beschuldigung. Nur Petkas Vater schien noch erbitterter, unterließ es, beim Begegnen zu grüßen, und blickte unser Haus, wenn er daran vorüberging (o weh, in einer neuen Schirmmütze!), mit bitterbösen Augen an. Petka selbst verbarg sich und betrat die Straße lange nicht. Irgendwo auf dem Hinterhofe wühlte er einsam in allerlei Unrat herum und war auf uns alle böse.

Ein Jahr war vergangen, die Sache mit Petka war bereits vollkommen vergessen. Plötzlich erschien ganz unerwartet, gerade vor den Weihnachtsvorbereitungen, in ihren abgerissenen Sachen Petkas Mutter. Diese jetzt kranke, einst aber kräftige Frau kam wie gewöhnlich ganz außer Atem angelaufen, mit halbirren Augen, in einem an der Brust offenstehenden Kleide, einer aufgeknöpften hausgewebten Bauernweiberjacke mit zerrissenen Ärmeln und einem Saum, der zur Franse zerfetzt war. Sie kam zum ersten Male und verlangte, unerklärlich weshalb, die Frau des Hauses zu sprechen.

»Da, nimm mein Hähnchen!« sagte sie mit einer gewissen Verzweiflung in ihrer Stimme und ihrem Wesen, indes sie unter ihrer Bauernjacke einen alten dürren Hahn hervorzog. »Da! Nimm! Nimm ihn, mach uns die Freude!«

»Wofür denn? Weshalb?«

»Erinnerst du dich noch? Besinnst du dich, wie mein Petka?... Glaubst du, wir haben viel von eurem Zehnerschein gekriegt? Himmel! Die ganze Nacht hat mein Kerl damals gefuttert und getrunken. Pasteten hat er sich backen lassen, nachts noch... Fische hat er angebracht... Die ganze Nacht hat er gegessen und Schnaps gekippt, bis er umfiel wie'n Vieh... 'ne Mütze und ein Hemd hat er sich gekauft... Kaum hab' ich bei ihm, als er voll war, drei Rubelchen für die Kleinen rausgeholt... Da! Nimm, nimm's, mach uns die Freude! Ein schönes Hähnchen... Da! Da! Verzeih uns!«

Und sie stürzte mitsamt dem Hahn ihr zu Füßen.

»Sei wieder gut zu meinem Petka! Laß ihn wieder zu dir kommen!... Mütterchen, verlaß ihn nicht!«

Der Hahn wurde Petkas Mutter zurückgegeben, Petka aber sollte sogleich zu Besuch kommen.

»Komm, Petkachen! Komm, mein Liebling!« rief ihn die Mutter erfreut, nachdem sie Hals über Kopf auf die Straße hinausgelaufen war.

Dort hatte Petka in Frost und Kälte auf die Mutter gewartet. Aber lange mußte sie ihn bitten, ja sogar mit der Faust drohen. Petka blieb widerspenstig, so daß ihn die Mutter zu guter Letzt gegen seinen Willen am Ärmel herbeischleppte.

»Da! Schick ihn nicht fort! Laß ihn zusehn!«

Petka trat ins Zimmer, ohne sich auszuziehen, machte an der Türe halt, blieb lange dort stehen – und ver-

schwand wiederum so, daß es niemand bemerkt hatte...
Jetzt freute ihn schon nichts mehr. Auf seiner Seele lag eine schwere Last: »Dieb«, und das stieß endgültig alle von ihm ab.
Seither kam er nicht mehr zu uns. Jedesmal, wenn die Kinder auf dem Hofe spielten, trat auch Petka aus seiner armseligen Hütte.
»Jungs, ruft doch Petka her... Was steht er denn allein da!«
Die Buben riefen ihn:
»Petka! Komm! Was stehst du da!«
Doch Petka machte bloß ein paar Schritte vorwärts und blieb dann stehen... Das Spiel nahm seinen Fortgang, während Petka immer noch auf derselben Stelle stand und von weitem zusah. Die Bauernkinder sind kein Umgang für ihn. Nichts hat er mit ihnen gemein! Allem entrissen ist er und einsam!
Und nun ist unser einsamer, allen Banden mit der weiten Welt entrissener Petka wiederauferstanden! Er steht nicht mehr abseits von den Kindern, sondern ist zusammen mit ihnen hier, und wenn er auch nicht spielt, so verfolgt er doch das Spiel, ja er tut das nicht nur ohne Verdruß, ohne Bitterkeit, sondern ganz im Gegenteil in einer Haltung, die bei ihm sogar Spottlust vermuten läßt. Sieh doch einer an!
Wie soll man da den schwedischen Unternehmer, den Zündholzfabrikanten, der Petka wiedererweckt, nicht rühmen!
»Fedja!« rief ich abermals den mir bekannten Jungen an. »Sag mal, was macht Petka eigentlich in der Fabrik?«
»Er klebt Schachteln.«
»Wie wird er denn bezahlt? Na, was kriegt er zum Beispiel für eine Schachtel?«
Fedja dachte nach und sagte:
»Ja, eine, da kriegst du nichts...«
»Wie, nichts? Na, und zehn Schachteln?«

Wieder überlegte Fedja, rechnete im »Geist« nach und sagte dann: »Auch für zehn kriegst du nichts.«
»Ja, wieso denn? Ich hab' da zehn Schachteln gemacht – wieviel bekomme ich dafür?«
»Nichts gibt man dir.«
»Na, so ein Unsinn!«
»Nichts kriegst du! Eine Kopeke kriegst du, wenn du fünfundzwanzig machst. Vier Kopeken für's Hundert. Da haben wir ein Mädchen, die schafft vierhundert Stück am Tag – ist die flink! Na, Petka kann das aber nicht. So acht Kopeken am Tag – nu ja...«
Fedja lachte auf.
»Und du fragst, was gibt's für eine Schachtel? Ja, nichts kriegt man dafür... Was ist das schon für'n Zeug!«
Acht Kopeken am Tag, ging es mir durch den Kopf, das ist freilich herzlich wenig, doch was konnte unser dem Boden entwurzelter Petka – ein Bauernsproß, der die Kraft und die Begabung, Bauer zu sein, verloren – auf dem Lande weiter erwarten? Wozu hätte jemand diesen verbitterten, kraftlosen Bengel brauchen können? Nein, die acht Kopeken kamen ihm gerade zur rechten Zeit zu Hilfe und führten Petka auf den Weg, den er unvermeidlich wird beschreiten müssen.
Acht Kopeken – das ist bloß der Anfang von Petkas Karriere. Kommen Sie nur mal so in zwei Monaten zu dem schwedischen Unternehmer, der die Zündholzfabrik eingerichtet hat, nachdem Petka gelernt, acht Kopeken am Tag zu verdienen, und Sie werden von ihm erfahren, daß er bereits gezwungen ist, den Lohn von vier Kopeken auf zwei herabzusetzen.
Weshalb? Ja, weil es den Petkas nunmehr gelingt, nicht nur vierhundert Stück, sondern anderthalb- und zweitausend am Tag herzustellen. Ein solcher Tag kommt dem Fabrikanten zu teuer, und er drückt den Lohn auf zwei Kopeken. Denken Sie nicht etwa, daß

sich Petka nach dieser Maßnahme dreinfügt – nein: 'Sollen sie mir ruhig zwei Kopeken geben', sagt er sich, 'dann werd' ich eben nicht zwei-, sondern viertausend am Tag machen!...' Und er wird vier-, er wird auch achttausend machen, wenn man ihm nur noch eine Kopeke zahlt!

Hören Sie mal, was Petkas Mutter hierzu sagt:

»Ach, du mein Liebling! Bist du doch unser Ernährer. Wenn wir dich nicht hätten – was wär' dann mit uns? Deine goldnen Händchen! Die Himmelskönigin beschütze dich!... Durch dich, mein Guter, hab' ich noch einen Lichtblick gehabt.«

»Petka, gib deinem Vater einen Fünfer!« sagt der Vater kläglich zu Petka, obschon im Gefühl seines väterlichen Rechts, grob mit seinen Kindern umspringen zu dürfen. »Ist ja auch genug von meinem Gelde in deinen Bauch gewandert...«

»Da, hast'n Fünfer!« sagt Petka.

Ist denn Petka, der all dies weiß, etwa imstande, unter welchem Druck er auch immer stände, seine Arbeit aufzugeben?

Nein, das ist nur der Anfang! Nachdem er auf dem Lande dem schwedischen Unternehmer das Leben schwer gemacht, wird Petka nach Petersburg ziehen und da andere liebe Mitmenschen zu quälen beginnen. Auf dem Lande setzte seine Umwandlung zum Maschinenarbeiter ein, hier wird er nun für ewig an die Maschine gefesselt sein: Tag und Nacht, Monate, Jahre kommt er nicht von der Maschine weg – an ihr hängen sein ganzes Dasein, die Freuden und Tränen seines Mamachens, all sein Glück, mit einem Wort, Petkas ganzes Leben, hier ist sein ganzer Lebensinhalt, und hier geht der Einsatz seiner Kräfte bis zum Äußersten. Diese Kräfte werden alle erdenklichen Hindernisse durchbrechen: Auf dem Lande hatte der schwedische Unternehmer bloß den Lohn gedrückt, hier aber, in der Hauptstadt, hat man noch eine Menge anderer Mittel erfunden, um Petkas Daseinsdrang zu unterdrücken: Strafen, Abzüge, Umstellung von Stück- auf Taglohn, von Tag- auf Stücklohn. Und doch wird Petka alles überwinden und mit seiner Zählebigkeit Verwunderung erregen.

Sobald er begriffen hat, worin seine einzige Rettung besteht, wird er auf keine Verwaltungseinrichtungen mehr Rücksicht nehmen, im Gegenteil, er wird sie beständig in die allerschwierigsten Lagen versetzen. Er kann sie einfach nicht schonen. Lesen Sie nur mal, was »Mamachen« vom Dorfe schreibt. Kann er da etwa auf sich achten? Und wie er sich nicht schont, so tut er es auch nicht mit den Verwaltungseinrichtungen. Er schont weder die Polizeireviere, die ihn an Feiertagen in trunkenem Zustande aufnehmen, noch die Schutzleute, die sich ohnedies schon die Hände an diesem Volke schier zerbrochen haben. Man muß ihn doch bei der Schlägerei zurückhalten, niederwerfen, fesseln, auf den Wagen laden und in die Zelle stecken. Er schont weder Ärzte noch Krankenhäuser, die keine Ruhe haben vor diesen erschöpften, kränklichen, halb trunk-, halb schwindsüchtigen, von Prügelei, Maschine, handgreiflicher Belehrung wundgeschlagenen Menschen... Petka wird überhaupt seines Mamachens wegen eine Unmenge von intelligenten Leuten zu plagen wissen. Aber trotz dieser Plagereien und seines lästigen Lebens vermag man durchaus die bitteren Tränen zu verstehen, die aus den Augen von Petkas Mutter stürzen werden, wenn schließlich ein Schreiben eintrifft, worin stehen wird, daß Petka nun nicht mehr lästig fallen kann, da er mit dem Extrazug nach dem Preobraskenschen Friedhof überführt worden ist.

»Und wo bist du jetzt, mein Sonnenschein, mein goldner? Und wer denkt nun an mich, wer sorgt für mich alte Frau... Ach, du mein Junge!...«

Ich, der ich als Außenstehender Petkas Karriere verfolgte, werde höchstwahrscheinlich nicht weinen, doch

wenn ich mir zum Abschied Petkas ganze Karriere und alle seine guten Taten zum Nutzen der Gesellschaft, wie Streichhölzer, Zigaretten usw., ins Gedächtnis rufe, so kann ich nicht umhin zu sagen:
»Dank dir, Petka! Dir werde das Himmelreich! Denn du hast für uns alle bis zum letzten Tropfen Bluts geschafft. Ruh in Frieden, mein armer Junge!«

## WSEWOLOD GARSCHIN

*Wsewolod Michailowitsch Garschin, der früh aus dem Leben gegangene Dichter des »kranken Gewissens«, ist 1855 als Sohn eines adligen Offiziers auf dessen bescheidenem Familiengut im Gouvernement Jekaterinoslaw (dem heutigen Dnjepropetrowsk), Ukraine, geboren. Mit fünf Jahren begann er leidenschaftlich zu lesen. Nach dem Gymnasium, dem der frühreife Knabe wegen Melancholie ein in einer Nervenheilanstalt verbrachtes Jahr fernbleiben mußte, besuchte Garschin das Bergbauinstitut in Petersburg, nahm als Student der Technologie 1877 freiwillig und aufs tiefste erschüttert am Russisch-Türkischen Kriege teil und wandte sich dann, an einem Bein verwundet, dem Schriftstellerberuf zu, bekleidete daneben längere Zeit einen Sekretärposten bei der Eisenbahn.*

*Garschin schrieb zwanzig meisterhafte kurze Erzählungen von starker seelischer Intensität und fast durchweg schwermütiger Stimmung, die das Leiden in der Welt zum Gegenstand haben, aus dem er keinen Ausweg sah. Sie spielen zum Teil im Mittelstande und unter einfachen Menschen und richten sich, was bei diesem zarten Autor doppelt ergreifend wirkt, mutig und bereit zum Opfer gegen das Böse und die oberflächlichen Halbheiten in seiner Zeit. »Diese Erzählungen ließen unsre Nerven erzittern, es zog uns zu ihnen wie zu einem quälend süßen Gift, aber wenn wir ausgelesen hatten, kehrten wir müde zu derselben Stimmung zurück, in der wir das Lesen begonnen hatten. Es war, als wenn ein Mensch, von dem wir Rat und Hilfe oder wenigstens ein starkes, aufmunterndes Wort erwarteten, vor unseren Augen in Tränen ausgebrochen wäre ...«, so hat der*

*Literarhistoriker N. Kotliarẹwski den Eindruck von Garschins Werk auf die Leser der achtziger Jahre beschrieben, auf jene Zeit, in der die Reaktion Pobjedonọszews alle fortschrittlichen Kräfte und jegliches Eigenleben unter dem Schlagwort: Autokratie, Orthodoxie, Nationalität erstickt und in weiten Kreisen der »Intelligenz« einen müde resignierenden Pessimismus als Weltanschauung erzeugt hatte.*

*Berühmt machte Garschin die Kriegserzählung 'Vier Tage' (1877), in der ein schwerverwundeter russischer Soldat, seit Tagen auf dem Schlachtfeld neben einem Türken, den er im Bajonettkampf getötet hat, vergessen, sich die danach von Garschin immer wiederholte Frage nach dem Warum? vorlegt: »Warum ließ ich alles, was mir lieb und teuer war, marschierte tausend Meilen bis hierher, hungerte, fror, litt unter der glühenden Hitze? Warum liege ich jetzt hier in so furchtbaren Qualen? Wirklich nur, weil dieser Unglücksmensch sein Leben verlieren mußte?«*

*Durch Kenntnis des militärischen Milieus und der Welt des einfachen Mannes, durch menschliche Tiefe des Nacherlebens, durch Sicherheit und Kürze der Darstellung bei scheinbarer Zwanglosigkeit des Tones sind auch die 'Erinnerungen des Gemeinen Iwạnow' und 'Der Feigling' ausgezeichnet. Dies gilt auch für Garschins übrige Erzählungen und seine Märchen. Er schrieb sie unter gesundheitlich ungünstigsten Bedingungen: schon seit 1880 warfen den Fünfundzwanzigjährigen erneute Anfälle von Melancholie alljährlich mehrere Monate nieder.*

*Unter seinen Erzählungen ragen ferner 'Die Künstler' hervor: hier schreiben zwei Schüler der Mal-Akademie abwechselnd ihren Entwicklungsgang nieder: der Landschaftsmaler Djẹdow, der sich vor seinem ehemaligen Ingenieurberuf in die »reine Kunst«, fern von der Schwere des Lebens, geflüchtet hat und auf gewohnten Pfaden sein Glück zu machen weiß, und der »realistische«, suchende Künstler Rjabịnin, den am Erlebnis des »Auerhahns« – jenes Kesselschmieds, der in den Kessel hineinkriecht und die Niete von innen mit einer Zange halten muß, gegen die er mit aller Kraft seine Brust stemmt, infolgedessen für geringen Lohn in wenig Jahren zugrunde geht – das*

*Leid der ganzen ausgebeuteten Menschheit überfällt. Er malt den »Auerhahn« und erkennt: »Das ist kein gemaltes Bild, sondern eine reif gewordene Krankheit. Wie sie enden wird, weiß ich noch nicht; aber ich fühle, daß ich nach diesem Bilde nichts mehr zu malen haben werde ... Ich habe dich gerufen, aber nicht aus irgendeiner Sphäre, sondern aus einem dumpfen, dunklen Kessel, auf daß du durch deinen Anblick diese reine, geleckte, verhaßte Menge entsetzest. Komm, durch die Kraft meiner Malerei auf die Leinwand gebannt, schau von ihr herab auf alle diese Fracks und Schleppen und ruf ihnen zu: Ich bin eine wachsende Eiterbeule! Triff sie ins Herz, raube ihnen den Schlaf, stell dich hin als Gespenst vor ihre Augen! Töte ihre Ruhe, wie du die meine getötet hast!« Rjabinin vollendet sein Bild. Als er dann aber erleben muß, daß es die Menschen nicht aufrüttelt, vielmehr von dem üblichen Ausstellungs- und Kunsthandelsbetrieb verschlungen wird, zweifelt er daran, daß die Kunst die Menschen bessern könne, und beschließt, um sein »krankes Gewissen« zu beschwichtigen, als Volksschullehrer aufs Land zu gehen und dort Nützliches zu tun. In Deutschland wurde diese Erzählung durch Hauptmanns 'Einsame Menschen' (1891) bekannt.*

*Die Sehnsucht nach Freiheit, aber auch die Sinnlosigkeit des Ich-Kultes, wenn dieses Ich vom übrigen Leben sich abgespalten hat und nicht mehr für die Kleinen mitverantwortlich fühlt, sprach viele geistige Menschen seiner Zeit in dem Märchen von der Palme 'Attalea princeps' an, die schließlich das Glasdach des Treibhauses im Botanischen Garten sprengt, bis sie der Direktor samt dem Pflänzchen, das ihren Stamm umwand, absägen und in den Schnee hinauswerfen läßt. »Ich muß mich unbedingt dem allgemeinen Leben verbinden, ich muß leiden und mich freuen, hassen und lieben, nicht um meines eigenen Ich willen, das alles auffrißt und nichts gibt, sondern um der allen Menschen gemeinsamen Wahrheit willen ...«, erkennt Alexej Petrowitsch am Ende seines in Selbstsucht vertanen Lebens ('Eine Nacht'). Diese allen Menschen gemeinsame Wahrheit soll die Oberen mit den Unteren mitfühlen lassen, da ja der Kleine für die Fehler des Großen mit leiden muß;*

*ja, sie soll den Menschen mit dem Tier mitfühlen lassen, wie der alte Bärenführer Iwan seinen Bären um Verzeihung bittet, ehe er ihn auf Polizeibefehl erschießt ('Die Bären').*
*Das Böse in der Welt mit Stumpf und Stiel ausrotten zu helfen, »dem Weltbösen in seiner Gesamtheit den Krieg zu erklären«, ist niemand zu schwach, und gelte es das Opfer des Lebens: in diese Forderung mündet Garschins Haltung zu seiner Zeit aus. Er hat sie ergreifend in der folgenden Erzählung 'Die rote Blume' gestaltet, die 1883 in den 'Vaterländischen Annalen' (Nr. 10) erschien und die Erfahrungen des Kranken in bis dahin unerhörter Weise zu benutzen weiß.*
*Im gleichen Jahre heiratete Garschin glücklich, und seine wirtschaftliche Existenz festigte sich. Die Anfälle seines Gemütsleidens, tiefe Depressionen, wurden jedoch immer häufiger. In einem solchen stürzte er sich 1888 vom Treppenabsatz seiner Wohnung aus dem zweiten Stockwerk in das Treppenhaus hinab und starb im Alter von dreiunddreißig Jahren an den Folgen dieses Sturzes fünf Tage darauf.*

## DIE ROTE BLUME

Dem Andenken Iwan Turgenjews gewidmet

### I

Im Namen Seiner Kaiserlichen Majestät, des Zaren Peter des Ersten, eröffne ich hiermit die Revision dieses Irrenhauses!«
Diese Worte waren mit lauter, scharfer und schallender Stimme gesprochen worden. Der Schreiber der Anstalt, der den Patienten in ein großes abgegriffenes Buch auf einem mit Tinte besudelten Tisch einschrieb, konnte sich eines Lächelns nicht erwehren. Doch die beiden jungen Männer, die den Kranken begleitet hatten, lachten nicht: sie waren kaum noch imstande, sich auf den Beinen zu halten, nachdem sie zwei volle

Tage schlaflos, allein mit dem Geisteskranken, den sie soeben mit der Eisenbahn herbefördert, zugebracht hatten. Auf der vorletzten Station war der Tobsuchtsanfall verstärkt aufgetreten; irgendwo hatten sie eine Zwangsjacke aufgetrieben und diese gemeinsam mit dem herbeigerufenen Schaffner und einem Gendarmen dem Kranken angelegt. So hatten sie ihn in die Stadt gebracht, und so lieferten sie ihn in der Anstalt ab.

Er war schrecklich. Außer seinem während des Anfalls in Fetzen gerissenen grauen Anzug umhüllte eine enganliegende Jacke aus grobem Segeltuch mit großem Ausschnitt seine Gestalt; die langen Ärmel preßten seine Arme über Kreuz an die Brust und waren hinten verschnürt. Seine entzündeten, geweiteten Augen (er hatte zehn Tage nicht geschlafen) glühten in einem starren, heißen Glanze; ein Nervenkrampf zuckte um seine Unterlippe; die wirren, lockigen Haare fielen ihm mähnenartig in die Stirn; er ging im Kontor mit raschen, schweren Schritten von einer Ecke in die andere, betrachtete forschend die alten Aktenschränke und die wachstuchbezogenen Stühle und warf zuweilen auch einen Blick auf seine Reisebegleiter.

»Führt ihn in die Abteilung, nach rechts.«

»Ich weiß, ich weiß. Ich war bereits im vorigen Jahr hier bei Ihnen. Wir haben die Anstalt schon besichtigt. Ich weiß alles, und man wird mich schwerlich täuschen«, sagte der Kranke.

Er wandte sich zur Tür. Der Wärter öffnete sie vor ihm; in derselben schnellen, schweren und entschiedenen Gangart, den wahnsinnigen Kopf hoch erhoben, trat er aus dem Kontor und begab sich fast im Laufschritt nach rechts, in die Abteilung für Geisteskranke. Seine Begleiter vermochten ihm kaum zu folgen.

»Läute! Ich kann nicht. Ihr habt mir ja die Arme gefesselt.«

Der Pförtner öffnete die Tür, und die Reisenden traten in die Anstalt.

Es war ein großes steinernes Gebäude im Stil der alten Staatsbauten. Zwei große Säle, von denen der eine als Speiseraum, der andere als gemeinschaftlicher Aufenthaltsraum für die ruhigen Patienten diente, ein breiter Korridor mit einer Glastür, die in den Garten mit seinen Blumenbeeten führte, und an zwei Dutzend Einzelzimmer, in denen die Kranken untergebracht waren, lagen im Erdgeschoß; hier befanden sich auch zwei Dunkelkammern; die eine war ganz und gar ausgepolstert, die andere mit Brettern verschalt, wo man die Tobsüchtigen hineinsetzte, und ein riesiges düsteres Gewölbe – der Baderaum. Das Obergeschoß war mit Frauen belegt. Wüster Lärm, von Kreischen und Heulen unterbrochen, drang herab. Die Anstalt war für achtzig Personen eingerichtet, da sie aber für mehrere umliegende Gouvernements zugleich diente, hatte man in ihr an dreihundert untergebracht. In den kleinen Zimmern standen vier bis fünf Betten; im Winter, wenn man die Kranken nicht in den Garten hinausließ und alle Fenster hinter den Eisengittern fest geschlossen zu sein pflegten, wurde es in der Anstalt unerträglich stickig.

Der neue Patient wurde in den Raum geführt, wo sich die Wannen befanden. Auch auf einen gesunden Menschen mochte er einen lastenden Eindruck machen, während er auf die gestörte, erregte Einbildungskraft noch viel bedrückender wirken mußte. Es war ein großer Raum mit gewölbter Decke und mit schlüpfrigem Steinfußboden, der von einem einzigen, in der Ecke angebrachten Fenster erhellt wurde; die Wände und die Gewölbe waren mit dunkelroter Ölfarbe gestrichen; in den vor Schmutz schwarzen Fußboden waren in gleicher Höhe mit ihm zwei steinerne Wannen eingelassen, die wie zwei ovale, wassergefüllte Gruben aussahen. Ein riesiger kupferner Ofen mit einem zylindrischen Kessel zum Erwärmen des Wassers und einem ganzen System von Kupferrohren und -hähnen stand in der Ecke gegenüber dem Fenster; alles trug einen ungewöhnlich düsteren und phantastischen Charakter für das gestörte Gehirn, und der Badewärter, ein dicker, ewig schweigsamer Kleinrusse, verstärkte durch seine finstere Physiognomie diesen Eindruck.

Als man nun den Kranken in diesen unheimlichen Raum brachte, um ihn zu baden und ihm, gemäß dem Behandlungssystem des Chefarztes der Anstalt, ein großes Pflaster auf den Nacken zu legen, geriet er in Wut und Entsetzen. Unsinnige Gedanken, einer wunderlicher als der andere, kreisten in seinem Kopfe. Was war das? Inquisition? Eine geheime Richtstätte, wo seine Feinde beschlossen hatten, ihm den Garaus zu machen? Vielleicht die Hölle selber? Endlich fuhr ihm durch den Kopf, daß dies irgendeine Folterung sei. Sie entkleideten ihn, ungeachtet seines verzweifelten Widerstands. Mit allen Kräften, die durch die Krankheit verdoppelt waren, entriß er sich den Händen mehrerer Wärter, so daß sie zu Boden fielen; schließlich warfen sie ihn zu viert nieder, packten ihn an Armen und Beinen und setzten ihn ins warme Wasser. Es schien ihm siedendheiß, und durch seinen wirren Kopf schoß ein zusammenhangloser, abgerissener Gedanke von Folterung mit siedendem Wasser und glühendem Eisen. Wasserschluckend und krampfhaft mit Armen und Beinen zappelnd, an denen ihn die Wärter festhielten, brachte er keuchend unzusammenhängende Worte hervor, wovon man sich keinerlei Vorstellung machen kann, wenn man es nicht wirklich gehört hat. Da gab es Gebete wie auch Verwünschungen. Er schrie, bis ihn seine Kräfte verließen, und sprach schließlich leise, unter heißen Tränen etwas, was überhaupt nicht zu den vorhergehenden Worten paßte:

»Heiliger Großmärtyrer Georg! In deine Hände befehle ich meinen Leib. Und den Geist – nein, o nein ...«

Die Wärter hielten ihn immer noch fest, obgleich er sich beruhigt hatte. Das warme Bad und der Eisbeutel, den sie ihm auf den Kopf gelegt, taten ihre Wirkung. Doch als man ihn fast bewußtlos aus dem Wasser zog und auf einen Hocker setzte, um das Pflaster aufzulegen, da empörten sich gleichsam sein letzter Rest von Kraft und seine verstörten Gedanken aufs neue.

»Warum? Wofür?« schrie er. »Ich hab' niemandem Böses gewünscht. Warum wollt ihr mich umbringen? O–o–o! O Herrgott! Oh, ihr, vor mir gequält...! Ich fleh' euch an, verschont mich...«

Die brennende Berührung im Nacken veranlaßte ihn, verzweifelt um sich zu schlagen. Die Hilfskräfte konnten nicht mehr mit ihm fertig werden und wußten nicht, was sie tun sollten.

»Da ist nichts zu machen«, sagte der Soldat, der die Operation vorgenommen hatte. »Man muß es ihm wegwischen.«

Diese schlichten Worte ließen den Kranken erbeben. 'Wegwischen... Was wegwischen? Wen wegwischen? Mich!' dachte er und schloß in Todesfurcht die Augen. Der Soldat nahm ein rauhes Handtuch an beiden Enden und fuhr ihm, stark aufdrückend, rasch über den Nacken, wobei er ihm das Pflaster samt der obersten Hautschicht abriß und eine rote bloße Stelle zurückließ. Der Schmerz dieser Operation, die auch für einen ruhigen und gesunden Menschen unerträglich ist, schien dem Kranken das völlige Ende. Er stürzte verzweifelt mit dem ganzen Körper vor, entriß sich den Fäusten der Wärter, und sein nackter Körper rollte über die Steinplatten. Er glaubte, man habe ihm den Kopf abgeschlagen. Er wollte aufschreien und konnte nicht. Sie trugen ihn auf sein Bett in bewußtlosem Zustande, der in einen tiefen, todesähnlichen und langen Schlaf überging.

II

In der Nacht erwachte er. Alles war still; aus dem großen Nachbarzimmer war das Atmen der schlafenden Kranken zu hören. Irgendwo in der Ferne sprach ein Kranker, den man über Nacht in die Dunkelkammer gesteckt, mit monotoner, absonderlicher Stimme mit sich selbst, und von oben, aus der Frauenabteilung, drang ein heiserer Kontraalt, ein wildes Lied singend. Der Kranke lauschte diesen Lauten. Er empfand eine schreckliche Schwäche und Zerschlagenheit in allen Gliedern; sein Hals schmerzte heftig.

'Wo bin ich? Was ist mit mir?' ging es ihm durch den Kopf. Und plötzlich stand der letzte Monat seines Lebens in ungewöhnlicher Klarheit vor ihm, und er begriff, daß er krank war und woran er litt. Eine Reihe unsinniger Gedanken, Worte und Handlungen fielen ihm ein und ließen ihn mit seinem ganzen Wesen erschauern.

»Aber das ist ja nun vorbei, Gott sei Dank, vorbei!« flüsterte er und schlief von neuem ein.

Das offenstehende Fenster mit Eisengittern davor ging auf einen kleinen Winkel zwischen den großen Gebäuden und der Steinmauer; dieser Winkel wurde nie von jemandem betreten und war ganz und gar von allerlei wildem Gesträuch und Flieder überwuchert, der zu jener Jahreszeit üppig blühte... Hinter den Büschen, gerade gegenüber dem Fenster, stand finster die hohe Umfassungsmauer, und die aufragenden Wipfel der Bäume des großen Gartens blickten, vom Mondlicht übergossen und durchtränkt, über sie hinweg. Rechts ragte der weiße Bau der Anstalt mit den von innen erleuchteten vergitterten Fenstern auf; links – die weiße, mondhelle, fensterlose Wand der Totenkammer. Das Mondlicht fiel durch das Fenstergitter mitten ins Zimmer auf den Fußboden und beschien einen Teil des Bettes und das zerquälte, bleiche Gesicht des Kranken mit den geschlossenen Augen; jetzt hatte er nichts Irres an sich. Es war der tiefe, schwere Schlaf eines erschöpften Menschen, traumlos, ohne die geringste Bewegung und fast ohne Atmung. Für einige Augenblicke war er zu vollem Bewußtsein erwacht, als wäre er ganz gesund, um am Morgen darauf wie zuvor als Geisteskranker aufzustehen.

## III

»Wie fühlen Sie sich?« fragte ihn am nächsten Tag der Arzt.

Der Kranke, der eben erst erwacht war, lag noch unter der Bettdecke.

»Ausgezeichnet!« antwortete er aufspringend, in die Pantoffeln fahrend und nach dem Schlafrock greifend. »Vorzüglich! Nur das eine: das da!«

Er deutete auf seinen Nacken.

»Ich kann den Hals nicht ohne Schmerzen drehen. Aber das macht gar nichts. Alles ist gut, wenn man es versteht; und ich versteh' es.«

»Sie wissen, wo Sie sich befinden?«

»Natürlich, Herr Doktor! Ich bin im Irrenhaus. Ja aber, wenn man es versteht, so ist das durchaus ganz gleich. Durchaus ganz gleich.«

Der Arzt sah ihm unverwandt in die Augen. Sein angenehmes, glattes Gesicht mit dem trefflich gepflegten goldblonden Bart und den ruhigen blauen Augen, die durch eine goldene Brille blickten, war unbewegt und undurchdringlich. Er beobachtete.

»Was sehen Sie mich so unverwandt an? Sie werden doch nicht herauslesen, was in meiner Seele vorgeht«, fuhr der Patient fort, »ich aber lese deutlich in der Ihren! Warum tun Sie Böses? Warum haben Sie diese Menge Unglücklicher hier gesammelt und halten Sie fest? Mir ist's ganz gleich: ich verstehe alles und bin ruhig; aber sie? Wozu diese Qualen? Einem Menschen, der es erreicht, daß in seiner Seele ein großer Gedanke, ein allgemeiner Gedanke wohnt, dem ist es ganz gleich, wo er lebt, was er empfindet. Selbst, ob er lebt oder nicht lebt... Nicht wahr?«

»Vielleicht«, erwiderte der Arzt und setzte sich in der Ecke des Zimmers auf einen Stuhl, und zwar so, daß er den Kranken sehen konnte, der hastig, mit den riesigen Pantoffeln aus Roßleder schlurfend, von einer Ecke in die andere wanderte, wobei er die Schöße des baumwollenen Schlafrocks mit seinen breiten roten Streifen und großen Blumen schwenkte. Der Feldscher und der Aufseher, die den Arzt begleiteten, standen unterdessen in strammer Haltung an der Tür.

»Und ich hab' ihn!« rief der Kranke aus. »Und als ich ihn gefunden hatte, da fühlte ich mich wie neugeboren. Die Empfindungen wurden schärfer, das Gehirn arbeitete wie nie zuvor. Was ich früher auf dem langen Weg vernunftmäßiger Schlußfolgerungen und Mutmaßungen erreichte, erkenne ich jetzt intuitiv. Ich habe das in Wirklichkeit erlangt, was von der Philosophie erarbeitet worden ist. Ich erlebe in mir selber jene großen Ideen, daß Raum und Zeit Fiktionen sind. Ich lebe in allen Jahrhunderten. Ich lebe frei vom Raum, überall und nirgends, wie Sie wollen. Und deshalb ist es mir ganz gleich, ob Sie mich hier festhalten oder freilassen, ob ich gefesselt bin oder nicht. Ich habe bemerkt, daß hier noch mehr solche Menschen sind. Doch für die übrige breite Masse ist eine solche Lage entsetzlich. Warum geben Sie diese nicht frei? Wer braucht...«

»Sie sagten«, unterbrach ihn der Arzt, »daß Sie jenseits von Zeit und Raum leben. Indessen kann man doch nicht bezweifeln, daß wir beide uns in diesem Zimmer befinden und daß es jetzt«, der Arzt zog seine Uhr hervor, »halb elf, sechster Mai des Jahres 18** ist. Was halten Sie davon?«

»Gar nichts. Mir ist's ganz gleich, wo ich bin und wann immer ich lebe. Und wenn es *mir* ganz gleich ist, heißt das nicht, daß *ich* überall und immer bin?«

Der Arzt lächelte.

»Eine seltsame Logik«, sagte er aufstehend. »Vielleicht haben Sie recht. Auf Wiedersehen. Darf ich Ihnen eine Zigarre anbieten?«

»Besten Dank.« Er blieb stehen, nahm eine Zigarre und biß nervös ihre Spitze ab. »Das hilft denken«, sagte er. »Das ist eine Welt, ein Mikrokosmos. An dem einen Ende Alkalien, am andren – Säuren ... So ist auch das Gleichgewicht der Welt, in der sich die gegensätzlichen Prinzipien neutralisieren. Leben Sie wohl, Herr Doktor!«

Der Arzt setzte seine Visite fort. Der größte Teil der Kranken erwartete ihn in strammer Haltung neben ihren Betten. Keine Obrigkeit genießt solche Achtung bei ihren Untergebenen wie der Psychiater seitens seiner Geisteskranken.

Der Kranke aber, der allein zurückgeblieben war, fuhr fort in seiner Kammer ungestüm von einer Ecke in die andere zu wandern. Man brachte ihm Tee; er leerte den großen Krug, ohne sich hinzusetzen, mit zwei Zügen und verschlang fast in einem einzigen Augenblick das große Stück Weißbrot. Dann verließ er das Zimmer und lief in seiner raschen und schweren Gangart einige Stunden ohne haltzumachen von einem Ende des ganzen Gebäudes zum anderen. Es war ein regnerischer Tag, und die Kranken wurden nicht in den Garten hinausgelassen. Als der Feldscher den neuen Patienten suchte, wies man ihn nach dem Ende des Korridors; da stand er, sein Gesicht gegen die Scheibe der gläsernen Gartentür gedrückt, und blickte unverwandt auf ein Blumenbeet. Eine ungewöhnlich grellrote Blume, eine Mohnart, hatte seine Aufmerksamkeit angezogen.

»Zum Wiegen bitte«, sagte der Feldscher, ihn an der Schulter berührend.

Und als jener ihm sein Gesicht zuwandte, fuhr er beinah vor Schreck zurück: so viel wilde Bosheit und Haß brannten in den irren Augen. Als er aber den Feldscher sah, änderte er sogleich seinen Gesichtsausdruck und folgte ihm gehorsam, ohne ein einziges Wort zu erwidern, als wäre er tief in Gedanken versunken. Sie gingen ins Sprechzimmer des Arztes; der Kranke stieg selbst auf die Plattform der kleinen Dezimalwaage. Als der Feldscher ihn gewogen, vermerkte er im Buche hinter seinem Namen: hundertneun Pfund. Am nächsten Tag waren es hundertsieben, am dritten hundertsechs.
»Wenn das so weitergeht, wird er's nicht überstehn«, sagte der Arzt und verordnete ihm bessere Kost.
Doch der Kranke magerte ungeachtet dessen und trotz seines ungewöhnlichen Appetits mit jedem Tage mehr ab, und der Feldscher schrieb jeden Tag ein immer geringeres und geringeres Gewicht ins Buch. Der Kranke schlief fast nicht und verbrachte ganze Tage in unablässigem Umherwandern.

## IV

Er wußte, daß er sich im Irrenhaus befand; er wußte sogar, daß er krank war. Zuweilen erwachte er, wie in der ersten Nacht, nach einem ganzen Tag ungestümer Bewegung in der allgemeinen Stille, Zerschlagenheit in allen Gliedern und eine schreckliche Schwere im Kopfe spürend, aber bei vollem Bewußtsein. Vielleicht bewirkte es das Fehlen von Eindrücken in der nächtlichen Stille und dem Halbdunkel, vielleicht das schwache Arbeiten des Gehirns eines eben erst erwachten Menschen, daß er in solchen Augenblicken seine Lage deutlich begriff und wie gesund schien. Doch brach der Tag an, so erfaßten ihn, zusammen mit dem Licht und dem Erwachen des Lebens in der Anstalt, von neuem einer Woge gleich die Eindrücke; das kranke Hirn konnte sie nicht bewältigen, und er war wieder der alte Geistesgestörte. Sein Zustand zeichnete sich durch ein seltsames Gemisch von richtigen Urteilen und Ungereimtheiten aus. Er verstand, daß rings um ihn lauter Kranke waren, doch gleichzeitig sah er in jedem von ihnen irgendeine sich geheim verbergende oder versteckte Person, die er früher gekannt, von der er gelesen oder gehört hatte. Die Anstalt war von Menschen aller Zeiten und aller Länder bevölkert. Da gab es sowohl Lebende wie Tote. Da waren die Berühmten und Mächtigen der Welt und Soldaten, die im letzten Kriege gefallen und wieder auferstanden waren. Er sah sich in einem wundersamen, verzauberten Kreis, der in sich die ganze Macht der Erde vereinte, und hielt sich in stolzer Verzückung für das Zentrum dieses Kreises. Sie alle, seine Anstaltsgefährten, hatten sich hier zu dem Zweck zusammengefunden, um eine Tat zu vollbringen, die ihm dunkel als gigantisches Unternehmen vorschwebte, das auf die Vernichtung des Bösen auf Erden gerichtet war. Er wußte nicht, worin es bestehen werde, doch fühlte er genügend Kräfte zu seiner Ausführung in sich. Er vermochte die Gedanken anderer Menschen zu lesen; er sah in den Dingen ihre ganze Geschichte; die großen Ulmen im Anstaltsgarten erzählten ihm Legenden aus verflossenen Zeiten; das Gebäude, das tatsächlich schon ziemlich alt war, hielt er für ein Bauwerk Peters des Großen und war überzeugt, daß der Zar zur Zeit der Schlacht bei Poltawa in ihm gewohnt habe. Er las dies an den Wänden, an der abgebröckelten Stukkatur, auf Stücken von Ziegeln und Kacheln, die er im Garten fand; die gesamte Geschichte des Hauses und des Gartens stand auf ihnen geschrieben. Er bevölkerte das kleine Gebäude der Totenkammer mit Dutzenden und Hunderten längst verstorbener Menschen und schaute unverwandt in das Fensterchen, das aus einem Keller auf den Winkel des Gartens ging, und sah in der ungleichen Widerspiegelung des Lichts auf dem alten regenbogenfarbenen und unreinen Glas bekannte Züge, die er einst im Leben oder auf Porträts geschaut hatte. Unterdessen trat klares, schönes Wetter ein; die Kranken verbrachten ganze Tage im Garten an der Luft. Ihr Teil des Gartens war nicht groß, aber dicht mit Bäumen bestanden und überall, wo es nur ging, mit Blumen bepflanzt. Der Aufseher hielt alle einigermaßen Arbeitsfähigen an, sich im Garten zu betätigen; ganze Tage lang fegten sie die Wege und bestreuten sie mit Sand, jäteten und gossen die Blumen-, Gurken-, Arbusen- und Zuckermelonenbeete, die sie vorher eigenhändig umgegraben hatten. Eine Ecke des Gartens war dicht mit Kirschen bestanden; dann zogen sich da auch Ulmenalleen hin; in der Mitte, auf einem niedrigen künstlichen Hügel, hatte man das schönste Blumenbeet des ganzen Gartens angelegt; leuchtende Blumen wuchsen an den Rändern des oberen Platzes, und in seinem Mittelpunkte prangte eine große, prächtige und seltene gelbe, rotgetüpfelte Dahlie. Sie bildete auch das Zentrum des ganzen Gartens und erhob sich über ihm; und man konnte bemerken, daß viele Kranke ihr eine besondere geheimnisvolle Bedeutung beimaßen. Dem neuen Patienten erschien sie ebenfalls als etwas ganz Außergewöhnliches, als eine Art Palladium des Gartens und des Gebäudes. Auch sämtliche Wege waren zu beiden Seiten von den Händen der Kranken bepflanzt worden. Da gab es die verschiedensten Blumen, die einem in kleinrussischen Gärten begegnen: hochstämmige Rosen, leuchtende Petunien, hohe Tabakstauden mit kleinen rosa Blüten, Minze, Tausendschönchen, Kapuzinerkresse und Mohn. Ebenda, unweit der Freitreppe, wuchsen drei Stauden Mohn von irgendeiner besonderen Sorte; er war bedeutend kleiner als der übliche und unterschied sich von ihm durch seine ungewöhnlich grellrote Farbe. Diese Blume hatte auch den Kranken in Erstaunen

versetzt, als er am ersten Tage nach seiner Einlieferung in die Anstalt durch die Glastür in den Garten blickte. Da er zum erstenmal in den Garten hinaustrat, starrte er zunächst, ohne die Stufen der Freitreppe hinabzusteigen, diese leuchtenden Blumen an. Es waren ihrer nur zwei; zufällig wuchsen sie abgesondert von den anderen und an einem ungejäteten Fleck, so daß dichte Melde und eine Art Steppengras sie umgaben.
Die Kranken traten nacheinander aus der Tür, an der ein Wärter stand und einem jeden eine dicke weiße, aus Baumwolle gestrickte Kappe mit einem roten Kreuz an der Stirn gab. Diese Kappen stammten aus dem Kriege und waren auf einer Auktion erworben worden. Doch der Kranke maß diesem roten Kreuz, das versteht sich von selbst, eine besondere, geheimnisvolle Bedeutung bei. Er nahm die Kappe ab, schaute auf das Kreuz und dann auf die Mohnblumen. Die Blumen leuchteten greller.
»Sie wird siegen«, sagte der Kranke, »aber wir wollen sehn.«
Und er stieg die Freitreppe hinab. Nachdem er sich umgeschaut und den hinter ihm stehenden Wärter nicht bemerkt hatte, schritt er über das Beet und streckte die Hand nach der Blume aus, konnte sich aber nicht entschließen, sie abzureißen. Er empfand Hitze und Stechen in der ausgestreckten Hand und dann auch im ganzen Körper, als ginge ein starker Strom einer ihm unbekannten Kraft von den roten Blütenblättern aus und durchdringe seinen ganzen Körper. Er ging noch näher und streckte die Hand nach der Blume selber aus; doch die Blume verteidigte sich, wie es ihm schien, indem sie einen giftigen, tödlichen Hauch ausströmte. Der Kopf schwindelte ihm; er machte eine letzte verzweifelte Anstrengung und hatte bereits den Stengel erfaßt, als sich ihm plötzlich eine schwere Hand auf die Schulter legte. Es war der Wärter, der ihn gepackt hielt.

»Man darf nichts abreißen«, sagte der Alte, ein Kleinrusse, »und nicht aufs Beet gehn. Hier gibt's soviel von euch Verrückten: wenn jeder eine Blume nimmt, wird der ganze Garten fortgetragen«, sprach er nachdrücklich, ihn immer noch an der Schulter haltend.
Der Kranke blickte ihm ins Gesicht, befreite sich schweigend von seiner Hand und ging erregt den Weg entlang. 'Oh, ihr Unseligen!' dachte er. 'Ihr seht nichts, dermaßen seid ihr verblendet, daß ihr sie beschützt. Doch koste es, was es wolle, ich will ihr den Garaus machen. Wenn nicht heute, so werden wir morgen unsere Kräfte messen. Und wenn ich dabei zugrunde gehe; ist das nicht ganz gleich?'
Bis in den Abend hinein ging er im Garten spazieren, knüpfte Bekanntschaften an und führte seltsame Gespräche, bei denen jeder der Beteiligten nur Antworten auf seine irrsinnigen Gedanken vernahm, die mit töricht-geheimnisvollen Worten ausgedrückt wurden. Der Kranke ging bald mit dem, bald mit jenem Gefährten und war gegen Tagesende noch mehr davon überzeugt, daß 'alles bereit' sei, wie er zu sich selber sagte. Bald, bald werden die eisernen Gitter fallen, alle Eingesperrten werden dann von hier hinausgehen und an alle Enden der Erde eilen, und die ganze Welt wird erbeben, wird die alte Hülle abstreifen und sich in neuer, wunderbarer Schönheit zeigen. Er hatte die Blume schon fast vergessen; doch als er den Garten verließ und die Freitreppe hinaufstieg, erblickte er sie abermals im dichten, schon dunklen und bereits etwas taufeuchten Grase, zwei rotglühenden Kohlen gleich. Da blieb der Kranke von der Menge zurück und wartete, nachdem er sich hinter den Wärter gestellt, einen geeigneten Augenblick ab. Niemand sah, wie er über das Beet sprang, die Blume erfaßte und sie hastig unter dem Hemd an seiner Brust verbarg. Als die frischen, taufeuchten Blätter seinen Körper berührten, wurde er bleich wie der Tod und riß vor

Entsetzen die Augen weit auf. Kalter Schweiß trat ihm auf die Stirn.
In der Anstalt wurden die Lampen angezündet; in Erwartung des Abendbrots hatte sich der größte Teil der Kranken auf die Betten gelegt, außer einigen Unruhigen, die hastig durch die Korridore und Säle liefen. Der Kranke mit der Blume befand sich unter ihnen. Er ging, die Arme gekreuzt und krampfhaft an die Brust gepreßt: anscheinend wollte er die dort verborgene Pflanze zerdrücken, zermalmen. Bei der Begegnung mit anderen wich er ihnen weit aus; denn er fürchtete, sie mit dem Saum seiner Kleidung zu streifen. »Nicht nahe kommen, nicht nahe kommen!« rief er. Aber in der Anstalt achtete kaum jemand auf solche Ausrufe. Und er ging immer schneller und schneller, machte immer größere und größere Schritte, ging ein, zwei Stunden in einer Art Raserei.
»Ich will dich schon matt kriegen. Ich werde dich ersticken!« sprach er dumpf und boshaft.
Mitunter knirschte er mit den Zähnen.
Im Speiseraum trug man das Abendessen auf. Man stellte auf jeden der ungedeckten großen Tische einige bemalte und vergoldete Holzschüsseln mit dünnem Hirsebrei; die Kranken nahmen auf Bänken Platz; man teilte an jeden eine Schnitte Schwarzbrot aus. Sie aßen mit Holzlöffeln zu acht aus einer Schüssel. Einige, die bessere Kost genossen, bekamen ihr Essen gesondert. Unser Kranker, den der Wärter auf sein Zimmer gerufen hatte, verschlang eilig die ihm gebrachte Portion, begnügte sich jedoch nicht damit, sondern ging in den gemeinschaftlichen Speiseraum.
»Gestatten Sie mir, hier Platz zu nehmen«, sagte er zum Aufseher.
»Haben Sie denn noch nicht Abendbrot gegessen?« fragte der Aufseher, während er weitere Portionen Grütze in die Schüsseln austeilte.

»Ich bin sehr hungrig. Und ich muß mich tüchtig stärken. Meine ganze Stütze ist die Nahrung; Sie wissen, daß ich überhaupt nicht schlafe.«
»Essen Sie nur, mein Lieber, daß Sie bald gesund werden. Taras, gib ihm einen Löffel und Brot.«
Er setzte sich an eine der Schüsseln und verschlang noch eine ungeheure Menge Grütze.
»Nun, genug, genug!« sagte endlich der Aufseher, als alle mit Abendessen fertig waren, während unser Kranker noch immer vor der Schüssel saß, mit der einen Hand Grütze löffelte, die andere aber fest an die Brust drückte. »Sie überessen sich.«
»Ach, wenn Sie wüßten, wieviel Kräfte ich brauche, wieviel Kräfte! Leben Sie wohl, Nikolai Nikolajitsch«, sagte der Kranke, stand vom Tisch auf und drückte dem Aufseher kräftig die Hand. »Leben Sie wohl.«
»Wohin wollen Sie denn?« fragte der Aufseher mit einem Lächeln.
»Ich? Nirgendhin. Ich bleibe hier. Aber vielleicht werden wir uns morgen nicht wiedersehen. Ich danke Ihnen für Ihre Güte.«
Und er drückte dem Aufseher nochmals kräftig die Hand. Seine Stimme bebte, Tränen traten ihm in die Augen.
»Beruhigen Sie sich, mein Lieber, beruhigen Sie sich«, antwortete der Aufseher. »Wozu solch düstre Gedanken? Gehn Sie, legen Sie sich hin und schlafen Sie recht gut. Sie müssen mehr ruhen; wenn Sie gut schlafen, werden Sie auch bald gesund.«
Der Kranke schluchzte. Der Aufseher wandte sich ab, um die Wärter anzuhalten, die Reste des Abendbrots rascher abzuräumen. Eine halbe Stunde später schlief schon alles in der Anstalt, bis auf den einen Menschen, der im Eckzimmer noch angekleidet auf seinem Bett lag. Er zitterte wie im Fieber und preßte krampfhaft seine Hände gegen die Brust, die, wie es ihm schien, ganz von dem ungemein tödlichen Gift durchtränkt war.

V

Er schlief die ganze Nacht nicht. Er hatte die Blume abgerissen, weil er dies als eine große Tat ansah, die auszuführen er verpflichtet war. Beim ersten Blick durch die Glastür hatten die grellroten Blütenblätter seine Aufmerksamkeit erregt, und es schien ihm, daß er von diesem Augenblick an vollkommen begriffen hatte, was er eigentlich auf Erden vollbringen sollte. In dieser grellroten Blume war alles Böse der Welt verdichtet. Er wußte, daß man aus Mohn Opium gewinnt; vielleicht hatte ihn dieser Gedanke, indem er fortwucherte und ungeheuerliche Formen annahm, veranlaßt, das furchtbare, phantastische Wahnbild zu erzeugen. Die Blume verkörperte in seinen Augen alles Böse; sie hatte alles unschuldig vergossene Blut in sich aufgesogen (deshalb war sie auch so rot), alle Tränen, alle Bitternis der Menschheit. Es war ein geheimnisvolles, schreckliches Wesen, ein Widersacher Gottes, Ahriman, der eine bescheidene und unschuldige Gestalt angenommen. Man mußte sie abreißen und töten. Aber das genügte noch nicht – man durfte auch nicht all das Böse mit ihrem Hauch in die Welt ausströmen lassen. Deshalb hielt er sie bei sich an der Brust verwahrt. Er hoffte, die Blume möchte bis zum Morgen ihre ganze Kraft verlieren; ihr Böses gehe in seine Brust, seine Seele über und werde da besiegt oder siege – dann wird er selbst zugrunde gehen, sterben, aber als ehrlicher Streiter und als erster Kämpfer der Menschheit sterben, da es bis heute noch niemand gewagt hat, mit allem Bösen der Welt auf einmal zu kämpfen.

»Sie haben sie nicht gesehen. Ich hab' sie gesehn. Kann ich sie leben lassen? Lieber sterben.«

Und er lag da, sich im wahnhaften, eingebildeten, dennoch aber aufreibenden Kampfe erschöpfend. Am Morgen fand ihn der Feldscher halbtot vor. Trotzdem gewann aber nach einiger Zeit die Erregung wieder die

Oberhand: er sprang vom Bett auf und begann wie zuvor in der Anstalt umherzulaufen, wobei er sich lauter und zusammenhangloser denn je mit den Kranken unterhielt und Selbstgespräche führte. Man ließ ihn nicht in den Garten. Da nun der Arzt sah, daß sein Gewicht weiter abnahm, er aber immer noch nicht schlief und beständig umherwanderte, verordnete er ihm die Injektion einer großen Dosis Morphium unter die Haut. Er widersetzte sich nicht: glücklicherweise standen zu dieser Zeit seine irren Gedanken mit dieser Operation irgendwie im Einklang. Bald war er eingeschlafen; der Bewegungssturm hatte sich gelegt, und jenes laute Motiv, das ihn beständig begleitete, das aus dem Takt seiner ungestümen Schritte entstand, war seinen Ohren entschwunden. Vergessen umfing ihn, und er dachte nun nicht mehr an all dies, nicht einmal mehr an die zweite Blume, die er noch abzureißen hatte.

Dennoch riß er sie drei Tage später ab, vor den Augen des Alten, dem es nicht mehr gelang, ihn daran zu hindern. Der Wärter setzte ihm nach. Mit lautem Triumphgeheul lief der Kranke in die Anstalt, stürzte in sein Zimmer und verbarg die Pflanze an der Brust.

»Warum reißt du Blumen ab?« fragte der Wärter, der ihm nachgeeilt war. Aber der Kranke, der schon in seiner gewohnten Stellung mit verschränkten Armen auf dem Bett lag, begann solchen Unsinn zu reden, daß ihm der Wärter schweigend nur die Kappe mit dem roten Kreuz, die er bei der eiligen Flucht vergessen, abnahm und hinausging. Und der wahnhafte Kampf hob aufs neue an. Der Kranke spürte, wie aus der Blume in langen, schlangengleichen, sich windenden Strömen das Böse hervorkroch; sie umstrickten ihn, sie preßten und schnürten seine Glieder zusammen und durchtränkten seinen ganzen Körper mit ihrem entsetzlichen Inhalt. Er weinte und betete zu Gott zwischen den Verwünschungen, die an seinen Feind gerichtet waren. Gegen Abend welkte die Blume.

Der Kranke zertrat die verfärbte Pflanze, sammelte die Überreste vom Boden auf und trug sie in den Baderaum. Er warf das unförmige Klümpchen Grün in die glühende Steinkohle des Ofens und schaute lange zu, wie sein Feind zischte, zusammenschrumpfte und sich schließlich in ein zartes schneeweißes Häufchen Asche verwandelte. Er blies darauf, und alles war verschwunden.

Am nächsten Tag ging es dem Kranken schlechter. Schrecklich bleich, mit eingefallenen Wangen und tief in die Höhlen eingesunkenen glühenden Augen setzte er, bereits taumelnden Schritts und öfters stolpernd, seine rasende Wanderung fort und redete, redete ohne Ende.

»Ich möchte nicht gern Gewalt anwenden«, sagte der Oberarzt zu seinem Assistenten.

»Aber man muß doch unbedingt dieser Rastlosigkeit Einhalt gebieten. Heute hat er dreiundneunzig Pfund Gewicht. Wenn das so weitergeht, stirbt er uns in zwei Tagen.«

Der Oberarzt überlegte.

»Morphium? Chloral?« sagte er, halb fragend.

»Gestern hat Morphium schon nicht mehr gewirkt.«

»Lassen Sie ihn binden. Übrigens bezweifle ich, daß er's übersteht.«

## VI

Und man fesselte den Kranken. Er lag, mit der Zwangsjacke angetan, auf seinem Bett, fest mit breiten Leinengurten an die eisernen Querstangen der Bettstelle gebunden. Doch der Bewegungsdrang ließ nicht nach, sondern nahm eher zu. Viele Stunden lang strengte er sich hartnäckig an, sich aus seinen Fesseln zu befreien. Schließlich zerriß er einmal, da er sich mächtig aufbäumte, einen der Gurte, befreite seine Beine und begann, nachdem er aus den anderen geschlüpft war, mit gefesselten Armen, wilde, unverständliche Worte hervorstoßend, im Zimmer auf und ab zu gehen.

»Oh, daß dich...«, rief der eintretende Wärter auf kleinrussisch. »Welcher Teufel hat dir geholfen! Hryzko! Iwan! Kommt schnell her, er hat sich losgemacht.«

Sie stürzten sich zu dritt auf den Kranken, und es entspann sich ein langer Kampf, der anstrengend für die Angreifer und qualvoll für den sich verteidigenden Menschen war, der dabei den Rest seiner erschöpften Kräfte verausgabte. Endlich hatten sie ihn aufs Bett niedergeworfen und banden ihn fester denn zuvor.

»Ihr wißt nicht, was ihr tut!« schrie der Kranke keuchend. »Ihr geht ja zugrunde! Ich hab' eine dritte, kaum aufgeblühte gesehn. Jetzt ist sie schon offen. Laßt mich das Werk vollenden! Man muß sie töten! töten! töten! Dann wird alles vollbracht, alles gerettet sein. Ich würde euch schicken, aber dies kann nur ich allein tun. Ihr würdet von einer einzigen Berührung sterben.«

»Still, junger Herr, still!« sagte der alte Wärter, der geblieben war, um am Bett zu wachen.

Der Kranke verstummte plötzlich. Er beschloß, die Wärter zu täuschen. Man hielt ihn den ganzen Tag über gebunden und ließ ihn auch zur Nacht in dieser Lage. Nachdem der Wärter ihm das Abendessen gegeben, richtete er sich neben dem Bett ein Lager her und streckte sich darauf aus. Einen Augenblick später lag er in festem Schlaf, indes sich der Kranke an die Arbeit machte.

Er krümmte sich mit dem ganzen Körper, um die eiserne Querstange des Bettes zu erreichen, und begann, sowie er sie mit seiner im langen Ärmel der Zwangsjacke steckenden Hand ertastet hatte, den Ärmel rasch und heftig gegen das Eisen zu reiben. Nach einiger Zeit gab das dicke Segeltuch nach, und er bekam den Zeigefinger frei. Dann ging das Werk rascher vonstatten.

Mit einer für Gesunde völlig unwahrscheinlichen Gewandtheit und Geschmeidigkeit löste er den Knoten auf seinem Rücken, streifte die Ärmel ab, schnürte die Jacke los und horchte danach lange auf das Schnarchen des Wärters. Doch der Alte schlief fest. Der Kranke zog die Zwangsjacke aus und band sich vom Bett los. Nun war er frei. Er probierte die Tür: sie war von innen zugesperrt, und der Schlüssel war vermutlich in der Tasche des Wärters. Da er ihn zu wecken fürchtete, wagte er es nicht, seine Taschen zu durchsuchen, und beschloß, das Zimmer durchs Fenster zu verlassen.

Es war eine stille, warme und dunkle Nacht; das Fenster stand offen; die Sterne glänzten am schwarzen Himmelszelt. Er schaute zu ihnen auf, unterschied die vertrauten Sternbilder und freute sich darüber, daß sie ihn, wie es ihm schien, verstanden und mit ihm fühlten. Er blinzelte und sah die unendlich vielen Strahlen, die sie ihm zusandten, und seine irrsinnige Entschlossenheit wuchs noch mehr. Einen dicken Stab des eisernen Gitters mußte er abbiegen, sich durch die schmale Öffnung in den mit Gesträuch bewachsenen Winkel hinauszwängen und die hohe Steinmauer überwinden. Dann kam der letzte Kampf, und sodann – sei's auch der Tod.

Er versuchte, einen der dicken Stäbe mit bloßen Händen zu biegen, doch das Eisen gab nicht nach. Dann drehte er aus den festen Ärmeln der Zwangsjacke einen Strick, hakte ihn an die lanzenförmig geschmiedete Spitze des Stabes und hängte sich mit dem ganzen Körpergewicht daran. Nach verzweifelten Anstrengungen, die nahezu den Rest seiner Kräfte aufzehrten, bog sich die Spitze nieder; ein schmaler Durchlaß war geschaffen. Er zwängte sich hindurch, schürfte sich Schultern, Ellbogen und die entblößten Knie ab, arbeitete sich durch das Gesträuch und blieb vor der Mauer stehen. Alles war still; das Licht der Nachtlampen erleuchtete schwach von innen her die Fenster des gewaltigen Gebäudes; niemand war darin zu sehen. Niemand bemerkte ihn; der Alte, der an seinem Bett wachte, lag vermutlich in festem Schlaf. Die Sterne blinzelten ihm freundlich mit ihren Strahlen zu, die ihm bis ins Herz hinein drangen.

»Ich komme zu euch«, flüsterte er, zum Himmel aufblickend.

Nachdem er beim ersten Versuch mit abgerissenen Nägeln, blutigen Händen und Knien heruntergefallen war, machte er sich daran, eine geeignete Stelle zu suchen. Dort, wo die Mauer mit der Wand der Totenkammer zusammenstieß, waren einige Ziegelsteine herausgefallen. Tastend fand der Kranke diese Vertiefungen und benutzte sie. Er kletterte auf die Mauer, hielt sich an den Zweigen einer Ulme fest, die auf der anderen Seite wuchs, und ließ sich am Baum leise auf die Erde hinab.

Er stürzte nach der bekannten Stelle bei der Freitreppe. Die Blume stand dunkel da mit ihrem Köpfchen, dessen Blütenblätter zusammengelegt waren, und hob sich deutlich vom taufeuchten Grase ab.

»Die letzte!« flüsterte der Kranke. »Die letzte! Heut gilt's Sieg oder Tod. Aber das ist mir schon ganz gleich. Wartet«, sprach er, zum Himmel aufblickend: »bald werd' ich bei euch sein.«

Er riß die Pflanze aus, zerpflückte, zerdrückte sie und kehrte, sie in der Hand haltend, auf dem vorigen Wege in sein Zimmer zurück. Der Alte schlief. Kaum hatte der Kranke sein Bett erreicht, als er auch schon besinnungslos darauf zusammenbrach.

Am Morgen fand man ihn tot. Sein Gesicht war friedlich und heiter; seine abgezehrten Züge mit den dünnen Lippen und den tief eingesunkenen geschlossenen Augen drückten ein stolzes Glück aus. Als man ihn auf die Bahre legte, versuchte man, seine Hand zu öffnen und die rote Blume daraus zu lösen. Doch die Hand war erstarrt, und so nahm er seine Trophäe mit ins Grab.

* * * * * * * * * * * * * * * * * * * * * * * * * * * * * * * * * *

# WLADIMIR KOROLENKO

*Wladimir Galaktionowitsch Korolenko, geboren 1853 im wolhynischen Schitomir als Sohn eines adligen, früh verstorbener Richters, studierte an der Technischen Hochschule in Petersburg, wo er sich durch Korrekturlesen mühsam ernährte, und an der Landwirtschaftsakademie in Moskau. Wegen eines Protestschreibens an die Hochschulleitung, das die Freilassung eines Mitstudenten forderte, verhaftet, lebte er als Verbannter 1876 in Kronstadt. Im Jahre darauf schloß er sich, wieder in Petersburg, den Narodniki an und erlernte, um »ins Volk zu gehen«, das Schuhmacherhandwerk. Die Erzählung* 'Episoden aus dem Leben eines Suchers' *(1879) erscheint. Zu Unrecht mit der Ermordung eines Polizeispitzels in Zusammenhang gebracht, wird er »auf administrativem Wege«, d. h. wegen eines Staatsgeheimnisses ohne Angabe von Gründen, von 1879–84 zuerst in die Waldgebiete östlich von Wjatka (dem heutigen Kirow) und drei Jahre nach Sibirien verschickt. Seit 1885 in Nishni Nowgorod Journalist und einflußreiches Redaktionsmitglied der Zeitschrift* 'Russischer Gedanke' ('Russkaja Mysl'), *schrieb er Erzählungen und Skizzen, die, aus tiefer und zarter Liebe zum russischen Volk erwachsen, mit sittlicher Lauterkeit gegen dessen Bedrückung und Not auftreten und durch ihre Naturschilderung hervorragen; sie sind eine mutige Stimme in der Hoffnungslosigkeit. Die Erzählung* 'Die Wunderliche' *entstand als Korolenkos zweites Werk 1880 in einem Etappengefängnis auf dem Wege nach Sibirien und wurde erstmalig und ohne Wissen des Autors 1883 in London in einer Veröffentlichung des* 'Fonds der freien russischen Presse', *danach 1901 illegal in Rußland gedruckt. In Nishni Nowgorod entstanden 1885 'Makars Traum', 'Der Wald rauscht', die sibirische Erzählung 'Der Mann aus Sachalin' und die Kindergeschichte 'In schlechter Gesellschaft', danach 'Der blinde Musikant', die phantastische Erzählung 'Der Tag des Gerichts' (1890), 'Der Fluß steigt' (1891) und 'Der Tscherkesse' (1892). Seit 1887 ist Korolenko mit Uspenski und Tschechow, seit 1889 mit dem jungen Gorki bekannt. Die 'Pawlowsker Skizzen' (1890) zerstörten die Legende von der wirtschaftlichen Unabhängigkeit des russischen Handwerkers. Im Hungerjahr 1891 reist Korolenko in die Notgebiete, berichtet in der Presse, sammelt Geld und Lebensmittel. Er tritt in die Redaktion der fortschrittlichen Zeitschrift 'Russischer Reichtum' ('Russkoje Bogatstmo') ein, erzwingt 1896 im Multansker Prozeß den Freispruch der zu Unrecht eines Ritualmordes angeklagten ostrussischen Udmurten, siedelt im gleichen Jahre nach Petersburg und 1900 nach Poltawa über. Seine Erzählungen 'Ohne Sprache' (1895), 'Frost', 'Der letzte Sonnenstrahl', 'Das Nichtschreckliche', 'Kaiserliche Fuhrleute' und 'Bei den Kosaken' (sämtlich 1901) erscheinen. Anwalt der Unterdrückten und Unschuldigen. Legt 1902 gemeinsam mit Tschechow wegen Gorkis Ausschluß die Ehrenmitgliedschaft der Akademie der Wissenschaften nieder. Die Zeitschrift 'Russischer Reichtum' wird 1905 verboten, weil sie das Manifest der Petersburger Sowjets der Arbeiterdeputierten veröffentlichte, und Korolenko als Redakteur vor Gericht gestellt. Er tritt in der Presse jahrelang gegen die Pogrome, gegen Folter, Standgerichte und Todesstrafe auf. Von 1905 bis zu seinem Tode arbeitet er an der 'Geschichte meines Zeitgenossen', in der er das Schicksal der »Intelligenz« seiner Generation, sein eignes Leben und das Wachstum des sozialen Bewußtseins in Rußland beschrieben hat. 1918 Ehrenvorsitzender der 'Liga zur Rettung der Kinder'. Stirbt 1921 in Poltawa über einem Aufruf an Europa um Hilfe für die Hungernden.*

# DIE WUNDERLICHE

*Skizze aus den achtziger Jahren*

I

»Kommt denn nicht bald eine Station, Kutscher?«

»So bald noch nicht – vorm Schneesturm werden wir sie kaum erreichen – seht nur, wie alles bereift ist, 's gibt Nord.«

Ja, offenbar kamen wir vorm Schneesturm nicht mehr hin. Gegen Abend wurde es immer kälter. Man hörte, wie der Schnee unter den Schlittenkufen knirschte, der winterliche Wind – der Nord – heulte im dunklen Forst, die Tannen spannten ihre Zweige über den schmalen Waldweg, die düster in der herabsinkenden Dämmerung des frühen Abends auf und nieder schwankten.

Es war kalt und ungemütlich. Der Reiseschlitten war eng, man saß zusammengedrängt, und überdies pendelten noch die Säbel und Revolver der Begleitsoldaten hin und her. Das Glöckchen ließ ein langes, einförmiges Lied erklingen, das sich in das Singen des einsetzenden Schneesturmes mischte.

Zum Glück blitzte da auch das einsame Lichtchen der Poststation am Rande des heulenden Tannenforsts auf. Meine Begleiter, zwei Gendarmen, schüttelten, mit ihrem ganzen Arsenal Waffen klirrend, in der tüchtig geheizten, dunklen, verräucherten Hütte den Schnee ab. Ärmlich und ungastlich war es hier. Die Wirtsfrau befestigte einen qualmenden Kienspan am Lichthalter.

»Hast du nichts zu essen, Wirtin?«

»Wir han ja nischt...«

»Und Fische? Der Fluß ist doch hier gar nicht weit von euch.«

»Da gab's mal welche, aber die Fischotter hat sie alle weggefressen.«

»Na, und Kartoffeln...«

»I–i, du meine Güte! Die Arpern sind uns heuer erfrorn, alle erfrorn.«

Da war nichts zu machen; ein Samowar fand sich erstaunlicherweise. Wir wärmten uns mit Tee aus, dazu brachte die Wirtsfrau in einem Bastkorb Brot und Zwiebeln. Indessen brach draußen der Schneesturm los, feiner Schnee schlug in die Fenster, und zuweilen flackerte und schwankte sogar das Flämmchen des Kienspans.

»Ihr kommt heute nicht mehr weiter – ihr könnt hier übernachten!« sagte die Alte.

»Na, schön, übernachten wir. Ihnen, Herr, eilt's ja auch nicht, dahin zu kommen. Sehn Sie – was das für'n Land hier ist!... Nun, und nach dort zu wird's noch ärger – das können Sie mir glauben«, sagte einer der Begleiter.

In der Hütte war alles verstummt. Selbst die Wirtsfrau legte ihren Spinnrocken mit dem Garn beiseite, steckte keinen neuen Kienspan mehr an und begab sich zur Ruhe. Dunkel und Schweigen senkte sich herab, das nur von den heftigen Stößen des anstürmenden Windes unterbrochen wurde.

Ich schlief nicht. Mir stiegen beim Getöse des Sturmes schwere Gedanken im Kopfe auf, die nacheinander vorüberhuschten.

»Sie können, scheint's, nicht schlafen, Herr?« fragte derselbe Begleiter – der »Älteste« –, ein recht sympathischer Mensch mit einem angenehmen, ja geradezu intelligenten Gesicht; er zeigte sich gewandt, verstand seine Sache und war deshalb nicht pedantisch. Er machte während der Reise keinen unnötigen Gebrauch von Schikanen und Formalitäten.

»Ja, ich kann nicht schlafen.«

Es verging darauf einige Zeit in Schweigen, doch hörte ich, daß mein Nachbar auch nicht schlief – mir schien es, daß ihm ebenso nicht nach Schlafen war und ihm irgendwelche Gedanken durch den Kopf gingen. Der andere Begleitsoldat, der junge »Hilfsmann«, lag im festen Schlaf eines gesunden und sehr ermüdeten Menschen. Manchmal murmelte er undeutlich etwas vor sich hin.

»Ich staune über Sie«, ließ sich abermals die ausgeglichene, volle Stimme des Unteroffiziers hören, »junges Volk, Edelleute, Gebildete, kann man wohl sagen – und wie bringen Sie Ihr Leben zu...«

»Wie denn?«

»Ach, Herr! Als ob wir das nicht verstehen könnten!... Wir verstehen's sehr wohl, so'n Leben haben Sie gewiß nicht gekannt, und daran sind Sie auch nicht von klein auf gewöhnt...«

»Na, das ist doch dummes Zeug, was Sie da reden... Wir haben genug Zeit gehabt, uns das abzugewöhnen...«

»Macht's Ihnen wirklich Spaß?« versetzte er in zweifelndem Ton.

»Und Sie, sind Sie etwa vergnügt?«

Schweigen. Gawrilow (so wollen wir meinen Gesprächspartner nennen) dachte anscheinend über etwas nach.

»Nein, Herr, uns ist nicht froh zumute. Glauben Sie mir: manchmal überkommt's einen so – am liebsten möchte man von der Welt nichts mehr hören und sehn... Wovon das kommt, weiß ich nicht – bloß manchmal packt's einen so – ein scharfes Messer könnte man nehmen, und Schluß.«

»Ist der Dienst so schwer?«

»Dienst ist Dienst... Freilich ist's kein Vergnügen, und auch die Vorgesetzten, muß man sagen, sind streng, aber davon kommt das alles nicht...«

»Wovon denn sonst?«

»Wer weiß?...«

Abermals Schweigen.

»Mit dem Dienst ist's so: Führ dich akkurat, und das ist alles. Außerdem kann ich nun bald nach Hause. Ich habe vom Rekruten auf gedient, und die Zeit ist bald abgelaufen. Mein Vorgesetzter sagt: 'Bleib, Gawrilow, was willst du im Dorfe anfangen? Du hast bei uns guten Stand...'«

»Wollen Sie dabeibleiben?«

»Nein. Zu Hause ist's zwar auch so eine Sache... Der Landarbeit ist man entwöhnt... der Kost auch. Na, und der Umgang untereinander... diese Roheit...«

»Woran liegt's denn da?«

Er überlegte und sagte schließlich:

»Nun, ich möchte Ihnen da, Herr, falls Sie's nicht langweilt, etwas erzählen, was ich mal erlebt habe...«

»Erzählen Sie...«

## II

Im Jahre 1874 bin ich in Dienst getreten und sogleich als Rekrut in die Eskadron gekommen. Ich habe gut gedient, kann man wohl sagen, und war sehr eifrig, meist wurde ich zum Wachtdienst kommandiert: bald zur Parade, bald ans Theater – Sie wissen schon. Lesen und Schreiben hatte ich gut gelernt, na, und die Vorgesetzten mochten mich wohl auch leiden. Unser Major war ein Landsmann von mir, und als er sah, daß ich mir Mühe gab, rief er mich einmal heran und sagte: »Ich werde dich zum Unteroffizier vorschlagen, Gawrilow... Bist du schon auf Begleitkommando gewesen?« – »Nein, noch nicht, Euer Hochwohlgeboren«, antwortete ich. – »Nun«, sagte er, »beim nächsten Mal bestimme ich dich als Hilfsmann, gib mir gut acht – die Sache ist gar nicht so schwierig.« – »Zu Befehl, Euer Hochwohlgeboren, ich will mir Mühe geben.«

Ich war tatsächlich noch kein einziges Mal auf Kommando gewesen – das heißt so mit Ihresgleichen. Es ist wohl, kann man sagen, keine allzu schwierige Angelegenheit, aber immerhin, wissen Sie, muß man die

Instruktionen beherrschen; und dann muß man auch gewandt sein. Nun, gut...

Eine Woche darauf rief mich der Diensthabende zum Chef und auch noch einen Unteroffizier. Wir kamen. »Ihr fahrt«, sagte er, »auf Begleitkommando. Hier«, wandte er sich an den Unteroffizier, »ist dein Hilfsmann. Er ist noch nicht mitgewesen. Seht zu, daß ihr gut aufpaßt; schaut, Kinder, wie ihr mit den Leutchen fertig werdet – ihr habt ein Fräulein aus der Festung zu bringen, eine Politische, Morosow heißt sie. Hier eure Instruktion, morgen empfangt ihr das Geld, und dann mit Gott!...«

Iwanow, ein Unteroffizier, fuhr als Ältester, ich aber als sein Hilfsmann – genau wie jetzt der andere Gendarm mit mir. Der Älteste kriegt die Diensttasche, er empfängt das Handgeld, die Papiere; er quittiert, führt Rechnung, nun, und der Gemeine muß ihm helfen: er wird da- und dorthin geschickt, hat auf die Sachen aufzupassen, das und jenes zu tun.

Nun, gut. Als wir am Morgen, 's war kaum Tag geworden, vom Chef herauskamen, da sah ich: mein Iwanow hatte es fertiggebracht, sich schon irgendwo einen anzutrinken. Das war überhaupt, offen gesagt, ein ganz ungeeigneter Mensch – jetzt ist er auch degradiert... Vor den Augen der Vorgesetzten war er, wie ein Unteroffizier zu sein hat, ja er machte sogar andere schlecht, um sich einzuschmeicheln. Kaum war er ihnen aber aus den Augen, gleich wandelte er sich und hatte nichts Eiligeres zu tun, als sich zu betrinken!

Wir kamen zur Festung, mußten da die Papiere abgeben – warteten und standen. Ich war neugierig, was für ein Fräulein wir begleiten sollten; denn der Marschroute nach war uns vorgeschrieben, sie sehr weit zu bringen. Wir fuhren den gleichen Weg, nur war sie nach der Kreisstadt bestimmt und nicht in den Amtsbezirk. Dann war ich auch neugierig, weil es das erste Mal war. 'Was mag das für eine Politische sein?' dachte ich.

Wir mußten aber gegen eine Stunde an einer Stelle warten, bis ihre Sachen zusammengepackt waren – und dabei hatte sie bloß ein kleines Bündel Sachen bei sich – ein Röckchen, na, und dies und jenes – Sie wissen schon. Bücher hatte sie auch drin, aber weiter nichts; 'gewiß armer Eltern Kind', dachte ich. Und als man sie herausführte – da sah ich: sie war noch so jung, daß sie mir wie ein Kind vorkam. Blonde Haare, zu einem Zopf geflochten, rote Wangen. Na, später hab' ich dann gemerkt, daß sie ganz blaß war, während der ganzen Reise sah sie bleich aus. Und gleich tat sie mir leid... 'Freilich', dachte ich, 'die Obrigkeit', verzeihen Sie, 'wird sie nicht umsonst bestrafen... Sie wird schon irgend etwas Politisches gemacht haben...' Na, aber trotzdem tat sie mir leid, einfach so leid – ja!

Sie begann sich anzuziehen: ihren Mantel, die Galoschen... Man zeigte uns ihre Sachen – das ist Vorschrift; denn der Instruktion nach sind wir verpflichtet, dic Sachen durchzusehen. Wir fragten: »Was haben Sie an Geld bei sich?« Es stellte sich heraus, daß sie einen Rubel zwanzig Kopeken besaß – der Älteste nahm das Geld an sich. »Fräulein«, sagte er zu ihr, »ich muß Sie durchsuchen.«

Wie sie da auffuhr! Ihre Augen erglühten, das Rot der Wangen trat noch stärker hervor. Sie bekam dünne, strenge Lippen... Wie sie uns anblickte – glauben Sie: ich wurde zaghaft und getraute mich nicht, ihr zu nahe zu kommen. Na, aber der Älteste, der ja betrunken war, tappte einfach nach ihr und sagte: »Ich bin dazu verpflichtet; ich habe meine Instruktion!«

Wie sie da aufschrie – selbst Iwanow, sogar der wich vor ihr zurück. Ich sah sie an – ihr Gesicht war bleich geworden, ohne einen Tropfen Blut, während ihre Augen finster blickten, und erbost war sie, ganz erbost... Sie stampfte mit dem Fuß auf, sprach schnell hintereinander – bloß hab' ich, ehrlich gesagt, nicht recht mitgekriegt, was sie sagte. Der Inspektor bekam es ebenfalls mit der Angst zu tun und brachte ihr ein Glas Wasser. »Beruhigen Sie sich«, bat er sie, »bitte, haben Sie doch mit sich selber Erbarmen!« Nun, sie hatte auch vor ihm keine Achtung: »Barbaren seid ihr, Knechte!« Und noch andere ähnliche freche Reden führte sie. Sagen Sie, was Sie wollen, doch der Obrigkeit gegenüber ist das nicht recht. 'Sieh einer an', dachte ich, 'so eine kleine Giftkröte... Adliges Volk!'

So haben wir sie nicht durchsucht. Der Inspektor führte sie in einen anderen Raum, aber sogleich kam sie mit der Aufseherin wieder heraus. »Sie hat nichts bei sich«, sagte sie. Das Fräulein aber blickte ihn an und lachte ihm geradezu ins Gesicht, und ihre Augen funkelten boshaft. Iwanow aber – der sich doch erst so groß aufgespielt hatte – schaute zu ihr hin und murmelte fortwährend bei sich: »Das ist nicht vorschriftsgemäß; ich habe meine Instruktion!« Doch der Inspektor nahm gar keine Notiz von ihm. Freilich, er war ja betrunken. Was glaubt man schon einem Betrunkenen!

Wir fuhren ab. Während es durch die Stadt ging, schaute sie in einem fort aus dem Fenster der Kutsche, als ob sie Abschied nähme oder Bekannte sehen wollte. Iwanow aber griff nach den Vorhängen, ließ sie herunter und schloß auch die Fenster. Sie verkroch sich in ihre Ecke, lehnte sich zurück und schaute uns nicht an. Ich aber ertrug es, offen gesagt, nicht länger: ich nahm den einen Vorhang beiseite, als wollte ich selber hinausblicken, und schlug ihn so auf, daß sie sehen konnte. Sie warf jedoch keinen Blick hin – saß grollend in ihrem Eckchen und biß sich auf die Lippen... 'Sie wird sie sich noch blutig beißen', dachte ich.

Wir reisten mit der Eisenbahn weiter. Es herrschte an dem Tage beständiges, klares Wetter; denn es war Herbst, im Monat September. Die Sonne schien, ein frischer Herbstwind wehte, und sie öffnete im Eisenbahnwagen das Fenster, beugte sich in den Wind hinaus und saß so da. Der Instruktion nach ist es nicht erlaubt, wissen Sie, die Fenster zu öffnen; aber mein Iwanow hatte, kaum daß er in den Wagen gestürzt war, auch schon zu schnarchen angefangen; und ich wagte nicht, es ihr zu sagen. Endlich ermannte ich mich, trat zu ihr und sagte: »Fräulein, machen Sie das Fenster zu.« Sie schwieg, als ob ich sie gar nicht angeredet hätte. Lange stand ich da, dann wiederholte ich:

»Sie werden sich erkälten, Fräulein – 's ist doch kalt.« Sie wandte sich nach mir um und guckte mich mit großen Augen an, als wär' sie über etwas verwundert... Sie blickte mich an und sagte dann: »Lassen Sie mich!« und beugte sich wieder zum Fenster hinaus. Ich machte eine Handbewegung und ging beiseite.

Dann wurde sie etwas ruhiger. Sie schloß das Fenster, hüllte sich in ihr Mäntelchen und suchte sich zu erwärmen. Ich habe ja gesagt, daß der Wind frisch war, eisig! Aber bald setzte sie sich wieder ans Fenster, beugte sich wieder in den Wind hinaus und konnte sich, scheint's, nach der Gefängnishaft nicht satt sehen. Sie wurde sogar fröhlich, blickte um sich, lächelte. Und es war eine Freude, wenn man sie so anschaute... Glauben Sie mir, bei meinem Gewissen... – Der Erzähler verstummte und wurde nachdenklich. Dann fuhr er fort, wobei er etwas verlegen schien:

– Freilich, man war's nicht gewohnt... Später hab' ich noch viele begleiten müssen, mich dran gewöhnt. Doch damals kam es mir sonderbar vor: 'Wohin', dachte ich, 'bringen wir sie, so ein Kind...' Und dann dachte ich, muß ich Ihnen gestehen, Herr, verurteilen Sie mich aber deswegen nicht: 'Was, wenn ich nun die

Obrigkeit bitten würde und sie zur Frau nähme... Ich würde ihr diese Grillen schon austreiben. Um so mehr, als ich doch in Staatsdiensten stehe...' Freilich, ein junger Kopf ist... dumm... Heut kann ich's verstehen... Später hab' ich's dann dem Popen gebeichtet, und der sagte: »Sieh, von diesem Gedanken schon ist Verderbnis über dich gekommen. Denn sie glaubt gewiß nicht an Gott...«

Von Kostroma an mußten wir mit einem Dreigespann weiterreisen; mein Iwanow war betrunken, sternhagelvoll: er hatte sich ausgeschlafen und wieder vollgeladen. Als er aus dem Eisenbahnwagen stieg, schwankte er. 'Na', dachte ich, 'das steht ja schlimm, wenn er nur nicht das anvertraute Geld verliert.' Er stolperte in den Postwagen, streckte sich aus und fing im Handumdrehen an zu schnarchen. Sie setzte sich daneben – ganz unbequem. Sie warf einen Blick auf ihn, grad wie auf eine Natter. Sie nahm ihr Kleid beiseite, um ihn nur nicht irgendwie zu berühren, und schmiegte sich ganz in die Ecke, ich aber setzte mich auf den Bock. Während der Fahrt blies ein eisiger Nordwind, und bald war ich durchfroren. Sie begann heftig zu husten, führte ihr Taschentuch an die Lippen, und im Tuch sah ich Blut. Mir war, als hätte mich jemand mit einer Nadel ins Herz gestochen.

»Ach, Fräulein – wie können Sie so was tun!« sagte ich. »Sie sind krank und wollen so eine Reise machen – Herbst ist's, kalt!... Nein, wie kann man bloß so was tun!«

Sie hob ihre Augen zu mir auf, blickte mich an, und wieder begann es in ihrem Innern schier zu kochen.

»Sie sind wohl ein bißchen beschränkt?« versetzte sie. »Begreifen Sie denn nicht, daß ich nicht aus freiem Willen reise? Großartig! Begleitet mich selber und kommt mir dann noch mit seinem Mitleid!«

»Sie hätten's der Obrigkeit melden sollen«, sagte ich, »Sie würden wenigstens im Krankenhaus liegen, statt

in solcher Kälte herumzufahren. 's ist ja keine kurze Reise!«
»Wohin geht's denn?« fragte sie.
Uns ist aber, wissen Sie, streng verboten, den Verbrechern mitzuteilen, wohin wir sie zu bringen haben. Sie sah, daß ich stockte, und wandte sich ab: »Schon gut, ich hab' das nur so gesagt... Sie brauchen mir nichts zu verraten, und nun belästigen Sie mich nicht weiter.«
Da konnte ich's nicht länger zurückhalten: »Sehen Sie, da- und dorthin geht die Reise. 's ist nicht nah!« – Sie preßte die Lippen aufeinander, zog die Augenbrauen zusammen und erwiderte nichts. Ich schüttelte den Kopf... »Das ist so, Fräulein«, sagte ich. »Sie sind jung und wissen noch nicht, was das bedeutet!«
Ich war tüchtig verärgert... aufgebracht... Aber sie blickte mich wieder an und sagte:
»Ohne Grund denken Sie so von mir. Ich weiß sehr gut, was das bedeutet, doch ins Krankenhaus wollte ich mich trotzdem nicht legen. Danke schön! Wenn ich nun mal sterben soll, dann schon lieber in der Freiheit, bei den Meinen. Und wenn ich vielleicht noch gesund werden kann, dann allenfalls in der Freiheit, aber nicht in eurem Gefängnislazarett. – Sie meinen, ich wäre etwa von dem Wind krank geworden, von einer Erkältung? Was Sie nicht sagen!...« – »Sie haben dort wohl Verwandte?« fragte ich. Ich dachte dies, weil sie mir doch erzählt hatte, daß sie bei den Ihren gesund werden will.
»Nein«, antwortete sie, »ich habe dort weder Verwandte noch Bekannte. Die Stadt ist mir fremd, aber gewiß gibt's da noch mehr solche wie mich, Verbannte, Genossen.« – Ich wunderte mich: 'Wie kann sie denn fremde Leute die Ihren nennen – wird ihr dort wirklich jemand ohne Geld zu essen und zu trinken geben, und noch dazu einer Unbekannten...' Aber ich fragte sie nicht weiter aus, da ich sah, wie sie die Augenbrauen hochzog und mit meiner Fragerei unzufrieden war.

'Na, schön', dachte ich... 'Laß sie! Sie hat noch keine Not kennengelernt. Hat sie erst mal das Elend gekostet, wird sie schon spüren, was Fremde heißt...'
Gegen Abend zogen sich Wolken zusammen, ein kalter Wind blies, und dann setzte Regen ein. Der Schmutz war auch zuvor nicht abgetrocknet gewesen, nun wurde es jedoch dermaßen schlammig – einfach Brei, aber kein Weg mehr! Mein Rücken war über und über mit Schmutz bespritzt, und sie bekam auch gehörig was ab. Außerdem kam zu ihrem Unglück noch das allerschlechteste Wetter hinzu: der Regen peitschte ihr grade ins Gesicht; wenn es auch eigentlich ein gedeckter Reisewagen war und ich eine Bastmatte vorgehängt hatte, doch was half das schon! Überall tropfte es herein, sie war vollkommen durchfroren; sie zitterte am ganzen Leibe und hatte die Augen geschlossen. Über ihr Gesicht rannen die Regentropfen, ihre Wangen waren bleich, und sie regte sich nicht, als läg' sie in einer Ohnmacht. Ich bekam einen gehörigen Schreck, denn ich sah: die Sache will schief gehen, schlimm enden... Iwanow war betrunken und schnarchte vor sich hin – ihn kümmerte es nicht... Was war da zu tun, wo ich doch das erstemal fuhr?
Spät abends erreichten wir die Stadt Jaroslawl. Ich rüttelte Iwanow wach, wir stiegen an der Station aus, und ich ließ einen Samowar warm machen. Von dieser Stadt aus verkehren Dampfschiffe, doch ist's uns nach der Instruktion streng verboten, Schiffe zu benutzen. Obwohl es für unsereins vorteilhafter ist – man kann nämlich etwas sparen –, so ist's doch gefährlich. Am Landungsplatz, wissen Sie, stehen Polizisten, und dann kann's auch stets einer von uns oder der Ortsgendarm zur Meldung bringen. Und da erklärte uns das Fräulein auf einmal: »Ich fahre nicht länger mit der Post. Daß Sie's wissen. Bringen Sie mich mit dem Dampfschiff weiter.« Iwanow aber konnte vor Katzenjammer kaum aus den Augen sehen und wurde wü-

tend: »Ihnen steht darüber keine Entscheidung zu. Wohin man Sie schafft, müssen Sie auch fahren!« Sie erwiderte nichts und wandte sich an mich:
»Sie haben gehört, was ich gesagt habe: ich fahre nicht.«
Da nahm ich Iwanow beiseite: »Man muß sie mit dem Schiff weiterbringen. Das ist für Sie besser: man spart Geld ein.« Er ging darauf ein, hatte aber Angst. »Hier gibt's einen Oberst«, sagte er, »wenn da nur nichts rauskommt. Geh und erkundige dich – mir ist ein bißchen unwohl.« Der Oberst wohnte jedoch nicht weit. »Gehen wir zusammen, und das Fräulein nehmen wir gleich mit«, schlug ich vor; denn ich befürchtete, daß sich Iwanow in seinem Dusel wieder schlafen legen und sonstwas anrichten könnte. 'Am Ende läuft sie ihm davon oder tut sich was an', dachte ich, 'und du wirst zur Verantwortung gezogen.' Nun, so gingen wir zum Oberst. Er trat heraus und fragte uns: »Was gibt's?« – Nun setzte sie ihm alles auseinander, aber auch mit ihm sprach sie ungebührlich. Sie hätte ihn hübsch bescheiden bitten sollen: so und so ist's, haben Sie die unendliche Güte – doch sie redete in ihrer Art: »Mit welchem Recht«, sagte sie, na und so weiter; lauter freche Worte, wissen Sie, sprach sie, wie sie Politische überhaupt lieben. Na, Sie wissen schon, der Obrigkeit gefällt das nicht. Die Obrigkeit liebt Ergebenheit. Dennoch hörte er sie geduldig an und antwortete höflich: »Leider, mein Fräulein, kann ich da nichts machen. Dem Gesetz nach... ist das nicht möglich!« Ich sah, unser Fräulein war wieder ganz rot geworden, ihre Augen glühten wie Kohlen. »Das Gesetz!« sagte sie und lachte auf ihre Art, böse und laut. »Jawohl«, entgegnete der Oberst, »das Gesetz, mein Fräulein!«
Ich muß gestehen, daß ich mich da ein wenig vergaß; ich sagte: »Jawohl, Euer Hochwohlgeboren, das Gesetz, aber sie ist, Euer Hochwohlgeboren, doch krank.« Er blickte mich streng an und fragte: »Wie ist dein Name? – Und Sie, mein Fräulein, wenn Sie krank

sind – möchten Sie da nicht lieber ins Gefängnislazarett?« Sie wandte sich um und ging davon, ohne ein Wort zu erwidern. Wir folgten ihr. Sie wollte nicht ins Krankenhaus; und man muß ja auch sagen: Wenn sie schon nicht an jenem Ort bleiben konnte, was sollte sie hier, ohne Geld und in der Fremde, das ging doch wahrhaftig nicht.

Na, da war nichts zu machen. Iwanow aber fiel über mich her: »Was wird nun daraus werden; wegen dir, Dummkopf, werden wir beide uns bestimmt zu verantworten haben.« Er ließ die Pferde anspannen und wollte keinesfalls hier übernachten; so mußten wir zu nächtlicher Stunde weiterfahren. Wir traten zu ihr: »Bitte, Fräulein, die Pferde sind vorgefahren.« Sie hatte sich aber ein bißchen auf den Diwan gelegt und begann eben warm zu werden. Sie sprang auf, stellte sich vor uns hin, richtete sich ganz grade auf, faßte uns ins Auge – es war, sage ich Ihnen, schier unheimlich, sie anzusehen. »Ihr Verfluchten«, brachte sie hervor und fing wieder an, unverständlich auf ihre Art zu reden. Es klang genau wie Russisch, doch konnte man einfach nichts verstehen. Dann sagte sie böse und kläglich: »Nun, da habt euren Willen, mögt ihr mich zu Tode martern – tut, was ihr wollt. Fahrt nur!« Unterdessen stand der Samowar auf dem Tisch; sie hatte auch noch nicht getrunken. Iwanow und ich brühten unseren Tee auf, auch ihr schenkte ich ein. Wir hatten Weißbrot bei uns, für sie schnitt ich ebenfalls ab. »Essen Sie etwas für den Weg«, munterte ich sie auf. »Macht nichts, 's wird Sie wenigstens bißchen aufwärmen.« Sie zog eben ihre Galoschen an – da hielt sie ein, wandte sich nach mir um, sah mich lange an, zuckte dann mit den Schultern und sagte:

»Was ist das bloß für ein Mensch! Sie sind, scheint's, vollkommen verrückt. Werd' ich Ihren Tee trinken!« – Wie hatte sie mich doch damit gekränkt: bis auf den heutigen Tag steigt mir das Blut ins Gesicht, wenn ich dran denke. Sie verschmähen es doch auch nicht, mit uns zusammen zu essen. Wir haben einen Herrn Rubanow begleitet – den Sohn eines Stabsoffiziers –, er hat auch mit uns gegessen. Aber sie verschmähte es. Sie ließ sich dann auf einem anderen Tisch einen Samowar für sich warm machen und hatte natürlich für Tee und Zucker das Doppelte zu bezahlen. Und dabei besaß sie an Geld alles in allem – einen Rubel zwanzig! –

## III

Der Erzähler schwieg, und für kurze Zeit senkte sich Stille auf die Hütte herab, die nur von den gleichmäßigen Atemzügen des jungen Gendarmen und dem Fauchen des Schneesturms vorm Fenster unterbrochen wurde.

»Schlafen Sie auch nicht?« fragte mich Gawrilow.

»Nein, erzählen Sie bitte weiter, ich höre zu.«

– Viel hat sie mir – fuhr der Erzähler nach kurzem Schweigen fort – viel hat sie mir dann noch zu schaffen gemacht. Nachts unterwegs, wissen Sie, ständig Regen, schlechtes Wetter... Wir fuhren durch Wald, die Bäume ächzten und stöhnten. Ich konnte sie nicht erkennen; denn es war eine stockfinstre, regnerische Nacht, daß man die Hand nicht vor Augen sah, aber glauben Sie mir – sie stand immer im Geiste vor mir, und zwar so deutlich wie am hellichten Tag: ihre Augen, das bitterböse Gesicht, wie sie ganz durchfroren war und immerzu irgendwohin starrte, als wälze sie in einem fort Gedanken in ihrem Kopfe. Als wir von der Station abfuhren, wollte ich sie in den Schafpelz hüllen. »Ziehen Sie den Pelz an«, sagte ich, »'s ist, wissen Sie, doch ein bißchen wärmer.« Da warf sie den Schafpelz von sich. »Das ist Ihr Pelz«, meinte sie, »ziehen Sie ihn auch an.« Er gehörte tatsächlich mir, aber ich erriet ihren Gedanken und machte ihr weis: »Der Pelz gehört nicht mir, sondern dem Staat, er steht den Häftlingen dem Gesetz nach zu.« Nun, da zog sie ihn an...

Doch auch der Schafpelz half nicht viel. Als es tagte, sah ich sie an – sie hatte sich schrecklich verändert. Und als wir wieder von einer Poststation abfuhren, befahl sie Iwanow, sich auf den Bock zu setzen. Er brummte wohl vor sich hin, wagte aber nicht, sich zu widersetzen, besonders da sein Dusel ein wenig verflogen war. Ich nahm neben ihr Platz.

Drei volle Tage reisten wir und übernachteten nirgends. An erster Stelle heißt es nämlich in der Instruktion: Nie nachts Rast machen und »im Falle starker Ermüdung« höchstens in Städten, wo es Bewachung gibt. Na, Sie wissen selbst, was das hier für Städte sind!

Endlich erreichten wir den Bestimmungsort. Mir fiel gleich ein ganzer Berg vom Herzen, als wir die Stadt erblickten. Und ich muß Ihnen sagen: das letzte Stück der Reise hielt ich sie fast ganz in meinen Armen. Ich sah, wie sie ohne Besinnung dalag; der Wagen holperte durch die Löcher, so daß sie mit ihrem Kopf gegen den Fensterrahmen schlug. Ich legte ihn auf meinen rechten Arm, und so fuhren wir weiter; immerhin etwas besser. Zuerst stieß sie mich von sich: »Weg! Rühren Sie mich nicht an!« Dann aber sagte sie nichts mehr. Vielleicht, weil sie besinnungslos war... Ihre Augen waren geschlossen und die Lider ganz umschattet, doch sah ihr Gesicht angenehmer, nicht so böse aus. Ja, sie begann sogar im Schlafe zu lächeln, und ihre Züge erhellten sich; sie schmiegte sich an mich, weil's so wärmer war. Gewiß hatte dem armen Mädchen etwas Schönes im Schlaf geträumt. Als wir uns der Stadt näherten, erwachte sie und richtete sich auf... Das Wetter hatte sich verzogen, die Sonne lugte hervor – da wurde auch sie vergnügt...

Man schickte sie jedoch von der Gouvernementsstadt aus weiter, sie sollte nicht in dieser Stadt bleiben; und wir mußten sie noch eine Strecke bringen – die dortigen Gendarmen waren alle unterwegs. Als wir abfahren wollten, da sah ich, wie sich allerlei Volk bei der Polizeiwache ansammelte: junge Fräulein und Herren, Studenten, anscheinend lauter Verschickte... Und alle redeten mit ihr genau wie gute Bekannte, schüttelten ihr zum Gruß die Hände, fragten sie aus. Etwas Geld brachten sie ihr und ein schönes weiches Tuch für die Reise... Sie begleiteten uns ein Stückchen...

Sie fuhr in froher Stimmung, nur hustete sie sehr oft. Uns aber schaute sie nicht an.

Wir langten in der Kreisstadt an, die ihr als Wohnort bestimmt war, und übergaben sie gegen Quittung. Sogleich nannte sie einen Namen. »Wohnt hier«, fragte sie, »der und der?« – »Jawohl«, antwortete man ihr. Da kam der Kreispolizeichef angefahren und erkundigte sich: »Wo werden Sie wohnen?« – »Ich weiß nicht«, sagte sie, »doch einstweilen will ich zu Rjasanzew gehen.« Er schüttelte den Kopf, sie aber nahm ihre Sachen und ging. Von uns hat sie sich nicht einmal verabschiedet... –

## IV

Der Erzähler schwieg und horchte, ob ich nicht schlafe.

»So sind Sie ihr nicht wieder begegnet?«

»Ich bin ihr wieder begegnet, aber besser wär's schon gewesen, ich hätt' sie nie mehr gesehen...«

...Und sogar sehr bald hab' ich sie wiedergesehen. Als wir vom Kommando zurückkamen, wurden wir sofort wieder auf Dienstreise beordert, und zwar in dieselbe Gegend. Einen Studenten hatten wir zu bringen, der Sagrjashski hieß. War das ein lustiger Bursche, Lieder singen konnte er gut, und einem Gläschen war er auch nicht abgeneigt. Er wurde noch weiter geschickt. Als wir durch die Stadt kamen, wo wir sie gelassen hatten, wurde ich neugierig, etwas über ihr jetziges Leben zu erfahren. »Ist unser Fräulein hier?« fragte ich. – »Sie wohnt hier«, sagte man, »nur, was ist sie für eine Wunderliche: angekommen, ist sie geradwegs zu einem Verschickten gegangen, und niemand hat sie seitdem je wiedergesehen – bei ihm lebt sie auch. Der eine sagt, sie wäre krank, andere schwatzen, sie lebe bei ihm als eine Art Geliebte. Man weiß ja, die Leute klatschen gern...« Mir aber fielen ihre Worte ein: 'Ich möchte bei den *Meinen* sterben.' Und so wurde ich neugierig... nein, es war eigentlich keine Neugier, sondern es zog mich einfach hin. 'Ich will aussteigen und sie besuchen', dachte ich. 'Sie hat doch nichts Schlechtes von mir erfahren, und ich habe sie auch nicht in schlechter Erinnerung. So will ich mal hingehen...'

Ich ging – gute Leute wiesen mir den Weg; sie wohnte am Ende der Stadt. Es war ein kleines Häuschen mit einem ganz niedrigen Türchen. Ich trat bei dem Verbannten ein und sah: sauber war's bei ihm in seiner hellen Stube, ein Bett stand in der Ecke, die durch einen Vorhang abgetrennt war. Viele Bücher auf dem Tisch, auf den Bücherbrettern... Und nebenan befand sich eine winzige Werkstatt, dort war auf der Bank ein zweites Bett bereitet.

Als ich eintrat, saß sie auf dem Bett, hatte einen Schal umgeschlagen, die Füße eingezogen und nähte etwas. Und der Verbannte – Herr Rjasanzew hieß er – saß daneben auf der Bank und las ihr etwas aus einem Büchlein vor. Er trug eine Brille, man merkte: ein ernsthafter Mensch. Sie nähte und hörte dabei zu. Ich klopfte an der Tür; als sie mich aber erblickte, richtete sie sich auf, faßte seinen Arm und war schier erstarrt. Sie machte große, dunkle und entsetzte Augen... nun, alles war so wie damals, nur kam mir ihr Gesicht noch bleicher vor. Sie klammerte sich an seinem Arm fest – er erschrak und stürzte schnell auf sie zu: »Was ist Ihnen? Beruhigen Sie sich!« Er selbst sah mich nicht. Dann ließ sie seinen Arm – wollte vom Bett aufstehen und sagte zu ihm: »Leben Sie wohl – man will mir, scheint's, nicht mal einen schönen Tod gönnen.« Da wandte er sich um, erblickte mich und sprang im Nu auf. Ich dachte, er würde sich auf mich stürzen... und gar umbringen. Denn er war ein stämmiger, gesunder Mann.

Beide glaubten nämlich, wissen Sie, daß ich wieder ihretwegen käme. Doch dann merkte er, daß ich selber mehr tot als lebendig dastand und allein war. Er wandte sich zu ihr und nahm sie bei der Hand: »Beruhigen Sie sich.« Mich aber fragte er: »Und Sie, mein Herr, was wünschen Sie hier? Weshalb haben Sie sich herbemüht?«

Ich erklärte ihm, daß ich gar nichts wünsche, sondern ganz von selber gekommen wäre. Als ich das Fräulein hergebracht, sei es doch kränklich gewesen, so wollte ich es besuchen, um mich zu erkundigen... Nun, da wurde er nett. Sie aber war immer noch böse, und es kochte in ihrem Innern. Und warum eigentlich? Iwanow war freilich kein umgänglicher Mensch gewesen. Ich aber bin doch für sie eingetreten...

Als er begriffen hatte, worum es sich handle, lachte er sie an: »Na, da sehen Sie, ich hab' es Ihnen ja gesagt.« Ich faßte das so auf, daß sie sich über mich unterhalten hatten. Sie schien ihm von der Reise erzählt zu haben.

»Verzeihen Sie«, sagte ich, »wenn ich Sie erschreckt habe... Zur unrechten Zeit oder so... Dann will ich wieder gehen. Leben Sie wohl, behalten Sie mich nicht in schlechtem Andenken, im guten werden Sie sich, scheint's, doch nicht an mich erinnern.«

Er stand auf, blickte mir ins Gesicht und reichte mir die Hand:

»Nun, wenn Sie auf der Rückreise vorbeikommen und freie Zeit haben – besuchen Sie uns bitte wieder.« Sie

aber schaute zu uns her und lächelte auf ihre Art, unschön.
»Ich verstehe nicht«, meinte sie, »warum er uns besuchen soll? Und wozu laden Sie ihn ein?« Doch er entgegnete ihr: »Macht nichts, macht nichts! Mag er ruhig wiederkommen, wenn er selbst gern möchte. Besuchen Sie uns, besuchen Sie uns, macht nichts!«
Nicht alles habe ich, ehrlich gesagt, verstanden, was sie dann noch sprachen. Ihr Herrschaften redet manchmal gar sonderbar untereinander... Aber interessant ist's. Wenn man so dabeibleiben und zuhören könnte... na, mir war's peinlich – und sie sollten nicht was von mir denken. So ging ich.
Nun, sobald wir den Herrn Sagrjashski an den Bestimmungsort gebracht hatten, fuhren wir zurück. Da ließ der Kreispolizeichef den Ältesten zu sich rufen und teilte ihm mit: »Ihr sollt vorläufig hierbleiben, bis eine neue Verfügung eintrifft; ich habe ein Telegramm erhalten. Ihr sollt auf die Papiere warten, die mit der Post kommen.« Nun, wir blieben natürlich.
Da ging ich wieder zu ihnen: 'Besuche ich sie halt mal', dachte ich, 'oder erkundige ich mich wenigstens nach ihr bei den Wirtsleuten.' Ich kam hin. Der Hauswirt erzählte: »Schlimm steht's, wenn sie bloß nicht stirbt. Ich befürchte, man möchte mich zur Verantwortung ziehen – nämlich deshalb, weil sie nicht den Popen holen wollen.« Als wir so standen und uns unterhielten, trat zur selben Zeit Rjasanzew heraus. Er sah mich, begrüßte mich und sagte: »Wieder da? Na, komm nur herein.« Ich trat ganz leise ein, er folgte mir. Sie blickte auf: »Wieder dieser sonderbare Mensch!... Haben Sie ihn etwa geholt?« – »Nein, ich hab' ihn nicht geholt – er ist von selber gekommen.« Da konnte ich mich nicht mehr zurückhalten und sagte zu ihr:
»Was haben Sie, Fräulein – warum haben Sie solch einen Zorn gegen mich? Bin ich etwa Ihr Feind?«
»Sie sind auch mein Feind«, versetzte sie, »wissen Sie

das denn nicht? Natürlich, mein Feind!« Ihre Stimme war schwach und leise geworden, auf den Wangen brannte heftig die Röte, und so lieblich war ihr Gesicht, daß man sich einfach nicht satt sehen konnte. 'Ach', dachte ich, 'sie wird bald nicht mehr auf Erden sein', und ich begann, sie um Vergebung zu bitten, damit sie nicht unversöhnt sterbe. »Verzeihen Sie mir, wenn ich Ihnen Böses getan habe«, sagte ich, wie sich's ja nach Christenart geziemt... Da sah ich, wie es wieder in ihrem Innern zu kochen anfing... »Verzeihen! Das fehlte grade noch! Nie werd' ich verzeihen, glauben Sie nur das nicht, niemals! Bald werd' ich sterben... und Sie sollen es wissen: ohne verziehen zu haben!« –

Abermals schwieg der Erzähler und wurde nachdenklich. Dann fuhr er leiser und gesammelter fort:

– Wieder redeten sie untereinander. Sie sind ja ein gebildeter Mensch und müssen ihre Sprache verstehen, so will ich Ihnen ihre Worte wiedergeben, die ich noch behielt. Ihre Worte haben sich mir fest eingeprägt, und ich erinnere mich daran bis auf den heutigen Tag, weiß aber nicht, was für einen Sinn sie haben.

Er sagte:

»Sehen Sie: nicht der Gendarm ist jetzt zu Ihnen gekommen... Der Gendarm hat sie hergebracht, er wird auch manch anderen begleiten, dies macht er alles seiner Instruktion gemäß. Hat ihn aber hierher etwa seine Instruktion geführt? Sagen Sie, mein Herr... wie ist gleich Ihr Name?«

»Stepan«, antwortete ich.

»Und Ihr Vatername?«

»Petrowitsch heiß' ich.«

»Nun schön, Stepan Petrowitsch«, sagte er, »warum sind Sie denn hierhergekommen? Aus Menschlichkeit? Nicht wahr?«

»Freilich, aus Menschlichkeit«, gab ich zur Antwort.

»Das haben Sie sehr richtig erklärt. Wenn man nach

der Instruktion geht, so ist es uns gar nicht erlaubt, Sie ohne dienstliche Notwendigkeit aufzusuchen. Erfahren's die Vorgesetzten – krieg' ich nicht grade ein Lob.«

»Nun, da sehen Sie«, wandte er sich an sie und nahm ihre Hand. Sie aber zog ihre Hand weg.

»Nichts sehe ich«, versetzte sie, »denn Sie sehen, was nicht ist. Wir aber, er da (sie meinte mich) und ich, sind einfache Menschen. Feinde sind eben Feinde, und da braucht man nicht großartig daherzuschwatzen. Für sie heißt's – gib acht, für uns heißt's – paß auf! Sehen Sie nur: da steht er und horcht. Schade, daß er's nicht versteht, sonst würde er alles in seinen Bericht schreiben...«

Er wandte sich nach mir um und blickte mich offen durch seine Brillengläser an. Er hatte strenge, aber gute Augen. »Hören Sie? Was sagen Sie dazu?« richtete er das Wort an mich. »Übrigens brauchen Sie gar nichts zu erwidern: ich nehme auch so an, daß Sie das kränkt.«

Freilich wird's, sozusagen... der Instruktion nach verlangt, wenn auch etwas gegen das Interesse ist – so bin ich meinem Diensteid gemäß verpflichtet, meinen leiblichen Vater anzuzeigen... Nun, weil ich aber doch nicht deshalb gekommen war, hatte er recht, daß es mich sehr kränkte, mir schier ans Herz griff. Ich wandte mich zur Tür, aber Rjasanzew hielt mich zurück.

»Warte, Stepan Petrowitsch, geh noch nicht.« Und zu ihr sagte er: »Das ist nicht schön... Nun, dann verzeihen Sie eben nicht und söhnen sich nicht aus. Was soll man darüber reden. Er hätte vielleicht selber auch nicht verziehen, wenn er alles gehörig verstände... Aber der Feind ist schließlich auch ein Mensch... Doch Sie wollen das nicht anerkennen. Eine Sektiererin sind Sie, jawohl!«

»Mag sein«, erwiderte sie, »aber Sie sind ein lauer Mensch... Sie können nur Bücher lesen...«

Als sie ihm dies Wort sagte, sprang er – wunderlich war's – mit einemmal auf. Grad als hätte man ihm einen Schlag versetzt. Ich sah, sie erschrak sogar.
»Ein lauer Mensch?« wiederholte er. »Na, Sie wissen wohl selbst, daß Sie eine Unwahrheit gesagt haben.«
»Meinetwegen«, gab sie ihm zur Antwort... »Aber haben Sie mir denn die Wahrheit gesagt?«
»Ich sag' die Wahrheit«, versetzte er: »Sie sind eine richtige Bojarin Morosow...«
Sie wurde nachdenklich und streckte ihm schließlich ihre Hand hin; er nahm die Hand, sie blickte ihm lange ins Gesicht und sagte dann: »Ja, am Ende haben Sie recht!« Und ich stand wie ein Narr dabei und sah sie an, während mir selber etwas am Herzen rührte und aufstieg. Dann wandte sie sich mir zu, blickte mich ohne Zorn an, reichte mir ihre Hand und begann: »Ja, was ich Ihnen noch sagen will: Feinde sind wir bis in den Tod... Nun, Gott mit Ihnen, ich gebe Ihnen die Hand und wünsche Ihnen, daß Sie einst mal ein Mensch werden – ein ganzer, nicht nach einer Instruktion... Ich bin müde«, sagte sie zu ihm.
So ging ich hinaus. Rjasanzew folgte mir. Wir blieben auf dem Hofe stehen, und ich sah: in seinen Augen glänzte eine Träne.
»Sagen Sie, Stepan Petrowitsch, bleiben Sie noch lange hier?« fragte er.
»Ich weiß nicht, vielleicht noch so drei Tage, bis zur Post.«
»Wenn Sie uns noch mal besuchen wollen, macht nichts, kommen Sie nur. Sie sind, scheint's, in ihrem Dienst auch Mensch, ja...«
»Verzeihen Sie«, sagte ich, »ich habe Sie erschreckt...«
»Das will ich meinen. Es ist schon besser, wenn Sie sich erst bei der Wirtin anmelden.«
»Und was ich noch fragen wollte: Sie sprachen da vorhin von der Bojarin Morosow. Sie ist also aus Bojarengeschlecht?«

»Aus Bojarengeschlecht oder nicht«, sagte er, »aber ein Schlag ist das in der Tat: brechen kann man sie ... Ihr habt sie schon gebrochen... Na, aber beugen – du hast's ja selber gesehen: solche beugen sich nicht.«
Dann verabschiedeten wir uns.

## V

... Bald darauf ist sie gestorben. Ich habe nicht gesehen, wie man sie beerdigte, denn ich war beim Polizeichef. Am nächsten Tage begegnete mir dieser Verbannte; ich ging auf ihn zu und bemerkte, daß er sich schrecklich verändert hatte.
Er war von großer Gestalt, ernst sein Gesicht und hatte früher freundlich dreingeschaut, während er mich nun wie ein reißendes Tier anblickte. Erst wollte er mir die Hand geben, dann ließ er jedoch plötzlich meine Hand und wandte sich ab. »Ich kann dich jetzt nicht sehn«, sagte er. »Geh, mein Lieber, um Gottes willen, geh!« Er senkte den Kopf und ging, ich aber begab mich in mein Quartier, und mir wurde so weh zumute – ich konnte einfach ein paar Tage keine Nahrung zu mir nehmen. Seitdem nun verfolgt mich die Schwermut. 's ist wie verhext.
Am anderen Tag ließ uns der Polizeichef rufen: »Ihr könnt nun abfahren: die Papiere sind eingetroffen, aber zu spät.« Anscheinend hatten wir sie nochmals weiterbringen sollen, aber der Herrgott hatte sich ihrer schon erbarmt und sie zu sich genommen.
... Doch dann habe ich noch etwas erlebt – das war ja noch nicht alles. Auf der Rückreise machten wir bei einer Station halt ... Wir traten in die Stube, da stand ein Samowar auf dem Tisch und allerlei Vorspeisen; ein altes Mütterchen saß davor und trank mit der Wirtin zusammen Tee. Ein kleines, sauberes Mütterchen, und so vergnügt und redselig war's. In einem

fort erzählte sie der Wirtin von ihren Angelegenheiten: »Und da hab' ich meine Habseligkeiten zusammengepackt«, sagte sie, »mein Haus, das mir durch Erbschaft zugefallen, verkauft und mich zu meinem Täubchen auf die Reise gemacht. Wird die sich freuen! Erst wird sie mich wohl ausschimpfen, wird böse werden, ich weiß, daß sie böse wird – aber froh wird sie doch sein. Sie hat mir zwar geschrieben, mir nicht erlaubt, hinzukommen. Daß ich's ja keinesfalls wagen solle, zu ihr zu reisen. Nun, das macht nichts!«
Da war mir's, als hätte mir jemand einen Stoß in die linke Seite versetzt. Ich ging in die Küche hinaus. »Was ist das für ein altes Mütterchen?« fragte ich das Dienstmädchen. »Na, das ist«, sagte sie, »die leibliche Mutter von jenem Fräulein, das ihr neulich gebracht habt.« Da ging es mir durch und durch, daß ich sogar taumelte. Als das Mädel sah, wie sich mein Gesicht veränderte, fragte sie: »Was hast du denn, Kamerad?«
»Still, was schreist du so…, das Fräulein ist gestorben.«
Wie schlug sie da die Hände zusammen, wie fing sie an zu weinen und lief aus der Hütte, dieses Mädel – und es war, muß man sagen, ein liederliches Mädel, das mit jedem Durchreisenden schön tat. Auch ich nahm meine Mütze und ging hinaus – ich hörte nur, wie drinnen die Alte mit der Wirtin immerfort schwatzte, und mich packte vor der Alten so ein Entsetzen, so ein Entsetzen, daß ich's nicht ausdrücken kann. Ich wanderte einfach den Weg entlang – später holte mich dann Iwanow mit dem Wagen ein, und ich stieg zu.

## VI

…Ja, so war das!… Der Kreispolizeichef aber hatte offenbar meinem Vorgesetzten Bericht erstattet, daß ich zu den Verbannten gegangen, und auch der Oberst von Kostroma hatte gemeldet, wie ich für sie eingetreten war – so kam eins zum anderen. Und der Chef wollte mich nicht zum Unteroffizier vorschlagen. »Was wirst du für einen Unteroffizier abgeben«, sagte er, »ein altes Weib bist du! In den Karzer solltest du, Schafskopf!« Ich befand mich aber damals in völliger Teilnahmslosigkeit und trauerte all dem nicht ein bißchen nach.

Und nie wieder hab' ich dies böse Fräulein vergessen können, und noch heute ist's so, daß sie mir mitunter ganz lebendig vor Augen steht.

Was mag das nur bedeuten? Wer kann mir's erklären? Schlafen Sie auch nicht, Herr? –

Ich schlief nicht... Das tiefe Dunkel der einsam im Walde verlorenen Hütte quälte meine Seele, und das traurige Bild des toten Mädchens erstand vor mir in der dichten Finsternis beim dumpfen Heulen des Sturmes...

* * * * * * * * * * * * * * * * * * * * * * * * * * * * * * * * * * *

## ANTON TSCHECHOW

*Der Meister der seelisch fein getönten, von tiefem sozialem Verantwortungsgefühl getragenen Kurzgeschichte, die er zuweilen zu kleinen Romanen zu erweitern weiß, Anton Pawlowitsch Tschechow, ist 1860 im Städtchen Taganrog am Asowschen Meer als Sohn eines frömmlerischen, pedantischen Krämers geboren. Er hatte »als Kind keine Kindheit«. Neunjährig wird er in das klassische Gymnasium seiner Vaterstadt aufgenommen und erlebt als Sechzehnjähriger die Verarmung seiner Familie und ihren Wegzug nach Moskau, bis sein Vater eine Kontoristenstellung in Samoskworetschje findet. Anton Pawlowitsch bleibt noch drei Jahre allein in Taganrog zurück, verkauft die letzten Einrichtungsstücke, gibt Nachhilfestunden und schickt Geld an die in bitterer Not lebende Familie. 1879 absolviert er das Gymnasium, erwirkt ein Stipendium der Stadtverwaltung Taganrog von monatlich 25 Rubeln, zieht zu seiner Mutter nach Moskau und beginnt dort das Studium der Medizin. Fast gleichzeitig wird der Neunzehnjährige Mitarbeiter an verschiedenen Witzblättern. Es bedeutete für Anton Pawlowitsch eine große Arbeitsbelastung, neben dem Medizinstudium, das er damals als seinen Lebensinhalt ansah, fortlaufend lustige Kurzgeschichten, Anekdoten, Bildunterschriften und komische Nichtigkeiten aller Art erfinden und verfassen zu müssen, doch ließ ihn seine angeborene Begabung für Mimik und übermütigen Witz und die ihm eigene graziöse Leichtigkeit des Schaffens nicht im Stich. Sieben Jahre war er für Leikins 'Splitter' unter dem Spaßmacherpseudonym Antoscha Tschechonte und anderen Decknamen tätig, ließ sich jedoch weder von diesem noch von den Herausgebern anderer Blätter in seinem Wachstum einschränken. An die Stelle der konstruierten, innerlich unwahren Witzblattfigur tritt bald der in seiner Komik tragische, einsame Mensch: der »kleine Mann«. Was mit Gogols 'Mantel' begonnen hatte, was Pomjalowskis, Dostojewskis und Garschins Erzählungen weiterbildeten: eine Literatur des Kleinbürgers, des Großstadtmenschen, die diese Stände in ihrer Besonderheit und Tragik kennt und ernst nimmt und die gegenüber der adligen »Gutsbesitzerliteratur« demokratisch, ja bewußt »plebejisch« genannt worden ist, findet nunmehr in Tschechow auf dem Gebiet der Kurzgeschichte ihre geniale Fortführung. In Erzählungen wie 'Der Dicke und der Dünne', 'Der Tod des Beamten', 'Das Chamäleon', 'Unteroffizier Prischibẹjew' oder anderen gelingen ihm jetzt bereits typische Gestalten, die den Polizeistaat, die Knechtsseligkeit und Feigheit des Kleinbürgertums der Ära Pobjedonọszews in der Groteske überzeugend festhalten.*

*Und künstlerisch entwächst Tschechow dem Vorbild seiner Zeit und seiner Auftraggeber auch insofern, als er die Kürze, die ihm als äußerer Raumzwang auferlegt war, als innere Dichte mehr und mehr in harter Selbsterziehung zum bewußten Stilprinzip erhebt, getreu seinem Grundsatz: »Die Kunst zu schreiben besteht in der Kunst zu kürzen.« Der Mensch charakterisiert sich durch die Handlung selbst und durch das, was er spricht und wie er dies tut; er wird nicht mehr vom Autor eingeführt, etwa durch Kennzeichnung seiner Vergangenheit. Aus Leikins Anekdoten werden Tschechows Kurzgeschichten, die ein ganzes Leben in wenige Seiten zusammendrängen und die Kurzgeschichte auf die Höhe der epischen Großformen der Novelle und des Romans erheben. Tschechows Kunst weiß dabei jenen unnachahmlichen »alltäglichen« Ton zu treffen, der die typische Geltung vieler seiner Gestalten noch verstärkt.*

*Rückblickend hat Tschechow seinen schweren Weg und sein Ringen um Freiheit und menschliche Reife in einem Brief an seinen Verleger Suwọrin mit erschütternder Wahrhaftigkeit einmal so dargestellt: »Schreiben Sie bitte einmal eine Erzählung, wie ein junger Mann, der Sohn eines Leibeigenen, früher Verkäufer, Sänger, Gymnasiast und Student, der in der Verehrung der Rangordnung, in der Verbeugung vor fremden Gedanken, im Handkuß für Priester erzogen wurde, der für jedes Stück Brot danken, der ohne Gummischuhe seinen Stunden nachlaufen mußte, bei reichen Verwandten zu speisen liebte, der vor Gott und Menschen ohne jeden Anlaß heuchelte – nur aus dem Bewußtsein seiner Minderwertigkeit –, schreiben Sie einmal, wie ein solcher junger Mensch das Knechtische, Sklavische tropfenweise aus sich herauspreßt und wie er, als er eines Tages aufwacht, fühlt, daß in seinen Adern nicht mehr knechtisches, sondern richtiges menschliches Blut fließt.«*

*So schlägt er sich durch, von seiner »literarischen Winzigkeit« durchdrungen. Vierundzwanzigjährig hat er sein Studium beendet und am Kreiskrankenhaus der Kleinstadt Woskressensk bei Moskau praktiziert. Da erreicht ihn 1886 aus Petersburg ein Brief des damals geschätzten Schriftstellers D. W. Grigorowitsch, des sozialen Schilderers des Lebens der Leibeigenen, – ein Brief, der Tschechows große Begabung als erster anerkennt und ihn beschwört, sich für »wahrhaft künstlerische Werke« zu sammeln. Tschechow ist tief bewegt. Jetzt begreift er die Verantwortung, die ein Schriftsteller durch seine Wirkung in die Öffentlichkeit auf sich nimmt. Aus Antoscha Tschechonte wird äußerlich und innerlich Anton Tschechow. Das Komische tritt in den nun folgenden Erzählungen nicht mehr selbständig hervor, sondern verschmilzt sich mehr und mehr der Tragik, deren Tschechow bei zunehmender Lebenskenntnis immer deutlicher inne wird. Der Tod des Bruders Nikolai, das beginnende eigene Lungenleiden, die politische und weltanschauliche Ausweglosigkeit der achtziger Jahre mögen ihr Teil zu der Verdüsterung dieser Periode seines Schaffens beigetragen haben, in der Tschechow als für dieses Jahrzehnt typisch gelten kann. Dazu kommt auch weiterhin die eigene Geringschätzung seines Schaffens – trotz wachsender Meisterschaft und Schöpferkraft, trotz steigenden Erfolges und Ruhmes –, die Schwierigkeit der Stellung des standeslosen Intellekuellen in einer vom Adel bestimmten Gesellschaft und die bange Frage, welchen Sinn denn sein Schaffen habe, die Frage nach der »Gesamtidee« seines Lebens in seiner Zeit. Woskressensk und der Sommeraufenthalt in dem nahen Babkino haben ihm die Landschaft und die Menschen Mittelrußlands erschlossen: seine Bauern, Landärzte, Gutsbesitzer, Beamten, Lehrer und Offiziere, deren Schicksale er von nun an so meisterhaft zu gestalten weiß. Erzählungen wie 'Die Feinde' (1887) oder 'Die Fürstin' (1889) zeigen bereits sein klares Eintreten für den arbeitenden, leidenden Menschen, seine Verachtung der äußerlichen Pose und »Poesie« im Leben der Nutznießer. Er arbeitet unentwegt an seiner menschlichen Erziehung und an seinem Werk. Beiden fügt die naturwissenschaftlich-medizinische Denk- und Sehweise bezeichnende Züge hinzu. Zwar glaubt er jetzt noch: »Wir! Wir schildern das Leben so, wie es ist, sonst aber – nicht von der Stelle ... Wir haben weder nahe noch ferne Ziele, und in unserem Herzen herrscht gähnende Leere«, doch schon lassen Erzählungen dieser Zeit seinen Glauben an ein größeres, kommendes Leben ahnen ('Die Steppe', 1888; 'Der Student', 'Auf dem Leiterwagen').*

*Inzwischen sind seine – ursprünglich einzeln in Zeitschriften veröffentlichten – Erzählungen in den Sammelbänden 'Märchen der Melpomene' (1884), 'Bunte Erzählungen' (1886) und 'In der Dämmerung' (1887) erschienen, welch letzter Tschechow berühmt macht und dem auch unsere Erzählung 'Werotschka', zuerst 1887 in der 'Neuen Zeit' abgedruckt, entnommen ist. 1890 folgt dann 'Trübe Menschen'.*

*Seine Ablehnung der »bornierten« Vordergrundspolitik der achtziger Jahre, in denen er Sozialismus – wie zeitlebens – nur in der Form der Narodniki kannte, und seine damalige Gleichgültigkeit, in welcher Zeitung oder Zeitschrift er gedruckt wurde, ist nicht unpolitisch, sondern erklärt sich daraus, daß er alle Richtungen der damaligen Politik für unfähig hielt, die herrschenden Zustände ernstlich zu bessern.*

*Er kann sich, wie sein Briefwechsel mit Suworin zeigt, mit dem »Leben um des Lebens willen«, mit »dem, was ist«, keineswegs abfinden, da das die Erhaltung des Bestehenden bedeuten würde, sondern sehnt sich nach Taten und Idealen, welche die*

*Gesellschaft auf dem Wege zur Freiheit, den die sechziger Jahre einschlugen, weiterbringen können. Wie es 'Eine langweilige Geschichte' (1889) erschütternd darstellt, ist ein Leben ohne Weltanschauung, ohne »Gesamtidee«, ohne Ziel, ohne wesentliche Tat, das Furchtbarste, was es für einen denkenden Menschen angesichts des Todes geben kann. Diese Tat, die ihn aus der angespannten Gleichförmigkeit, dem »Faulwerden«, seines Schriftstellerdaseins herausführen und zugleich seine Zeitgenossen weiterbringen soll, ist dann Tschechows Reise nach Sachalin vom April bis zum Oktober 1890, wenngleich er nur mit größter Zurückhaltung darüber spricht. »Aus Büchern, die ich gelesen habe und lese, geht hervor, daß wir Millionen von Menschen in Gefängnissen verfaulen ließen, für nichts, ohne Überlegung, barbarisch; wir trieben die Menschen in die Kälte, gefesselt, Tausende von Kilometern weit, wir steckten sie mit Syphilis an, wir häuften Verbrechen auf Verbrechen, und das alles wurde den rotnasigen Gefängniswärtern in die Schuhe geschoben. Schuld haben nicht die Wärter, sondern wir alle, aber das kümmert uns nicht, das ist uninteressant.« So schreibt er an Suworin, und es ist nicht zu bezweifeln, daß er, als ein Teil des Gewissens Rußlands, sich persönlich für diese jeder Menschlichkeit ins Gesicht schlagenden Mißstände der zaristischen Regierung verantwortlich fühlte und daß er durch sein gerade in der Leidenschaftslosigkeit erschütterndes Werk 'Die Insel Sachalin' (1893/94), hinter dessen wissenschaftlicher Nüchternheit die Empörung steht, seine Zeitgenossen gegen die herrschende Gesinnung und Regierung aufrütteln wollte. Sein Buch, zuerst in der liberalen Zeitschrift 'Der russische Gedanke' erschienen, fand große Beachtung, auch in wissenschaftlichen Kreisen, und hatte die Entsendung einer staatlichen Kommission zur »Regulierung der Zustände in Sachalin« zur Folge. Während er an dem Sinn seiner erzählenden Arbeiten noch immer zweifeln konnte – mit der 'Insel Sachalin' hatte er ganze, ehrliche Arbeit geleistet.*

*Außer der Rechtfertigung seines Lebens gegenüber den Zielen, die sich ein rückhaltlos und verantwortungsbewußt denkender*

*Mensch in seiner Zeit setzen konnte, außer der Überwindung der scheinbaren Ausweglosigkeit der achtziger Jahre und der Verstärkung seiner Bitterkeit gegenüber dem Selbstherrschertum bedeutet Tschechows Reise nach Sachalin, die er im Wagen quer durch Asien zur Zeit der Schneeschmelze antrat, zugleich eine ungemeine Erweiterung seiner Kenntnis Rußlands, Sibiriens und seiner Menschen sowie der Tropen, die er auf der Rückfahrt zu Schiff über Singapur, Indien, Ceylon erlebte – Erfahrungen, die bald danach auch seiner Erzählungskunst neuen Auftrieb gaben. Zu dieser Zeit erschien 'Das Duell' (1891). Nach einer anschließenden Reise über Wien, Venedig, Florenz, Rom, Monte Carlo, Paris, die ihm Westeuropa mit seiner freieren Luft erschloß, aber ihm auch, besonders in Monte Carlo, die beleidigende Banalität des Großbürgertums enthüllte, erwarb er 1892 in der Nähe von Moskau den kleinen Landsitz Melichowo, ein »niedriges Holzhaus mit Veranda und Blumenbeeten mitten in einem Wäldchen« (W. Jermilow), und bearbeitete dies Stückchen Land selbst mit seinen Angehörigen. Hier lernte er als Arzt, in der lokalen Selbstverwaltung und als Kurator der Dorfschule das Leid der Bauern in engem Zusammenleben kennen. Von hier aus, mit einem einzigen Zelt umherfahrend, leitete er noch in demselben Jahre die Choleraabwehr für fünfundzwanzig Dörfer und veröffentlichte kurz darauf die Erzählung 'Krankensaal Nr. 6' (1893): die Abrechnung mit denjenigen Intellektuellen, die sich unpolitisch in ihre Liebhabereien zurückgezogen haben, bis sie selbst vom Würgegriff des autoritären Machtstaates erfaßt werden, und zugleich die Abrechnung mit der Schwäche der Empörer. Die lethargische Ziellosigkeit der achtziger Jahre macht immer mehr Ausblicken in eine hellere Zukunft Platz. Dazu mußten unechte Ideale in ihrer Wertlosigkeit aufgezeigt und neue, echte Ideale an ihre Stelle gesetzt werden. Das geschieht in der Erzählung 'Irrwisch' des gleichen Jahres, deren flatterhafte »Heldin«, auf der Suche nach »berühmten Männern« mit Künstlern aller Art flirtet, aber dabei zu spät bemerkt, wie ihr Mann, ein wirklich großer Arzt und Forscher, durch Überarbeitung neben ihr dahinschwindet.*

*Auf dem Wege aus der Ausweglosigkeit leitete ihn sein untrüglicher Instinkt der Unterscheidung zwischen den bald der Vergangenheit anheimfallenden Kräften und den in die Zukunft weisenden Ansätzen in seiner Zeit. Mit dem »winzigen Fortschritt« der Narodniki ist es für ihn nicht getan. »Wenn schon kurieren, dann nicht die Erscheinungen der Krankheit, sondern deren Ursachen ... Unter diesen Umständen hat das Leben eines Künstlers keinen Sinn, und je begabter er ist, desto seltsamer und unbegreiflicher wird seine Rolle, weil es erwiesen ist, daß er zur Belustigung eines schmutzigen Raubtiers arbeitet und damit die bestehende Ordnung unterstützt« ('Das Haus mit dem Giebelzimmer', 1896). »Länger kann man unmöglich so leben!« – »... liegt denn darin Ordnung und Gesetzmäßigkeit, daß ich, der lebende und denkende Mensch, am Graben stehe und warte, daß er von selbst zuwächst oder vom Schlamm ausgefüllt wird, während ich vielleicht über ihn hinüberspringen oder eine Brücke schlagen kann? ... weshalb wollen wir warten?« ('Die Stachelbeeren', 1898): »Tolstois Moral« – dessen Lehre, daß man dem Bösen nicht aktiven Widerstand leisten solle, und dessen Verachtung jedes wissenschaftlichen und kulturellen Aufstiegs – »rührt mich nicht mehr, im Grunde meines Herzens bin ich ihr nicht wohlgesinnt ... Ich habe Bauernblut in mir, und mir kann man mit Bauerntugenden nicht imponieren. Von Jugend auf habe ich an den Fortschritt geglaubt ... Nüchterne Überlegung und Gerechtigkeit sagen mir, daß in der Elektrizität und im Dampf mehr Liebe zum Menschen liegt als in der Keuschheit und im Fasten ...« (1894). Und ganz im Sinne des naturwissenschaftlichen Positivismus seiner Generation schreibt er an Suworin anläßlich von Paul Bourgets Roman 'Der Schüler': »Dem Menschen die materialistische Richtung zu verbieten, bedeutet, ihm das Suchen nach Wahrheit zu verbieten. Außerhalb der Materie gibt es kein Experiment, keine Wissenschaft, also auch keine Wahrheit.«*

*Zugleich wird ihm deutlich, gegen welche Realitäten sich die Befreiungsaktion richten, welche Tatsachen sie aus dem Wege räumen müsse, um ein Dasein zu schaffen, in dem die vom*

*Bewußtsein der Sinnlosigkeit und Ungerechtigkeit ihres Lebens, von Angst und Not freien neuen Menschen leben können. Dem jungen Arzte Dr. Koroljow in 'Ein Fall aus der Praxis' (1898) erscheint die nächtliche Fabrik wie eine symbolische Vision, als »das Ungeheuer mit den purpurroten Augen, der Teufel selbst, der hier über Besitzer und Arbeiter herrscht ...«; er ahnt, daß »Dampfmaschinen, Elektrizität, Telefon«, Erfindungen menschlichen Geistes, allen Menschen, nicht mehr nur ihrem »Teufel« dienen werden, und verkündet der jungen Erbin Lisa Ljalikowa, daß ihre Schlaflosigkeit »ehrenvoll« sei: »wir, unsere Generation, wir schlafen schlecht, verzehren uns in unbestimmtem Sehnen, reden viel und versuchen immer wieder zu entscheiden, ob wir im Recht sind oder nicht. Für unsere Kinder oder Enkelkinder aber wird diese Frage, ob sie im Recht sind oder nicht – schon gelöst sein. Sie werden klarer sehen als wir. Schön wird das Leben in etwa fünfzig Jahren sein, schade nur, daß wir es nicht so weit bringen.«*

*Solange das »Glück« des Einzelnen auf dem Unglück vieler ruht, ist privates, besitzstolzes Glück selbstsüchtig, häßlich, unmoralisch und kein wahres Glück möglich. »Schauen Sie sich dieses Leben an: die Unverfrorenheit und der Müßiggang der Starken, die Ignoranz und die Tierähnlichkeit der Schwachen, ringsum eine unmögliche Armut, Bedrängtheit, Entartung, Trunksucht, Heuchelei, Verlogenheit ... Wenn im Leben ein Sinn und ein Ziel liegt, so liegt dieser Sinn und dieses Ziel durchaus nicht in unserem Glück, sondern in etwas Vernünftigerem und Größerem. Wirken Sie Gutes!« – »Der Mensch braucht nicht drei Arschin, nicht ein Landgut, sondern den ganzen Erdball, die ganze Natur, wo er Raum genug hätte, alle Eigenschaften und Eigenheiten seines freien Geistes zu offenbaren« ('Die Stachelbeeren').*

*Tschechows Helden empfinden sich nicht als außergewöhnlich, aus ihrer Umgebung herausgehoben und von ihr abgetrennt, wie etwa Eugen Onjegin bei Puschkin oder Rudin bei Turgenjew, die infolge ihres Charakters oder ihrer Lebensansicht in Konflikt zu der Adelsklasse geraten, aus der sie stammen, sondern sind Teile der großen gesellschaftlichen Wirklichkeit, der Masse, in der sie stehen, häufig »alltägliche«, gewöhnliche oder »merkwürdige« »kleine Leute« und Durchschnittsmenschen, die ihr unscheinbares Dasein mit Tapferkeit tragen und von Tschechow mit verhaltener Schönheit geschildert sind.*

*Über die gesteigerte Feinheit indirekter Charakterisierung und der inneren Handlungsführung, die in den Erzählungen der neunziger Jahre zutage treten – etwa in 'Gussew' (1890), 'Irrwisch' (1892), in 'Weiberwirtschaft' (1894), im 'Haus mit dem Giebelzimmer' (1896), in 'Jonytsch', den 'Stachelbeeren' oder im 'Menschen im Futteral' (alle 1898) –, über die zarte Trauer und den verhaltenen Lyrismus, die sie durchwehen, ließen sich noch manche Betrachtungen anstellen. Der greise Tolstoi, der Tschechow liebte, hat über dessen Form einmal gesagt: »Er scheint wahllos mit den Farben umzugehen; wenn man aber etwas zurücktritt, so ergibt sich ein unauslöschlicher Eindruck – man steht vor einem wunderbar klaren Bild.«*

*Weil sich Tschechows Helden persönlich verantwortlich fühlen für die soziale Lage Gesamtrußlands, können sie zu ihrem privaten Glück nicht finden, verschieben, ja fliehen sie es wie der Literaturlehrer Nikitin ('Der Lehrer') oder der Anwalt Podgorin ('Bei Bekannten', 1898), für die reine Liebe und wahres Glück erst in der Zukunft möglich sind. In diesem großen Anhauch der Zukunft stehen Tschechows letzte Schaffensjahre. Wer dieses Wehen eines freieren Kommenden nicht wahrnimmt, verfällt leicht der Gefahr gespensterhafter Unwirklichkeit und trauriger Komik eines 'Menschen im Futteral'.*

*Dies ist auch eines der Hauptthemen von Tschechows Theaterstücken: 'Die Möwe' (1896), 'Onkel Wanja' (1897), 'Drei Schwestern' (1901) und der lyrischen Komödie 'Der Kirschgarten' (1903), in der Tschechow unter Tränen lächelnd Abschied nimmt vom alten Rußland der »Adelsnester«. »Es heißt bei mir oft: 'Unter Tränen'« – schreibt Tschechow an Nemirowitsch-Dantschenko, der neben Stanislawski das Moskauer Künstlertheater leitete –, »doch das zeigt nur die Stimmung der Personen an, nicht die Tränen selbst.« Und in den 'Drei Schwestern' läßt er, wie ein Symbol für die der Ver-*

*gangenheit verfallene russische Gutsbesitzerklasse seiner Zeit, den alten Militärarzt Tschebutykin, der sich vom wirklichen Leben längst entfernt hat, sagen: »Uns gibt es gar nicht, es gibt nichts auf der Welt, wir existieren ja gar nicht, es scheint nur so, als ob wir existieren.« In der Erzählung 'Die Bauern, (1897) zeichnet er wie ein Gegenbild zu dieser Scheinwelt, die doch die Ursache ist, noch einmal mit ergreifender Gewalt mitleidlos die Wirklichkeit auf dem Lande, sechsunddreißig Jahre nach dem Manifest über die Bauernbefreiung. Daneben entsteht die Erzählung 'In der Schlucht' (1900).*

*Sein Lungenleiden hatte sich inzwischen verschlimmert und zwang ihn, im folgenden Jahre nach Jalta auf der Krim überzusiedeln, wo er mit Tolstoi, den er seit 1895 persönlich kannte, und Gorki wiederholt zusammentraf. Seine Ehrenmitgliedschaft in der Akademie der Wissenschaften legte er aus Protest gegen Gorkis Ausschluß 1902 zusammen mit Korolenko nieder. Die letzten beiden Jahre galten dem 'Kirschgarten' und der Erzählung 'Die Braut', die trotz seines tödlichen Leidens erfüllt und durchzogen sind von einem erhebenden, unbeirrbaren Glauben an eine kommende Schönheit des Lebens, die auf der Arbeit beruht und in dem die Wahrheit herrscht. »Oh, wenn es doch bald begänne, dieses neue, helle Leben, in dem man seinem Schicksal frei und mutig wird entgegensehn und sich froh und glücklich in seinem Recht wird fühlen können!« – diese Gedanken der »Braut«, als sie dem Nichtstun ihres Vaterhauses und Verlobten entflieht und sich für ein selbständiges Leben entscheidet, sind fast die letzten Sätze Tschechows. Der gütige, bescheidene Mensch mit dem etwas schmerzlichen Lächeln wissender Ironie auf den Lippen erlag 1904 in einem Hotel zu Badenweiler im Schwarzwald fünfundvierzigjährig der Tuberkulose. Noch wenige Stunden vor dem Tode hatte er seine Frau, die Schauspielerin Olga L. Knipper, durch eine improvisierte Erzählung erheitert.*

*Er wurde in Moskau bestattet. Seine außergewöhnliche Popularität, die erst bei seinem Tode hervortrat, veranlaßte eine regierungstreue Zeitung zu dem Satz, er müsse wohl auch zu den »Sturmvögeln der Revolution« gezählt werden.*

## WEROTSCHKA

Iwan Alexejitsch Ognjow erinnert sich, wie er an jenem Augustabend die klirrende Glastür öffnete und auf die Terrasse hinaustrat. Er trug damals einen leichten Havelock und einen breitkrempigen Strohhut, und zwar denselben, der jetzt mitsamt den Kanonenstiefeln unter seinem Bett verstaubt. In der einen Hand hielt er einen großen, verschnürten Packen Bücher und Hefte, in der anderen hatte er einen dicken Knotenstock.

An der Tür stand, ihm mit der Lampe den Weg leuchtend, der Hausherr Kusnezow, ein kahlköpfiger alter Herr mit langem ergrautem Bart in einem schneeweißen Pikeejackett. Der Greis lächelte gutmütig und nickte mit dem Kopfe.

»Leben Sie wohl, lieber alter Herr!« rief ihm Ognjow zu.

Kusnezow stellte die Lampe auf ein Tischchen und kam auf die Terrasse heraus. Zwei langgezogene, schmale Schatten schritten über die Stufen nach den Blumenbeeten, wankten etwas und stießen mit den Köpfen gegen die Stämme der Linden.

»Leben Sie wohl, und nochmals vielen Dank, mein Verehrtester!« sagte Iwan Alexejitsch. »Haben Sie Dank für Ihre herzliche Aufnahme, für Ihre Güte, für alles Liebe... Nie, nein, nie werde ich Ihre Gastfreundschaft vergessen. Sie und Ihre Tochter sind so gute Menschen, und alle die Ihren hier sind so gut, so froh und freundlich... Eine so prächtige Gesellschaft, daß mir die Worte fehlen, es auszudrücken!«

Im Überschwang der Gefühle und unter dem Einfluß des soeben genossenen Fruchtlikörs sprach Ognjow mit singender Stimme, wie es wohl in den Seminaren üblich ist, und war so gerührt, daß er seinen Gefühlen weniger mit Worten als durch Augenzwinkern und

Schulterbewegungen Ausdruck verlieh. Kusnezow, der ebenfalls angeheitert und rührselig war, streckte dem jungen Manne die Arme entgegen und gab ihm den Abschiedskuß.

»Ich hänge an Ihnen wie ein Hühnerhund an seinem Herrn!« fuhr Ognjow fort. »Fast jeden Tag bin ich nun zu Ihnen herübergekommen, vielleicht zehnmal habe ich bei Ihnen übernachtet und dann so viel Fruchtlikör getrunken, daß ich gar nicht daran zu denken wage. In erster Linie aber bedanke ich mich, Gawril Petrowitsch, für Ihre Unterstützung und Ihre Hilfe. Ohne Sie hätte ich mich mit meiner Statistik hier bis Oktober abmühen müssen. Ich werde das auch im Vorwort festhalten: 'Ich habe noch die angenehme Pflicht, dem Vorsitzenden des N.schen Semstwo-Kreisamtes, Herrn Kusnezow, für seine freundliche Unterstützung meinen tiefsten Dank auszudrücken.' Die Statistik hat eine glänzende Zukunft! Bestellen Sie auch Wera Gawrilowna meinen ergebensten Gruß, und übermitteln Sie bitte den Herren Doktoren, den beiden Untersuchungsrichtern und Ihrem Sekretär, daß ich ihre Unterstützung nie vergessen werde! Und nun, lieber alter Herr, wollen wir uns noch einmal umarmen und uns den letzten Abschiedskuß geben!«

Noch einmal umarmten und küßten sie einander, und Ognjow, der alle Haltung verloren hatte, stieg dann die Stufen hinab. Auf der letzten Stufe wandte er sich um und fragte:

»Ob wir uns wohl je wiedersehen?«

»Das weiß der Herrgott«, versetzte der alte Herr. »Vermutlich nie wieder!«

»Ja, Sie haben recht! Nach Petersburg werden Sie sich gewiß um keinen Preis locken lassen, und ich werde kaum wieder in diese Gegend geraten. Nun, leben Sie wohl!«

»Sie hätten Ihre Bücher hierlassen können!« rief ihm Kusnezow nach. »Warum wollen Sie diese Last selber schleppen? Ich hätt' sie Ihnen morgen mit einem Bedienten hingeschickt.«

Aber Ognjow hörte schon nicht mehr und entfernte sich rasch vom Hause. Ihm war in seiner Seele, die vom Wein erhitzt, so froh und warm, aber auch traurig zumute... Er schritt weiter und mußte daran denken, wie häufig es im Leben doch vorkommt, daß man auf gute Menschen stößt, und wie schade es ist, daß von diesen Begegnungen nichts weiter als Erinnerungen zurückbleiben. – Manchmal sieht man am Horizont Kraniche vorüberziehen, ein schwaches Lüftchen trägt ihre klagend-schrillen Schreie heran, doch wie sehr du deine Augen nach einer Minute auch in die blaue Ferne schweifen läßt, du erblickst kein einziges Pünktchen, fängst keinen Laut mehr auf – ganz genauso ziehen die Menschen mit ihren Gesichtern und Stimmen im Leben an uns vorbei und entschwinden in der Vergangenheit, ohne mehr als winzige Gedächtnisspuren in uns zurückzulassen. Iwan Alexejitsch hielt sich nun schon seit dem Frühjahr im N.schen Kreis auf, hatte fast jeden Tag die gastfreundliche Familie Kusnezow besucht und sich so an den alten Herrn, seine Tochter und die Dienstboten gewöhnt, als wären es eigene Verwandte, war mit dem ganzen Haus, der gemütlichen Terrasse, den Windungen der Alleen, den Silhouetten der Bäume über der Küche und dem Bad bis ins kleinste vertraut; doch nun wird er sogleich durchs Gartentor gehen, und alles das wird sich in bloße Erinnerung verwandeln und für ihn den Wert der Realität auf immer verlieren; ein, zwei Jahre werden verstreichen, und alle diese lieben Eindrücke werden in seinem Bewußtsein verblassen, als wären sie nur erdacht und Früchte der Phantasie.

'Es gibt in unsrem Leben nichts Wertvolleres als die Menschen!' dachte Ognjow gerührt, während er die Allee entlang dem Tor zuschritt. 'Nein, nichts!'

Im Garten war es still und lau. In der Luft lag der

Duft von Reseda, Tabak und Heliotrop, die auf den Beeten noch nicht verblüht waren. Der Raum zwischen den Büschen und den Stämmen der Bäume war überall mit zartem, feinem, von Mondlicht durchtränktem Nebeldunst erfüllt, und langsam, aber noch dem Auge sichtbar – Ognjow blieb es lange unvergeßlich –, zogen die Nebelstreifen gleich Geistern nacheinander quer über die Allee. Der Mond stand hoch über dem Garten, und vor dem leuchtenden Gestirn trieben durchscheinende Nebelschwaden irgendwohin nach Osten. Es schien, als bestünde die ganze Welt allein aus schwarzen Silhouetten und dahinschwebenden weißen Schatten; und Ognjow – der wohl zum ersten Male den Nebeldunst eines mondhellen Augustabends erlebte – meinte, er schaue nicht die Natur, sondern eine Dekoration, wo ungeschickte Pyrotechniker, die den Garten mit weißem bengalischen Lichte zu überfluten suchten, unter den Büschen hockten und außer Helligkeit zugleich auch weißen Rauch erzeugten.

Als sich Ognjow dem Gartentor näherte, löste sich vom niedrigen Zaun ein dunkler Schatten und trat auf ihn zu.

»Wera Gawrilowna!« entfuhr es ihm freudig. »Sie hier? Und ich habe Sie überall gesucht, als ich mich verabschieden wollte... Leben Sie wohl, ich muß gehen!«

»So früh? Es ist doch erst elf Uhr.«

»Nein, es ist Zeit! Ich habe einen Weg von fünf Werst und muß noch packen. Morgen heißt's zeitig aufstehen...«

Vor Ognjow stand Kusnezows Tochter Wera, ein Mädchen von einundzwanzig Jahren; sie war wie gewöhnlich ein wenig traurig, nachlässig gekleidet und interessant. Mädchen, die sehr verträumt sind und manch lieben langen Tag bequem herumliegen und alles lesen, was ihnen in die Finger gerät, die sich langweilen und traurig sind, pflegen sich überhaupt nachlässig zu kleiden. Ihnen verleiht die leichte Nachlässigkeit der Kleidung, sofern sie von der Natur mit Geschmack und Schönheitssinn bedacht sind, einen besonderen Reiz. Wenn Ognjow später zuweilen an die hübsche Werotschka dachte, dann konnte er sie sich niemals vorstellen ohne eine weite Bluse, die mit großen Falten in der Taille gerafft war und doch nicht dem Körper anlag, ohne jene Locke, die aus der hohen Frisur auf die Stirn herabgefallen, ohne das gestrickte rote Tuch mit den Wollkügelchen am Saum, das abends, traurig wie eine Fahne bei ruhigem Wetter, über Werotschkas Schultern hing und tagsüber zerknüllt im Vorzimmer bei den Herrenmützen oder im Speisezimmer auf der Truhe lag, wo ungeniert die alte Katze darauf schlummerte. Dies Tuch und die Falten ihrer Bluse verbreiteten eine Atmosphäre von ungezwungener Bequemlichkeit, Häuslichkeit und Gutmütigkeit. Vielleicht allein deshalb, weil ihm das Mädchen gefiel, fand Ognjow in jedem Knöpfchen und in jeder Falte etwas Warmes, Trautes, Naives, etwas so Gutes und Poetisches, alles das, was eben unaufrichtigen, kalten Frauen abgeht, die kein Gefühl für Schönheit haben.

Werotschka war eine angenehme Erscheinung, hatte ein regelmäßiges Profil und schönes lockiges Haar. Ognjow, dem in seinem Leben wenig Frauen begegnet waren, schien sie eine Schönheit.

»Ich reise ab!« sagte er, als er sich von ihr am Gartentor verabschiedete. »Und behalten Sie mich in guter Erinnerung! Haben Sie Dank für alles!«

Mit der gleichen singenden Seminarstimme, mit der er sich auch mit dem alten Herrn unterhalten hatte, ebenso zwinkernd und schulternzuckend, dankte er Wera für ihre Gastfreundschaft, Güte und Herzlichkeit.

»Von Ihnen habe ich meiner Mutter in jedem Brief geschrieben«, sprach er. »Wenn alle so wären wie Sie und Ihr lieber Vater, wie wundervoll könnten wir auf dieser Erde leben! Alle die Ihren sind prachtvoll! Alle Menschen sind hier so einfach, so herzlich und aufrichtig.«

»Wohin reisen Sie jetzt?« fragte Wera.

»Jetzt fahre ich erst zu meiner Mutter nach Orjol, bleibe ungefähr vierzehn Tage bei ihr; dann geht's nach Petersburg und wieder an die Arbeit.«

»Und 'dann?«

»Dann? Den ganzen Winter hindurch werd' ich arbeiten, und im Frühjahr reise ich wieder in irgendeinen Landkreis, um Material zu sammeln. Nun, lassen Sie sich's gut gehen und werden Sie hundert Jahre alt... behalten Sie mich in guter Erinnerung. Wir sehen uns ja gewiß nie wieder.«

Ognjow neigte sich über Werotschkas Hand und küßte sie. Hierauf rückte er in wortloser Rührung seinen Havelock zurecht, faßte den Bücherpacken bequemer und sagte nach einigem Schweigen: »Wie die Nebel heut ziehen!«

»Ja. – Haben Sie bei uns auch nichts vergessen?«

»Nein, ich wüßte nicht was...«

Einige Sekunden stand Ognjow schweigend da, wandte sich dann ein wenig linkisch zum Tor und trat aus dem Garten.

»Warten Sie, ich begleite Sie noch bis zu unsrem Wald«, sagte Wera und folgte ihm.

Sie schritten den Weg entlang. Die Bäume verdeckten nun nicht mehr die freie Sicht, und man konnte den Himmel und das weite Land schauen. Wie unter einem Schleier verbarg sich die ganze Natur hinter einem durchsichtigen matten Dunsthauch, durch den ihre Schönheit heiter hindurchblickte; der Nebel, der bei den Schobern und Büschen etwas dichter und weißer lag oder in Streifen über den Weg zog, schmiegte sich an den Boden, als wolle er die freie Sicht nicht verdecken. Durch den Dunst konnte man den ganzen Weg bis zum Walde hin und die beidseitigen dunklen Gräben mit ihrem niederen Buschwerk, das darin wuchs und zuweilen noch die schwebenden Nebelstreifen festhielt, vor sich liegen sehen. Eine halbe

Werst entfernt hob sich der Kusnezowsche Wald als ein dunkler Streifen gegen den Himmel ab.

'Warum ist sie nur mitgegangen? Ich muß sie ja doch wieder zurückbringen!' dachte Ognjow; da er aber Weras Profil betrachtete, mußte er freundlich lächeln und sagte:

»Bei solch schönem Wetter hat man gar keine Lust abzureisen! Wirklich, ein romantischer Abend, mit Mond, Stille und allem was dazu gehört. Wissen Sie, Wera Gawrilowna? Da bin ich nun schon neunundzwanzig Jahre auf dieser Erde und habe noch nicht einmal einen Roman erlebt. In meinem ganzen Leben gibt's keine einzige romantische Geschichte, so daß ich Rendezvous, Seufzeralleen und Küsse nur vom Hörensagen kenne. Wie unnormal! Wenn man in der Stadt in seinem Pensionszimmer sitzt, spürt man diesen Mangel gar nicht, aber hier in der frischen Landluft fühlt man das viel stärker... Und irgendwie kränkt es einen!«

»Weshalb sind Sie denn so?«

»Ich weiß nicht. Wahrscheinlich, weil ich nie dazu gekommen bin, oder vielleicht einfach deshalb, weil ich nie solchen Frauen begegnet bin, die... Ich hab' überhaupt wenig Bekannte und verkehre nirgends.«

Dreihundert Schritt wohl gingen die beiden jungen Menschen schweigend dahin. Ognjow betrachtete Werotschkas bloßen Kopf und ihr Tuch, und vor seinem inneren Auge erstanden nacheinander all die Frühlings- und Sommertage; es war eine Zeit gewesen, in der er sich, fern von seinem grauen Petersburger Pensionszimmer an der Herzlichkeit lieber Menschen, an der Natur und an seiner Arbeit, die er so liebte, erfreut und dabei kaum gemerkt hatte, wie Morgen- und Abendröte einander ablösten und wie die Verkünder des Sommerendes einer nach dem anderen verstummten: zuerst die Nachtigall, dann die Wachtel und ein wenig später die Ralle... Die Tage vergingen unmerklich wie im Fluge, das Leben war hier schön und leicht... Er erinnerte sich jetzt ganz deutlich, wie ungern er, der bescheidene, nicht an den Umgang mit Menschen gewöhnte Statistiker, Ende April hierher, nach dem N.schen Kreis gefahren war, wo er nur Langweile, Einsamkeit und Gleichgültigkeit seiner Statistik gegenüber erwartet hatte, die seiner Meinung nach unter allen Wissenschaften heute einen höchst bedeutsamen Platz einnimmt. An einem Aprilmorgen im Kreisstädtchen N. angekommen, kehrte er im Wirtshaus des Altgläubigen Rjabuchin ein, wo er für zwanzig Kopeken je Tag ein helles und sauberes Zimmer erhielt, jedoch unter der Bedingung, daß er nur draußen auf der Straße rauchen dürfe. Nachdem er sich ausgeruht und erkundigt hatte, wer in diesem Kreis der Vorsitzende des Semstwo-Amts sei, begab er sich sogleich zu Fuß zu Gawril Petrowitsch. Er mußte vier Werst über üppige Wiesen und durch junges Gehölz wandern. Unter den Wolken flatterten die Lerchen, die die blaue Luft mit ihrem silbernen Jubilieren erfüllten, und von den grünenden Äckern erhoben sich die Saatkrähen, kräftig und bedächtig mit den Flügeln schlagend.

»Herrgott«, wunderte sich damals Ognjow, »atmet man hier wirklich immer solche Luft, oder duftet es nur mir zuliebe so, weil ich heut angekommen bin?«

In Erwartung eines trockenen und geschäftsmäßigen Empfangs betrat er Kusnezows Haus unsicher, finster dreinschauend und verlegen sein Bärtchen streichend. Der alte Herr zog anfänglich seine Stirn in Falten und verstand einfach nicht, was dieser junge Mann samt seiner Statistik eigentlich vom Semstwo-Amt wolle. Allein als jener ihm ausführlich erläuterte, was statistisches Material sei und wozu es gesammelt werde, wurde Gawril Petrowitsch ganz eifrig, ein Lächeln zeigte sich, und er begann mit kindlicher Neugier die Hefte zu betrachten... Am gleichen Abend speiste

Iwan Alexejitsch bereits bei Kusnezows und geriet vom starken Fruchtlikör alsbald in angeheiterte Stimmung; wenn er die ruhigen Gesichter und die bedächtigen Bewegungen seiner neuen Bekannten betrachtete, so spürte er im ganzen Körper eine süße, schläfrige Schwere, wie es einem vorm Einschlafen zumute ist: man rekelt sich und lächelt leis. Die neuen Bekannten schauten ihn freundlich an und fragten ihn, ob Vater und Mutter noch am Leben, wieviel er im Monat verdiene, ob er oft ins Theater gehe...

Ognjow erinnerte sich seiner Ausfahrten durch die einzelnen Gemeinden, der Picknicks, der Angelfahrten, des Ausflugs mit der ganzen Gesellschaft nach dem Nonnenkloster zur Äbtissin Marfa, die einem jeden Gast ein perlengesticktes Täschchen schenkte; er erinnerte sich der heißen, endlosen, echt russischen Dispute, bei denen sich die Beteiligten, indes sie sich ereiferten und den Tisch mit ihren Fäusten bearbeiteten, überhaupt nicht verstanden und einander unterbrachen, sich selbst, ohne es zu merken, in jedem Satze widersprachen, beständig das Thema wechselten und dann nach zwei, drei Stunden Wortstreit lachend ausriefen:

»Weiß der Teufel, warum wir in Streit kamen! Es fing so lustig an und wäre am Ende beinah noch schief gegangen!«

»Erinnern Sie sich noch, wie Sie, der Doktor und ich nach Schestowo geritten sind?« sagte Iwan Alexejitsch zu Wera, als sie dem Wald zuschritten. »Wir begegneten doch damals einem Verrückten. Ich gab ihm einen Fünfer, doch er bekreuzte sich dreimal und warf mein Geld ins Korn. Herrgott, so viele Eindrücke nehme ich von hier mit, daß ich einen ganz schönen Barren Gold bekäme, wenn sie sich alle zu einer kompakten Masse pressen ließen! Ich begreife nicht, warum sich all diese klugen und feinfühligen Menschen in den Hauptstädten zusammendrängen und nicht hierher reisen. Gibt es vielleicht auf dem Newskiprospekt und in den großen feuchten Häusern mehr Raum und mehr Wahrheit als hier? In der Tat, mir erschienen die möblierten Zimmer meiner Pension, die von oben bis unten mit Künstlern, Gelehrten und Journalisten vollgestopft ist, schon immer als ein Vorurteil.«

Zwanzig Schritt vor dem Walde führte der Weg über einen schmalen, auf vier Pfählen ruhenden Steg, der den Kusnezows und ihren Gästen bei den Abendspaziergängen stets als Ruhepunkt diente. Wer Lust dazu spürte, konnte von hier das Echo des Waldes wecken; man sah auch von hier, wie der Weg in einer schwarzen Waldschneise verschwand.

»Nun, da ist ja unsre Brücke!« sagte Ognjow. »Hier müssen Sie aber umkehren...«

Wera blieb stehen und holte tief Luft.

»Setzen wir uns noch ein bißchen«, sagte sie, sich auf einem der Pfähle niederlassend. »Beim Abschied vor der Reise ist's doch Brauch, sich noch einmal zu setzen.«

Ognjow hockte sich neben sie auf seinen Packen Bücher und fuhr im Gespräch fort. Vom Gehen erhitzt, atmete sie schwer; sie blickte Iwan Alexejitsch nicht an, sondern schaute irgendwohin zur Seite, so daß er ihr Gesicht nicht sehen konnte.

»Vielleicht treffen wir uns in zehn Jahren ganz unvermutet wieder«, sprach er. »Was wird wohl dann aus uns geworden sein? Sie werden bereits eine würdige Familienmutter sein und ich der Autor irgendeines geschätzten, von niemand benötigten statistischen Sammelwerkes, ebenso dick wie vierzigtausend andre Sammelwerke. Wir werden uns treffen und an die alten Zeiten zurückdenken ... Jetzt empfinden wir nur die Gegenwart, sie erfüllt und bewegt uns, dann jedoch, bei jener Begegnung, werden wir uns nicht mehr des Tages, des Monats, selbst kaum des Jahres entsinnen können, da wir uns zum letztenmal auf dieser Brücke sahen. Sie werden sich gewiß auch verändern ... Hören Sie, werden Sie sich verändern?«

Wera fuhr auf und wandte ihm das Gesicht zu.

»Wie bitte?«

»Ich fragte Sie eben...«

»Verzeihen Sie, ich hab' nicht zugehört, was Sie sprachen.«

Da erst bemerkte Ognjow die Veränderung, die mit ihr vorgegangen. Sie war bleich geworden und atmete erregt, diese Erregung griff auch auf Arme, Lippen und Kopf über, und aus ihrer Frisur hatte sich nicht nur die übliche eine Locke gelöst, sondern deren zwei... Sichtlich vermied sie, ihm grade in die Augen zu blicken, und zupfte, bemüht, ihre Erregung zu verbergen, bald ihr Krägelchen zurecht, als ob es sie am Hals drücke, bald zog sie ihr rotes Tuch von einer Schulter auf die andere...

»Ihnen ist anscheinend kalt«, sagte Ognjow. »Es dürfte auch keineswegs gesund sein, hier im Nebel zu sitzen. Kommen Sie, ich will Sie jetzt nach Hause begleiten.«

Wera schwieg.

»Was ist denn mit Ihnen?« lächelte Iwan Alexejitsch. »Sie schweigen und geben mir auf meine Fragen keine Antwort. Fühlen Sie sich nicht wohl, oder sind Sie mir böse? Na?«

Wera preßte fest ihre Handfläche an die Wange, die Ognjow zugewandt war, zog sie aber hastig sogleich wieder zurück.

»Eine schreckliche Lage...«, flüsterte sie mit dem Ausdruck großen Schmerzes auf ihrem Gesicht. »Schrecklich!«

»Wieso ist sie denn schrecklich?« fragte Ognjow, der die Achseln zuckte und sein Erstaunen nicht verbergen konnte. »Wovon reden Sie eigentlich?«

Immer noch schwer atmend und mit bebenden Schultern, wandte Wera ihm den Rücken zu, schaute eine halbe Minute zum Himmel auf und begann:

»Ich muß mit Ihnen sprechen, Iwan Alexejitsch...«

»Ich höre.«

»Vielleicht wird es Ihnen merkwürdig vorkommen... Sie werden verwundert sein, aber mir ist's ganz gleich...«

Ognjow zuckte nochmals die Achseln und schickte sich an zuzuhören.

»Sehen Sie...«, begann Werotschka, wobei sie ihren Kopf neigte und mit den Fingern an einem Kügelchen ihres Tuches zupfte. »Sehen Sie, ich habe Ihnen etwas... ich wollte Ihnen sagen... Ihnen wird es seltsam und... dumm vorkommen, aber ich... ich kann nicht mehr.«

Weras Rede ging in ein undeutliches Gemurmel über und brach plötzlich mit heftigem Schluchzen ab. Das Mädchen bedeckte ihr Gesicht mit dem Tuch, neigte sich noch tiefer und fing bitterlich an zu weinen. Iwan Alexejitsch hüstelte verlegen, wußte vor Staunen gar nicht, was er sagen und tun sollte, und blickte hilflos um sich. Ihm waren Weinen und Tränen etwas so Ungewohntes, daß ihm selber die Augen zu brennen begannen.

»Na, was ist denn?« murmelte er verwirrt. »Wera Gawrilowna, na was soll das, frage ich Sie? Mein Täubchen, sind Sie... sind Sie krank? Oder hat Sie jemand beleidigt? Erzählen Sie nur, vielleicht kann ich... Ihnen helfen...«

Als er, bemüht sie zu trösten, sich erlaubte, ihr behutsam die Hände vom Gesicht zu ziehen, lächelte sie ihm unter Tränen entgegen und sagte leise:

»Ich... ich liebe Sie!«

Diese schlichten und einfachen Worte brachte sie ganz natürlich und ungekünstelt hervor, Ognjow aber wandte sich in heftiger Verwirrung von Wera ab, erhob sich und empfand sogleich nach der Verwirrung Angst.

Traurigkeit, Herzlichkeit und sentimentale Stimmung, die Abschied und Fruchtlikör in ihm wachgerufen, waren plötzlich verschwunden und hatten einem mißtönenden, unangenehmen, peinlichen Gefühle Platz gemacht. Er blickte Wera von der Seite an, gerade als ob sich seine Seele in ihm umgekehrt hätte; und jetzt, nachdem sie ihm nun eine Liebeserklärung gemacht, ihre Unnahbarkeit, die Frauen doch so gut kleidet, abgelegt hatte, erschien sie ihm gleichsam kleiner, einfacher und unbedeutender.

'Was ist das nur?' dachte er entsetzt bei sich. 'Aber... liebe ich sie denn oder nicht? So liegt die Frage!'

Als nun die Hauptsache und zugleich das Schwerste endlich heraus war, atmete sie wieder leicht und frei. Sie erhob sich ebenfalls und begann schnell, unentwegt und glühend zu sprechen, wobei sie Iwan Alexejitsch offen ins Gesicht sah.

Wie ein jäh Erschreckter sich hinterher nicht mehr der Reihenfolge erinnern kann, mit der die Geräusche der erschütternden Katastrophe einander gefolgt waren, ebenso entsinnt sich auch Ognjow der Worte und Redewendungen Weras nicht mehr. Nur noch der Inhalt ihrer Rede, sie selbst und jene Empfindung, die ihre Rede in ihm erweckte, sind ihm erinnerlich. Er entsinnt sich noch ihrer gleichsam erstickten, vor Erregung ein wenig heiseren Stimme, des ungewöhnlichen Wohlklangs und leidenschaftlichen Tonfalls ihrer Worte. Lachend und weinend, mit glänzenden Tränentröpfchen an den Augenwimpern, sagte sie ihm, daß sie seine eigene Art, sein Geist, seine guten und klugen Augen, seine Aufgaben und Lebensziele vom ersten Tage ihrer Bekanntschaft an so beeindruckt hätten, daß sie ihn leidenschaftlich, wahnsinnig und tief liebe; daß ihr Herz, da sie manchmal im Sommer aus dem Garten kommend das Haus betrat und im Vorzimmer seinen Havelock erblickte oder von weitem seine Stimme hörte, im Vorgefühl des Glücks ein Schauer überlief; seine Witze brachten sie, selbst wenn sie recht flach waren, laut zum Lachen, in jeder Ziffer seiner Hefte sah sie etwas ungewöhnlich Gescheites und Grandioses, sein Knotenstock dünkte ihr schöner als alle Bäume.

Der Wald, die Nebelstreifen und die schwarzen Gräben zu beiden Seiten des Weges schienen andächtig ihren Worten zu lauschen, doch in Ognjows Seele ging etwas Unschönes und Merkwürdiges vor... Als Wera ihm ihre Liebeserklärung machte, war sie bezaubernd schön und sprach wundervoll und leidenschaftlich; er aber empfand weder Lust noch Lebensfreude, wie er es sich selbst wünschte, sondern nur ein Gefühl des Mitleids Wera gegenüber, Schmerz und Bedauern, daß seinetwegen ein guter Mensch zu leiden habe. Weiß der Herrgott, ob sich bei ihm seine Bücherweisheit oder der unüberwindliche Hang zur Objektivität bemerkbar machte, die den Menschen im Leben so oft hinderlich ist, jedenfalls schienen ihm Weras Begeisterung und Leiden nicht ganz echt und zu wenig ernsthaft; und gleichzeitig empörte sich sein Gefühl, das ihm zuflüsterte, daß all das, was er jetzt eben erlebte, vom Standpunkt der Natur und des persönlichen Glücks betrachtet, wohl ernsthafter sei als alle Statistiken, Bücher und Wahrheiten... Und er ärgerte sich und beschuldigte sich selber, obgleich er nicht begreifen konnte, worin eben seine Schuld bestehe.

Zu guter Letzt wußte er vor lauter Verlegenheit überhaupt nicht mehr, was er sagen sollte, aber sprechen mußte er unbedingt. Ihr offen heraus zu sagen »Ich liebe Sie nicht« überstieg seine Kräfte, und »ja« konnte er auch nicht sagen, da er in seiner Seele, wie sehr er suchen mochte, nicht ein Fünkchen entdeckte...

Er schwieg, während sie ihm erklärte, daß es für sie kein höheres Glück gebe als ihn anzuschauen, ihm zu folgen, wohin er auch wolle – gleich jetzt sogar – seine Frau und Gefährtin zu werden, und daß sie vor Gram sterben würde, wenn er sie verlasse...

»Ich kann es hier nicht mehr aushalten!« sagte sie händeringend. »Unerträglich ist mir dies Haus, dieser Wald und die Luft hier. Ich ertrage nicht mehr diese beständige Ruhe, dieses zwecklose Leben, unsre farblosen und nüchternen Menschen, die alle einander wie die Wassertröpfchen gleichen! Alle sind sie so bieder und gutmütig, weil sie satt sind, weder Leiden noch Kampf kennen... Aber ich möchte gerade in diese großen, feuchten Häuser, wo das Leiden wohnt, die Bitternis von Mühsal und Not...«

Auch das schien Ognjow unecht und nicht recht ernsthaft. Als Wera geendet, wußte er immer noch nicht, was er sagen sollte; doch er konnte nicht länger schweigen, und so murmelte er:

»Ich bin Ihnen, Wera Gawrilowna, sehr dankbar, obgleich ich spüre, daß ich ein solches Gefühl... Ihrerseits... keineswegs verdient habe. Zweitens, muß ich als anständiger Mensch sagen, daß... Glück auf einem Gleichgewicht beruht, das heißt, wenn beide Seiten... einander gleichermaßen lieben...«

Doch sogleich schämte sich Ognjow seiner gemurmelten Worte und verstummte. Er fühlte, daß sein Gesicht die ganze Zeit töricht, schuldbewußt, fad aussah, daß es gespannt und verzerrt war... Wera mochte wohl auf seinem Gesicht die Wahrheit gelesen haben; denn sie wurde auf einmal ganz ernst, erbleichte und ließ den Kopf hängen.

»Verzeihen Sie mir«, murmelte Ognjow, der das Schweigen nicht mehr ertragen konnte, vor sich hin. »Ich schätze Sie so sehr, daß... es mir selber weh tut!«

Wera wandte sich unvermittelt ab und schritt hastig nach dem Hause zurück. Ognjow folgte ihr.

»Nein, ist nicht nötig!« sagte Wera und winkte ihm mit der Hand ab. »Bemühen Sie sich nicht, ich komme allein heim...«

»Nein, trotzdem... Sie können doch nicht ohne Begleitung...«

Was Ognjow auch reden mochte, alles bis aufs letzte Wörtchen schien ihm selber abscheulich und fad. Mit jedem Schritt wuchs das Schuldgefühl in ihm. Er ärgerte sich, ballte die Fäuste und verwünschte seine Kälte und seine Unkenntnis im Umgang mit Frauen. Er suchte sich in Erregung zu bringen, betrachtete Werotschkas wunderschöne Gestalt, ihre Haarflechten und die Spuren, die ihr kleiner Fuß auf dem staubigen Weg hinterließ, rief sich ihre Worte und ihre Tränen ins Gedächtnis zurück, doch all dies rührte ihn bloß, ohne seine Seele zu erregen.

'Ach, aber man kann sich doch nicht zum Lieben zwingen!' redete er sich selber ein und dachte gleichzeitig: 'Wann werd' ich schon lieben, wenn man mich nicht dazu zwingt? Bald geh' ich nun in die Dreißig! Noch nie bin ich einer beßren Frau als Wera begegnet und werde auch keiner solchen begegnen... Oh, wie früh bin ich nur alt geworden! Mit dreißig Jahren schon ein Greis!'

Vor ihm schritt Wera, die immer schneller ging, ohne sich umzuschauen, und ließ den Kopf hängen. Es schien ihm, als ob sie vor Kummer schmächtiger, in den Schultern schmäler geworden sei...

'Ich kann mir vorstellen, was jetzt in ihrer Seele vorgeht!' dachte er, ihren Rücken anblickend. 'Sie wird sich gewiß so schämen, und so weh wird ihr zumute sein, daß sie sterben möchte! Herrgott, wieviel Leben, Poesie und Sinn steckt doch in all dem, daß es einen Stein erweicht hätte; ich aber... ich bin dumm und töricht!'

Am Gartentor schaute Wera flüchtig noch einmal nach ihm, beugte sich vor, hüllte sich in ihr Tuch und eilte die Allee entlang.

Iwan Alexejitsch blieb allein zurück. Als er nun wieder dem Walde entgegenging, war sein Schritt sehr langsam; er blieb in einem fort stehen und sah sich nach dem Gartentor um, wobei seine ganze Gestalt auszudrücken schien, daß er dies alles noch nicht glauben könne. Seine Augen suchten Werotschkas Fußspuren auf dem Wege, und es wollte ihm nicht in den Sinn,

daß ihm dieses Mädchen, das ihm so gut gefiel, soeben eine Liebeserklärung gemacht und er ihr auf so plumpe und rohe Art »einen Korb gegeben« hatte! Zum erstenmal in seinem Leben hatte er die Erfahrung machen müssen, wie wenig der Mensch von seinem freien Willen abhängig ist, und befand sich zum erstenmal in der Lage eines anständigen und herzensguten Menschen, der gegen den eigenen Willen seinen Nächsten in grausame, unverdiente Leiden stürzt.
Das Gewissen plagte ihn, und da Wera verschwunden war, kam es ihm auf einmal vor, als habe er etwas sehr Kostbares, Vertrautes verloren, was er nie wiederfinden könne. Er spürte, daß zusammen mit Wera ein Stück seiner Jugend dahingegangen war und daß die Augenblicke, die er so fruchtlos verrinnen ließ, unwiederbringlich vorbei waren.
Am Steg angelangt, blieb er in Gedanken versunken stehen. Er wollte die Ursache seiner merkwürdigen Kälte ergründen. Daß sie nicht außerhalb zu suchen war, sondern in ihm selber lag, war ihm klar. Aufrichtig gestand er sich ein, daß es weder die vernunftsmäßige Kälte, mit der sich so oft gerade kluge Leute brüsten, noch die Kälte des egoistischen Dummkopfes war, sondern einfach eine Kraftlosigkeit der Seele, ein Unvermögen, das Schöne tief zu empfinden, eine frühzeitige Vergreisung, die durch Erziehung, den mißlichen Kampf um das Stückchen Brot und das Leben ohne Familie in Pensionszimmern bewirkt wurde.
Von der kleinen Brücke ging er langsam, fast widerstrebend in den Wald. Hier, wo sich hie und da in der schwarzen, dichten Finsternis die Strahlen des Mondlichts als grelle Flecke abzeichneten, da er nichts als seine Gedanken empfand, ergriff ihn plötzlich der heiße Wunsch, das Verlorene zurückzugewinnen.
Und Iwan Alexejitsch erinnert sich, daß er abermals umkehrte. Er erhitzte sich an Erinnerungsbildern und suchte sich Wera gewaltsam in seiner Phantasie vor-

zustellen, indes er eilig dem Garten zuschritt. Auf dem Weg und im Garten lag schon kein Nebel mehr, und klar und rein gewaschen blickte der Mond vom Himmel, nur gegen Osten war es noch neblig und trüb... Ognjow entsinnt sich seiner vorsichtigen Schritte, der dunklen Fenster und des starken Duftes nach Heliotrop und Reseda. Karo, dem er wohlbekannt war, kam freundschaftlich mit dem Schwanze wedelnd heran und beroch seine Hand... Er war das einzige lebende Wesen, das ihn sah, als er ein paarmal um das Haus wandelte, vor Weras dunklem Fenster stehenblieb, eine Handbewegung machte und dann mit einem tiefen Seufzer den Garten verließ.

Eine Stunde später war er bereits im Städtchen angelangt und pochte, seinen Körper und das heiße Gesicht todmüde und zerschlagen an das Tor des Gasthofs gelehnt, mit dem Klopfer. Verschlafen bellte irgendwo im Städtchen ein Hund, und gleichsam als Antwort auf sein Pochen schlug es dumpfdröhnend von der Kirche...

»Was treibst du dich die Nächte herum...«, brummte der altgläubige Wirt, der ein Hemd von der Länge eines Frauenhemds trug, während er ihm das Tor öffnete. »Anstatt sich herumzutreiben, wär's besser, ans Beten zu denken.«

Als Iwan Alexejitsch sein Zimmer betreten hatte, ließ er sich auf dem Bett nieder und starrte lange, lange ins Licht, schüttelte dann den Kopf und begann einzupacken...

* * * * * * * * * * * * * * * * * * * * * * * * * * * * * * * * * * *

# ALEXANDER KUPRIN

*Alexander Iwanowitsch Kuprin, der realistische Kleinmaler des Alltags und unerschöpfliche Fabulierer, 1870 zu Narowschat im Gouvernement Pensa geboren, entstammt einer Adelsfamilie. Nach dem Besuch der Kadettenschule in Moskau wurde er Leutnant. Daneben schrieb er seit 1894 »auf Bestellung Zeitungsgeschichten«. Als der Gorki nahestehende Verlag 'Snanije' ('Wissen') 1896 mit einem Novellenband Kuprins, der unter anderem sogleich auch die Meisternovelle 'Moloch' enthielt, Erfolg hatte, nahm dieser im Jahre darauf seinen Abschied. Er versuchte sich nun in verschiedenen Berufen und war in Kiew als Feuilletonist, Tagesberichterstatter und Theaterrezensent tätig.*

*Von Tschechow ausgehend, entwickelte er sich rasch zum Meister des »Naturalismus des Alltags«, indem er mit scharfem Blick und der Gabe des geborenen Erzählers, der an der bunten Vielfältigkeit des Lebens hängt, die kleinen sichtbaren Einzelzüge des äußeren Daseins – die Haut der Dinge – virtuos festzuhalten und für Charakterisierung und Handlung instinktsicher zu benutzen wußte. Gegenüber so zarten und nachdenklichen Künstlern wie Garschin oder Tschechow wirkt er trotz der Hoffnungslosigkeit des Jahrhundert-Endes in vielen seiner Sujets wie ein unkomplizierter Augen- und Sinnenmensch. »Wenn er auf die Tendenz verzichtet« – d.h. auf seine Privatphilosophie –, »versteht er zuweilen recht amüsant zu erzählen, ganz wie mancher andere russische Offizier, mit dem man im Kupee, auf den endlosen Eisenbahnfahrten durch Rußland, ins Gespräch kommt« (A. Eliasberg); seine besondere Kunst ist es aber, diese natürliche Alltagssprechweise festzuhalten.*

*»Ob er eine Judenhochzeit ('Die Hochzeit') oder eine Instruktionsstunde auf dem Kasernenhof ('Das Duell'), ein gemütliches Teestündchen im Bordell ('Die Grube') oder eine Prügelei in einer Matrosenkneipe ('Gambrinus') schildert – alles hat die 'klare, sichere Gegenwart', die Goethe am Kunstwerk so schätzte« (A. Luther). So gehören seine Novellen 'Moloch', 'Oleßja' und 'Gambrinus' (letzterer 1907 im zweiten Bande der 'Zeitgenössischen Welt' erschienen) zu den Meisterwerken russischer Erzählungskunst. 'Moloch' stellt vor dem Hintergrunde eines riesigen Industrieunternehmens das Erblühen einer zarten Neigung dar, die von dem menschenverschlingenden Moloch Kapital egoistisch, brutal zerstört wird, während 'Oleßja', die Geschichte von der Liebe des Dichters zu dem holden, aus der Dorfgemeinschaft ausgestoßenen Naturgeschöpf, die Waldwildnis Wolhyniens und den Aberglauben seiner Bewohner heraufbeschwört.*

*Seinen Ruhm verdankt Kuprin dem Roman 'Das Duell' (1904), der, zu Beginn des Russisch-Japanischen Krieges erschienen, ungeheures Aufsehen erregte. Er schildert mit photographischer Genauigkeit und brillanter Wiedergabe des saloppen Sprechtones das stumpfsinnige Leben der Alltagsoffiziere einer kleinen Garnison nahe der deutschen Grenze: ihren Kasernhofdrill, der in Feldlager und Besichtigung gipfelt, ihre kläglichen Tanzabende, ihre langweiligen Verhältnisse mit Regimentsdamen, ihre ärmlichen Quartiere, ihr schmutziges Kasino, ihre Liebhabereien und Schulden, ihr ganzes Dasein in Schnaps, ewigem Billard- und Kartenspiel. In dieser engen, häßlichen Welt ist für die reine Neigung des Unterleutnants Romaschow zu Alexandra Petrowna, der Frau seines Freundes Nikolajew, kein Raum. Der hagere Romaschow mit seinen ungeschickten Bewegungen, den Kneifer auf der Nase und Romanphrasen im Kopf, ist noch ein halbes Kind. In diesem Durchschnittsmenschen mit seinen Unklarheiten und poetischen Aufschwüngen, doch auch mit der Reinheit seiner Liebe, seiner Fürsorge für den getretenen Soldaten Chlębnikow und mit seiner Ehrlichkeit bis zum Tode hat Kuprins Talent, Alltagsnaturen aus minutiösen Einzelzügen erstehen zu lassen, ein geeignetes Objekt gefunden. Romaschow fällt im Duell gegen Nikolajew, den man durch anonyme Briefe mißtrauisch gemacht hat; getreu Alexandras Wunsch, hat er keinen Schuß abgegeben. Die Sinnwidrigkeit eines falsch aufgefaßten Ehrbegriffs erscheint schweigend am Schlusse des Werkes. Es durchweht den Roman das Sehnen nach einem menschenwürdigeren, freieren, persönlicheren Leben. »Voll Verwunderung, mit Gram und Schrecken begann Romaschow zu verstehen, daß das Schicksal ihn täglich in unmittelbare Berührung mit hundert dieser grauen Chlebnikows brächte, von denen jeder seinen eignen Kummer, seine eigne Freude hätte, denen allen aber die Persönlichkeit genommen sei und die durch ihre eigne Unwissenheit, durch die allgemeine Knechtschaft, die Gleichgültigkeit, Willkür und Gewalttätigkeit der Vorgesetzten bedrückt würden. Und am allerschrecklichsten war der Gedanke, daß nicht einer von den Offizieren, wie bis dahin Romaschow selbst nicht, auch nur ahnte, daß die grauen Chlebnikows mit ihren gleichmäßig ergebenen, gedankenlosen Gesichtern in Wahrheit lebende Menschen und nicht mechanische Größen seien, die man Rotten, Bataillone, Regimenter nannte ...«*

*In dem Roman 'Die Kadetten' ('Junkerạ') und einigen Novellen, darunter 'Stabskapitän Rỵbnikow', dem japanischen Spion, ist Kuprin später zu militärischen Stoffen zurückgekehrt. Der Roman 'Die Grube' (1910) schildert mit der mitleidlosen Sachlichkeit und Genauigkeit des Alltagsnaturalisten ernst und unanstößig vierundzwanzig Stunden in einem Freudenhaus. Er ist eine erschütternde Anklage der Prostitution, deren Hintergründe der Reporter Platọnow durchschaut und aus deren Unmenschlichkeit der Student Lichọnin Ljuba rettet. Von Kuprins Novellen seien noch 'Das Granatarmband', 'Das Bild' und 'Eine slawische Seele', die unvergeßliche Schilderung eines einfachen Kutschers und Dieners aus des Dichters Jugendtagen, 'Der weiße Pudel', die Erzählung von dem Leierkastenmanne, der mit einem Knaben als Artisten und einem gelehrigen Pudel umherzieht und den gestohlenen Hund schließlich wiedererhält, und die Geschichte des Rennpferdes 'Smaragd' genannt.*

*Daneben stehen über hundert Kurzgeschichten, mit denen Kuprin das Erbe Tschechows würdig antrat. Unter ihnen befinden sich durch menschlich-soziale Gesinnung und Kunst der Erzählung ausgezeichnete Stücke. So erzählt der 'Wunderdoktor' eine Episode aus dem Leben des bekannten Chirurgen Pirogow, der eine arme Familie vor dem Verhungern bewahrt, der 'Hausmusikant' die Entdeckung eines musikbegabten Knaben durch Rubinstein, 'Der Kindergarten' die Geschichte des kranken kleinen Mädchens, das sich aus dem Wohnungselend nach Garten sehnt, oder 'Der Mörder' von den Gewissensängsten eines Menschen, der eine Katze töten will, die nicht sterben kann. Die Welt des Zirkus ersteht in 'Allez', 'Der Clown' und 'Im Raubtierkäfig'. Auch der Humor kommt zu seinem Recht ('Hundeglück', 'Der Grashalm', 'Das Bett').*

*Kuprin sah in der Welt, die er von so vielen Seiten so klar und bunt geschildert hat, viel Rückständiges, Unmenschliches, Ungerechtes, der Reform Bedürftiges und hat dies rückhaltlos aufgedeckt. Der schönste Zug seiner – meist passiven – Helden ist die Großmut. Er glaubte, soweit sich eine Gesamtidee bei diesem Fabulierer finden läßt, daran, daß die sittliche Erneuerung des Einzelnen durch Erweiterung seines Gesichtskreises auf Mitmensch und Tier allein aus der Misere herausführen könne.*

*Nach der Oktoberrevolution von 1917 ging er nach Paris, kehrte jedoch 1937 krank in seine Heimat zurück und ist hier im Jahre darauf gestorben.*

# GAMBRINUS

## I

So hieß eine Bierkneipe in einer belebten Hafenstadt im Süden Rußlands. Obgleich sie in einer der verkehrsreichsten Straßen lag, so war sie doch als Kellerwirtschaft schwer zu finden. Es kam oft vor, daß selbst ein Besucher, der die Kneipe gut kannte und dort ein gern gesehener Gast war, das bekannte Lokal verfehlte und umkehren mußte, wenn er zwei, drei Läden zu weit gegangen war.

Ein Wirtshausschild gab es nicht. Direkt vom Gehsteig aus kam man durch eine schmale, immer offenstehende Tür auf eine enge, nach unten führende Steintreppe mit zwanzig Stufen, die von vielen Millionen schwerer Stiefel ausgetreten war. Am Fuß der Treppe prangte an der Wand in etwa doppelter Lebensgröße als Hochrelief eine buntbemalte Wiedergabe des erlauchten Schirmherrn der Bierbrauer, des Königs Gambrinus. Gewiß war dies Bildnis das Erstlingswerk eines Anfängers; es schien nur roh aus versteinertem, porösem Schwamm ausgehauen, das kurze rote Wams jedoch, der Hermelinmantel, die goldene Krone und das hocherhobene Bierseidel mit dem abtropfenden weißen Schaum ließen keinen Zweifel darüber aufkommen, daß vor dem Besucher der große Patron der Bierbrauer in eigener Person stand.

Die Bierwirtschaft bestand aus zwei langen, doch sehr niedrigen Räumen mit gewölbter Decke. Von den Steinwänden rieselte beständig in kleinen behenden Rinnsalen die unterirdische Feuchtigkeit und glitzerte im Licht der Gasflammen, die Tag und Nacht brannten, da die Bierstube keine Fenster hatte. An den Gewölbebogen konnte man noch deutlich die Reste einer unterhaltsamen Malerei erkennen. Auf einem Bilde zechte eine Gesellschaft deutscher Burschen in grünen Jägerjoppen, Hüte mit Birkhahnfedern auf dem Kopf und mit Gewehren über der Schulter; sie hatten ihre Gesichter dem Raume zugekehrt und grüßten das Publikum mit erhobenen Bierseideln, zwei von ihnen umfaßten zwei dralle Mädchen, wohl Kellnerinnen eines Dorfkrugs oder vielleicht gar die Töchter eines gefälligen Gastwirts. Auf der anderen Wand war ein Picknick der großen Welt aus der ersten Hälfte des 18. Jahrhunderts dargestellt: Gräfinnen und Vicomtes mit gepuderten Perücken ergingen sich geziert auf einer grünen Wiese, auf der Lämmer grasten, und daneben im Schatten weitverzweigter Weiden sah man einen Teich mit Schwänen, die von Kavalieren und Damen in einer Art goldener Muschel graziös gefüttert wurden. Das nächste Bild zeigte das Innere einer ukrainischen Hütte und eine glückliche kleinrussische Familie, den Gopak tanzend und die Becher schwingend. Weiter gewahrte man ein großes Faß, auf dem zwei mit Wein- und Hopfenlaub bekränzte, abstoßend dicke, rotgesichtige kleine Liebesgötter mit wulstigen Lippen und schamlos lüsternen Augen mit flachen Pokalen anstießen. Im zweiten Raum, der vom ersten durch einen halbrunden Bogen getrennt war, sah man Bilder aus dem Leben der Frösche: Frösche tranken Bier im grünen Sumpf, Frösche jagten Libellen im dichten Schilf, spielten ein Streichquartett, fochten miteinander und dergleichen mehr. Offenbar hatte ein ausländischer Künstler die Wände bemalt.

Statt der Tische standen auf dem mit Sägespänen dick bestreuten Fußboden schwere Eichenfässer, statt der Stühle – Fäßchen. Rechts vom Eingang erhob sich ein kleines Podium, auf dem ein Klavier stand. Hier spielte schon seit vielen Jahren jeden Abend zur Freude und Unterhaltung der Gäste der Musiker Saschka Geige – ein Jude, ein sanfter, harmloser, ewig betrunkener, kahlköpfiger Mensch unbestimmbaren Alters, mit dem Äußeren eines unbehaarten Affen. Die Jahre vergingen. Die Kellner mit ihren ledernen Schutzärmeln wechselten, es wechselten die Lieferanten und Bierkutscher, selbst die Besitzer der Kneipe wechselten, aber Saschka saß Abend für Abend unentwegt gegen sechs auf seinem Podium, die Geige in der Hand und ein weißes Hündchen auf seinem Schoß. Um ein Uhr nachts verließ er das Lokal mit diesem Hündchen Belotschka und konnte sich nach dem Bier, das er getrunken, kaum noch auf den Beinen halten.

Übrigens gab es im Gambrinus noch eine andere beständige Person – die Büfetthalterin Madame Iwanowa, eine rundliche, blutarme alte Frau, die infolge des dauernden Aufenthalts im feuchten Bierkeller den trägen blassen Fischen, den Bewohnern tiefer Meeresgrotten, glich. Wie ein Kapitän von der Kommandobrücke, so dirigierte sie von der Höhe ihres Schanktisches aus stumm die Kellner und rauchte ununterbrochen, die Zigarette im rechten Mundwinkel, wobei sie das rechte Auge des Rauches wegen zukniff. Ihre Stimme war nur selten zu hören, den Gruß der Gäste erwiderte sie stets mit dem gleichen farblosen Lächeln

## II

Der gewaltige Hafen, einer der größten der Welt, war immer von Schiffen überfüllt. Hier legten die dunklen, verrosteten gigantischen Panzerschiffe an. Hier wurden die nach dem fernen Osten gehenden gelben Dampfer der freiwilligen Flotte mit ihren dicken Schornsteinen, die täglich lange Warenzüge oder Tausende von Arrestanten verschluckten, beladen. Im Frühjahr und im Herbst wehten hier Hunderte von Flaggen aus allen Teilen der Welt, und vom Morgen bis zum Abend ertönten Kommandorufe und Flüche in allen möglichen Sprachen. Von den Schiffen zu den unzähligen Lagerhäusern und zurück über die schwankenden Laufstege rannten die Lastträger: russische Barfüßer, abgerissen, fast nackt, mit versoffenen, aufgedunsenen Gesichtern, sonnenverbrannte Türken mit bis zum Knie breiten, doch am Schienbein festanliegenden Pumphosen, vierschrötige, muskulöse Perser, deren Haare und Nägel mit Henna feuerrot gefärbt waren. Oft gingen im Hafen auch die aus der Ferne so prächtig aussehenden zwei- und dreimastigen italienischen Schoner vor Anker, mit ihren regelmäßigen Reihen von Segeln, die so rein, weiß und prall wie die Brüste junger Frauen waren. Glitten diese schlanken Schiffe hinter dem Leuchtturm hervor, so glichen sie – besonders an klaren Frühlingsmorgen – geheimnisvollen weißen Traumbildern, die nicht auf dem Wasser zu schwimmen, sondern im Äther über dem Horizont zu schweben schienen. Hier schaukelten monatelang im schmutzigen Hafenwasser zwischen Abfällen, Eier- und Melonenschalen und Scharen von Seemöwen die hohen anatolischen Segelschiffe und Trapezunter Feluken mit ihrem sonderbaren Anstrich, ihren Schnitzereien und wunderlichen Ornamenten. Hier landeten zuweilen auch irgendwelche absonderlichen schmalen Schiffe unter schwarzen, teergetränkten Segeln und mit einem schmutzigen Lappen als Flagge; sie rammten fast die Mole, wenn sie, ganz auf der Seite liegend, in den Hafen schossen, und legten unter Geschimpf, Verwünschungen und Drohungen am ersten besten Landungsplatz an. Die Matrosen – ganz nackte, bronzefärbene kleine Menschen – refften unter gurgelndem Geschnatter die zerfetzten Segel mit unerhörter Geschwindigkeit, und das schmutzige, geheimnisvolle Schiff lag plötzlich wie tot da. Und ebenso geheimnisvoll in dunkler Nacht verschwand es wieder mit gelöschten Lichtern geräuschlos aus dem Hafen. In den Nächten wimmelte die ganze Bucht von den leichten Booten der Schmuggler. Die Fischer aus der Umgegend und von weither brachten ihre Fische in die Stadt: im Frühjahr die kleinen Kamsa, die ihre Barkassen bis an den Rand füllten, im Sommer die absonderlich geformten Schollen, im Herbst Makrelen, fette Meeräschen und Austern und im Winter den zehn bis zwanzig Pud schweren Hausen, den man oft unter Lebensgefahr viele Werst vom Ufer entfernt gefangen hatte.

Alle diese Menschen – Matrosen verschiedener Nationen, Fischer, Heizer, lustige Schiffsjungen, Hafendiebe, Maschinisten, Arbeiter, Bootsführer, Schauerleute, Taucher und Schmuggler –, sie alle waren jung, gesund und durchtränkt vom herben Ruch des Meeres und der Fische, sie alle kannten die Schwere der Arbeit, liebten den Reiz und den Schrecken des täglichen Risikos, schätzten über alles die Kraft, die Waghalsigkeit, den Übermut und die Treffsicherheit eines derben Wortes. An Land ergaben sie sich mit wildem Genuß Ausschweifungen aller Art, Trunk und Raufereien. Abends lockten sie die wie Feenaugen weit hinausstrahlenden Lichter der großen Stadt mit immer neuen Versprechungen von sagenhaften, noch nie dagewesenen Freuden, die doch immer trogen.

Die Stadt war mit dem Hafen durch enge, steile und winklige Gassen verbunden, die von ordentlichen Leuten nachts gemieden wurden. Bei jedem Schritt stieß man hier auf Nachtasyle mit schmutzigen, vergitterten Fenstern, von einer einsamen Lampe trübe erleuchtet. Noch häufiger sah man Läden, wo man seine gesamte Kleidung bis auf das Netzhemd verkaufen, aber auch jede beliebige Matrosenausrüstung erstehen konnte. Es gab hier auch viele Bierstuben, Tavernen, Garküchen und Schenken mit marktschreierischen Schildern in allen Sprachen und nicht wenige offene und geheime Bordells, auf deren Schwellen nachts schlechtgeschminkte Dirnen die Matrosen mit heiseren Stimmen anlockten. Es gab griechische Kaffees, wo Domino und Sechsundsechzig gespielt wurde, und türkische Kaffeestuben, wo man Nargileh rauchen und für fünf Kopeken übernachten konnte; es gab kleine orientalische Kneipen, in denen Schnecken, Petalidis, Garnelen, Midis, große warzige Tintenfische und anderes Meergetier feilgeboten wurden. Irgendwo auf Dachböden und in Kellern, hinter dicht geschlossenen Läden verbargen sich Spielhöllen, wo Bakkarat und andere Glücksspiele oft mit aufgeschlitztem Bauch oder eingeschlagenem Schädel endeten. Und daneben um die Ecke, zuweilen auch schon in einer benachbarten finsteren Kammer, konnte man jedes beliebige gestohlene Gut loswerden, angefangen vom Brillantarmband bis zum silbernen Kreuz, vom Ballen Samt aus Lyon bis zur Seemannsjacke.

Die schmalen, winkligen, von Kohlenstaub geschwärzten Gassen waren in der Nacht immer klebrig und übelriechend, als schwitzten sie in einem schweren, von Alpdrücken bedrängten Schlaf. Sie ähnelten Abflußgräben oder schmutzigen Därmen, durch die die große internationale Stadt ihre Abfälle ins Meer spie, alle Fäulnis, Gemeinheit und Laster, mit denen sie die starken, muskulösen Körper und einfältigen Seelen vergiftete.

Die wüsten Bewohner dieses Viertels stiegen nur selten hinauf in die geschmückte, immer festliche Stadt mit ihren Spiegelscheiben, stolzen Denkmälern, der strahlenden elektrischen Beleuchtung, den Asphalttrottoirs und Alleen weißer Akazien, den majestätischen Polizisten und all der äußeren Sauberkeit und Ordnung. Aber jeder von ihnen besuchte, bevor er seine schwer erarbeiteten, zerrissenen und zerknüllten Rubelscheine verschwendet hatte, unfehlbar den Gambrinus. Dies war ein geheiligter, alter Brauch, wenn man auch im Schutz der abendlichen Dämmerung bis ins Zentrum der Stadt vordringen mußte.

Vielen war freilich der Name des weisen, berühmten Bierkönigs nicht bekannt. Jemand schlug einfach vor: »Gehen wir zu Saschka?«

Und die anderen antworteten: »Jawohl! Gemacht!«

Und schon riefen alle einstimmig: »Gehen wir!«

Es war daher nicht verwunderlich, daß Saschka unter den Hafen- und Seeleuten geachteter und bekannter war als selbst der Bischof oder Gouverneur des Ortes. Und zweifellos erinnerte man sich zuweilen in Sidney und Plymouth, wie in New York und Wladiwostok, in Konstantinopel und auf Ceylon, wenn auch nicht seines Namens, so doch an sein lebhaftes Affengesicht und sein Geigenspiel, ganz zu schweigen von den vielen Buchten des Schwarzen Meeres, wo er unter den kühnen Fischern viele Anhänger seiner Kunst hatte.

## III

Saschka kam gewöhnlich zu einer Zeit in den Gambrinus, wo außer ein, zwei zufälligen Gästen noch niemand da war. Die Luft in den Räumen war schwer und roch säuerlich nach dem gestern verschütteten Bier, zudem war es dunkel, da man am Tage Gas sparte. An heißen Julitagen, wenn die steinerne Stadt unter der Glut der Sonne stöhnte und man vom Lärm der Straße taub wurde, taten die hier herrschende Stille und Kühle wohl.

Saschka trat an den Schanktisch, begrüßte Madame Iwanowa und trank seinen ersten Krug Bier. Manchmal bat ihn die Büfettfrau:

»Saschka, spielen Sie doch etwas!«

»Was soll ich Ihnen spielen, Madame Iwanowa?« fragte dann Saschka höflich, der zu der Büfettfrau immer besonders zuvorkommend war.

»Etwas Eigenes...«

Er setzte sich an seinen gewohnten Platz links vom Klavier und spielte irgendwelche sonderbaren getragenen, schwermütigen Weisen. In der Kneipe wurde es verträumt und still, nur von der Straße drang gedämpft der Lärm der Stadt, und hinter der Wand zur Küche klapperten die Kellner vorsichtig mit dem Geschirr. Aus den Saiten von Saschkas Geige schluchzte das jüdische Leid, das so alt ist wie die Welt, durchwoben und umrankt von den Blüten trauriger nationaler Melodien. Saschkas Gesicht mit dem angespannten Kinn und der tief geneigten Stirn, mit Augen, die unter schweren Lidern ernst nach oben blickten, erinnerte in dieser Dämmerstunde gar nicht mehr an das

allen Gästen des Gambrinus wohlbekannte zähnefletschende, zwinkernde und bewegliche Gesicht des Musikers. Das Hündchen Belotschka saß auf seinem Schoß. Es hatte sich schon längst daran gewöhnt, bei Musik nicht mehr zu heulen. Die leidenschaftlich-klagenden, schluchzenden und verfluchenden Töne erregten es jedoch wider Willen: es gähnte krampfhaft, die kleine dünne rosa Zunge zurückgerollt, und zitterte dabei einen Augenblick am ganzen Körperchen und der kleinen Schnauze mit den schwarzen Äuglein.
Doch nun stellte sich nach und nach das Publikum ein, der Klavierspieler kam, der seine Tagesarbeit beim Schneider oder Uhrmacher beendet hatte, auf den Schanktisch wurden warme Würstchen und Käsebrötchen gestellt und endlich alle Gasflammen angesteckt. Saschka leerte seinen zweiten Krug Bier, kommandierte seinen Kollegen: »Die Maiparade! Eins, zwei, drei!«, und es erklang ein stürmischer Marsch. Von diesem Augenblick an fand er kaum noch Zeit, die Neuankommenden zu begrüßen, von denen jeder sich für einen besonders intimen Bekannten Saschkas hielt und sich nach dessen Gruß stolz im Kreise umsah. Saschka aber kniff dann bald das eine, bald das andere Auge zu, zog die hohe, kahle Stirn in Falten, schnitt Grimassen und lächelte nach allen Seiten.
Um etwa zehn, elf Uhr war der Gambrinus, dessen Räume bis zu zweihundert Personen und mehr fassen konnten, gerammelt voll. Viele, beinahe die Hälfte kamen mit Frauen in Kopftüchern, keinen störte die Enge, niemand ärgerte sich über einen getretenen Fuß, eine verbeulte Mütze oder eine mit Bier begossene Hose; wenn Streit entstand, so nur aus trunkenem Eifer. Von den Ölwänden rieselte noch stärker die trübschillernde Feuchtigkeit, und die Ausdünstung der vielen Leiber tropfte von der Decke wie ein warmer Sprühregen. Im Gambrinus wurde ernsthaft getrunken. Es galt hier als besonders schick, wenn man zu

zweit oder dritt am Tisch saß, ihn derart mit leeren Bierflaschen vollzupflastern, daß man seinen Zechbruder wie hinter einem grünen Wald aus Glas nicht mehr sehen konnte.

Je weiter der Abend vorschritt, desto mehr röteten sich die Gesichter, die Gäste wurden heiser und schwitzten immer mehr. Der Tabaksqualm beizte die Augen. Man mußte schreien und sich weit über den Tisch beugen, wollte man einander bei dem allgemeinen Lärm verstehen. Und nur die unerbittliche Geige Saschkas, der auf seinem Podium saß, triumphierte über die erstikkende Hitze, den Tabaksqualm, den Gas- und Biergeruch und das Brüllen der rücksichtslosen Menge.

Die Besucher waren bald vom Bier, der Nähe der Frauen und der heißen Luft berauscht. Jeder wollte seine Lieblingslieder hören. Um Saschka drängten sich stets zwei, drei Menschen mit stieren Augen und unsicheren Bewegungen, rissen ihn am Ärmel und störten ihn beim Spielen.

»Sasch! Etwas Trau–riges...«, rülpste einer, »mache mir die Freu...de!...«

»Sofort, sofort – «, beschwichtigte Saschka, eifrig nickend, und ließ mit der Geschicklichkeit eines Taschenspielers lautlos ein Silberstück in der Tasche verschwinden. »Sofort, sofort!«

»Saschka, das ist doch eine Gemeinheit. Ich hab' dir Geld gegeben und bitte schon zwanzigmal: 'Nach Odessa zog ich übers Meer'.«

»Sofort, sofort...«

»Saschka, die 'Nachtigall'!«

»Saschka, 'Marusja'!«

»'Setz – setz', Saschka, 'Setz – setz'!«

»Sofort, sofort...«

»Den 'Schafhirten'!« grölte vom anderen Ende des Raumes eine kaum mehr menschliche, wiehernde Stimme.

Und Saschka krähte unter allgemeinem Gelächter zurück:

»So...fooort!«

Er spielte unermüdlich all die bestellten Lieder. Anscheinend gab es nicht ein Lied, das er nicht auswendig konnte. Von allen Seiten steckte man ihm Silberstücke zu, und von allen Tischen wurden ihm Krüge mit Bier gereicht. Als er von seinem Podium stieg, um zum Schanktisch zu gehen, riß man ihn fast in Stücke.

»Saschenka... L...ieber..., ein Krüglein Bier.«

»Saschka, auf Ihr Wohl! So komm doch her, Himmeldonnerwetter, wenn man dich ruft.«

»Saschka, komm ein Bier trinken!« wieherte die Pferdestimme.

Die Frauen, die wie alle Frauen dazu neigten, Podiumsgrößen zu bewundern, mit ihnen zu kokettieren, sich vor ihnen zur Geltung zu bringen und ihnen zu schmeicheln, riefen ihn mit girrenden Stimmen, unter kokettem Auflachen:

»Saschka, Sie müssen unbedingt aus meinem Glase trinken. Bitte, bitte... und nachher spielen Sie den 'Kuku-wok'!«

Saschka lächelte, schnitt Grimassen, verneigte sich nach rechts und links, die Hand aufs Herz gedrückt, warf Kußhände nach allen Seiten, trank an allen Tischen und begann, zum Klavier zurückgekehrt, auf dem ihn ein neuer Krug Bier erwartete, irgendein trauriges Lied voll Abschiedsweh. Um seine Zuhörer zu unterhalten, ließ er seine Geige manchmal wie einen jungen Hund winseln, wie ein Schwein grunzen oder ohrenzerreißende Baßtöne röcheln. Und die Zuhörer begrüßten diese Scherze mit wohlwollender Anerkennung:

»Ho–ho–ho– ho–o–o!«

Es wurde immer heißer. Von der Decke tropfte es nur so, einige Gäste weinten schon vor Trunkenheit, wobei sie sich reuig an die Brust schlugen, wieder andere zankten sich mit blutunterlaufenen Augen wegen der Weiber oder ehemaliger Kränkungen, bedrängten sich

grob und wurden von ihren weniger betrunkenen Nachbarn, meist Schmarotzern oder Speichelleckern, zurückgehalten. Die Kellner schoben sich mit bewundernswerter Geschicklichkeit zwischen den Fässern, Fäßchen, Füßen und Leibern hindurch, indem sie die Bierkrüge hoch über den Sitzenden hielten. Madame Iwanowa, noch unerschütterlicher und schweigsamer als sonst, überwachte vom Schanktisch aus die Kellner wie ein Kapitän sein Schiff im Sturm.
Alle wurden vom Verlangen erfaßt, zu singen. Saschka, ganz gerührt vom Bier, von seiner eigenen Güte und der derben, brutalen Freude, die seine Musik den andern bereitete, spielte alles, was verlangt wurde. Zum Klang seiner Geige brüllten die heiser gewordenen Menschen monoton mit ihren ungefügen, hölzernen Stimmen und starrten sich mit sinnlosem Ernst gegenseitig in die Augen:

»Warum denn auseinandergehn?
Warum einander meiden?
Ach, lassen wir uns lieber traun,
Dann gibt's für uns kein Scheiden.«

Und nebenan grölte eine andere Gesellschaft, bemüht, die erste, anscheinend feindliche, zu überschreien, bereits ganz durcheinander:

»Schon am Gang erkenn' ich ihn
An den bunten Hosen nun
Und an seinem dunklen Haar,
An den randgenähten Schuhn...«

Der Gambrinus wurde oft von kleinasiatischen Griechen, den sogenannten Dongolagriechen, besucht, die zum Fischfang in die russischen Häfen kamen. Auch sie bestellten bei Saschka ihre morgenländischen Lieder, die trostlosem, näselndem, eintönigem Heulen in zwei, drei Tönen glichen. Sie konnten sie mit ernsten Gesichtern und brennenden Augen stundenlang singen. Saschka spielte auch italienische Volksweisen, ukrainische Liedchen, jüdische Hochzeitstänze und vieles andre.

Einmal kam ein Trupp Negermatrosen in den Gambrinus, die, von der allgemeinen Fröhlichkeit angesteckt, ebenfalls singen wollten. Saschka fing die hüpfenden Negerweisen rasch nach dem Gehör auf, stellte sofort die passende Begleitung auf dem Klavier zusammen, und schon erklangen in der Kneipe zur Begeisterung und Lust der Stammgäste die sonderbaren, kapriziösen, gurgelnden Laute des afrikanischen Liedes.

Ein Reporter des Lokalblattes, Saschkas Bekannter, überredete eines Tages einen Professor der Musikschule, den Gambrinus zu besuchen, um den dortigen berühmten Geigenspieler zu hören. Aber Saschka erriet die Absicht und ließ seine Geige mehr denn je miauen, grunzen und meckern. Die Gäste platzten fast vor Lachen, und der Professor meinte verächtlich:

»So ein Clown!«

Und ging fort, ohne sein Bier ausgetrunken zu haben.

## IV

Nicht selten waren die zarten Marquis und zechenden deutschen Jäger, die dicken Liebesgötter und Frösche von ihren Wänden herab Zeugen so unbändiger Orgien, wie man sie, außer im Gambrinus, kaum irgendwo erleben konnte.

So erschien zum Beispiel nach einem guten Beutezug eine feiernde Diebesbande mit ihren Liebchen, jeder mit kühn auf die Seite gerückter Mütze und Lackstiefeln, mit herausfordernden Manieren und verächtlicher Miene. Saschka spielte für sie besondere Gaunerlieder: »Zugrunde geh' ich, Bürschlein«, »Weine nicht, Marusja«, »Der Frühling ist vorüber« und andere. Sie hielten es für unter ihrer Würde zu tanzen, ihre Freundinnen jedoch, alles hübsche, sehr junge Mädchen,

manche fast noch Kinder, tanzten den »Tschaban« mit Gekreisch und Gestampf. Frauen und Männer tranken sehr viel; schlimm war nur, daß ihre Zechgelage immer mit alten Geldzwistigkeiten endeten, auch verschwanden sie gern, ohne bezahlt zu haben.
Nach einem besonders glücklichen Fang kamen ganze Fischergenossenschaften von dreißig Mann. Im Spätherbst gab es solche glückliche Wochen, da jede Genossenschaft täglich an vierzigtausend Makrelen oder Meeräschen fing. Dann verdiente der kleinste Teilhaber über zweihundert Rubel. Aber noch größeren Gewinn brachte den Fischern im Winter der Hausenfang, wenn er auch mit großen Schwierigkeiten verbunden war. Man mußte schwer arbeiten, dreißig bis vierzig Werst vom Ufer entfernt, in der Nacht, manchmal bei Unwetter, wenn das Wasser die Barkassen überspülte und sofort auf Ruder und Kleidung zu Eis gefror. Und es kam vor, daß das Unwetter die Fischer zwei bis drei Tage auf dem Meere festhielt, bis es sie endlich irgendwo zweihundert Werst entfernt bei Anapa oder Trapezunt an Land warf. Jeden Winter verschwanden gegen zehn Jollen spurlos, und erst im Frühjahr spülten die Wellen hier oder dort die Leichen der kühnen Fischer an eine Küste.
Kehrten die Fischer aber glücklich nach gutem Fang zurück, so ergriff sie eine tolle Lebensgier. Etliche tausend Rubel wurden in zwei, drei Tagen in wüstesten, ohrenbetäubenden Zechgelagen verjubelt. Sie drangen in eine Schenke oder irgendein anderes lustiges Lokal ein, warfen die Gäste hinaus, schlossen Türen und Fensterläden und tranken tage- und nächtelang, ergaben sich dem Sinnentaumel, grölten ihre Lieder, zerschlugen Geschirr und Spiegel, prügelten die Weiber und schlugen sich untereinander, bis der Schlaf sie irgendwo übermannte – sei es auf den Tischen, dem Fußboden, quer über den Betten, inmitten von Speichel, Zigarettenstummeln, Scherben, vergossenem

Wein, Bier und Blutlachen. So zechten sie mehrere Tage hintereinander, wobei sie bisweilen den Ort wechselten, oder sie blieben auch in derselben Kneipe. Wenn sie dann alles bis auf den letzten Groschen verjubelt hatten, gingen sie mit dröhnendem Schädel, mit den Spuren von Prügelei im Gesicht, von Katzenjammer geschüttelt, schweigsam und reuevoll wieder ans Ufer zu ihren Barkassen zurück, um ihr geliebtes und verfluchtes, ihr schweres und verlockendes Gewerbe wieder aufzunehmen.

Niemals vergaßen sie, im Gambrinus einzukehren. Sie brachen dort ein, groß, heiser, mit roten, vom wütenden Nordost gebeizten Gesichtern, in ihren wasserdichten Joppen, Lederhosen und plumpen, bis an die Hüften reichenden Stiefeln – denselben Stiefeln, in denen ihre Freunde in stürmischer Nacht wie ein Stein auf den Meeresgrund sanken.

Aus Achtung vor Saschka warfen sie die übrigen Gäste nicht hinaus, wenn sie sich auch als die Herren der Kneipe fühlten und mit den schweren Bierkrügen laut auf den Fußboden schlugen. Saschka spielte ihnen ihre Fischerlieder, die getragen, einfach und drohend wie das Rauschen des Meeres waren, und sie sangen einstimmig, ihre gesunden Lungen und ausgepichten Kehlen bis zum Äußersten anstrengend. Saschka wirkte auf sie wie Orpheus, der die Meereswogen besänftigte. Es konnte geschehen, daß ein vierzigjähriger, bärtiger, in Wind und Wetter gestählter brutaler Mensch in Tränen zerfloß und mit schwacher Stimme die kläglichen Worte sang:

»Ach, ich armes, armes Bürschchen,
daß ich als Fischer ward geboren...«

Und manchmal tanzten sie mit steinernen Gesichtern, auf einem Fleck stampfend und polternd, in ihren schweren Stiefeln, und der scharfe, salzige Fischgeruch, der ihre Leiber und ihre Kleidung durchtränkt hatte, verbreitete sich im ganzen Lokal. Saschka gegenüber waren sie sehr freigebig; sie wollten ihn manchmal gar nicht von ihren Tischen weglassen. Er kannte sehr wohl ihr hartes, gefahrvolles Leben. Und oft, wenn er ihnen aufspielte, fühlte er in seiner Seele etwas wie ehrfurchtsvolles Weh.

Doch besonders liebte er vor Matrosen englischer Handelsschiffe zu spielen. Sie kamen in Scharen, Arm in Arm, alle mit breiter Brust und breiten Schultern, jung, mit blitzenden Zähnen, rotbackig und mit fröhlichen, kühnen blauen Augen. Ihre kräftigen Muskeln sprengten fast ihre Jacken, und aus dem tief ausgeschnittenen Kragen reckte sich der muskulöse und schlanke Hals. Einige kannten Saschka von früheren Landungen her. Sie begrüßten ihn auf russisch, freundlich ihre weißen Zähne zeigend:

»Sdrast, sdrast...«

Saschka spielte ihnen unaufgefordert »Rule Britannia«. Wahrscheinlich gab das Bewußtsein, daß man sich in einem Lande befand, das unter ewiger Sklaverei schmachtete, dieser Hymne der englischen Freiheit eine besonders stolze Note. Und als die Matrosen stehend, mit entblößten Häuptern, die letzten herrlichen Worte sangen:

»Niemals, niemals, niemals
wird ein Engländer Sklave sein!«

nahmen unwillkürlich auch die verwegensten Gesellen die Mützen ab.

Ein stämmiger Bootsmann mit einem Ring im Ohr und einem Bart, der wie eine Franse aus dem Hals wuchs, trat mit zwei Krügen Bier in der Hand auf Saschka zu, schlug ihm freundschaftlich auf die Schulter und bat ihn, die »Dshiga« zu spielen. Bei den ersten Klängen dieses verwegenen Matrosentanzes sprangen die Engländer auf, schoben die Fäßchen an die Wand und schufen Platz. Die Gäste wurden durch Gebärden und freundliches Lächeln aufgefordert, beiseite zu treten. Wenn jemand jedoch nicht rasch genug Folge leistete, wurden allerdings nicht viele Umstände gemacht: man stieß einfach mit einem kräftigen Fußtritt den Sitz unter ihm weg. Zu dieser Maßnahme brauchte man jedoch nur selten zu greifen. Im Gambrinus waren alle Verehrer des Tanzes, und besonders schätzte man die englische Dshiga. Sogar Saschka stellte sich, ohne sein Spiel zu unterbrechen, auf einen Stuhl, um besser sehen zu können.

Die Matrosen bildeten einen Kreis und klatschten im Takt des Tanzes in die Hände, während zwei von ihnen in die Mitte des Kreises traten. Der Tanz versinnbildlichte das Leben der Matrosen auf See: Das Schiff ist zum Auslaufen bereit, das Wetter prächtig, alles in Ordnung. Die Tänzer haben die Arme auf der Brust gekreuzt, die Köpfe sind in den Nacken geworfen, die Körper bewegungslos, obgleich die Füße einen tollen Wirbel schlagen. Nun erhebt sich eine Brise, das Schiff schaukelt leicht. Für den Seemann ist das eine Lust, aber die Figuren des Tanzes werden immer krauser und verwickelter. Jetzt springt ein frischer Wind auf – es ist nicht mehr so einfach, auf Deck zu gehen. Die Tänzer werden leicht hin und her geschaukelt. Und dann endlich rast der Sturm daher. Von Reling zu Reling werden die Matrosen geworfen. Die Sache wird ernst. »Alle Mann in die Wanten! Segel reffen!« Die Bewegungen der Tänzer zeigen bis zur Lächerlichkeit deutlich, wie sie mit Armen und Beinen in die Wanten klettern, die Segel reffen, die Schotten dicht machen, während das Schiff immer stärker und stärker vom Sturm gepeitscht wird. »Halt! Mann über Bord!« Die Schaluppen werden zu Wasser gelassen. Die Tänzer senken die Köpfe, die Muskeln der kräftigen Hälse spannen sich. Weit ausholend rudern sie, den Rücken bald beugend, bald aufrichtend. Doch allmählich legt sich der Sturm, das Schaukeln läßt nach, der Himmel klärt sich auf, und das Schiff zieht wieder ruhig vor dem Winde dahin. Die Oberkörper der Tänzer erstarren, mit über der Brust verschränkten Armen beenden ihre Füße im tollen Wirbel die fröhliche Dshiga.

Manchmal mußte Saschka für Georgier, die in der Umgebung der Stadt Weinbau betrieben, die Lesginka spielen. Für ihn gab es keine unbekannten Tanzweisen. Wenn einer von den Tänzern in der Papacha und Tscherkesska leicht und beschwingt zwischen den Fässern dahinglitt, bald den einen, bald den anderen Arm hinter den Nacken warf, und seine Freunde im Takt in die Hände klatschten und ihn durch Zurufe ermunterten, konnte auch Saschka sich nicht beherrschen, und er schrie begeistert mit ihnen: »Chas! Chas! Chas!« Auch den moldauischen Dshok, die italienische Tarantella und Walzer für deutsche Matrosen mußte er spielen.

Mitunter prügelte man sich im Gambrinus, und zwar sehr erbittert. Die alten Besucher erzählten gern von einer sagenhaften Schlacht zwischen russischen, in Reserve entlassenen Matrosen eines Kreuzers und englischen Seeleuten. Man schlug sich mit Fäusten, Schlagringen und Bierkrügen und warf sich sogar mit den kleinen Fässern, die als Sitze dienten. Für die russischen Kämpfer war es keine Ehre, daß sie den Skandal angefangen hatten, daß sie als erste die Messer zogen und die Engländer erst nach halbstündigem Kampf aus dem Lokal drängen konnten, obwohl sie in dreifacher Übermacht waren.

Saschkas Einmischung beschwichtigte oft einen Streit, der um ein Haar blutig zu werden drohte. Er kam heran, scherzte, lächelte, schnitt Grimassen, und schon streckten sich ihm von allen Seiten Bierkrüge entgegen.

»Saschka, ein Krüglein!... Saschka, trink mit mir!... Glauben, Gesetz und Tod!«

Vielleicht wirkte die so sanfte und einfältige Güte, die aus seinen Augen strahlte, auf ihre einfachen, wilden

Sitten. Vielleicht war es eine eigenartige Verehrung des Talents und so etwas wie Dankbarkeit. Oder vielleicht auch der Umstand, daß die Mehrzahl der Stammgäste des Gambrinus Saschkas Schuldner waren. In den schweren Minuten völliger »Pleite« ging man ihn vertrauensvoll und des Erfolges sicher um kleine Beträge oder um Kredite am Schanktisch an.

Natürlich wurden diese Schulden nie zurückgezahlt, nicht aus böswilliger Absicht, sondern aus Vergeßlichkeit. In den Augenblicken des Taumels jedoch gaben dieselben Schuldner Saschka das Darlehen zehnfach zurück für seine Lieder.

Die Schankwirtin schalt ihn bisweilen:

»Ich wundere mich, Saschka, daß Sie nicht sparsamer sind.«

Worauf er beschwichtigend erwiderte:

»Aber, Madame Iwanowa, ich kann das Geld doch nicht mit ins Grab nehmen. Für mich und Belotschka reicht es. Komm her, Belinka, mein Hündchen...«

## V

Im Gambrinus tauchten auch einige moderne Saisonschlager auf.

Während des Burenkrieges war es der »Burenmarsch«. (In diese Zeit fiel wohl auch die berühmte Prügelei der russischen Seeleute mit den Engländern.) Mindestens zwanzigmal am Abend mußte Saschka dieses heroische Musikstück spielen, bei dessen Schluß man todsicher die Mützen schwenkte, »Hurra« schrie und scheel auf die Gleichgültigen blickte, was hier im Gambrinus kein gutes Zeichen war.

Dann kamen die französisch-russischen Festlichkeiten. Der Stadthauptmann erlaubte mit saurer Miene das Spielen der Marseillaise. Sie wurde auch täglich verlangt, jedoch nicht so oft wie der Burenmarsch. Es

wurde dabei auch nicht so stürmisch »Hurra« geschrien, und die Mützen wurden gar nicht geschwenkt. Das kam daher, weil die Besucher des Gambrinus die Bedeutung des russisch-französischen Bündnisses nicht genügend verstanden, und dann hatte man gemerkt, daß es jeden Abend dieselben Leute waren, die die Marseillaise verlangten und »Hurra« schrien.
Für kurze Zeit war hier auch die Melodie des Cake-walk modern. Eines Tages tanzte ihn sogar zwischen den Fässern ein Kaufmannsjüngling im Waschbärpelz, hohen Überschuhen und Fuchsmütze, der sich zufällig in den Gambrinus verirrt hatte. Doch war dieser Negertanz bald wieder vergessen.
Dann aber kam der große Japanische Krieg. Die Besucher des Gambrinus lebten nun in ständiger Aufregung. Auf den Fässern erschienen Zeitungen, man stritt abends über den Krieg. Die friedfertigsten, einfältigsten Leute wurden zu Politikern und Strategen, und jeder zitterte in der Tiefe seines Herzens wenn nicht um sich, so doch um einen Bruder oder eher noch um einen nahen Freund. In diesen Tagen zeigte sich deutlich die unmerkliche, aber enge Verbundenheit, die die Menschen zusammenschweißt, die lange Zeit Arbeit, Gefahren und die tägliche Nähe des Todes miteinander teilen.
Am Anfang zweifelte niemand an unserem Sieg. Saschka hatte von irgendwoher den »Kuropatkinmarsch« erhalten und spielte ihn wohl zwanzig Abende hintereinander mit Erfolg. Jedoch eines Abends wurde dieser Marsch für immer von einem Lied verdrängt, das die Fischer aus Balaklawa, die sogenannten »Salzgriechen« oder Pindassen, wie man sie hier nannte, mitbrachten:

»Ach, warum heißt's nun zu den Soldaten
Und hinaus nach dem weiten Fernost?
Sind wir schuld, daß zu groß wir geraten
Und ein Werschok uns das Leben gar kost?«

Seitdem wollte man im Gambrinus nichts anderes mehr hören. Die ganzen Abende hindurch wurde immerfort gerufen: »Saschka, das traurige Balaklawer Lied! Das vom Reservisten!«
Man sang und weinte und trank doppelt soviel, wie das übrigens damals alle ohne Ausnahme in Rußland taten. An jedem Abend kam jemand, sich zu verabschieden. Er prahlte, stolzierte wie ein Hahn daher, warf seine Mütze auf den Fußboden, drohte ganz allein alle Japse zu vernichten und sang schließlich unter Tränen das traurige Lied.
Eines Tages erschien Saschka früher als sonst in der Kneipe. Die Büfettfrau goß ihm den ersten Krug Bier ein und bat wie immer:
»Saschka, spielen Sie was Eigenes...«
Er verzog jedoch das Gesicht, und der Krug zitterte in seiner Hand.
»Wissen Sie, Madame Iwanowa, daß man mich einberufen hat?« sagte er fassungslos. »...In den Krieg!«
Madame Iwanowa schlug die Hände zusammen.
»Nicht möglich, Saschka, Sie scherzen!«
»Nein«, Saschka schüttelte traurig und ergeben den Kopf, »ich scherze nicht.«
»Aber Saschka, Sie sind doch schon aus den Jahren heraus? Wie alt sind Sie?«
Diese Frage hatte bisher niemanden interessiert. Alle dachten, daß Saschka so alt wäre wie die Wände der Bierwirtschaft, die Marquis, die Kleinrussen, die Frösche und sogar wie der bemalte König Gambrinus selbst, der den Eingang bewachte.
»Sechsundvierzig«, Saschka dachte nach. »Vielleicht auch neunundvierzig. Ich bin Waise«, fügte er niedergeschlagen hinzu.
»So gehen Sie doch hin und erklären Sie die Sache der Obrigkeit.«
»Ich bin schon dort gewesen, Madame Iwanowa, ich habe ihnen schon alles erklärt.«

»Nun – und?«

»Man antwortete mir: Du räudiger Jude, du Judenfresse, sag noch ein Wort – und du kommst in die Wanzenkammer!.. Und dann schlugen sie mich...«

Am Abend verbreitete sich die Nachricht im ganzen Gambrinus, und aus Mitleid machte man Saschka bis zur Bewußtlosigkeit betrunken. Er versuchte wohl wie immer Grimassen zu schneiden und fröhlich zu zwinkern, aber aus seinen sanften Augen blickten Trauer und Entsetzen. Ein kräftiger Arbeiter, dem Gewerbe nach Kesselschmied, erbot sich plötzlich, an Saschkas Stelle in den Krieg zu ziehen. Allen war die offensichtliche Dummheit dieses Angebotes klar, aber Saschka war gerührt davon, fing an zu weinen, umarmte den Kesselschmied und schenkte ihm seine Geige. Belotschka übergab er der Büfettfrau.

»Madame Iwanowa, behüten Sie mein Hündchen! Sollte ich nicht wiederkommen, so haben Sie ein Andenken an Saschka. Belinka, mein Hündchen! Sehen Sie, es beleckt mich. Ach du, mein Armes... Und um noch etwas bitte ich Sie, Madame Iwanowa. Ich habe vom Wirt noch Geld zu kriegen. Nehmen Sie es an, bitte, und senden Sie es... Ich schreibe Ihnen die Adresse auf. In Gomel lebt ein Vetter von mir mit großer Familie und in Shmerinka die Witwe eines Neffen. Ich habe ihnen jeden Monat etwas geschickt... Was wollen Sie, wir Juden sind nun mal so. Wir lieben unsere Verwandten. Und ich bin Waise, stehe ganz allein da. – So leben Sie denn wohl, Madame Iwanowa.«

»Leben Sie wohl, Saschka! Wollen wir uns den Abschiedskuß geben. Wie viele Jahre... Und – seien Sie nicht böse – ich will Sie für den Weg bekreuzen.«

Saschkas Augen blickten tieftraurig, aber er konnte sich nicht enthalten, bis zuletzt den Hanswurst zu spielen.

»Was meinen Sie, Madame Iwanowa, werd' ich am russischen Kreuzzeichen nicht krepieren?«

## VI

Im Gambrinus wurde es öd und leer, als wäre er ohne Saschka und seine Geige verwaist. Der Wirt versuchte zwar als Attraktion ein Quartett wandernder Mandolinenspieler zu engagieren, von denen einer, als Operettenengländer gekleidet, mit rotem Backenbart und aufgeklebter Nase, in karierten Hosen und mit Vatermördern bis über die Ohren, von der Estrade aus drollige Couplets sang, die er mit obszönen Körperverrenkungen begleitete. Aber dieses Quartett hatte gar keinen Erfolg; im Gegenteil, man pfiff die Mandolinenspieler aus, bewarf sie mit Wurstzipfeln, und der Hauptkomiker wurde eines Tages von Fischern wegen einer abfälligen Bemerkung über Saschka verprügelt.
Dennoch wurde der Gambrinus noch aus alter Gewohnheit von Hafen- und Seeleuten, die der Krieg nicht in Tod oder Leiden gerissen hatte, besucht. Anfangs erinnerte man sich jeden Abend an Saschka:
»Ach, wenn jetzt Saschka hier wäre! Ohne den wird einem die Brust eng...«
»Ja–a... Wo magst du jetzt wohl stecken, alter Freund Saschka?«
»In Mandschuriens Steppen weit...«, stimmte jemand den neuen Saisonschlager an, brach aber verlegen ab, und ein anderer sagte unvermittelt: »Es gibt Stich- und Hiebwunden. Es gibt aber auch Rißwunden...

Mich beglückwünsch' ich zum Siege,
Dich zum abgerißnen Arm...«

»Hör auf, jammre nicht... Madame Iwanowa, haben Sie Nachrichten von Saschka? Einen Brief oder eine Karte?«
Madame Iwanowa las jetzt den ganzen Abend Zeitung. Sie hielt sie mit ausgestreckten Armen weit von sich, warf den Kopf in den Nacken und bewegte die Lippen. Belotschka lag auf ihrem Schoß und schnarchte fried-

lich. Die Büfettfrau sah schon lange nicht mehr aus wie ein tapferer Kapitän auf Posten, und ihre Mannschaft schlich unlustig und verschlafen in der Kneipe umher. Fragte man sie nach Saschkas Schicksal, so schüttelte sie langsam den Kopf.

»Ich weiß nichts, gar nichts... Keine Briefe, und aus den Zeitungen erfährt man auch nichts.«

Und sie nahm langsam ihre Brille ab, legte sie und die Zeitung neben das vom Schlaf warme Hündchen, wandte sich ab und schluchzte auf.

Manchmal neigte sie sich auch über Belotschka und fragte mit kläglicher, gerührter Stimme:

»Sag, Belinka, mein Hündchen, wo ist unser Saschka? Wo ist unser Herrchen?«

Belotschka hob das Schnäuzchen, blinzelte mit den feuchten schwarzen Äuglein und fing an, im gleichen Ton mit der Schankwirtin leise zu heulen.

»A–u–u–u... Au–u... A–u–u...«

Doch – alles schleift und spült die Zeit hinweg. Die Mandolinenspieler wurden von Balalaikaspielern abgelöst, die Balalaikaspieler von einem russisch-ukrainischen Frauenchor, und schließlich faßte im Gambrinus ein gewisser Ziehharmonikaspieler namens Leschka Fuß, Dieb von Beruf, der aber kürzlich geheiratet und beschlossen hatte, auf ehrlichen Wegen zu wandeln. Man kannte ihn schon seit langem von verschiedenen Kneipen her und duldete ihn deshalb auch hier... Es blieb wohl auch nichts anderes übrig, denn die Geschäfte gingen sehr schlecht im Gambrinus.

So verstrichen Monate, so verstrich ein Jahr. An Saschka dachte jetzt niemand mehr außer Madame Iwanowa, und auch sie weinte nicht mehr, wenn sie seinen Namen hörte. Und es verging ein weiteres Jahr. Scheinbar hatte auch das weiße Hündchen Saschka vergessen.

Saschka krepierte jedoch, entgegen seinen Befürchtungen, nicht am russischen Kreuzzeichen, sondern wurde sogar nicht einmal verwundet, obwohl er an drei großen Schlachten teilnahm und einmal bei einem Angriff mit der Musikkapelle, der er als Flötenspieler zugeteilt war, vor dem Bataillon herschreiten mußte. Bei Wafango geriet er in Gefangenschaft, und nach Kriegsende wurde er auf einem deutschen Dampfer in denselben Hafen gebracht, wo seine Freunde arbeiteten und zechten.

Die Nachricht seiner Wiederkehr verbreitete sich wie ein Lauffeuer in allen Häfen, auf den Molen, Landungsplätzen und in den Werkstätten. Am Abend kam so viel Volk in den Gambrinus, daß die Mehrzahl stehen mußte, die Bierkrüge wurden von Hand zu Hand über den Köpfen weitergereicht, und obgleich viele an diesem Tage weggingen, ohne bezahlt zu haben, so hatte der Gambrinus Einnahmen wie nie zuvor. Der Kesselschmied brachte Saschkas Geige, sorgfältig in ein Tuch seiner Frau eingehüllt, das er noch am selben Abend vertrank. Von irgendwoher hatte man Saschkas letzten Begleiter aufgetrieben. Leschka, der Ziehharmonikaspieler, ein empfindlicher und eingebildeter Mensch, wehrte sich gekränkt dagegen. »Ich bekomme je Tag bezahlt, ich habe einen Kontrakt«, versicherte er eigensinnig. Aber man warf ihn kurzerhand hinaus und hätte ihn gewiß auch verprügelt, wenn Saschka nicht für ihn eingetreten wäre.

Wohl nicht *einem* der vaterländischen Helden des Japanischen Krieges wurde ein solch herzlicher und stürmischer Empfang zuteil, wie er Saschka bereitet wurde. Kräftige, derbe Fäuste ergriffen ihn, hoben ihn hoch und warfen ihn in die Luft, so daß er fast an der Decke zu Schaden kam. Man schrie ohrenbetäubend, so daß die Gasflammen ausgingen und der Schutzmann mehrere Male in die Kneipe kam, um Ruhe zu gebieten, da »der Lärm auf der Straße sehr stark zu hören wäre«.

An diesem Abend spielte Saschka alle Lieblingslieder und Tänze des Gambrinus. Er spielte auch japanische

Liedchen, die er in der Gefangenschaft gelernt hatte, doch sie gefielen den Zuhörern nicht. Madame Iwanowa war wie neubelebt, sie stand wieder frisch und munter auf ihrer Kommandobrücke, und Belotschka saß auf Saschkas Schoß und winselte vor Freude. Es kam vor, daß, wenn Saschka zu spielen aufhörte, irgendein einfältiger Fischer, der erst jetzt das Wunder von Saschkas Wiederkehr begriff, plötzlich in frohem Erstaunen ausrief:

»Brüder, ja das ist doch Saschka!«

Die Räume des Gambrinus hallten wider vom dröhnenden Gewieher und von lustigen Zoten. Wieder wurde Saschka gepackt, wieder wurde er hoch in die Luft geworfen, man brüllte, trank, stieß miteinander an und begoß sich mit Bier.

Saschka schien sich während seiner Abwesenheit weder verändert zu haben, noch war er gealtert. Zeit und Entbehrungen hatten auf sein Äußeres ebensowenig gewirkt wie auf das Äußere des in Stein gehauenen Gambrinus, des Schutzherrn der Bierwirtschaft. Aber Madame Iwanowa bemerkte mit dem Feingefühl eines gütigen Frauenherzens, daß in Saschkas Augen der Ausdruck von Grauen und Weh, den sie beim Abschied darin gesehen hatte, jetzt noch deutlicher, noch tiefer geworden war. Wohl spielte Saschka wie früher den Hanswurst, kniff die Augen zusammen und zog die Stirn in krause Falten, aber Madame Iwanowa fühlte, daß er sich verstellte.

## VII

Alles ging seinen Gang, als wäre überhaupt kein Krieg und Saschka niemals in Nagasaki gefangen gewesen. Die Fischer in ihren Riesenstiefeln feierten wie sonst den glücklichen Hausenfang, wie sonst tanzten die Liebchen der Diebe, und Saschka spielte Matrosenlieder, die aus allen Häfen der Welt hierhergelangt waren.

Aber schon nahten bunte, wechselvolle, stürmische Zeiten. Eines Abends erdröhnte die ganze Stadt, überall regte es sich und brodelte, als wäre die Stadt durch Alarm aufgeschreckt, und die Straßen waren zu ungewöhnlicher Zeit schwarz von Menschen. Kleine weiße Zettel mit dem wunderbaren Wörtchen »Freiheit« gingen von Hand zu Hand, das an diesem Abend im ganzen weiten vertrauensseligen Lande ungezählte Male wiederholt wurde.

Lichte, feierliche, jubelnde Tage zogen ins Land, ihr Glanz drang auch bis in das Gewölbe des Gambrinus. Es kamen Studenten, Arbeiter und junge hübsche Mädchen. Auf die Fässer, die schon so viel gesehen hatten, stiegen Menschen mit leuchtenden Augen und hielten Reden. Nicht alles, was sie sagten, wurde verstanden, aber von der flammenden Hoffnung und der großen Liebe, die aus ihren Worten klangen, erbebten die Herzen und öffneten sich weit.

»Saschka, die Marseillaise! Leg los! Die Marseillaise!«

Nein, das war nicht, ganz und gar nicht mehr jene Marseillaise, die der Stadthauptmann damals zur Zeit des französisch-russischen Bündnisses schweren Herzens zu spielen erlaubt hatte. Durch die Straßen zogen unendliche Reihen von Demonstranten mit roten Fahnen und Gesang. Die Frauen hatten rote Bändchen und rote Blumen angesteckt. Ganz fremde Menschen lächelten sich plötzlich zu und schüttelten sich die Hände.

All diese Freude jedoch verschwand mit einem Schlage, wie die Fußtapfen der Kinder am Meeresstrande von den Wellen hinweggespült werden. In den Gambrinus stürzte eines Tages der Polizeigehilfe des Reviers, ein kleiner, dicker, asthmatischer Mann mit Glotzaugen, rot wie eine reife Tomate.

»Wer ist hier der Wirt?« schrie er heiser. »Her mit dem Wirt!«

Da sah er Saschka, der mit der Geige dastand.
»Bist du der Wirt? Schweig! Was? Ihr spielt hier Hymnen! Nicht eine einzige Hymne mehr!«
»Es werden keine mehr gespielt, Euer Exzellenz«, erwiderte Saschka ruhig.
Der Polizeigehilfe wurde blaurot im Gesicht und schwang seinen Zeigefinger vor Saschkas Nase drohend hin und her.
»Keine einzige mehr!«
»Zu Befehl, Exzellenz, keine einzige.«
»Ich werde euch lehren, Revolution zu machen! Ich werde euch lehren!«
Der Polizeigehilfe stürzte wie eine Bombe aus der Kneipe, und nach seinem Abzug verfiel alles in Niedergeschlagenheit.
Auf die ganze Stadt senkte sich Finsternis herab. Dunkle, aufregende und schreckliche Gerüchte gingen um. Man sprach flüsternd, fürchtete sich durch Blicke zu verraten, erschrak vor dem eigenen Schatten, entsetzte sich vor den eigenen Gedanken. Die Stadt dachte zum erstenmal an die Kloake, die unter ihren Füßen sich dumpf regte, dort unten am Meer, und wohin sie all die Jahre hindurch ihren giftigen Unrat geschickt hatte. Sie verrammelte die Spiegelscheiben ihrer prächtigen Läden mit Schutzbrettern, beschützte durch Polizeistreifen die stolzen Denkmäler und ließ für alle Fälle in den Höfen ihrer herrlichen Häuser Artillerie auffahren. In den Vororten aber, in übelriechenden Kammern und auf zugigen Dachböden zitterte, betete und weinte vor Schrecken das auserwählte Volk Gottes, das längst von dem erzürnten biblischen Gott verlassen war, bis jetzt aber das Maß der schweren Heimsuchungen noch nicht voll glaubte. Unten, am Meer, in den Straßen, die finsteren, schlüpfrigen Därmen glichen, ging ein geheimnisvolles Werk vor sich. Die Türen der Schenken, Teestuben und Nachtasyle standen die ganze Nacht über weit offen.

Am Morgen begann der Pogrom.

An den Tagen des Pogroms ging Saschka mit seinem komischen Affengesicht ganz ruhig in der Stadt umher. Er hatte die unerschütterliche Seelenruhe, jene Furchtlosigkeit, die selbst schwache Naturen besser schützt als jeder Revolver. Aber einmal, als er an eine Hauswand gedrückt einer Menschenmenge auswich, die wie ein Sturmwind über die ganze Breite der Straße flutete, holte ein Steinmetz in rotem Hemd und weißer Schürze über ihm zum Schlage mit einem Meißel aus und brüllte:

»Du verfluchter Jude! Schlagt den Juden! Schlagt ihn tot!«

Jemand faßte jedoch den Mann von hinten am Arm.

»Halt, du Teufel, das ist doch Saschka! Dummkopf, du! Daß deine Mutter der Schlag rühre...«

Der Steinmetz hielt inne. In dieser trunknen, tollen, wahnhaften Sekunde war er bereit, jeden zu töten – sei es den eigenen Vater, die Schwester, den Geistlichen, ja den Gott aller Rechtgläubigen selbst –, aber er war auch ebenso bereit, wie ein Kind dem Befehl eines starken Willens zu gehorchen.

Er fletschte wie ein Idiot die Zähne, spuckte aus und schneuzte sich mit der Hand. Da fiel sein Blick plötzlich auf das weiße nervöse Hündchen, das sich zitternd an Saschka schmiegte. Schnell bückte er sich, ergriff es an den Hinterbeinen, schwang es hoch und zerschmetterte ihm den Schädel auf den Platten des Gehsteiges. Dann stürzte er weiter. Saschka sah ihm schweigend nach. Er lief vornübergebeugt, mit vorgestreckten Armen, ohne Mütze, mit offenstehendem Munde und weit aufgerissenen Augen, aus denen groß und weiß der Wahnsinn schrie.

Belotschkas Gehirn war auf Saschkas Stiefel gespritzt. Saschka wischte den Fleck mit dem Taschentuch ab.

VIII

Hierauf folgte eine sonderbare Zeit, wie das dumpfe Hindämmern eines vom Schlag Getroffenen. Abends sah man nirgends in der ganzen Stadt Licht in den Fenstern, dafür erstrahlten die Reklamen der Vergnügungsstätten und die Fenster der Kneipen desto heller. Die Sieger, noch nicht gesättigt in ihrem Rausch – da sie ungestraft blieben –, kosteten ihre Macht aus. Zügellose Leute in Papachas, mit dem Bändchen des Georgkreuzes im Knopfloch, zogen durch die Restaurants, verlangten herausfordernd und hartnäckig das Spielen der Zarenhymne und achteten darauf, daß sich alle von den Sitzen erhoben. Sie drangen auch in die Wohnungen ein, durchsuchten Betten und Spinde, verlangten Schnaps, Geld und das Absingen der Hymne und erfüllten die Luft mit ihrem betrunkenen Aufstoßen.

Eines Tages erschienen zehn Mann im Gambrinus und besetzten zwei Tische. Sie benahmen sich äußerst herausfordernd, waren unverschämt gegen die Kellner, spuckten über die Schultern der ihnen unbekannten Nachbarn, legten die Beine auf fremde Sitze und gossen das Bier auf den Fußboden unter dem Vorwand, es sei schal. Niemand wehrte ihnen. Alle wußten: es waren Polizeispitzel, und blickten auf sie mit dem geheimen Schrecken und der verächtlichen Neugier, mit der das einfache Volk Henker ansieht. Einer von ihnen hatte offenbar den Oberbefehl – Motka Gundossy, ein rothaariger, näselnder Mensch mit eingeschlagener Nase, wie man sagte, ein Mann von ungeheurer Körperkraft, vormals Dieb, dann Hinausschmeißer in einem Bordell, darauf Zuhälter und Spitzel, ein getaufter Jude.

Saschka spielte den »Schneesturm«. Da trat Gundossy auf ihn zu, packte ihn grob am rechten Arm und schrie, zum Publikum gewandt:

»Die Hymne! Die Nationalhymne! Brüder, zu Ehren des vergötterten Monarchen... Die Hymne!«

»Die Hymne! Die Hymne!« grölten die Schurken in den Papachas.

Saschka jedoch riß sich los und erwiderte ruhig: »Keine Hymnen.«

»Was?« brüllte Gundossy, »du widersetzt dich, du stinkender Jude!«

Da beugte sich Saschka ganz nah zu ihm hin und fragte, die Lippen verächtlich geschürzt, die Geige am Hals haltend:

»Und du?«

»Was ich?«

»Ich bin ein stinkender Jude. Nu gut. Und du?«

»Ich bin rechtgläubig.«

»Rechtgläubig? Und für wieviel?«

Der ganze Gambrinus brüllte vor Lachen, und Gundossy wandte sich an seine Genossen, kreidebleich vor Wut.

»Brüder!« rief er mit bebender, weinerlicher Stimme, es waren fremde, eingelernte Worte: »Brüder, wie lange wollen wir die Schmähungen des Thrones und der heiligen Kirche durch die Juden noch dulden?«

Hochaufgerichtet auf seinem Podium, zwang ihn Saschka aber, sich ihm wieder zuzuwenden. Keiner der Besucher des Gambrinus hätte jemals geglaubt, daß dieser komische Possenreißer Saschka so ernst und gebieterisch reden könne.

»Du!« rief Saschka. »Du Hundesohn! Zeig mir deine Fratze, du Mörder... Sieh mich an! Na!«

All das war die Sache eines Augenblicks. Saschkas Geige sauste durch die Luft, und – krach! – taumelte der große Mensch in der Papacha, vom weithin dröhnenden Schlag an die Schläfe getroffen. Die Geige zersprang in Stücke. In Saschkas Hand blieb allein der Geigenhals zurück, den er siegreich über die Köpfe der Menge schwang.

»Brüder, Hilfe! Helft!« brüllte Gundossy.
Aber es war schon zu spät. Eine mächtige Menschenmauer umschloß Saschka und schützte ihn. Und dieselbe Mauer drängte die Männer in den hohen Pelzmützen hinaus auf die Straße.
Als Saschka jedoch eine Stunde später, nach Dienstschluß, auf die Straße trat, stürzten sich ein paar Männer auf ihn. Ein Faustschlag traf ihn ins Auge, jemand pfiff und befahl dem herbeieilenden Polizisten:
»Ins Polizeirevier am Boulevard! Ein Politischer! Hier, meine Marke.«

## IX

Jetzt wurde Saschka zum zweitenmal und endgültig für tot gehalten. Jemand hatte die ganze Szene vor der Kneipe beobachtet und den Freunden erzählt. Im Gambrinus gab es erfahrene Leute, die wußten, was es mit dem Polizeirevier am Boulevard auf sich hatte und was die Rache eines Spitzels bedeutete.
Doch diesmal regte man sich viel weniger über Saschkas Schicksal auf als das erstemal und vergaß ihn viel rascher. Nach zwei Monaten saß auf seinem Platz ein neuer Geiger, übrigens ein Schüler Saschkas, den der Klavierspieler aufgetrieben hatte.
Aber siehe da, eines Tages nach drei Monaten, an einem stillen Frühlingsabend, als die Musikanten gerade den Walzer »Erwartung« spielten, rief eine schwache Stimme erschrocken:
»Kinder, das ist doch Saschka!«
Alle sahen sich um und erhoben sich von den Sitzen. Ja, es war wirklich der zum zweitenmal auferstandene Saschka. Aber diesmal war sein Gesicht hager und bleich, von einem Bart umwuchert. Alle stürzten zu ihm, umringten ihn, drängten sich um ihn, umarmten ihn und schoben ihm Bierkrüge zu. Doch plötzlich rief dieselbe Stimme:

»Freunde! Seht doch, sein Arm!«

Alle verstummten jäh. Saschkas linker Arm hing verbogen und wie zerquetscht mit dem Ellbogen zur Seite gekrümmt. Er konnte ihn, scheint's, nicht beugen und strecken, und die Finger ragten für immer steif nach oben.

»Was hast du da, Kamerad?« fragte schließlich ein bärtiger Bootsmann der Russischen Schiffahrtsgesellschaft.

»Ach, Dummheiten... irgendeine Sehne ist gerissen oder so was...«, antwortete Saschka unbekümmert.

»Sooo...«

Und wieder schwiegen alle.

»Also ist's jetzt aus mit dem Tschabanspielen?« fragte der Bootsmann teilnahmsvoll.

»Den Tschaban?« wiederholte Saschka, und seine Augen blitzten. »He, du!« befahl er mit gewohnter Sicherheit dem Klavierbegleiter: »Den Tschaban! Eins, zwei, drei!..«

Der Klavierspieler begann die fröhliche Tanzweise und sah sich dabei unsicher nach Saschka um. Der jedoch zog mit der gesunden Hand aus seiner Tasche irgendein handgroßes, längliches Instrument, setzte es an die Lippen und blies, mit einemmal sich ganz nach links neigend, so weit ihm dies der verstümmelte, unbewegliche Arm erlaubte, auf einer Okarina den berauschend fröhlichen Hirtentanz.

»Ha–ha–ha!« dröhnte das frohe Lachen der Gäste.

»Teufel!« rief der Bootsmann aus und trat, einer plötzlichen Eingebung folgend, vor zum wilden Tanz. Von ihm mitgerissen, tanzten jetzt alle, Männer und Frauen. Auch die Kellner tänzelten lächelnd auf einem Fleck, bemüht, ihre Würde zu wahren. Selbst Madame Iwanowa ließ die Pflichten des Kapitäns auf Wache außer acht, wiegte den Kopf im Takt des feurigen Tanzes und schnalzte leise mit den Fingern. Vielleicht bewegte sogar der alte, poröse, verwitterte Gambrinus die Brauen und sah fröhlich auf die Straße hinaus. Und unter den verkrüppelten Fingern des zusammengekrümmten Saschka schien die armselige, anspruchslose kleine Pfeife eine Weise zu singen, die leider weder die Freunde des Gambrinus noch Saschka selbst verstanden:

»Nitschewo! Macht nichts! Einen Menschen kann man verstümmeln, die Kunst aber überwindet und besiegt alles!«

# MAXIM GORKI

*Maxịm Gorki, d.h. »Bitter«, eigentlich Alexẹj Maxịmowitsch Pẹschkow, geb. 1868 in Nishni Nowgorod, dem heutigen Gorki, als Sohn eines Kunsttischlers. Früher Tod der Eltern. In dem Bestreben nach Selbstbildung seit 1880 in zahlreichen Berufen tätig, so als Laufbursche, Abwäscher auf einem Wolgadampfer, Lehrling bei einem Heiligenbildmaler. 1884 vergebliches Bemühen um Zulassung an der Universität Kasạn. Dort nimmt Gorki als Lastträger, Sägewerkarbeiter, Gärtner, Bäcker an den illegalen »Selbstentwicklungszirkeln« teil, lernt Narodniki und den Marxisten Fedossẹjew kennen. Zwei Jahre auf Rußlands Landstraßen, um »zu sehen, wie das Volk lebt«. Verhaftung Fedossejews; Gorki seitdem unter Polizeiaufsicht. 1889 wieder in Nishni Nowgorod, Bekanntschaft mit Korolenko. 1891 zweite Wanderung, bis Odessa, Tiflis (Tbilissi, gibt u.a. Stoff zu 'Ein Mensch wird geboren', 1912 in der Zeitschrift 'Vermächtnis' erschienen); Gorki wirbt dabei unter Hafen- und Landarbeitern für die Revolution. 1892 erscheint Gorkis erste Erzählung 'Makạr Tschudra'. Journalist in Samạra. 'Tschelkạsch' (1895), 'Gewesene Leute' (1897) stellt das kapitalistische Eigentum als unmenschlich, unausweichlich, doch dem Untergang nahe dar. Großer Erfolg der 'Skizzen und Erzählungen' (1898). Mitarbeit an marxistischen Zeitschriften, Teilnahme an Arbeiterzirkeln Nishni Nowgorods. 'Das Lied vom Sturmvogel' (1901) ruft die Massen zum Kampf gegen das Zarenregime auf. Ausweisung aus Nishni Nowgorod. Die Romane 'Fomạ Gordẹjew' (1899) und 'Drei Menschen' (1900) zeigen erstmalig das Proletariat als kommenden Helden, das Drama 'Die Kleinbürger' (1901) den kämpferischen Arbeiter. 'Nachtasyl, Szenen aus der Tiefe' (1902), Welterfolg, klagt die Gesellschaft und das passive Mitleid der Entwürdigung des Menschen an. Die Dramen 'Sommerfrischler' (1904), 'Kinder der Sonne' und 'Barbaren' (beide 1905) stellen den Liberalen die demokratische »Intelligenz« entgegen, durchleuchten die »freie« Wissenschaft des Unpolitischen und zeigen, daß Rußland nicht durch kapitalistische Technik, sondern nur durch sozialen Kampf zu erneuern sei. Teilnahme am Dezemberaufstand von 1905 in Moskau; Verhaftung. Amerikareise 1906. Seit 1896 lungenkrank, lebt Gorki von 1906–14 auf Capri. 'Die Mutter' (Roman, 1906) stellt den gesamten proletarischen Klassenkampf dieser Jahre und die Geburt des sozialistischen Menschen, 'Die Feinde' (Drama, 1906) den nur noch äußerlichen Sieg des liberalen Bürgertums, die Erzählung 'Ein Sommer' (1909) und 'Matwej Koshemjakin' (1911) das Bauernleben dar. Seit 1913 Mitarbeit an bolschewistischen Organen. 1914 Rückkehr nach Rußland. Bedeutende Selbstbiographie: 'Meine Kindheit' (1913–14), 'Unter fremden Menschen' (1915–16), 'Meine Universitäten' (1923). 1918–19 Mitgründer der ersten Arbeiter-und-Bauern-Universität, des Großen Dramatischen Theaters, Petersburg, Herausgeber der 'Bibliothek russischer Klassiker' u.a. 1921–24 in deutschen und tschechischen Kurorten. 1924–31 in Sorrent. 'Das Werk der Artamonows' (Roman, 1925) zeigt in drei Generationen den Untergang des Großbürgertums und den Sieg der russischen Arbeiterklasse. Seit 1931 wieder in Rußland. Verkündet 1934 auf dem Ersten Unionskongreß der Sowjetschriftsteller als deren Vositzender die Prinzipien des »sozialistischen Realismus«: »aktiven Humanismus, Kampf um die Befreiung der Menschheit von jeder Ausbeutung, Kampf für die Errichtung der kommunistischen Gesellschaft«. Das Drama 'Jegor Bulytschow und die anderen' (1932) zeigt die Zerstörung der Familienbande durch das Geld; der große Roman 'Klim Samgin' (1925–36) den Niedergang des bürgerlichen Individualismus in den vier Jahrzehnten vor der Revolution von 1917. Als Publizist für die Erziehung des neuen russischen Menschen und den Aufbau seines Staates bis zuletzt tätig, starb Gorki, der vom Mitleid als der alle Menschen verbindenden Kraft ausgegangen war, im neunundsechzigsten Jahre als literarischer Heros Sowjetrußlands 1936 in Moskau.*

## EIN MENSCH WIRD GEBOREN

Es war im Hungerjahr 1892, zwischen Suchum und Otschemtschiry, am Ufer des Flusses Kodor, nicht weit vom Meere. Durch das fröhliche Plätschern der klaren Wellen des Bergbaches hörte man deutlich das dumpfe Rauschen der Meeresbrandung.

Der Herbst hatte seine bunten Farben ausgestreut. Im weißen Gischt des Kodor wirbelten, flinken Lachsen gleich, gelbe Kirschlorbeerblätter. Ich saß auf den Steinen am Fluß und dachte, daß die Möwen und Seeraben die Blätter wohl auch für Fische hielten und deshalb rechts hinter den Bäumen, wo das Meer ans Ufer schlug, so ärgerlich schrien.

Die Kastanien über mir schimmerten wie Gold, und ihr Laub zu meinen Füßen ähnelte abgehauenen Menschenhänden. Die Zweige der Weißbuchen am anderen Ufer waren schon kahl und ragten in die Luft wie ein zerrissenes Netz, in dem ein gelb-roter Bergspecht wie in einem Käfig hüpfte. Mit seinem schwarzen Schnabel pochte er gegen die Rinde des Stammes, trieb die Insekten heraus, während flinke Meisen und Blauspechte – Gäste aus dem fernen Norden – sie ihm wegpickten.

Über den Höhenzügen links von mir hingen schwere dunkle Regenwolken. Ihre Schatten krochen über die grünen, mit Buchsbaum bewachsenen Berghänge. Dort findet man in den hohlen Stämmen alter Buchen und Linden Honigmet, der schon im Altertum die

Krieger des großen Pompejus durch seine berauschende Süße fast vernichtet hätte, weil er eine ganze Legion stählerner Römer zu Boden warf. Die Bienen bereiten ihn aus Lorbeer- und Azaleenblüten, und die Tippelbrüder nehmen diesen Honig aus den Höhlungen und streichen ihn auf den Lawasch – einen flachen Fladen aus Weizenmehl.

Auch ich war damit beschäftigt. Ich saß, von den wütenden Bienen arg zerstochen, auf den Steinen unter den Kastanienbäumen, tauchte Brotstücke in den mit Honig gefüllten kleinen Napf und aß, mich am trägen Spiel der Herbstsonne freuend.

Im Herbst gleicht der Kaukasus einem prächtigen Dom, den große weise Männer – die ja auch immer große Sünder sind – erbaut haben, um vor den scharfen Augen ihres Gewissens ihre Vergangenheit zu verbergen. Und so errichteten sie diesen unermeßlichen Tempel aus Gold, Türkisen und Smaragden, behängten die Berge mit den schönsten, von Turkmenen in Samarkand und Schemacha gewebten Seidenteppichen, beraubten alle und alles in der Welt – und häuften die Schätze hier auf, vor dem Antlitz der Sonne, als wollten sie sagen:

»Alles ist Dein, Dir von den Deinen dargebracht!«

...Ich sehe, wie langbärtige, graue Riesen mit den staunenden Augen fröhlicher Kinder von den Bergen niedersteigen und die Erde schmücken. Überall streuen sie freigebig bunte Schätze aus, bedecken die Berggipfel mit dicken Silberplatten und die Hänge mit dem lebenden Gewebe mannigfachen Baumwuchses. Unter ihren Händen wird dies gesegnete Fleckchen Erde zu einem Wunder an Schönheit.

Welch köstliche Aufgabe – ein Erdenmensch zu sein! Wieviel Wunderbares darfst du schauen! Wie qualvoll süß pocht das Herz dir beim Anblick all der Schönheit!

Nun ja – zuweilen kommen auch schwere Augenblicke. Brennender Haß sprengt dir fast die Brust, und Schwermut trinkt gierig dein Herzblut. Doch dies währt ja nicht ewig. Auch die Sonne blickt ja manchmal trübe auf die Menschen herab: so sehr hat sie sich gemüht, und doch sind ihr die Menschlein nicht recht geraten...

Freilich gibt's auch viele gute Menschen, doch selbst diese müßten noch geändert oder, was noch besser wäre, ganz neu geschaffen werden.

...Über den Büschen, links von mir, bewegten sich dunkle Köpfe. Im Rauschen der Meeresbrandung und im Plätschern des Baches kaum hörbar klingen Menschenstimmen. Es waren Leute aus den Hungergebieten, die von Suchum nach Otschemtschiry wanderten, wo sie mit Chausseearbeiten beschäftigt wurden.

Ich kenne sie -- sie stammen aus der Gegend von Orjol. Wir arbeiteten zusammen und wurden gestern zusammen abgelohnt. Ich brach vor ihnen auf, noch in der Nacht, um den Sonnenaufgang am Meeresufer zu erleben.

Es waren vier Männer und eine junge schwangere Frau mit hervorstehenden Backenknochen, scheu blickenden graublauen Augen und einem riesigen, aufgetriebenen Leib. Ihr Kopf im gelben Tuch schwankte über den Büschen auf und nieder wie eine Sonnenblume im Winde. In Suchum hatte sie ihren Mann an den Folgen zu reichlichen Obstgenusses verloren. Ich wohnte mit diesen Leuten zusammen in einer Baracke; nach guter alter russischer Gewohnheit unterhielten sie sich über ihr Unglück so viel und so laut, daß ihre Klagereden gewiß fünf Werst im Umkreis zu hören waren.

Es waren langweilige, vom Kummer zerbrochene Leute. Von ihrem erschöpften, unfruchtbaren Heimatboden losgerissen, waren sie, wie trockene Blätter im Herbstwind, hierher geweht worden, wo die Fülle einer unbekannten Natur sie erschreckte und blendete und sie

andererseits die schweren Arbeitsbedingungen endgültig niederdrückten. Verwirrt blickten sie auf all dies mit erloschenen, traurigen Augen, lächelten einander kläglich zu und sagten leise: »Ach, was für 'n Boden... Es quillt richtig aus ihm...«
»N–ja–a..., aber wie steinig...«
»Ein unbequemer Boden, muß man sagen...«
Und sie dachten an die heimatliche Scholle, wo jede Handbreit Boden den Staub ihrer Väter und Vorväter barg, wo ihnen alles vertraut und teuer und voller Erinnerungen war – gedüngt mit ihrem Schweiße.
Noch eine Frau ging mit ihnen – ein großes aufrechtes Weib, flach wie ein Brett, mit einem Pferdegebiß und matt blickenden kohlschwarzen Augen.
Abends zog sie sich mit der Frau im gelben Kopftuch hinter die Baracke zurück, und dort, auf einem Schotterhaufen sitzend, die Wange in die Hand gestützt, sang sie mit zur Seite geneigtem Kopf und hoher, zornig klingender Stimme:

»Hinterm Kirchhof...
Drin im dichten, grünen Busch –
Auf dem Sande...
breit' ich weiß das Linnen aus...
Kaum erwart' ich's...
bis mein Liebster eilt herbei...
kommt er dann, ach...
grüß' ich ihn mit einem Kuß...«

Die Frau im gelben Tuch saß meist schweigend da und starrte mit vorgeneigtem Kopf auf ihren schwangeren Leib, zuweilen jedoch fiel sie plötzlich träge und traurig mit ihrer tiefen bäurisch-heiseren Stimme in das Lied mit den klagenden Worten ein:

»Ach, mein Liebster...
Ach, du Allerliebster mein...
nicht beschieden...
ist's mir, noch mit dir zu sein...«

Im schwülen schwarzen Dunkel der südlichen Nacht erinnerten diese klagenden Stimmen an den Norden mit seinen Schneewüsten, an das Wimmern des Schneesturms und an das Heulen der Wölfe in der Ferne...

Dann erkrankte das schieläugige Weib, und man brachte es auf einer Bahre aus Zelttuch in die Stadt. Vom Fieber geschüttelt, stieß sie unartikulierte Laute aus, als sänge sie noch jetzt ihr Lied vom Kirchhof und vom Sande.

...Das ab und zu auftauchende gelbe Tuch war jetzt verschwunden.

Ich beendete mein Frühstück, bedeckte den Honig im Napf mit Laub, schnürte mein Bündel und folgte langsam den Voranschreitenden, mit dem Weißdornstock gemächlich auf den steinigen Pfad schlagend.

Nun war auch ich auf dem schmalen grauen Band der Straße. Rechts wogte das tiefblaue Meer; ungezählte Tischlerhände schienen darüber hinzuhobeln, und weiße Späne rauschten wirbelnd ans Ufer, vom Winde getrieben, der feucht war und warm und duftend wie der Atem eines gesunden Weibes. Eine türkische Feluke glitt mit geschwellten Segeln, weit nach links geneigt, nach Suchum. Ich mußte an die aufgeblähten Backen und die wichtige Miene des Suchumer Ingenieurs denken, der aus irgendeinem Grunde stets »luhig« statt »ruhig« und »fenn« statt »wenn« sagte.

»Luhig! Fenn du auch ein flinker Bursche bist, so kommst du doch auf die Polizeiwache...«

Er liebte es, sogleich mit der Polizei bei der Hand zu sein, und es war ein angenehmer Gedanke, daß ihn die Würmer im Grabe gewiß schon bis auf die Knochen vertilgt hatten.

...Welch ein Genuß, so dahinzuwandern, beschwingt und leicht, als schwämmest du in der Luft! Frohe Gedanken, bunte Erinnerungen schwebten in stillem Reigen dir durch den Sinn; dieser Reigen in der Seele war wie das Spiel der weißen Wogenkämme an der

Oberfläche des Meeres, während unten in der Tiefe, silbernen Fischen gleich, die hellen flüchtigen Jugendhoffnungen ruhig dahinglitten.
Der Weg führte dicht am Meer entlang und schlängelte sich stellenweise ganz an das sandige Ufer heran, das vom Wasser bespült wurde. Es schien, als wollten auch die Büsche den Wellen ins Angesicht blicken, sie beugten sich über das Band der Straße, als winkten sie der blauen Weite zu.
Ein Windstoß fegte von den Bergen herab – es kann wohl bald regnen.
...Da – ein leises Stöhnen im Gebüsch, das Stöhnen eines Menschen in Not, das unsere Seele immer irgendwie erbeben läßt.
Ich bog die Zweige auseinander und sah die Frau mit dem gelben Kopftuch. Sie saß mit dem Rücken an den Stamm eines Nußbaumes gelehnt, den Kopf kraftlos zur Seite geneigt, den Mund gräßlich verzerrt, mit hervorquellenden, wahnsinnigen Augen. Ihre Hände umspannten den riesigen Leib, sie atmete stoßweise und angstvoll, so daß der Leib wie im Krampfe zuckte und hüpfte. Jetzt entrang sich ihrem Munde ein dumpfes Stöhnen, das ihre gelben Wolfszähne entblößte.
»Was ist dir? Haben sie dich geschlagen?« fragte ich, mich über sie beugend. Sie scharrte mit ihren nackten Füßen wie eine Fliege im aschfarbenen Staube und röchelte heiser: »Geh... du Schamloser... geh... weg...«
Und da begriff ich – das hatte ich schon einmal gesehen – und wich erschreckt zurück. Das Weib schrie jetzt laut und gedehnt. Aus ihren Augen, die jeden Augenblick aus den Höhlen zu treten schienen, rannen Tränen und liefen über das dunkelrote, zum Platzen gespannte Gesicht.
Das ließ mich wieder umkehren. Ich warf Bündel, Teekanne und Napf hin, legte sie rücklings auf den Boden

und versuchte, ihr die Beine in den Knien zu beugen... Sie stieß mich jedoch von sich, schlug mir mit den Händen ins Gesicht und gegen die Brust, drehte sich um und kroch stöhnend und ächzend auf allen vieren, wie eine Bärin, tiefer ins Gebüsch: »Räuber... Satan du...« Aber ihre Arme trugen sie nicht weit, sie fiel mit dem Gesicht auf die Erde, streckte die Beine in krampfhaften Zuckungen und heulte von neuem auf.

In fieberhafter Erregung suchte ich mich an alles zu erinnern, was ich darüber wußte. Ich legte die Frau wieder auf den Rücken und beugte ihr die Beine – die Blase, die die Frucht umschloß, kam schon hervor.

»Lieg still! Du wirst gleich gebären!«

Ich lief ans Meer, streifte mir die Ärmel auf, wusch die Hände, kehrte zur Frau zurück – und wurde Geburtshelfer.

Das Weib krümmte sich wie Birkenrinde im Feuer, schlug wild um sich auf die Erde, riß das herbstfahle Gras aus, wollte es sich immerzu voll Verzweiflung in den Mund stopfen und warf Erde auf ihr schreckliches, kaum noch menschenähnliches Gesicht mit den wildblickenden, blutunterlaufenen Augen. Die Fruchtblase war gerissen. Nun sah man auch schon das Köpfchen des Kindes. Ich mußte ihre krampfhaft zuckenden Beine halten, dem Kinde helfen und darauf achten, daß sie sich kein Gras in den verzerrten, wild stöhnenden Mund stopfte...

Wir schimpften leise miteinander – sie durch die Zähne vor Schmerz und wohl auch vor Scham, ich vor Verlegenheit und quälendem Mitleid.

»...Oh... Gott!« ächzte sie, Schaum auf den blauen zerbissenen Lippen, und aus ihren Augen, die plötzlich wie von der Sonne ausgeblichen schienen, rannen ununterbrochen die durch die unerträglichen Wehen hervorgepreßten Tränen, während ihr zweigeteilter Körper sich krampfhaft wand.

»G–geh doch... du Teufel...«

Mit ihren schwachen, zuckenden Armen stieß sie mich immer wieder weg, während ich sie zu beruhigen suchte.

»Kleine Närrin, so laß das Kind schon kommen, schnell...«

Qualvolles Mitleid erfüllte mein Herz: es ist, als brächten ihre Tränen auch meine Augen zum Überfließen, ich möchte schreien, und ich schrie:

»Nun – schnell!«

Und da – hielt ich ein Menschlein in meinen Händen – ein rotes Kindchen. Ich sah es durch einen Tränenschleier – es war ganz rot und schon unzufrieden mit dieser Welt, strampelte, tobte und brüllte, obwohl es noch mit der Mutter verbunden war. Seine Augen guckten blau, die Nase im roten verrunzelten Gesicht war komisch plattgedrückt, die Lippen regten und verzogen sich:

»Ja–a, ja–a...«

Und wie schlüpfrig er war – jeden Augenblick konnte er meinen Händen entgleiten! Ich lag auf den Knien und lachte – sehr froh, ihn zu sehen! Und vergaß ganz, was noch zu tun war.

»Schneid ihn ab!« flüsterte die Mutter leise. Ihre Augen waren geschlossen, das Gesicht eingefallen und erdfahl wie bei einer Toten, und die blauen Lippen murmelten kaum hörbar: »...Mit dem Messer... schneid durch...«

Mein Messer hatte man mir in der Baracke gestohlen; so biß ich die Nabelschnur einfach durch. Das Kind brüllte mit wahrhaft Orjoler Baßstimme, die Mutter aber lächelte. Ich sah, wie ihre unergründlichen Augen in blauem Feuer aufleuchteten, die braune Hand suchte in den Falten des Rockes nach der Tasche, und die blutiggebissenen Lippen flüsterten:

»...Ich... kann... nicht... in der Tasche – ein Bändchen... den Nabel abbinden...«

Ich fand das Bändchen und band den Nabel ab. Sie

lächelte immer strahlender, so schön und hell, daß ich fast von diesem Lächeln geblendet wurde.

»Erhol dich derweile. Ich will jetzt gehn und ihn waschen...«

»Gib acht, vorsichtig, gib mir acht«, murmelte sie besorgt.

Dies rote Menschlein verlangte jedoch gar keine Vorsicht: es hatte die Fäustchen geballt und brüllte, brüllte, als wollte es mich zum Kampf herausfordern.

»Ja–a, ja–a...«

»Ja, du! Behaupte dich nur, kleiner Freund, sonst reißen dir die lieben Nächsten bald den Kopf ab...«

Besonders eindringlich und laut schrie er, als die Meereswogen, die uns beide fröhlich umspülten, zum erstenmal über ihn hinglitten; und als ich ihm Brust und Rücken wusch, drückte er die Augen zu, schlug unter mörderischem Zetergeschrei um sich, während eine Woge nach der anderen ihn umrauschte.

»Schrei, mein Orjoler! Immer schrei, so laut du kannst!«

Als ich mit ihm zur Mutter zurückkam, lag sie von neuem mit geschlossenen Augen und zerbissenen Lippen in Wehen da. Die Nachgeburt mußte heraus. Aber trotzdem, zwischen Ächzen und Stöhnen, flüsterte sie kaum hörbar:

»Gib – gib ihn mir...«

»Er kann warten...«

»Gib – sag' ich...«

Mit zitternden, unsicheren Händen knöpfte sie sich die Jacke auf. Ich half ihr, die Brust zu entblößen, die von der Natur für zwanzig Kinder bestimmt zu sein schien, und legte den tobenden Orjoler an ihren warmen Körper. Er begriff auch sogleich und verstummte.

»Heilige Jungfrau Maria!« seufzte auffahrend die Mutter und warf ihren zerzausten Kopf unruhig hin und her.

Plötzlich stöhnte sie leise auf und schwieg wieder. Ihre

herrlichen Augen – heilige blaue Mutteraugen – voll aufgeschlagen, blickten empor zum Himmel, und ein dankbares, glückliches Lächeln spiegelte sich in ihnen. Mit schwerer Hand schlug sie über das Neugeborene und sich das Kreuzzeichen...

»Ehre und Dank dir, allerreinste Mutter Gottes... ach... Dank dir...«

Dann erloschen ihre Augen wieder und sanken in die Höhlen zurück. Lange schwieg sie, leise atmend. Dann sagte sie plötzlich bestimmt, mit fester Stimme:

»Lieber Junge, schnür mein Bündel auf...«

Wir schnürten es auf. Sie sah mich forschend an, lächelte schwach, und ein zartes, kaum merkliches Rot färbte ihre eingefallenen Wangen und die schweißnasse Stirn.

»Geh beiseite...«

»Streng dich nicht zu sehr an...«

»Nu, nu, so geh schon...«

Ich trat ein paar Schritte ins Gebüsch. Mein Herz war müde, in der Brust jedoch tönte es wie lieblicher Vogelsang – und dies zusammen mit dem unaufhörlichen Rauschen des Meeres war so schön, daß ich ein Jahr lang so hätte lauschen mögen...

Unweit murmelte irgendwo ein Bach – wie das Geplauder eines Mädchens, das der Freundin vom Geliebten erzählt...

Hinter den Büschen erhob sich jetzt der Kopf mit dem gelben Tuch, das bereits ordentlich geknüpft war.

»Ei, ei, bist du aber schnell wieder auf!«

Sich mit der Hand am Strauchwerk haltend, saß die Frau aufrecht, ohne einen Tropfen Blut im grauen Gesicht. Die tiefliegenden Augen schimmerten wie blaue Seen, und sie flüsterte zärtlich:

»Schau – wie er schläft...«

Gewiß, er schlief gut, doch meiner Ansicht nach nicht besser als andere Kinder auch. Wenn es einen Unterschied gab, so lag es nur an der Umgebung: er schlief auf einem Haufen bunten Herbstlaubes, unter einem Strauch, wie es solche im Gouvernement Orjol wohl nicht gab.

»Und du, junge Mutter, solltest dich niederlegen...«

»Nein«, sagte sie, den Kopf auf dem noch schwachen Halse schüttelnd. »Ich muß mich auf den Weg machen... wie hieß es doch gleich?«

»Nach Otschemtschiry?«

»Richtig. Die anderen sind schon viele Werst voraus...«

»Ja, kannst du denn gehen?«

»Und die Mutter Gottes?... Sie wird mir schon helfen...«

Nun, wenn sie mit der Mutter Gottes im Bunde war, hieß es schweigen!

Sie blickte unter den Strauch auf das kleine unwirsch verzogene Gesicht, und warme Strahlen zärtlichen Lichts brachen aus ihren Augen; sie fuhr sich mit der Zunge über die Lippen und strich mit der Hand über die Brust.

Ich zündete ein Feuer an und schichtete Steine zu einem Herd für den Teekessel.

»Sofort, junge Mutter, mach' ich dir Tee.«

»Oh! Ja, gib mir zu trinken... Ich bin wie ausgedörrt...«

»Sag, warum haben dich deine Landsleute im Stich gelassen?«

»Sie haben mich gar nicht im Stich gelassen. Warum? – Ich bin selber zurückgeblieben, sie hatten getrunken, nu, s'ist gut so. Denk, wenn ich vor ihnen hätte niederkommen müssen!«

Sie blickte mich verschämt lächelnd an und verdeckte das Gesicht mit dem Ellenbogen.

»Ist es dein erstes?«

»Das erste... Und du, wer bist du?«

»So etwas wie ein Mensch...«

»Natürlich – ein Mensch! Bist du verheiratet?«

»Ich wurde dazu noch nicht würdig befunden...«

»Du lügst!«

»Warum?«

Sie schlug die Augen nieder und dachte nach. »Wie kommt es aber, daß du mit unsren Frauengeheimnissen Bescheid weißt?«

Jetzt mußte ich lügen, und so sagte ich: »Ich hab' das gelernt. Ich bin Student – verstehst du?«

»Natürlich. Der älteste Sohn unsres Popen ist auch Student. Er will Pope werden...«

»Nun, siehst du, so einer bin ich auch. Nun, jetzt will ich Wasser holen.«

Die Frau neigte sich über das Köpfchen ihres Kindes, um zu lauschen, ob es noch atmete, und blickte sodann aufs Meer.

»Ich möchte mich waschen, aber das Wasser ist hier so ganz anders, so salzig und bitter...«

»Du kannst dich ruhig damit waschen – ein gesundes Wasser.«

»Ach?«

»Bestimmt. Es ist wärmer als Bachwasser. Die hiesigen Bäche sind eisig kalt.«

»Du mußt's ja wissen...«

Schläfrig, den Kopf auf die Brust geneigt, ritt im Schritt ein Abchasier an uns vorüber. Das sehnige Pferdchen bewegte die Ohren, schielte aus runden schwarzen Augen zu uns und schnaubte. Der Reiter hob wachsam den Kopf in der zottigen Pelzmütze, blickte kurz zu uns hinüber und ließ den Kopf wieder sinken.

»Was das hier doch für häßliche und schreckliche Menschen sind...«, sagte die Frau aus Orjol leise.

Ich ging Wasser holen. Über das Gestein sprang murmelnd ein klarer quecksilbriger Wasserstrahl, in dem sich lustig das Herbstlaub drehte. Ich wusch mir Gesicht und Hände und ließ den Teekessel mit Wasser vollaufen. Als ich zurückkam und durch die Büsche spähte, sah ich die Frau auf den Knien zwischen den Steinen liegen und sich unruhig umsehen.

»Was hast du?« Erschreckt setzte sie sich hin und verbarg etwas unter sich. Ich erriet, was es war. »Gib her, ich werd' es eingraben...«

»Ach, mein Lieber! Wie denn? Das gehört doch in den Vorraum der Badstube, untern Fußboden...«

»Da kannst du wohl noch ein Weilchen warten, bis man hier 'ne Badstube baut!«

»Du machst dich lustig, und ich hab' solche Angst! Wenn es irgendein wildes Tier auffrißt! Es muß doch der Erde übergeben werden...«

Sie wandte sich ab, händigte mir ein feuchtes schweres Bündel ein und bat leise und verschämt: »Grab es recht tief ein. Um Christi willen... hab Mitleid mit meinem Söhnchen. Mach es nur richtig...«

...Als ich zurückkehrte, sah ich, daß sie taumelnd, mit vorgestreckten Armen vom Meeresstrand herkam. Ihr Rock war bis an den Gürtel durchnäßt, aber das Gesicht hatte sich ein wenig gerötet, war wie von innen her erleuchtet. Ich half ihr die letzten Schritte bis zur Feuerstelle und dachte verwundert: 'Welch urwüchsige Kraft!'

Dann tranken wir Tee mit Honig, und sie begann mich vorsichtig auszufragen: »Du studierst wohl nicht mehr?«

»Nein, nicht mehr.«

»Hast wohl alles vertrunken, nicht wahr?«

»Ja, alles ganz und gar!«

»Also so einer bist du! Du bist mir schon in Suchum aufgefallen, als du dich mit dem Aufseher wegen des Essens strittest. Damals dachte ich – man sieht gleich: ein Trunkenbold, der sich vor nichts fürchtet...«

Und sich den Honig von den geschwollenen Lippen leckend, schielte sie mit ihren blauen Augen immer wieder unter den Strauch, wo der jüngste Orjoler ruhig schlief.

»Wie wird es ihm nun ergehen?« seufzte sie und sah mich an: »Du hast mir geholfen, und ich dank' dir auch... Wird's aber für ihn gut sein? Wer mag es wissen?«

Nachdem sie Tee getrunken und gegessen hatte, bekreuzigte sie sich. Während ich meine Habseligkeiten zusammenpackte, saß sie leise schwankend, schläfrig da. Ihre wieder erloschenen Augen blickten zu Boden, sie schien zu überlegen. Dann stand sie auf.

»Willst du schon gehn?«

»Ja, ich muß...«

»Nimm dich in acht!«

»Und die Mutter Gottes?... Gib ihn mir!«

»Ich will ihn dir tragen...«

Wir stritten uns ein wenig, dann gab sie nach, und wir schritten Seite an Seite nebeneinander dahin.

»Wenn ich nur nicht umfalle...«, meinte sie schuldbewußt lächelnd und legte ihre Hand auf meine Schulter.

Der neue russische Erdenbürger lag in meinen Armen und schnaufte hörbar. Was mag dereinst sein Schicksal sein?... Das Meer brandete und rauschte, von weißen Wogenkämmen wie von Spitzen umsäumt, die Büsche flüsterten, die Sonne strahlte; die Mittagsstunde war vorüber.

Und so schritten wir langsam des Wegs. Von Zeit zu Zeit blieb die Frau tief aufseufzend stehen, erhob den Kopf, blickte ringsum auf das Meer, den Wald und die Berge, um dann wieder ins Gesichtchen ihres kleinen Sohnes zu schauen. Ihre von Schmerzenstränen gewaschenen Augen waren wieder erstaunlich klar, sie strahlten und leuchteten im blauen Glanze unerschöpflicher Liebe.

Einmal sagte sie, stehenbleibend: »Mein Gott, wie schön, wie schön ist's hier! So könnt' ich wandern und wandern – bis ans Ende der Welt. Und er, mein Bub, würde wachsen, immer größer und stärker werden in der Freiheit, an der Brust seiner Mutter, mein Liebling du...«

...Das Meer rauschte und rauschte...

* * * * * * * * * * * * * * * * * * * * * * * * * * * * * * * * *

## ANMERKUNGEN

*Ahriman:* der Geist des Bösen in der persischen Religion Zoroasters (geb. etwa 900 v. Chr.).

*Arschin:* russ. Elle, ungefähr 71 cm.

*Burenkrieg:* die Unterwerfung der Buren durch die Engländer 1902.

*Dawýdow,* Denis Wassiljewitsch (1784–1839), berühmter Reiterführer von 1812, besang in seinen halb improvisierten Versen die Freuden des Soldatenlebens. In Leo Tolstois 'Krieg und Frieden' tritt er unter dem Namen Denisow auf.

*Hetärie:* griech. 'Genossenschaft von Freunden', Bezeichnung von Geheimbünden, die seit etwa 1800 die Befreiung der Griechen vom türkischen Joch zum Ziele hatten. Im Griechischen Befreiungskampf (1821–1829) spielten ihre Mitglieder, die Hetäristen, eine große Rolle.

*Japanischer Krieg:* der Russisch-Japanische Krieg von 1904 bis 1905; er endete mit Rußlands Niederlage. Dies hatte die Revolution von 1905 zur Folge.

*Kodor:* Fluß Transkaukasiens, mündet südlich von Suchum ins Schwarze Meer.

*Kolchis:* das heutige russ. Kutaissi an der Südostküste des Schwarzen Meeres, mit der türk. Landschaft Trapezunt, und die *Herkulessäulen:* die Straße von Gibraltar, gekennzeichnet durch die Berge Kalpe und Abyla, galten im Altertum als die Grenzen des Erdbildes.

*Nargileh:* Wasserpfeife.

*Palladium:* Schutz; ursprünglich die schützende Pallas-Statue auf der Burg von Troja.

*Papacha:* Pelzmütze.

*Poltáwa:* Stadt der Ukraine zwischen Charkow und Nikolajew. Hier besiegte Peter der Große den Schwedenkönig Karl XII. im Nordischen Kriege 1709.

*Prostakowa und Skotinin:* Gestalten aus der Komödie von Denís Iwanowitsch Fonwísin (1745–1792) 'Der Landjunker'. Berüchtigt durch ihre Gemütsroheit und Unbildung. Fonwisin war der erste russ. satirische Komödiendichter.

*Russisch-Französisches Bündnis:* nachdem Wilhelm II. den von Bismarck geschlossenen Rückversicherungsvertrag mit Rußland 1890 nicht erneuert hatte, wurde 1897 ein russisch-französisches Bündnis geschlossen.

*Semstwo:* Provinzial-Vertretung, zur Verwaltung der den wirtschaftlichen Bedürfnissen dienenden Angelegenheiten bestimmt.

*Werschok:* russ. Längenmaß, etwa 4,5 cm.

*Werst:* russ. Wegmaß = 1067 m.

*Ypsilanti,* Fürst Alexander, geb. 1792 in Konstantinopel, russ. General und Adjutant Kaiser Alexanders I., trat an die Spitze der Hetärie (s.d.) und leitete, auf Rußlands Hilfe vertrauend, im Sommer 1821 die griech. Erhebung gegen die Türken in den Donaufürstentümern Moldau und Walachei. Als die russ. Hilfe ausblieb und die heilige Schar der Griechen unter Führung seines Bruders Nikolaus bei Dragatschan nach heldenhaftem Kampfe aufgerieben war, flüchtete Alexander nach Siebenbürgen. Er wurde von den Österreichern 6 Jahre lang auf der ungarischen Festung Munkács und im böhmischen Theresienstadt in Haft gehalten. Auf Verwenden des Kaisers Nikolaus I. von Rußland freigelassen, starb er 1828 in Wien auf der Reise nach Verona, das ihm zum Aufenthalt angewiesen war.